本书由北京东西时代数字科技有限公司提供中文简体字版授权

译言（yeeyan.org）

是国内最大的译者社区。旗下有科技文化出版品牌
「译言 东西文库」和公版书翻译出版项目「古
登堡计划」，已出版《必然》《失控》《技术元素》
《智能时代》《有限与无限的游戏》《颠覆医疗》《未
来地图：技术、商业和我们的选择》《单身女性》《哲
学早餐俱乐部》等图书。

译言官方网站： http://www.yeeyan.org

微博： @译言

微信： 译言（yeeyancom）

幽灵帝国
拜占庭
Ghost Empire:
A Journey to the Legendary Constantinople

**通 往
君士坦丁堡的传奇旅程**

［澳］理查德·菲德勒 著

洪琛 译

Richard Fidler

社会科学文献出版社
SOCIAL SCIENCES ACADEMIC PRESS (CHINA)

君士坦丁一世

拜占庭帝国末代皇帝君士坦丁十一世

十字军攻击君士坦丁堡

奥斯曼人进攻君士坦丁堡

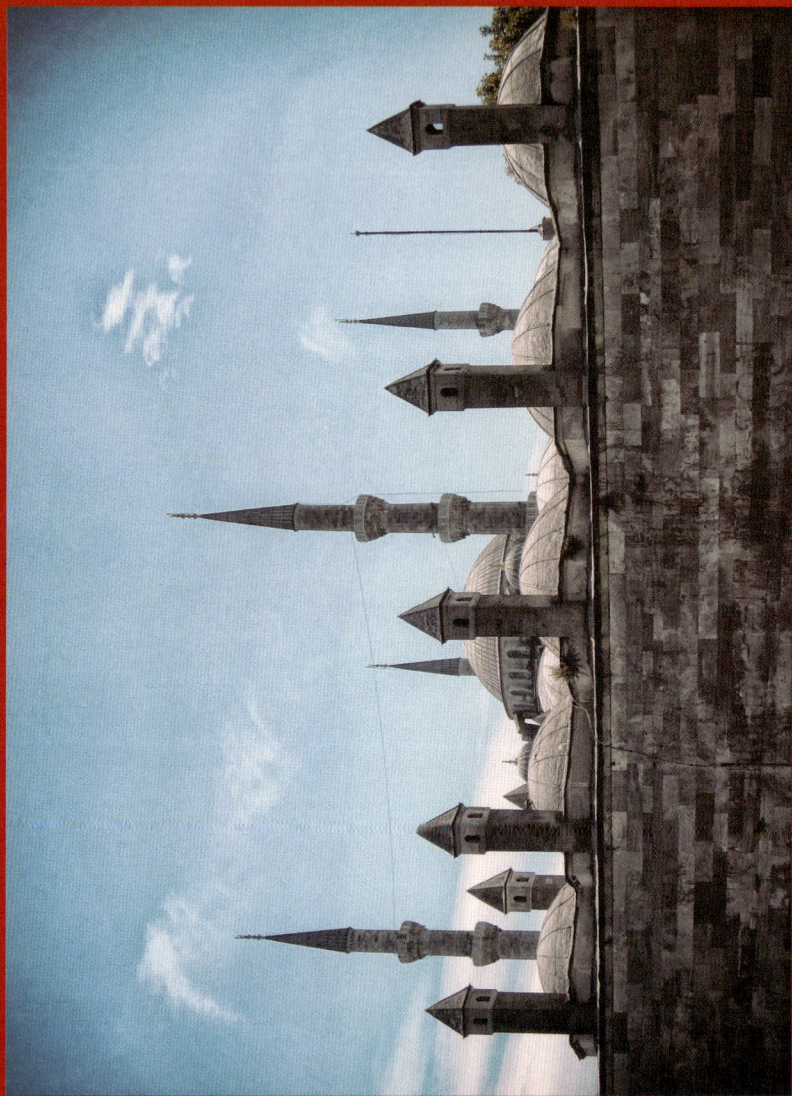

蓝色清真寺

谨以此书献给我挚爱的艾玛和凯姆

我相信，我们的成长，依赖父辈间或为之的随性教导，它们潜移默化地影响着我们的未来。这无数闪烁着智慧之光的细小片段塑造了我们。

　　——翁贝托·艾科（Umberto Eco），
　　《傅科摆》（*Foucault's Pendulum*）

布拉契宫 布拉契耐 圣玛丽教堂

加拉塔塔

金角湾铁链

圣艾琳教堂 科拉教堂

基督君王教堂

圣使徒教堂

赫得戈利亚修道院

博雄斯广场

奥古斯塔广场

狄奥多西广场

大赛马场

圣索菲亚大教堂

大皇宫

梅塞大道

君士坦丁墙

梅赛大道

狄奥多西墙

莱克斯河

博斯普鲁斯海峡

金角湾

圣徒塞尔吉乌斯 和巴克斯教堂

布科伦宫

黄金门

马尔马拉海

| 0 | | 1英里 |
| 0 | 1公里 | |

卡尔西登

君士坦丁堡

注：地图由约翰·弗里斯（John Frith）绘制，Flat Earth Mapping 公司。

目 录

作者前言

我从未在学校里学习过有关拜占庭的知识。在很长一段时间里，它在我脑海里留下的印象仅仅是青晶石的闪光，金色的马赛克砖还有阴沉的圣像。拜占庭就像一座神秘大陆，有朝一日我定要打量四周深入探索的计划在心头盘桓日久。二十五六岁时，我第一次走进君士坦丁堡的罗马世界。当时，我买了约翰·尤利乌斯·诺维奇（John Julius Norwich）的三卷《拜占庭史》的第一卷。在我完全沉浸在拜占庭帝国波澜壮阔的千年史册中时，我不禁想问，为什么在此之前我从未听过这些历史？为什么这些历史故事不曾家喻户晓？并且，当我和朋友们分享这本书里的故事之后，他们也发出类似的感叹。

沿着拜占庭历史的脉络，我看到了公元 1204 年第四次十字军东征劫掠君士坦丁堡的故事。一连串不利的时机和仓促应对以席卷之势造成了一场规模空前的崩塌。虽然入侵者们师出有名，但背地里却干着奸险贪婪的不光彩勾当。这段历史被描写得绘声绘色，如此丰富，以致我开始怀疑它的真实性。但幸运的是，我们并不缺乏第一手资料。十字军骑士不仅掠夺了本不属于他们的财富，亵渎了他们所能想见的世界上最壮丽的都市，还写下一些文献，为自己的行径辩护。这些虔诚追随上帝的灵魂在财富面前，发生了极大的道德扭曲，他们留下的文字里充满了适得其反的黑色幽默。

法兰西骑士杰弗里·德·威列哈督因（Geoffrey de Villehardouin）

参加了这次臭名昭著的十字军东征。他在著述里生动地记述了前往君
XI 士坦丁堡的旅程，声称这是他生命中最大的冒险。城陷之后，十字
军大掠三日，囤积起从君士坦丁堡聚敛的财物，准备自行瓜分赃
物。法国和威尼斯兵士穿梭忙碌，将一车车一袋袋的金银珠宝堆积
成山，这些赃物足足堆满了三座教堂。威列哈督因的字里行间流露
着惊愕，当你阅读他的作品时，似乎能原原本本地感受到那握笔的
手颤抖不停：

> 我们攫取的战利品数不胜数：金银珠宝、手工器物、珍宝
> 珠玉、锦缎丝绸、袍衣貂裘……皆属世间罕见的珍奇。自古以
> 来，还未有一座陷落的城市可以被搜刮出如此之多的战利品。

从君士坦丁堡这个失落的世界里流传下来的故事同样宝贵且堆
积如山，其中很多都让我惊讶得合不拢嘴，那种感觉大概就像十字
军士兵面对超乎想象的战利品。严谨的历史学家在考证这些历史故
事时总是小心翼翼，因为他们知道坊间传说中常有不实之词。有些
文献甚至完全是杜撰而成。作者的偏见和时代的政治需要可能会让
记载产生不可避免的偏差。不同的记载需要相互比照，还得借助文
档证据和考古记录。幸存的记录有时一带而过，有时读起来云里雾
里。

君士坦丁堡的人们动辄声称自己看到了神灵的行迹，比如上帝
之手或者天使恶魔，因此史料中记载了很多超自然现象。历史学家
有义务去伪存真，剔除这些不实之词。例如公元 718 年阿拉伯人对
君士坦丁堡的围攻遭遇挫败，现代读者往往将守城者的胜利归功于
罗马人在科技上的创造力、战斗中应用了希腊火或是错综复杂的城
XII 墙防御系统。但如果你翻阅当年的史稿，你会惊奇地发现圣母玛利

亚降临在城墙上的记载，她在众目睽睽之下为全城军民代祷，指引他们战胜了强大的侵略者。

荷兰历史学家约翰·赫伊津哈（Johan Huizinga）在他的著作里探究了中古时代人们的内心世界。在君士坦丁堡，天使和魔鬼的故事早已经浸入市民们的日常生活。现实和奇幻世界之间往往只有一线之隔。恶魔、妖精和女巫的存在，一如你家隔壁的房子那样真实。人们往往能从天空中云彩的形状解读出上帝的意志，也可以从街道上的阴影、疯狗的血盆大口或是疯人的妄言里寻找到恶魔的踪迹。

我是一个历史爱好者，并不是专业的历史学家，因此我更倾向于从这些故事的表面出发，设身处地走入中世纪人们的精神世界，像他们那样，用"宇宙共鸣"（一种古老的哲学思想，认为同时但是异地发生的事件之间会存在某种因果联系。——译者注）的理论去解释身边所发生的一切。从他们的神话和想象中，我试图去理解他们的烦恼、焦虑和深埋心底的渴盼。

在许多流传千古的故事里，不仅有真实的历史事件，也充斥着神话故事和杜撰文学。很多历史上真实存在的人物都被夹杂在传说野史中，就像仁善的修女圣伊琳娜（St Irene），她在宗教传说中能够飘浮在空中。著名的狄奥多拉皇后（Theodora）的故事更是脍炙人口。这位古代世界威风凛凛的皇后，在发迹之前的职业是妓女和喜剧演员，她的父亲则是一位卑贱的训熊师。查士丁尼时代的宫廷历史学家普罗柯比极其详细地描写了狄奥多拉是如何不知廉耻地在公共场所淫乱的。他笔下的秘史栩栩如生，深刻地影响了世人对狄奥多拉的看法。然而今天我们都已经知道，罗马的历史学家总是喜欢把那些拥有权势或是极富智慧的女人描写成投毒者或妓女一类的角色。所以，我们不禁要问，狄奥多拉皇后的这些荒唐故事到底是真是假？可惜，没有人能回答。

XIII　许多改变世界的伟大人物留下了传奇的故事，比如君士坦丁大帝（Constantine the Great）在决战前夜看到上帝显圣并从此皈心基督教。我们不知道这究竟是君士坦丁的梦境，还是他因为紧张焦虑所产生的幻觉，或者说这个故事根本就是胡编乱造的。许多罗马皇帝都留下了令人啼笑皆非的绰号，比如查士丁尼二世皇帝（Justinian II）被称为"被剜鼻者"，相传是因为他被叛变的士兵毁容了；君士坦丁五世皇帝（Constantine V）被称为"臭虫"，据说是因为他在洗礼的时候不知何故弄脏了圣水。这些故事流传已久，但它们的真实性仍然让人无从判断。

但有一些令人匪夷所思的传奇却是真实的，它们和这座城市一起流芳千古，举世闻名，比如世界上最壮美的教堂——圣索菲亚大教堂，以及君士坦丁堡屹立千年的守卫者——狄奥多西墙（Theodosian Walls）。时至今日，我们仍然可以瞻仰这些古迹。假如它们早已归于尘土，如今仅仅留下文献描绘它们的雄奇壮丽，那我们或许会以为这些不过是夸大的宗教宣传，甚至像传说中的巴别塔（Tower of Babel）一样，只是人们幻想的产物。但幸运的是，今天这些建筑仍然被保留在伊斯坦布尔古城的中心，与我们熟知的金字塔和悉尼歌剧院一样真实。

有时候一个故事看起来太完美，人们就会理所当然地怀疑它的真实性。现在的历史研究让我们不得不相信，许多振奋人心的历史故事，实际上从未发生，都是后人编造的。有时，我也会把这些故事当作茶余饭后的谈资，不过我会告诉人们，这些故事的来源并不可靠。还有一种情况是，现代科学有时也能解释一些曾经让我们觉得荒谬不已的传说，例如，1993 年美国宇航局的科学家就用新的科学发现解释了 1453 年君士坦丁堡陷落之前的天文异象。

从公元 7 世纪起，君士坦丁堡的居民们就用希腊语代替拉丁语作为官方语言。尽管如此，在这本书里，我还是偏好用拉丁方式拼 XIV 写人物的姓名，而非用希腊式的拼写，我希望告诉大家，"拜占庭"仍然是罗马文化的延续，尽管在那个时代，他们已经和台伯河畔的祖先有了很大的差别。西方哲学里有个著名的悖论叫作"忒修斯之船"（the ship of Theseus）。一艘古船因为木头渐渐腐朽而被人不断维修，随着时间的流逝，当船体的每一块木板都被更换过之后，这艘船是否还是最初的那艘船呢？中世纪的罗马帝国也面临相同的的问题，告别了神庙、拉丁语、托加式长袍（togas）甚至是罗马城的罗马帝国，是否还能使用"罗马"这个光辉的名字？我个人认为，它还是应该被称为"罗马"，因为这里的人们继承了他们祖先引以为傲的传统，他们自始至终骄傲地称呼自己"罗马人"。正如忒修斯之船，不管你怎么修修补补，也仍然是忒修斯的那条破船。

在写这本书的时候，我希望读者们能够记住书中人物的拜占庭式姓名，例如"君士坦丁·莫诺马赫（Constantine Monomachus，希腊语，意为单独战斗者。——译者注）"、"君士坦丁·波菲洛格尼图斯（Constantine Porphyrogenitus，希腊语，意为紫衣贵族。——译者注）"或者"君士坦丁·帕列奥洛格斯（Constantine Paleoglogus）"一类的名字。我希望这些皇帝们拥有一目了然的绰号（对于英文读者而言。——译者注），比如"八字胡塞文"或者"无准备者埃萨尔雷德"之类的名字，可惜他们没有。我只好竭尽所能简化这些名字。（在本书的翻译过程中，译者更倾向于使用意译，而非希腊语等语言的直接音译，以方便记忆和理解。——译者注）

我不会说拉丁语、希腊语，也不会说阿拉伯语，所以我不得不阅读经过翻译的历史文献。有时候为了瞬间拔高形象，我会逗我儿子，告诉他，我的土耳其语说得很好。但实话告诉你们，我亲爱的读者，我只会说一句土耳其语，还是从一本廉价导游书上学到的问候语："Gule gule kullanin"。它的意思是，愿你面露微笑。

时间表

公元前 657 年　希腊定居者建立拜占庭城。

公元前 27 年　奥古斯都加冕为第一位罗马皇帝。

公元 73 年　罗马皇帝韦帕芗将拜占庭城完全纳入罗马版图。

公元 203 年　塞普蒂米乌斯·塞维鲁皇帝下令在拜占庭城建立赛马竞技场。

公元 312 年　米尔维安大桥战役。君士坦丁大帝皈心基督教。

公元 324 年　君士坦丁大帝成为罗马帝国唯一的皇帝。

公元 330 年　君士坦丁大帝重建拜占庭城作为帝国新都，并命名为"君士坦丁堡"。

公元 380 年　狄奥多西皇帝颁布法令，宣布基督教为罗马帝国国教。

公元 395 年　罗马帝国分裂，意大利的拉文纳为西罗马帝国的首都，君士坦丁堡为东罗马帝国首都。

公元 410 年　西哥特人攻陷罗马城，八个世纪以来罗马城首次陷于敌手。

公元 413 年　狄奥多西墙竣工。

公元 447 年　狄奥多西墙因地震而部分坍塌。为了抵御匈人阿提拉的进攻，君士坦丁堡的城墙被及时修复并加固。

公元 450 年　西罗马公主霍诺里娅赠送订婚戒指给阿提拉，阿提拉以此为借口进军西罗马帝国。

公元 476 年　西罗马末代皇帝罗慕路斯·奥古斯图鲁斯在拉文纳退位。

公元 527 年　　查士丁尼皇帝和狄奥多拉皇后的统治开始。查士丁尼皇帝的军队开始重新征服西罗马帝国曾经失去的领土，包括意大利、北非和西班牙。

公元 532 年　　君士坦丁堡爆发尼卡暴动。半个城市被毁，数以万计的市民死于暴乱。

公元 532 – 537 年　　修建圣索菲亚大教堂。

公元 541 – 542 年　　来自埃及的老鼠将瘟疫传播到君士坦丁堡，五分之二的市民死于这场灾难。

公元 570 年　　穆罕默德在麦加出生。

公元 610 年　　希拉克略皇帝登基。希腊语成为帝国的官方语言。

公元 628 年　　希拉克略皇帝收复边境失地，奏凯而归，回到君士坦丁堡。

公元 636 年　　雅穆克河战役。阿拉伯人终结了罗马人对叙利亚的统治。此后罗马人又失去了埃及和巴勒斯坦。

公元 678 年　　阿拉伯军队第一次围攻君士坦丁堡失败，被迫撤退。

公元 690 年　　穆斯林军队攻陷罗马帝国非洲诸省。

公元 711 年　　"被剜鼻者"查士丁尼二世被斩首。

公元 717 – 718 年　　阿拉伯陆海军第二次围攻君士坦丁堡。

XVIII　公元 721 年　　罗马帝国收复小亚细亚。

公元 726 年　　"伊苏里亚人"利奥皇帝禁止圣像崇拜。君士坦丁堡发生大规模的宗教景观破坏活动。

公元 800 年　　查理曼大帝在罗马城加冕为神圣罗马帝国皇帝。

公元 843 年　　圣像崇拜恢复。帝国收复部分失地，开始复兴。

公元 976 年　　"保加利亚屠夫"巴西尔二世获得皇位。帝国恢复对叙利亚和希腊的统治。

公元 1054 年　　拉丁罗马教会与东正教会互相开除教籍，引发教会大分裂。

序 言

倘寰宇为一国，则君士坦丁堡必为其都。——拿破仑

注：公版图片/法乌斯托·佐纳罗（Fausto Zonaro）

　　在伊斯坦布尔市法提赫区的郊外，有一条穿越城市主干道的行人地下通道。我和儿子乔伊沿着台阶下行，走了进去。在通道里的砖墙上，我们看到一副颜色鲜亮的巨大壁画。壁画中的主角是一位裹着头巾的骑士，正跨坐在白色骏马之上。在他身后，千军万马旌旗招展，势不可当。在画面中央，牛队正拖着沉重的青铜大炮。

　　我举步靠近，细细端详这幅壁画。我的儿子乔伊却后退几步，

好把整幅画卷尽收眼底。乔伊今年 14 岁，是个身材纤瘦的孩子，有自然卷起的波浪一样的头发，就像我的一样。乔伊似乎更喜欢直发。他热衷于历史故事，总是不断地提出问题。

1

"爸爸"，他猜测说，"这个戴头巾的人，应该是征服者穆罕默德吧？"

"没错，就是他。"

我仔细看了看我的地图，接着四下张望。

"说起来挺滑稽，这幅画的所在地，差不多就是公元 1453 年罗马帝国毁灭的地方。千年帝国就在我们头顶上不远处轰然倒塌。"

"能给我讲讲这个故事吗？"他问我。

好，我们来讲讲这个故事。

✝

1453 年 4 月 6 日，年轻的奥斯曼土耳其苏丹来到了君士坦丁堡城下。他就是穆罕默德二世（Mehmed II）。他统率着 20 万大军，配有世界上最庞大的青铜火炮。自孩提时代起，穆罕默德就期待着有一天能占据这座伟大的城市。而一旦将君士坦丁堡纳入版图，他王国的版图会变得完整，并且年轻的苏丹甚至能宣称自己拿下了整个罗马帝国。

穆罕默德的大军从首都埃迪尔内（Edirne）出发，沿着古罗马时期修建的大道行进了好些天。他们在距离君士坦丁堡的巍峨城墙大约四分之一英里的地方安营扎寨，部署了火炮阵地。随军工人打桩修筑起了栅栏。一位奥斯曼观察家对这支军队的规模赞不绝口，他把不计其数的兵士比喻成流动着的钢铁河流，又茂若天上的繁星。在奥斯曼大军队列的前方至中间地带，安置着穆罕默德那气派、带有金红相间装饰的巨大帐篷，在那里，他将目睹那些从埃迪尔内长途跋涉运来的重型火炮开火的威力。

那天夜里，土耳其人点起了星罗棋布的篝火。在高高的城墙上，城市的守卫者们眼看着土耳其人的营帐沿三英里的城墙一路排开，伸展到他们目所能及的远方，心中难以置信，陷入了深深的恐慌。

君士坦丁堡是一座年深日久，饱经沉浮的城市。一方面，11个世纪以来，它都是东罗马帝国的首都，可到1453年，"帝国"之名早已名不副实。东罗马帝国在君士坦丁堡城外的领土所剩无几，罗马人苦苦维系的只有这座今不如昔的古都。而另一方面，这座君士坦丁大帝于11个世纪前命名的城市，即使风雨飘摇也仍然代表着罗马之名昔日的光华。它依旧被人们视为世界权力的中心，视为第二罗马。穆罕默德亲自在城墙前激励麾下的穆斯林战士，他预言道："此城必破，真主保佑征服者，真主保佑土耳其军队！"

✝

君士坦丁堡曾经是历史学家口中"拜占庭帝国"（the Byzantine Empire）的首都。但"拜占庭"（Byzantine）这个词，仅仅是史学界一种简便的称呼，是这个帝国灭亡之后才被人生生造出来的。所谓的"拜占庭人"从来没有使用过这个词汇，他们一直都称自己"罗马人"，并认为自己是震古烁今的古罗马文明的真正继承者。在他们心目中，自己的祖先曾经统治着从英格兰北部到叙利亚沙漠，从直布罗陀的海格立斯之柱（Pillars of Hercules）到多瑙河的广袤土地。君士坦丁堡的君主们，都以自己能够继承历任先祖一路追溯至奥古斯都大帝的伟大事业而无比骄傲。

在奥古斯都的（Augustus）年代，罗马城是帝国无可争议的心脏，毕竟帝国的名字都来源于此。历经世纪更迭之后，这座永恒之城的重要性逐渐降低，无论从行动部署的意义还是拥有的财富数量来看，它都离当代的关注点太过遥远。公元330年，君士坦丁大帝重整朝纲，并往东迁都。他为新都精心选址，最终看上了狭小的希腊故城拜占庭。这座城市坐落在三面环海的半岛上，风景秀丽又便于防守，恰巧这里还是欧洲和亚洲的分界线。在这里，君士坦丁大帝得以避开罗马城里的保守势力，建立焕然一新的首都，重建信奉基督教的崭新帝国。最初，他给这座城市命名为"新罗马"（New Rome），但是很快，人们用上了缔造者的名字，改称这里为"君士坦丁堡"（Constantinople）。崭新的帝国都城如此雄伟壮丽，以至于每一个远道而来的参观者都赞叹它是天堂在人间的倒影。

东罗马帝国的往事渐渐被西方人遗忘。课堂上，老师告诉我们，罗马帝国在公元476年灭亡，那一年，还未成年的西罗马皇帝罗慕路斯·奥古斯图鲁斯被一个日耳曼酋长废黜，早早就不在其位。西罗马帝国灭亡之后，东罗马帝国还以君士坦丁堡为都城顽强地坚持了一千多年。她跨越的漫长年代呈现出美丽的弧度，一端连接着古典时代，一端连接着地理大发现。当西欧人还在黑暗时代的苦痛中挣扎时，君士坦丁堡却光芒耀眼，她是罗马律法、希腊文化以及基督信仰的重要守护者。

世界上最负盛名的防御工事保卫着这座城市。君士坦丁堡所在的半岛楔入马尔马拉海和博斯普鲁斯海峡，三分之二的城市都被海水包围。敌人的陆军如果想攻打这里，只能从城市西面的陆地上进攻。而在那里，入侵者将不得不面对石砖墙和防御塔构成的三层大面积工事，这些防御措施在中世纪可谓世界奇观。

在这牢不可破的城墙背后，罗马人也发生着不可思议的改变，就如同海洋生物进化出陆地行走的本事那样离奇。到了 1453 年，他们和古代罗马人已经没有什么相似之处。人们渐渐不再使用拉丁语，转而使用在东地中海地区流行的希腊语。崇拜朱庇特（罗马神话中的宙斯神。——编者注）、黛安娜和萨图恩诸神的原始宗教被废除，罗马人变成了虔诚的基督徒，甚至不惜为了复杂的神学问题斗得难分难解。尽管如此，罗马人从未割裂祖先光荣的传统，他们所做的一切仅仅是合乎时宜的改变。对他们来说，继承罗马昔日的传统远远比改弦更张更为重要。他们仍自称罗马人，称呼自己世代居住的地方为"罗马的土地"①。在他们内心深处，"罗马"是一种传统精神的共同遵守，它并非一个地理概念。这就好像今天的澳大利亚人虽然居住在亚洲东南方的大陆上，却仍把自己看作西方人一样。

到 15 世纪的时候，君士坦丁堡已步入迟暮之年，她目睹了太多时代变迁，历经了太多悲欢离合。伟大的荣耀经不起挥霍，她的宝藏已被人盗走，散落在西欧各国。她流失了大量的人口，帝国都城与一个破败的城邦相差无几。高墙环绕的城区早已不复存在，取而代之的是萧条的农田和果园。

在 1453 年穆罕默德二世兵临城下之前，奥斯曼土耳其人已经占据了君士坦丁堡周围的土地。在伊斯兰世界的海洋中，这座基督之城宛如一座惊涛骇浪中的孤岛。尽管如此，君士坦丁堡的罗马气息依旧隐隐发亮。在那个时代，整个基督教和伊斯兰世界仍然不约

5

---

① 罗马人称他们的国土为"Romania"，与现代东欧国家罗马尼亚的英文名字相同。现在的罗马尼亚，当年属于罗马帝国的达契亚行政省。

而同地信奉，"罗马皇帝就是世界之主"。所以，穆罕默德决心占领这座城市，从而加冕为世界之王。

此时此刻，孤立无援的君士坦丁堡只能征募到 6000 名守军。男女老少，甚至修女和教士都被动员起来，去到城墙协助保卫这座城市。

布拉契耐宫坐落在城市西北角的高墙之上。1453 年春季的一天，皇帝从塔楼的窗口望见土耳其军队正沿着城墙排开包围阵势。随后，他带领着随从的幕僚离开宫殿，在罗曼努斯门附近——城墙防御系统中最薄弱的部分，建立了自己的指挥所。时年 48 岁的他将成为最后一位罗马人的皇帝。他的名字是君士坦丁十一世·帕里奥洛格斯（Constantine XI Palaeologus）。

对君士坦丁十一世皇帝和他的臣僚们来说，此番的前景有很多不同的预言，其中最著名的一则来自美多迪乌斯（Methodius）。这位神学家曾经预言说，君士坦丁堡的毁灭将引发世界末日。在这个启示录中，被地狱之门封印在世界边缘千年之久的歌革和玛各（Gog and Magog）率领的恶魔军团将降临人间，而最后一位罗马皇帝将肩负重任，他会在惨烈的末日之战中屹立不倒，最终战胜邪恶力量。而在一切尘埃落定之后，他将前往耶路撒冷的圣地各各他山（the hill of Golgotha），将皇冠置放在圣十字架之上。[1]最终皇帝溘然长逝时，十字架和皇冠也将一起升入天堂。

这个预言在君士坦丁堡的市民中广泛流传，大家都信以为真。所以，当奥斯曼人的威胁在城市上空如同乌云笼罩时，僧侣和牧师聚集在街角，提醒人们预言中的末日即将来临。但在最后的几周里，市民们开始意识到，他们自己才是这场预言中的主角，宇宙悬而未决的命运掌握在自己的手中。

虽然在敌人面前，守军显得势单力薄，但君士坦丁十一世皇帝并没有屈服于世界末日带来的绝望，他仍然积极准备着最后的决战。尽管情报显示敌人的力量空前强大，但皇帝仍然有理由相信，他能够像自己的祖先曾经无数次经历过的那样绝处逢生。而这一切希望的前提是狄奥多西墙始终固若金汤。

狄奥多西墙是伊斯兰军队面前不可逾越的屏障，"仿佛卡在安拉喉咙里的骨头"。任何前来进犯的敌人都要面对三层平行的防御体系。那是城墙筑成的战壕，城墙从外向内，一层比一层高，而且每一层城墙都拥有敌台、城垛和塔楼组成的防御网络。只要城防布置得当，守军可以抵抗十倍于自己的入侵者。然而这一次，罗马皇帝的防御稀疏乏力、捉襟见肘，穆罕默德带来了新时代的攻城武器，由 50 头牛和 200 人拖动的青铜巨炮。这是当时世界上最大的火炮，足以在狄奥多西墙上轰出缺口。

7

1453 年，攻占君士坦丁堡的形势看起来似乎前途未卜，既让人感到难有胜算，又让人揣摩势所难免。

†

西罗马帝国的历史在内外交困中屈辱落幕，而一千年以后东罗马的灭亡，却是不折不扣的悲壮史诗。至少西方人是如此看待的。但在土耳其人看来，征服君士坦丁堡却是欢欣鼓舞的时刻，它意味着这座破败的城市将成为新的信仰圣地和冉冉升起的帝国新星。

我和儿子在这条肮脏的地下通道里发现了描绘穆罕默德和土耳其军队的壁画。这幅土耳其宣传品展示了他们的祖先在 1453 年破墙而入强取世界之都时的辉煌胜利，在那个时刻，真主也许会对他们一族的伟大成就赞许有加。在君士坦丁堡围攻战最后的日子里发生的那些令人难以置信的场景在这幅颜色鲜亮的壁画上栩栩如生。假如不是经历了战役的历史学家、牧师和船上的医生同时记录下了壮观倾覆的相关片段，现代人是无论如何也难以相信这些故事曾经发生过。

但是这幅壁画只记录了故事的一半，他们忽略了勇敢的守城者。与罗慕路斯·奥古斯图鲁斯不同，君士坦丁十一世没有放弃自己的皇冠。他鼓舞自己和人民凭借一息尚存的全部勇气、毅力和智慧，坚持到最后一刻。英勇不屈的守卫者们在末日降临之前，足足抵抗了七个星期。

罗马人的努力最终还是化为泡影，穆罕默德的军队占领了城市，君士坦丁堡随后改名伊斯坦布尔（Istanbul），成为奥斯曼帝国的首都和伊斯兰世界新兴的中心。土耳其人将继续创造自己独特的文明，他们受到先知创立的信仰的启发，同时也受到罗马辉煌榜样的熏陶。今天的伊斯坦布尔是一座繁荣的都市，也是欧洲最大的城市，然而，君士坦丁城的形迹却依然萦绕不散，哪怕是那些不易察觉的部分。伊斯坦布尔的居民们已经习惯，或者说他们根本没有意识到，当年伟大帝国的心魂早已融入他们的生活。

当你了解了这个失落帝国的故事，你会觉得，拜占庭帝国的灵魂在城墙坍塌之际推动着你的精神。当你站在圣索菲亚大教堂金色的穹顶下，或者当你注视着查士丁尼地下蓄水池的阴影时，心中更是弥漫着这种感觉。君士坦丁堡从一隅小城发展成繁荣的伟大都市，又在残酷的暴力中消散如烟，这是我听过的最离奇也是最动人的故事。我希望把这个故事告诉我的儿子。

注：图片由作者提供

第一章 光辉之城

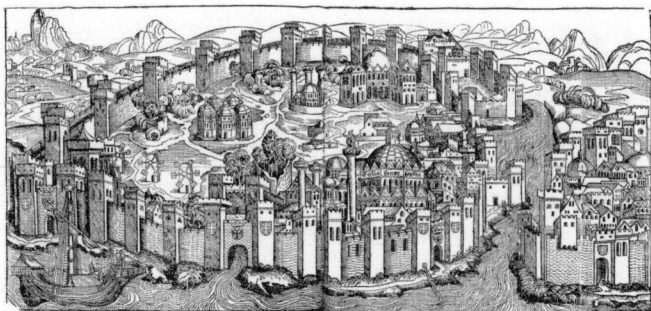

君士坦丁堡，选自《纽伦堡编年史》(*the Nuremburg Chronicle*)（1493 年）

注：公版图片/维基共享资源

第二个苍穹

一千年以前，君士坦丁堡是欧洲最大，同时也是最富有的城市。无论是城市的规模，还是陈列的富丽堂皇抑或构造的复杂程度，都是其他城市所望尘莫及的。50 万居民生活在这里，伦敦或者巴黎的人口还不到这里的十分之一。在那个西欧还深陷贫穷和愚昧的黑暗年代里，君士坦丁堡的市民们却享受着都市生活。他们能从大理石铺砌的广场集市购买来自异域的商品，也能在世界上最大的赛马场里为自己支持的赛队欢呼。学生们在大学和法学院里学习知识。妇女们可以去女子学校接受教育，而且她们如果生病了，还能在医院里接受女医生的治疗。城市的图书馆里珍藏着希腊和拉丁作家的珍贵手稿，还有在别处已然散失、遭到毁损的哲学、数学和文学古代典籍。

君士坦丁堡是那个年代最伟大的奇迹。她是帝国的首都，也是商业的中心。她是神祇的圣地，也是坚固的要塞。威尼斯商人经过遥远的海路来到君士坦丁堡，当他们看到天空的背景映衬着那些金制和铜质的穹顶，还以为那是博斯普鲁斯海峡迷雾中的海市蜃楼。第一次到访的旅行者无不因城市定格于历史里的宏大规模和壮美景观感到震惊，就像坐船驶入曼哈顿的欧洲农民，完全不敢相信眼前幽然浮现的灯红酒绿。

商人从世界各地来到君士坦丁堡。俄罗斯的商船从黑海驶来，带来满仓的鱼肉、蜂蜜、蜂蜡和鱼子酱。波罗的海沿岸的琥珀也被商人带到这里，他们用这种稀奇的货物来换取黄金和丝绸。中国和印度的香料经过陆路运输到达这里，然后再一路销往西欧。

君士坦丁堡是一座圣城，在她的教堂和修道院里珍藏着基督教最重要的圣物，包括荆棘冠冕（the crown of thorns）、真十字架（the True Cross）的碎片、使徒的骸骨以及相传由圣路加（圣路加，著名希腊医生，宗教类代表著作为《路加福音》和《使徒行传》，被部分教派认定为圣人。——编者注）（St Luke）本人参照耶稣本尊所画的基督肖像。虔诚的朝圣者沿着古罗马大道，穿过色雷斯（Thrace），来到君士坦丁堡。通过城墙上的查瑞休斯门（Charisian Gate），沿着市中心人头攒动的梅塞大道艰难前行，路过商户、廊柱竖立且由大理石铺地的广场和住宅街区。乞丐和妓女在街边无所事事地游荡。一位圣愚风尘仆仆，满身污垢，他掀开衣服，让那些正嘲笑他的孩子看到他苦行时留下的伤疤。人们分立在梅塞大道道路两侧，好让吟唱着圣歌的牧师们举着木质的圣像从中间通过。狂热的宗教信徒跟在他们的队列后方，一心期待能够看到木质圣像流泪或者流血的圣迹。

皇帝出巡将导致整个城市的交通停滞不前。手持龙旗的仪仗队走在前面，一边把鲜花撒在前方的道路上，之后是皇家卫队、牧师和臣僚们。唱诗班提高了嗓门，歌声嘹亮："仰望晨星！他的眼眸中有太阳的光亮！"最后，皇帝才会出场，他身着深红色和金色丝绸编织的皇袍，脚蹬高至膝盖的紫色长筒靴，这是荣登帝位者独有的服饰。

12

君士坦丁堡的塔器

注：公版图片/维基共享资源

君士坦丁堡的美丽超乎寻常。从西欧来的旅行者难以在世间找到可比之物来形容眼前的盛景，只能使用他们能想得起来的"金碧辉煌"，或者说它是"第二个苍穹"。

君士坦丁堡正是为这般美喻而生。皇帝、主教和建筑师们希望把这里建设成天堂在人世间的镜像——一座圣城，以达到"神化"（"theosis"，神化，指一种与圣灵合二为一的状态。——译者注）的境界。并通过这种方式，让这座恢宏的城市表达出众人在道德情操上的追求。

对神化状态的虔诚向往，在圣索菲亚圣智大教堂的建造上达到了某种登峰造极的水平。这座教堂建造的速度之快令人震惊——前后不到六年的时间，便告完成。从建成的教堂可以看出，天才的设计师精彩地演绎了拜占庭建筑风格，艺术和科技无间隙地融为一体，观赏效果夺人心魄又令人心旷神怡。

在君士坦丁堡，宫廷礼仪和宗教仪式非常复杂烦琐，有着举足轻重的地位。一位俄罗斯朝圣者记述了皇帝在加冕礼上一丝不苟、缓慢到达宝座前的过程：[1]

> 皇帝行进的队伍缓缓前移，从大门走到安放宝座的加冕平台足足花去了三个小时。其间，合唱团优美空灵的歌声超乎想象。皇帝登上平台，披上尊贵的紫袍，戴上半环形的头饰和锯齿形的皇冠……谁能尽述这整个过程的优美啊！

圣索菲亚大教堂门外的穹顶建筑中伫立着米利安里程碑（Milion）。这座金色的方尖碑是东罗马帝国各地计算里程的起始点。在庞大的帝国里，每一条大路都通向君士坦丁堡，它们汇集在这个与众不同的地方，这个被视为天国在人间的心脏的地方。

假如你从君士坦丁堡出发，无论往哪个方向，穷尽一生也走不到一个没有听说过这座久负盛名城市的地方。塞尔维亚人、保加利亚人和俄罗斯人称君士坦丁堡为"沙里格勒（Tsarigrad）"，在他们的语言里，这是"恺撒之城"的意思。中世纪的中国人称这里为

"拂菻"，他们为这里的珍稀造物还有坚实城垣而着迷。挪威和瑞典的维京雇佣兵常年在罗马皇帝麾下的瓦良格卫队中效力。退役之后，他们回到北欧的村庄里，给儿孙们讲述遥远的"米克拉加德"（"Miklagard"，意为大城市，指君士坦丁堡。——译者注）的故事。在他们的想象里，君士坦丁堡就是北欧神话里的仙宫，在梦幻般的宫殿里居住着诸神之王奥丁。以至于连那些没有去过君士坦丁堡的人，也常常会梦到这座城市里发生的故事。这里神圣的建筑和庄严的宗教仪式，使这个国家的人们容易陷入对信仰的热忱。

14

"这样的美景，我们永生难忘。"

基辅罗斯大公弗拉基米尔（Prince Vladimir）曾经统治着信仰多神教的斯拉夫人。公元 987 年的一天，他告诉他的臣僚们，他和他的人民都应当改变信仰，不能再崇拜原始宗教。但他不清楚究竟应当皈心犹太教、基督教还是伊斯兰教。为了寻找真正的信仰，弗拉基米尔大公派出他的亲信前往世界各地，寻找问题的答案。

基辅的使团首先访问了穆斯林国度。待回国之后，使节告诉弗拉基米尔大公，伊斯兰世界里的人们生活得并不快乐。

"他们的宗教竟然不让人喝酒！"使节说，"这对我们的人民来说，管的也太多了！"

大公身边的人也都纷纷抱怨起来："喝酒是每个罗斯人最喜欢做的事情。没有酒精带来的快乐，我们根本没法生活。"

弗拉基米尔又召集了犹太人的代表，他询问他们的家乡在哪里。

"耶路撒冷。"犹太人们异口同声。

弗拉基米尔想了想，缓缓说道："如果上帝真的眷顾犹太人，又怎会坐视他的子民背井离乡，四处漂泊呢？我可不希望我的人民有一天经历同样的遭遇。"说完，他摆摆手，示意那几个犹太人退下。

没过多久，弗拉基米尔收到了出访君士坦丁堡使团的信件。信中使节们绞尽脑汁地堆砌辞藻，描绘看到圣索菲亚大教堂时有多么震撼：[2]

> 在那里你不知道自己是置身天堂还是身处人间。倘若还在人间，为何一切都如此光彩夺目，美得恍如神仙化境？请原谅我们不能用语言来形容这一切，我们只能向您汇报，在这里，上帝与人们同在，信徒的供奉超过其他任何地方。这样的美景，我们永生难忘。

于是，弗拉基米尔大公来到君士坦丁堡接受了洗礼，他和他的子民从此皈心基督教。作为回报，东罗马皇帝把自己的妹妹嫁给了他。这就是罗斯人皈心正统基督教的故事。

这个故事还有不同的版本。有的说法是，罗马皇帝巴西尔二世（Basil II）向弗拉基米尔请求军事支援，以对抗企图篡夺皇位的敌人。弗拉基米尔同意了，但是他要求迎娶皇帝的妹妹安娜作为出兵的答礼。弗拉基米尔的皈心只不过是促成这桩婚事的必要条件。在第一个故事里，罗斯人因为君士坦丁堡异乎寻常的庄严宗教仪式成为上帝的信徒。而第二个版本里，弗拉基米尔改宗基督教只不过是个简单的政治考虑。但在君士坦丁堡，精神、美学和政治永远都交织在一起。这座城市既展示了基督教的庄严，又显示出罗马帝国的力量，从而让民众受到信仰的感召，对上帝心怀敬畏，同时又不忘对帝国如胶似漆般的忠心耿耿。

在这座城市里，皇帝是居住在皇宫中最神秘的人，他的权威凌驾于教会和国家之上。在君士坦丁堡，皇帝被赋予"天下兵马大元帅（totius orbis imperator）"这一头衔。在古罗马时代，皇帝一般都自视为平等民中的第一公民。然而时过境迁，东罗马的皇帝们开始从神秘感中汲取力量，以巩固自己的权威。宫廷礼仪也因此变得越来越正式和铺张。皇帝本人则精心装扮自己的容颜，披挂点缀着珠宝的华贵长袍，并且要求觐见他的人都匍匐在他的脚下。

16

外交官和歌唱树

公元 949 年的一天，一艘威尼斯帆船驶进了金角湾。船上的乘客中有一位意大利外交官，克雷莫纳的利乌特普兰德（Liutprand of Cremona）。他是意大利国王贝伦加尔（Berengar）的特使。在这位外交官登上海岸后，便将国书递交给了负责接待的罗马官员，请求面见皇帝。

利乌特普兰德的请求得到了允许，他获准通过大赛马场附近的查尔克门（Chalke Gate）前往皇宫。他跟着向导穿过大理石前厅去到宫殿，在金色接待大厅稍等片刻后，两名强壮的宦官用肩膀将他抬起，送到了皇帝面前。

在利乌特普兰德进入这间华丽的八角形宫室的瞬间，他就被眼前的景象给震惊了。他看到一棵镀金的青铜树，树枝上都是内置机械的鸣禽，每一种鸟都会发出与其种属相符的鸣声。利乌特普兰德继续前行，在王座前又看到了另一件奇妙的机械装置。座前的两只镀金狮子自动用尾巴不停地敲打地面，并随着嘴巴的一张一合咆哮作声。意大利外交官抬起头，看见罗马皇帝"紫衣贵族"君士坦丁七世（Constantine VII）身着华美锦袍，正高坐宝座之上，满目皆是珠光宝气。他连忙匍匐在地，按照宫廷礼仪，对着皇帝跪拜三次。

当他再次抬起头时，他意外地发现皇帝的宝座上升到九米左右的高空，皇帝本人则换了身衣服，在几乎触及屋顶的地方居高临下。

如此距离遥远的对话显然效果欠佳。没过多久，宫廷侍者就提醒这位意大利外交官，是时候结束这次会面了，利乌特普兰德礼数周到地退下。皇帝热情地邀请他住在皇宫里，他的行李也被人从船上拿进了宫中。如此的款待让利乌特普兰德感到羞愧，他的主子贝伦加尔国王除了交给他一封信以外，没有让他给罗马皇帝带任何礼物，至于那封信，他心知肚明实属满纸谎言。思前想后，利乌特普兰德觉得最好把一些他的私人礼物献给君士坦丁七世皇帝，作为意大利国王的赠礼。这些礼物包括九副胸甲，七面镀金浮雕装饰的盾牌，几个贵重的杯子和四个被阉割过的少年奴隶。

皇帝收到礼物后龙颜大悦，他邀请利乌特普兰德参加自己在"十九榻宴殿（Palace of Nineteen Couches）"举办的宴会。那里毗邻大赛马场（Hippodrome），皇亲国戚和他们的宾客可以躺在古罗马式的卧榻上饮食。在宴会上，利乌特普兰德又一次目睹了自动化的奇观，他看到盛着食物和美酒的金制托盘被机械装置从房顶直接送上餐桌。

镌刻有"紫衣贵族"君士坦丁七世皇帝的金币

注：公版图片

从公元 330 年到公元 1453 年，共有 99 位皇帝统治过君士坦丁堡。其中，还有过多位女皇，她们有的和自己的丈夫一同治国，有的则是为自己年幼的儿子摄政。只有屈指可数的几位女皇独自掌权，她们紧张地对抗着这个男权社会的一切风俗，稍有不慎，就可能会被打入冷宫或者送进修道院。从这些统治者更替的故事里，我们可以看到人性和权力交握时的人生百态。

每一位罗马皇帝都不仅仅是政治上的领导者，也是人民的精神领袖，是上帝在人间的意志代言人。皇子们从小就被教育，耶稣在奥古斯都大帝统治的时候降临人间，并不是一个巧合。所以，在基督下一次回到人间之前，罗马皇帝作为基督的代表，在人世间行使上帝的旨意。

尽管如此，古罗马共和国的某些传统还是被传袭给了君士坦丁堡。和古时候一样，皇帝必须留神谨记他的统治也应代表议院和人民的心意，绝不可肆意妄为。如果他偏离公众舆论太远，甚至可能会在大赛马场里被五马分尸。

闪烁的烛火

天堂般的城市、被诅咒的君王、机关巧妙的树木、十字军、圣人、漂浮的修女以及永恒的启示，正是这些丰富的故事线索把我和乔伊吸引到了伊斯坦布尔。我们热爱历史，因为它是我们内心平静和喜悦的来源。乔伊很容易被历史故事所吸引，当他还是个孩子的时候，他就喜欢想象自己身处历史长河之中，为此他需要了解在他出生之前，世界上都发生过哪些故事。和我一样，他也被古罗马的故事所呼唤吸引。

不知为什么，相比面对面的交谈，男士们更喜欢在并肩前行时天南海北地聊天。在乔伊还很小的时候，我就经常带着他去散步，而他也经常见缝插针地问我关于纳粹或者工业革命的问题。在他12岁的时候，我们的话题变成了日俄战争和古巴导弹危机。

乔伊从学习历史故事的由来中收获了自信，这是他在课堂上不容易得到的感受。毫无疑问，他是个聪明的孩子，但在他刚入学的那一年里，还是遇到了一些困难。说来有点怪，他不太愿意学习写字。所以，当他不得不在课堂上写字的时候，他总是故意从右往左书写。不论是拼写字母还是组词造句，他都颠三倒四。很快，乔伊就沦为班里的差生，还一度被诊断出了轻微的失读症（不能认识和理解书写的或印刷的字词、符号、字母或色彩。——编者注）。

和其他失读症患者一样，乔伊不喜欢读书，与之相反，他总是喜欢不断地提问题，通过这样的补救方法，他指望学到那些我们从书本阅读中得来的知识。相比科学知识，我更擅长历史故事，但不论乔伊问我什么问题，我都会小心翼翼地认真回答。这也使我想起了自己的父亲，他是我的榜样。在年幼无知的我提出种种问题时，他总是耐心专注地告诉我，他能想到的最佳答案，来为我排疑解惑。

对历史的热爱有时候会让我们从眼前的急事中分心。但假如对历史的来龙去脉一无所知，我们就会迷失在时空的长河中，不知自己身处何处，我们的思想也会就此裹足不前。孩子们对历史感兴趣无疑是一件可喜的事情，这种兴趣往往发端于一些有关生命的最深沉奥秘，因而更具哲学意义，比如"我们从何而来"。学习历史还让我们懂得，必须从病态的怀旧中醒悟过来。时间如常流逝，在过去的世界里，事情并非如人们相信的那样更为单纯，人性并非更显高贵，孩子也并非更加听话。

《罗马帝国衰亡史》（*History of the Decline and Fall of the Roman Empire*）的作者爱德华·吉本（Edward Gibbon）曾开玩笑说，历史的本质不过是"人类罪恶、愚蠢和灾难的记录簿"。但对我来说，历史则是珍贵的故事源泉，不会耗尽的永恒宝库，也是我用来抵御空虚无聊和忧愁抑郁的最好武器。

20

英国前首相丘吉尔是一名抑郁症患者，他也因此失去了生活中大部分的能量和快乐。为了抵抗抑郁的侵袭，丘吉尔专注于了解历史，著书立说。他曾说过："你能向后看多远，就能向前看多远。"以此表明鉴往知来的重要性。丘吉尔撰写的史书也许不够精准，但修史足以让他那躁动不安的灵魂平静下来。他在下议院发表内维尔·张伯伦的悼词时，诗意地把历史比作灯笼："历史沿着过往岁月的曲折小径磕磕绊绊地前行，发出闪烁的烛光。它总是试图重现往昔的场景，复原旧日的回音，并且用它微弱的光束照亮昨日时光中翻滚着的激情。"

那些试图追寻罗马历史轨迹的人，或许要提着"灯笼"在时空中穿梭良久。而在几个世纪的岁月之中，罗马人发生了好几次脱胎换骨的剧变。

关于罗马史的五个段落

罗马人最早可以追溯到居住在帕拉丁山麓（Paladin Hill）的农业部族。他们在雨水中喃喃自语，向天神朱庇特祈祷。其间，有七位颇具传奇色彩的国王曾经统治过他们，直到有一天王冠落地，罗马人建立起共和国。从那时候起，灯火被点燃，罗马进入荣耀时代。善战的罗马人击败了拉齐奥（Latium）地区的其他部落，又在不断扩张中征服了北面的伊特鲁里亚人和南部的希腊殖民城邦，将整个意大利半岛置于自己的统治之下。

随着罗马的强大和繁荣，罗马人逐渐接受了希腊式的复杂服饰、语言和文化。他们征服了西西里岛，从而揭开了与北非海岸强国迦太基生死大战的序幕。作为报复，迦太基名将汉尼拔率领他的士兵和战象翻过了阿尔卑斯山，这让罗马险些灭亡。但罗马人还是挺过去了，他们重整旗鼓并连番收复。最终，迦太基被罗马彻底消灭，罗马人的统治越过了地中海。然而，版图的扩张和权力斗争的紧张关系最终动摇了共和制度。罗马内战频发，却解决不了任何问题。

灯光照亮历史的长空，几位最杰出的罗马人物登上历史的舞台。他们是独裁者尤利乌斯·恺撒（Julius Caesar），将军格奈乌斯·庞培（Pompey Magnus），诗人和演说家西塞罗，还有惨淡收场的恋人马克·安东尼（Mark Antony）以及埃及艳后克莱奥帕特拉七世（Cleopatra Ⅶ）。但这些鼎鼎大名的人物在屋大维伟岸的身影前都显得黯然无光。屋大维在表面上保留了共和国体制，可实际上却扼杀了共和制度的灵魂。他大权独揽，获得"最高统治指挥"的称号。而罗马元老院为了感激他结束长达数十年的内战，又授予他"奥古斯都"和"尊贵者"的称号。在奥古斯都大帝去世之后，几位不称职的皇帝接连继位，他们是提比略（Tiberius）、卡利古拉（Caligula）和尼禄（Nero）。再往后，五贤君的统治让罗马帝国达到前所未有的辉煌巅峰。她的领土不断扩大，西起约克郡，东到美索不达米亚的土地都尽收罗马人的统治。

五贤君之后的55年里，到处都是战争和混乱。先后有26位皇帝登上宝座，而他们的结局几乎无一例外，都是遭遇刺杀或者战死沙场。帝国开始分裂，形成了三个部分。戴克里先（Diocletian）皇帝统一了分裂的国家，而这时罗马的疆域已不似从前。基督教出现在罗马的土地上，起初，只有少数人信仰并遭受迫害和压制。渐渐地，不止低贱的奴隶信仰基督，士兵甚至高级官员们也开始皈心基督教。君士坦丁大帝尊基督教为国教，并把罗马帝国的首都迁到东方的拜占庭城，而后建成了君士坦丁堡为后人所知。

罗马城渐渐衰落，先后两次被蛮族占领。最后一位西罗马皇帝在屈辱中退位，罗马帝国的传统和盛名则在东方的国土上被继续保留。历史的灯光变换色彩，罗马人变成了君士坦丁堡城里说希腊语的基督徒。帝国盛极一时，但又在侵袭的穆斯林大军兵临城下时瑟缩起来。历经征服、灾害和战败的往复之后，罗马人恢复了元气，得享300年的太平，直到西方的十字军毁灭了君士坦丁堡。1453年，罗马人的历史终于走到油尽灯枯的一刻，在最后勉力照耀的灯火摇曳之下，罗马的统治史永远地结束了。

对于我和年仅14岁的小历史迷乔伊来说，罗马的故事足够填满我们的想象力。在犹太人和澳洲土著的文化里，每个孩子都要参加历史悠久的成人礼，以此作为他们长大成人的标志。而作为英国人后裔的我们，并没有这样的文化传统，因此一个计划浮现在我的脑海里。我要带着乔伊进行一次历史之旅，从罗马城去到伊斯坦布尔的"新罗马"，我们将沿着狄奥多西墙漫步，从马尔马拉海步行到金角湾，在东罗马帝国轰然倒塌的地方结束这场父子为伴的冒险旅程。

我听说犹太教的成人礼其实对孩子并没有多少好处，却能帮助父母认识到他们的孩子已经长大，不再是无助的婴孩，终有一天会离开小窝，振翅高飞。而这也是我如此热忱地期待带着乔伊进行一场成人礼式探险的原因之一。我想，我和乔伊都能从中获益匪浅。

乔伊是个安静懂事的孩子，对事物充满了好奇和探索之心。我很清楚，他将是一个很好的旅伴。我自私地想要和他一起旅行，一同享受整整一个月都完全沉浸在古代世界的遐想中，毕竟，总有一天，乔伊会长大，到那时他就会独自一人出发去旅行。

我之所以花了些时间解释，为什么我计划和乔伊两人的父子旅行，是因为我的妻子凯姆（Khym）和女儿艾玛始终不清楚，为什么我没有邀请她们一同前往。这实在是情理之中。我告诉她们，父子就应该单独旅行至少一次，如果她们愿意，我也会完全支持她们计划一次类似的母女旅行。我竭力平抚她们的焦虑，也好让自己心安，毕竟这次我没能带着她们一起登上飞机。

†

东罗马帝国早期的故事基本无外乎三位伟大的皇帝，君士坦丁、查士丁尼和希拉克略。他们中的每一个人，都曾经站在世界权力的巅峰。他们的婚姻充满争议，充斥着谋杀、乱伦和如火一样的激情。在他们漫长的人生中都经历过惨痛的失败。但最重要的是，没有哪位皇帝像他们那样，毅然改变了历史前进的方向，给后世留下巨大而深远的影响。

为了讲述君士坦丁大帝和新罗马的故事，我和乔伊决定从古老的罗马城出发。我们将在米开朗琪罗设计的庭院里，寻找那位以其名字命名"诸城女皇"的人之踪迹。

24

第二章　从罗马到拜占庭

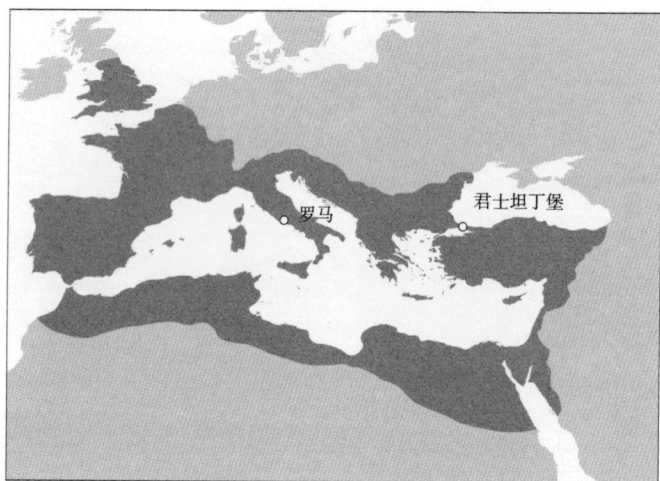

公元 330 年，君士坦丁堡建成时的罗马帝国版图

巨人像

　　乔伊正抬头注视着墙边柱台上的巨人头像。此刻，我们站在卡比托利欧博物馆（Capitoline Museum）的院子里，在我们身边陈列的是君士坦丁大帝巨大雕像的碎片。巨大的头像由白色的大理石制成，高达 2.5 米，它的重量足以砸碎一辆大众汽车。用传统的审美

眼光来看，头像的面孔算不上英俊，鹰钩鼻稍显突兀，下巴上的腭裂也缺少美感。但这脸庞透露出帝王的高贵，还有深邃安详的表情，却给人留下了过目不忘的深刻印象。头像旁边是君士坦丁强壮健硕的臂膀，另一侧是虔诚指向天堂的左手。人们不禁唏嘘，他召唤的神灵究竟是谁？是基督徒的上帝？抑或是他自己？

25

君士坦丁巨像，卡比多利欧博物馆，罗马

注：图片由作者提供

　　这座雕像刻画出坐在宝座上的君士坦丁大帝，有四层楼那么高。它伟岸的身姿每天提醒过往的罗马人，别忘了这位皇帝的伟大成就。雕像毫不掩饰它的主张——君士坦丁大帝是有史以来全世界最具历史影响力的人物之一。历史学家们总是把他与耶稣、释迦牟尼和先知穆罕默德相提并论。[1]直到今天，我们所有人的生活，还都未远离他1700年前所作所为的影响。

　　"君士坦丁"这个名字的字面意思是坚韧不拔或者稳定不变，

而君士坦丁大帝本人也确实是一个这样的人。在年复一年的南征北战中，他极富耐心地一步步蚕食对手的势力，直到自己登上权力的顶峰。他曾是一位杰出的军事领袖，甚至可以说是一位有些老式的罗马将军。为了实现眼前的目标，他总是坚持不懈、不曾退缩。在他登上皇帝宝座之后，他更多的才能得以显露，这让人们意识到他还是一位锐意进取、目光远大的统治者。

君士坦丁大帝因为他的两大贡献而名垂青史。第一是他建成了君士坦丁堡，即新罗马，也就是今天的伊斯坦布尔。第二是他把东方的小众信仰基督教转变成罗马这个泱泱大国的官方信仰，自此，人类的政治、道德和信仰都一道走上了一条截然不同的道路。如果不是君士坦丁大帝，那么今天的欧洲和美洲大陆，也不会有这么多以基督教为主流信仰的国度。正因为如此，君士坦丁被教廷封为圣人，与耶稣的使徒平起平坐。不过，尽管如此，君士坦丁大帝也只能被称作伟人，而不能算是一个德行出众的人。

†

君士坦丁的父母出身低微。他的父亲是一个军官，因为肤色苍白而被人称为君士坦提乌斯·克罗鲁斯（Constantius Chlorus）（意为苍白的）。君士坦提乌斯身强力壮、野心勃勃又聪明过人，一群同样优秀的年轻军官也因此和他称兄道弟。这些来自伊利里亚坚韧不拔的小伙子们，在战场上建立功勋，并且将罗马帝国从长达三个世纪的死亡漩涡中解救出来。

一天夜里，君士坦提乌斯在比提尼亚的一个小酒馆里邂逅了一位名叫海伦娜的女仆。他们彼此发现，对方佩戴着和自己一模一样的银手镯。两个年轻人因此相信，是神的意志让他们在这里相遇。

于是他们坠入爱河，并结为连理。从此，无论君士坦提乌斯随着大军行进到哪里，海伦娜总会伴随左右。公元 272 年，在今天属于塞尔维亚的尼什城里，他们的儿子君士坦丁出生了。

后来，君士坦提乌斯被提拔为皇帝私人卫队的成员。公元 282 年，他被指派为达尔马提亚（Dalmatia）的总督。但他的好运还没有结束。仅仅两年以后，他在皇家卫队的老同事戴克里先戴上了罗马帝国的皇冠。

戴克里先皇帝的加冕，标志着多年来内部战争、外族侵扰和经济动荡等多种因素带来的国家危机告一段落。新皇决定对原有的体制进行一次彻头彻尾的改革，他意识到以他个人的力量实在难以实现自己伟大的抱负。于是，他昭告天下，新的帝国将由两名皇帝共同统治，每位皇帝都享有"奥古斯都"的头衔。戴克里先皇帝本人将亲自治理经济繁荣、人口众多的东部地区，为了方便统治，他将自己的都城设在小亚细亚的城市尼科米底亚（Nicomedia）。帝国的西方部分则交给皇帝最亲密的朋友，同时也是最忠诚的将军马克西米安（Maximian），在米兰管理。 27

没过多久，戴克里先和马克西米安又继续细分了权力。两位奥古斯都都各指派一名"副皇帝"，并授予他们"恺撒"的称号，让他们分担自己的工作。这个行政体系在史书上被称为"四帝执政"。

公元 289 年，君士坦提乌斯与海伦娜离婚，另娶马克西米安的女儿狄奥多拉。这段政治婚姻为他当上西罗马的恺撒扫平了道路。而海伦娜和年仅十多岁的君士坦丁被送到东部帝国戴克里先位于尼科米底亚的皇宫里。从此，君士坦丁有 12 年没能见到自己的亲生父亲。

君士坦丁在尼科米底亚过着养尊处优的生活，并且从小就接受了文学和哲学教育。但他实际上只是一名人质，戴克里先需要把他控制在手里，以保证君士坦提乌斯忠诚效命。公元 297 年，25 岁 28

戴克里先王朝的四位皇帝

注：创作共用图片/尼诺·巴比里（Nino Barbieri）

的君士坦丁第一次踏上战场，跟随东部帝国傲慢的恺撒伽列里乌斯（Galerius）征讨波斯。自然，年轻的君士坦丁很快想到，戴克里先皇帝是打算培养他有朝一日接替他父亲的职位。

32 岁时，君士坦丁的儿子出生了。他和妻子米涅维娜给孩子起名为克里斯普斯（Crispus）。在那时，人们普遍认为君士坦丁是一位细心呵护孩子的慈父。

在尼科米底亚，君士坦丁开始了他人生中的第一堂政治课。他只需要观察戴克里先皇帝和他大臣的所作所为，就可以学会如何应对纷繁复杂的政治问题。戴克里先皇帝试图像管理军营那样秩序井然地重新建立罗马的行政系统。这位军人出身的皇帝喜欢整齐划一的队列、整洁有序的军营和上命下行的清楚指令。为防止封疆大吏的叛乱威胁，戴克里先把帝国的行政区域分成更小的单位。每个省份的军事和政治权力也被分离，公爵负责指挥军队，皇帝的代理人则负责监管民政事务。

由于戴克里先之前的倒霉皇帝们均无休止地铸造货币，以应付入不敷出的财政危机，这就造成了严重的通货膨胀。因此，戴克里先一如既往地果断采取行动，他使用强硬手段控制物价，对每一种商品都设置了一锤定音的官方限定开门价，包括面包、葡萄酒、牛肉、谷物、斗篷、香肠和鞋子。[①] 他还限制农民的迁徙，把他们与土地捆绑在一起，还有很多的专业工作也变成世代相传的职业。他制定的税收政策鼓励人们开发大规模、自给自足的产业。他本想恢复古代罗马的传统，却意外地把罗马带入了封建时代的新纪元。

尽管戴克里先是一个保守的人，但他认为有必要重塑罗马皇帝的权威。他抛弃共和国时代那些虚饰的道德标榜，干脆称自己的皇权为天神赋予，无上神圣。他是神灵在人间的挚爱，是朱庇特在凡间的化身。他脱下了军装，换上华贵的紫色丝织长袍和点缀着红宝石的便鞋。在宫廷典礼上，这位昔日的战士彻底改变了形象，出现在心怀敬畏的臣众面前的他妆容精致，头戴璀璨的冠冕。每一位来访者都必须跪行至他面前，亲吻他的长袍。

君士坦丁目睹了戴克里先是怎样从一个农民出身的战士转变成了天神化身的皇帝。他发现，只要合理地声称皇权授任乃天命所归，那么皇帝的权威性就将得到极大的提高。毕竟，在那个时代有谁敢不遵神意呢？

29

---

① 当时，市面上最昂贵的商品是染成紫色的丝绸，每一磅售价最高可达 15 万第纳尔，而这个价钱只比一只狮子的价格稍贵。

最后的迫害

公元 299 年，一个问题突然闯入众人的视野。有一天，戴克里先皇帝找来了他的肠卜师①。他们的主要职责是从献祭的动物的内脏中解读出圣灵对未来的预言。起初，那天的情形和往常一样，献祭的动物在皇帝和他的随从们面前按照仪典的规范被宰杀，肠卜师取出内脏开始研究。这时奇怪的事情发生了，只见肠卜师满脸茫然，喃喃自语，说神灵没有给出任何预言，因此他无从解读。戴克里先赶忙询问原委。

"陛下，"肠卜师解释道，"我不得不说，开始占卜的时候，我看到您家族中的基督徒在画十字。我相信是这些行为触怒了神灵，他们因此缄默不言。"

皇帝当场震怒。他回到宫中便宣布，每个人都必须献上祭品来平息神灵的愤怒。如果有谁胆敢不从，那将受到鞭笞的惩罚。戴克里先相信这次事件并不仅是鲁莽失礼的个人行为，而且是基督徒的蓄意破坏，这种行为对帝国安定的危害甚至超过蛮族的军队。在他看来，神灵的眷顾是帝国福祉最重要的保障，因为是经由神的赐福他们才能一统山河。

为了安抚诸神的愤怒，皇帝第二天又赶着下令，让军团里的每一个士兵都要给神灵献祭，违者将被监禁。军队中的很多基督徒本来忠于皇帝，但是他们的宗教禁止他们向皇帝本人，或者被皇帝称颂、保佑罗马富强的万神献上祭品，因此他们的忠诚动摇了。

---

① 肠卜师是一些原始宗教的牧师，他们带着高高的锥形帽子，其样子和现在流行文化中常见的巫师帽差不多。

伽列里乌斯素来仇视基督徒，他怂恿戴克里先进一步处理基督教问题。帝国的行政机器开始运转，以肃清内部的敌对分子。于是，基督徒们被剥夺了合法权利和财产。教堂和圣书被付之一炬。那些不愿意放弃自己信仰的基督徒被活活烧死。为了集中精力完成这些毫无意义的残忍行为，戴克里先不惜搁置了其他各种社会改革。

这次对基督徒的大迫害是人类历史上的悲惨一页，其在政治上导致了与预期完全相反的结果。无辜的人们被从家中拖了出来，在大街上惨遭殴打。而即使那些不信基督的人，也被这样的暴行吓得瑟瑟发抖。皇帝和政府的声望大不如前，人们转而钦佩那些不屈不挠坚守基督教信仰的勇士。偏执的伽列里乌斯对质疑和反对的声音充耳不闻，公然坚持迫害行动，并表现得乐此不疲。可戴克里先却变得闷闷不乐起来，开始对他肩负的帝王责任萌生退意。

公元304年年底，戴克里先皇帝病重，继而从公众的视野里消失了。次年3月，他出现在皇宫中时，看上去面容枯槁，精疲力竭。到了5月的一天，他下旨给他的将军们以及其他的帝国高官，把大家聚集到尼科米底亚北部的一座山丘上，而那里正是20年前他被拥立为皇帝的地方。

君士坦丁默默站在老皇帝的身后。在众人面前，戴克里先皇帝宣布，他做出了一个前朝皇帝们从未做过的决定，他将自愿放弃自己的皇位。与此同时，他告诉大家，他的老朋友，西部帝国的奥古斯都马克西米安也将同时退位。他们将和平地把权力移交给各自经验丰富的副手——君士坦提乌斯·克罗鲁斯和伽列里乌斯。

这也意味着两名新的奥古斯都将提拔两位新的副手进入四帝执政体系。那天，在场的每个人都期待君士坦丁能够成为新的恺撒。宫廷史官拉克坦提乌斯（Lactantius）描写了当时的场景：[2]

众人的目光聚集在君士坦丁身上，无人存有疑虑。在场的军士都拥戴他，他们希望听到他的名字，还在心里为他向上苍祈祷。

出人意料，戴克里先册封马克西米努斯·代亚（Maximinus Daia）和塞维鲁（Severus）为新恺撒。在场的每个人都如遭晴天霹雳。君士坦丁仍然默默站在那里，其他人惊疑不定，诧异自己是否听错了名字。伽列里乌斯当着众人的面，横蛮地推开君士坦丁，把自己身后的马克西米努斯·代亚拉到前排的醒目位置。

两个新任恺撒都是伽列里乌斯的朋党。

君士坦丁被撂到一边，而马克西米安的儿子马克森提乌斯（Maxentius）也同样不能实现跃居高位的梦想。戴克里先皇帝希望建立一个传位于贤的制度，而非帝位世袭制。这恰好也顺了伽列里乌斯扶持两位新恺撒的心思。但实际情况是，君士坦丁和马克森提乌斯都是当之无愧的继任者，这不仅是因为他们高贵的出身，更因为他们皆具有过人的才能。

手握大权的伽列里乌斯清楚地意识到君士坦丁已经跟自己生出了嫌隙，因此严密地监视着他。他不得不提防将来有一天，军队和官僚中的不安定分子会聚拢起来鼓动失意的君士坦丁实现自己的野心。君士坦丁也明白，假如他继续在尼科米底亚待下去，早晚会遭逢某种不测。

君士坦丁每天都小心翼翼为逃跑做着准备。直到有一天夜里，他终于有机会灌醉伽列里乌斯，而烂醉如泥的皇帝不假思索，嘟嘟囔囔地同意了君士坦丁离开皇宫的请求。皇帝刚一入睡，君士坦丁便立刻夺路而逃，他冲进马厩，骑上最迅捷的骏马，连夜绝尘而去。每经过一个驿站，他都设法让那里的马匹派不上用场，这样就不用担心有人能够更换马匹追上他。到了第二天，伽列里乌斯醒来时，君士坦丁已经跑远，再也没法把他追回来了。

终于，君士坦丁来到高卢，同他的父亲会合了。父子俩一起穿越英吉利海峡，到达了远在约克的罗马军营。在那里，他的父亲把他介绍给自己的朝臣。公元306年，君士坦丁率领军队在哈德良长城（Hadrian's Wall）以北与皮克特（Pictish）部落作战，他在战场上表现出的能力给他父亲的部将们留下了深刻的印象。公元306年7月25日，身染重病的君士坦提乌斯·克罗鲁斯驾崩，君士坦丁被当地的高级官员和军团士兵推举为西部帝国的新奥古斯都。

君士坦丁写信给伽列里乌斯，宣布自己登上皇位已成为不可改变的事实。他挑衅般地将自己身着皇帝紫袍的肖像画也附在信里。谁会拒绝那些效忠于自己父亲的军团的推举呢？果然，伽列里乌斯勃然大怒，但是他不得不接受这一转变的事实，以防止发生内战。尽管如此，他还是坚持君士坦丁必须做出妥协，要求君士坦丁不得接替他父亲的奥古斯都头衔，只能成为西部帝国的新恺撒。他还给君士坦丁送去了皇袍，意在提醒后者记住，自己才是那个授予他皇位的人。君士坦丁对这份礼物非常开心，虽然他只能拥有西部副帝的头衔，但他知道伽列里乌斯承认后，整个帝国里将不会再有人对自己皇位的合法性提出质疑。

另一位奥古斯都马克西米安的儿子马克森提乌斯，也关注着君士坦丁胆大包天的举动，心中妒意难平。直到有一天，罗马近卫军中的不满分子突然毫无征兆地找到了他，邀请他出任意大利的皇帝，前提是只要他答应上台后废除一项烦人的税制。马克森提乌斯欣然接受，并且请他退位的父亲前去协调与君士坦丁的关系。马克西米安对君士坦丁开出了自己的价码，他希望把自己的女儿福斯塔

（Fausta）嫁给君士坦丁，以换取后者对自己儿子的支持。君士坦丁接受了这个条件，使马克森提乌斯顺利成为西部帝国的皇帝，统治意大利半岛。这激怒了伽列里乌斯和他的副手塞维鲁。

在君士坦丁迎娶福斯塔时，并不需要与米涅维娜离婚，所以时至今日，我们也不清楚这究竟是因为米涅维娜彼时已经去世，还是他们之前并未完成法律上的婚姻。君士坦丁后来与福斯塔一共生了六个孩子，但是他仍然最为钟爱他和米涅维娜所生的大儿子克里斯普斯，在高卢的时候，他一直把克里斯普斯留在自己身边。

戴克里先皇帝希望四帝执政的制度能够长期运行下去，大约每20年就会换上新的领导人。但事实上，戴克里先自己才是四帝执政中不可或缺的人物，在他退位之后，这个制度很快就陷入了崩溃。新的奥古斯都伽列里乌斯没有足够的权威去约束他的政敌。皇帝们和争夺帝位的野心家们互相攻杀，使得帝国再次陷入一系列内战的消耗中。

戴克里先已经退位，居住在达尔马提亚的宫殿里种植蔬菜。他看到自己苦心建立的新秩序已经难以为继，心中无比惆怅。伽列里乌斯写信给他，恳请他重返政坛并且调停内战的各方。疲惫的戴克里先叹了口气，但还是按照伽列里乌斯的请求出山了。起初，他的努力起到了一定的作用，但没过多久就战火重燃。他的一个老部下也给他写信，乞求他重登皇位，平息国内的纷争。戴克里先是这样婉拒的："如果你能够来这儿看看我亲手种的卷心菜，就不会再对我提出这样的要求了。"[3]

与此同时，他亲手挑选的接班人却朝不保夕。伽列里乌斯正因为一种罕见的肠癌而行将就木。[4]基督教学者拉克坦提乌斯（Lactantius）带着令人恐怖的绘声绘色将这位迫害基督教徒的大刽子手的虚弱和死亡记录在史册中。他仿佛看到了迟到的神圣正义正在惩罚伽列里乌斯："宫墙也阻挡不了恶心的臭味，整个城市都臭气熏天……他的膀胱和肠子的碎片在被蛆虫吞食，血肉模糊。他的身体被不可忍受的痛苦所煎熬，逐渐化成一堆腐肉。"

伽列里乌斯在痛苦中死去，权力斗争在全国范围爆发了。君士坦丁和他在四帝执政体系内外的各种对手进行了长达 18 年的争斗。就像蛊虫那样，强大的势力吞食弱小的势力，只有一股力量能够存活到最后。在这场旷日持久的战争中，君士坦丁经历了一段戏剧性的故事。他觉得，在通往罗马的大门前，他的信仰挽救了他的生命和他的事业。

凯乐符号

公元 312 年春天，君士坦丁率领军队翻越阿尔卑斯山进入意大利北部。这一次，他的对手是马克森提乌斯，他妻子的兄弟。他们本就充满裂痕的同盟关系如今算是彻底破裂。马克森提乌斯在意大利半岛的控制力日渐滑落，君士坦丁决定取而代之。

四十而不惑的君士坦丁不费一兵一卒就占领了都灵和米兰，然后他率领大军沿着弗拉米尼亚大道一路南下，在罗马城外，正对着坚固的奥勒良城墙（Aurelian Walls）的地方扎营。此时的马克森提乌斯早已在城中囤积粮草，并且摧毁了附近的桥梁。很显然，假如马克森提乌斯和他的军队能在坚不可摧的城墙后静静严守几个月，那么即将来临的冬季不可能会放过城外围攻的君士坦丁和他的士兵们。

然而，马克森提乌斯面对自信如君士坦丁的强敌慌了手脚。为了寻求神的指引，迷信的马克森提乌斯通过西比拉神谕（由传说中的古希腊女预言师西比拉在陷入狂乱状态时做出的预言的集合，用希腊语写成。——编者注）（Sibylline Oracles）进行占卜，被告知 10 月 28 日那天"罗马人的敌人"将在战场上殒命。马克森提乌斯理所当然地认为这个倒霉的敌人就是君士坦丁，因此他决定在预言中的那一天出城交战。

据说在大战前夜，君士坦丁曾出现过一次幻觉。与西比拉神谕的预言结果不同，君士坦丁在幻境中看到了清晰直接的信息。他仰望太阳，却看见空中有光彩耀眼的符号。这个符号看上去由"X"和"P"组成的一个类似十字架的形状：

凯乐符号

注：创作共用图片

与此同时，君士坦丁看到天空隐隐约约有这样的文字：

你必将以此获胜！

凯乐符号由两个希腊字母组成，"chi"和"rho"，也就是希腊语中"基督"这个单词的前两个字母。这个符号是广为基督教徒熟知的识别标志。君士坦丁从他的幻境中清醒过来，立刻让他的士兵们把凯乐符号画在盾牌上。准备停当后，他们静候马克森提乌斯率军迎战。

马克森提乌斯选择将战场布置在米尔维安大桥（Milvian Bridge）附近。他匆忙修复了这座前不久刚被自己毁坏过的桥梁，以便让他的军队渡过台伯河（Tiber River）。粗制滥造的浮桥致使木材摇摇欲坠，马克森提乌斯的士兵从上面渡河，很快就与君士坦丁的步兵展开激战。

　　双方激战正酣，君士坦丁命令骑兵向前冲锋，将对手的军队压制在台伯河岸边。马克森提乌斯则命令他的军队后撤到河对岸，打算回到城里重整旗鼓。可就在这时，浮桥上拥挤的人马把桥压垮了，台伯河里满是溺水的士兵，他们挣脱不开沉重的盔甲，纷纷沉入河底。

　　马克森提乌斯和他的卫队则被困在另一边的河岸上。他们殊死战斗，但还是被君士坦丁的军队逐渐消灭了。马克森提乌斯在逃跑时淹死在台伯河中。他的尸体被从河里打捞上来枭首示众。罗马城城门洞开，君士坦丁的战士行进在街道上。他们把马克森提乌斯的头颅挑在矛尖，以此震慑那些妄图继续反抗的人。

　　终于，君士坦丁夺取了罗马，并控制了整个帝国的西部。第二天，他来到城上接受人群的欢呼。他热情地接受了元老院的赞扬，却出人意料地不愿按照传统感谢胜利女神的眷顾。

37

†

　　在罗马城，我找到了丹妮尔（Danielle），一位古典艺术研究生，同时也是业余考古学家来作为我们的向导。在罗马的废墟里，丹妮尔陪着我和乔伊逛了整整一天，并且不厌其烦地回答我们提出的每一个问题。不仅如此，她还能带我们进到大斗兽场的下层，那里曾经用于安置角斗士、奴隶和猛兽。但现在，只有我们三人在那里感受着阴冷潮湿。

　　乔伊指着墙上混凝土中雕刻着的一排圆柱形凹槽。

　　"这些凹槽是做什么用的？"他问。

"这些凹槽曾经被用来固定绞车的轮轴，"丹妮尔解释道。"奴隶们转动这些轮轴来操纵'电梯'平台。"

罗马圆形大剧场的地下室场景。

注：图片由作者提供

"罗马人有电梯?!"乔伊不敢相信。

"这很有戏剧性。角斗士和猛兽从地下室被升上地面，送进竞技场。"

"然后他们就被杀死了。"

"事实上，"丹妮尔说，"有些角斗士的命运还不错，比你在电影上看的要好些。"

她告诉我们，那些最优秀的角斗士在当时是身价不菲的运动明星，他们过着舒适的生活，在比赛间隙吃着丰盛的食物。受欢迎的角斗士几乎不会在角斗比赛中被杀，因为他们的对手几乎都是不擅格斗的战俘，所以，胜负在比赛开始前就已注定。

斗兽场的房间

注：图片由作者提供

丹妮尔领着我们穿过地下室，来到一个阴森潮湿的小房间，那里曾经关着战俘。顿时，罗马时代习以为常的残酷生活在我的眼前鲜活起来。"如果你是一个农民，住在帝国边缘的某个地方。那么某一天，你会被裹挟进一场叛乱，然后被罗马军团轻而易举地击败。他们把你装在笼子里送去罗马城，然后丢进这个小房间里。然后不知过了多久，有人给你一柄短剑和一面木盾，把你推上'电梯'。复杂的机械装置把你送上竞技场，在那里，6000 名罗马人将为你的死亡而尖叫。有人砍断你的手臂，再一剑将你刺穿，而你则倒在木屑堆里血流不止，一命呜呼。大概就是这样吧？"

"大概就是这样。没错。"

"是谁结束了斗兽场里的血腥竞技呢？"我问。

"君士坦丁大帝。"她回答说。

†

虽然君士坦丁已经准备好颂扬并感谢天主在米尔维安大捷中的帮助。但是他本人对基督教的信仰并不是一蹴而就的，这和圣保罗在大马士革皈心基督的经历截然不同。君士坦丁毕竟是政治人物，他必须考虑到他的子民中还有很多人信仰古老的多神教。

他的胜利纪念碑给罗马人传达了复杂的信号。在那个以宏大规模为美的年代，君士坦丁修建了罗马最大的凯旋门。尽管他相信是基督给他带来了这次胜利，但君士坦丁并没有在这座建筑上明显地表现出基督教的象征，反而雕刻了多神教神灵的肖像，尤其是太阳神阿波罗。

君士坦丁为自己筑起巨像，把它安置在一所大教堂中，也就是我和乔伊在卡比多利欧博物馆看见的那尊雕像。这座教堂原来是马克森提乌斯所建，君士坦丁将它改造成了自己的纪念堂。自从尼禄时代之后，罗马人很少建造如此巨大的大理石雕塑，以前的君王更喜欢为自己建造栩栩如生的真人大小雕像。君士坦丁则希望把自己塑造成一位超越自然，即使是坐在大理石王座上也高达 12 米的巨人。他想要如神一般不可捉摸，俯瞰芸芸众生。① 在雕像的基座上

---

① 要知道，即便是美国华盛顿特区林肯纪念堂里的林肯坐像也仅有 5.5 米，还不足君士坦丁巨像的一半高。

镌刻的题词夸耀着他在凯乐符号神力的相助下拯救罗马城的功绩：在主拯救标志的指引下，依靠善的真实意义，我拯救了你们的城市，从暴君的统治下解放了你们。

君士坦丁从未停止崇拜太阳神，但他对于基督教的神却发自肺腑地由衷感激。他真心诚意地相信天主为他许诺了一场不可思议的胜利，并且当场实现了诺言。现在的问题是，基督教崇尚安贫乐道、宽容忍让以及远离暴力，而他则需要将这些理念转化成巩固帝王权力的意识形态。

✝

君士坦丁凯旋门挡住了夕阳的余晖。"爸爸，你真的相信君士坦丁看见了幻象吗？"乔伊的语气中充满疑惑。

"嗯……我并不是很相信。我想他是真的崇拜上帝，但这要经历一个缓慢的渐进过程。我怀疑这个故事是他多年以后回忆往事时编造出来的，他也许想把自己皈心天主的过程描绘得更富有戏剧性，并且让别人认为他是上帝最好的朋友。"

"可他终究只是一个凡人啊。"乔伊说。

"是的，他只是一个凡人。"我点点头。

✝

41

公元 313 年，君士坦丁已经击败了帝国西部的全部对手。与此同时，伽列里乌斯晚年时的老朋友李锡尼（Licinius）也通过同样艰苦的战斗取得了东方奥古斯都的头衔。他们两人缔结了协定，平分天下。

君士坦丁封他的儿子克里斯普斯为副帝，并且很信任地将高卢的军团交给了他。克里斯普斯率军击败了法兰克人和阿勒曼尼人。相比孤傲浮夸的君士坦丁，人们更喜欢这个亲切而精明强干的年轻人。公元 322 年，克里斯普斯奉命陪同家人访问罗马城，那座君士坦丁并不怎么喜欢的城市。当皇家宗室的人员浩浩荡荡地在古都的街道上前进的时候，人们把最响亮最热情的欢呼声都献给了克里斯普斯，而非他的父亲。

很难想象，像君士坦丁这样给自己树立宏伟巨像的人，会容许帝国的天下有人和他平起平坐。尽管特里尔（Trier）和尼科米底亚之间路途遥远，但君士坦丁和李锡尼却仍然龃龉不断。他们之间的不信任逐渐加深，直到引发了时断时续的内战。最后他们决定全力以赴，誓要与对方展开你死我活的较量。

公元 324 年，君士坦丁进军色雷斯平原（Thrace），征讨李锡尼。他的猎猎旌旗上绣着基督教的凯乐符号。李锡尼把他的军队撤往希腊的小拜占庭城。在这座城市的郊外，君士坦丁安营扎寨，等待克里斯普斯的舰队前来增援。可能就是在这个时候拜占庭城的战略位置给君士坦丁留下了深刻印象，或者，是博斯普鲁斯海峡（Bosphorus Strait）瑰丽的自然风光让他流连忘返。

克里斯普斯的舰队在一周后抵达战场，并粉碎了李锡尼孱弱的海军。克里斯普斯毋庸置疑的领导才能受到各界赞誉。在全国范围内，他的雕像随处可见。他的头像也被铸在帝国发行的钱币上。虽然君士坦丁和福斯塔育有三个儿子，可克里斯普斯却是显而易见的皇位继承人。恺撒里亚的优西比乌（Eusebius）主教曾经谄媚地将他们的关系比喻为"上帝，宇宙之王，上帝之子，人类的救世主"。[5]

李锡尼弃城逃跑，他渡过博斯普鲁斯海峡，但还是在克里索波利斯（Chrysopolis）被追兵捉住。起初，君士坦丁倾向于宽大为怀，不过后来细想之下还是精心设计，杀死了李锡尼。

最终，漫长的罗马内战结束了。君士坦丁所有的敌人都已亡故，帝国又重回和平。现在，从苏格兰到美索不达米亚的广阔土地上只有他一位君王。

在基督上帝之下，是偌大帝国的皇帝。

三位一体

君士坦丁暂时把他的宫廷迁往小亚细亚的旧都尼科米底亚。在巩固了他一人独大的统治之后，君士坦丁决定依靠自己巨大的政治权力，把基督教诸多派别整合成一个信仰系统。这是一个困难却十分必要的任务。不同派别的信仰间存在重大的分歧。尽管早先的宗教迫害带来的外部压力掩盖了这些分歧，但当皇帝把基督教奉上罗马帝国权力的制高点之后，关于基督本性这一复杂问题的争论便爆发出来。

根据《旧约》，上帝是唯一且不可分割的。倘若如此，那么基督徒们又怎能认耶稣为"上帝的儿子"？他到底是降临人间的天父，还是实质上等同于上帝？早期的教会提出了一个优雅的悖论来解释这个问题，即三位一体的概念。圣父、圣子和圣灵是彼此平等的三个位格。但基督徒对于耶稣的本源并没有达成一致，他究竟是与天父不同的人物，还是仅仅类似上帝的另一位格呢？

阿里乌是一位身材瘦高的牧师，来自埃及的亚历山大港。在他看来，耶稣是上帝的儿子，所以耶稣一定从属于天父，这个观点充满争议。阿里乌和他的追随者们绝不接受三位一体的观点，因为他们认为耶稣显然是上帝创造的凡人，与永恒不灭、不可被创造的上帝截然不同。

43

在君士坦丁大帝看来，这一切似乎是神学上的分裂。在写给亚历山大港主教的信函里，他表达了自己的愤慨：[6]

> 我曾经提出要让所有的人们都心怀上帝，让他们对上帝怀有同一的想法。然而，我强烈意识到，我可以让人们因此团结在一起，从而让公共事务的开展变得容易许多。但是，唉……这些神学的分歧看上去如此微不足道，并不值得如此激烈地争论……这些愚蠢的行为简直像是涉世未深的孩子所为，牧师或是任何有理智的普通人都不该如此……

君士坦丁采取措施逐步解决这场争论，他需要争论结果符合自己的心意。于是，他宣布召开一次宗教会议，所有基督教教会的领袖人物都被强制要求出席。公元 325 年春末，超过 300 名主教通过水路或者陆路，从全国各地聚集到了小亚细亚的城镇尼西亚（Nicaea）。

在今天看来，罗马皇帝在宗教教义的细节上花费如此多的时间和精力让人觉得不可思议。但实际上，君士坦丁对宗教的关注并非立足于神学，而是寻找一个政治上的解决方法，去处理戴克里先遗留下的难题。皇帝即神的崇拜时代已经结束，即使戴克里先皇帝也曾为假装自己是朱庇特神的化身而倍感困扰。所以，当这位自称天神的皇帝退休后去种植卷心菜的时候，自然遭到了人们的嘲笑。

对皇帝神性的崇拜已经在帝国销声匿迹，神话光环褪去之后，就再没有了继续驱动帝国发展的能量。这和新中国在毛泽东去世时的境况极为相似。在人民因为丧失信仰而迷茫的时候，政府需要新的政治理念去维护权力的合法性，民族主义和消费主义都可能成为他们的新选择。

如果君士坦丁希望为罗马帝国建立全新的道德基础，那么他就必须以某种形式让宗教变成行政治理上的理念。宗教的思想和价值观需要能解释，为什么是他，君士坦丁，理应统治这个庞大帝国。他需要宗教为帝国提供发展动力、凝聚力和前进的方向。

笃信基督教的统治者当然不能自称为上帝，但是他可以说自己是上帝选出的君主、是上帝在人间的代言人、是天堂的宠儿。君士坦丁和他的继任者们在天堂和人间都处于崇高的地位，他们将天界涓涓流淌的神圣之力收集聚拢，引入凡间去灌溉尘世的一切。

天堂和人间一一对应。皇帝统治君士坦丁堡，周围簇拥着他的顾问、主教和将军，就如同统治天堂的上帝被天使和圣徒环绕着一般。基于这个原因，罗马宗教镶嵌画上的基督形象从来都不是十字架上钉着的可怜人，而是宝座上头戴冠冕的君主。事物的自然秩序是显而易见的，质疑皇帝的权威也就是质疑宇宙间的道德秩序。

45

公元 325 年 5 月 20 日，君士坦丁皇帝召开了有史以来第一次世界范围的基督教大公会议（Ecumenical Councils）。会议首先负责审查阿里乌派的思想。之后，提出了一项对整个帝国所有教会都具约束力的信仰声明。君士坦丁主持了会议，但没有指示具体的进展。争论如火如荼，阿里乌面对与会者的冷嘲热讽和充满敌意的质问，不断为自己辩护。而皇帝则一直冷眼旁观，并没有直接和阿里乌辩论。

当会议结束时，君士坦丁走下主持人的席位，在正对着阿里乌的位置上宣布"圣父和圣子同质"。这个结论以压倒性优势通过。阿里乌和其他两名不同意见者遭到驱逐，阿里乌派则被官方宣布为异端。

聚集在一起的神职人员坐下来敲定了一个将他们团结在一起的信条，就是《尼西亚信经》（The Nicene Creed）。后来，这部经典在历史上多次经修订和改造，但是最初的版本读起来就像一个谨慎的信仰宣言，外加融入了一些好斗的政治纲领，而这正是它的本来面目：

> 我信唯一的上帝，全能的父，
>
> 天地及一切有形无形万物的创造者。
>
> 我信唯一的主耶稣基督，上帝的独生子，
>
> 在万世之前，由父所生，出自光明的光明，出自真上帝的真上帝，
>
> 受生而非被造，与父同性同体，万物籍他而造成。（摘自"中国正教会网站"之《圣金口若望事奉圣礼》。——译者注）

46　　　最早的《尼西亚信经》版本[7]中，还有针对阿里乌派①的内容：

> 他会说有一时圣子不存在，
>
> 或说圣子被造前不存在，
>
> 或说圣子受生前不存在，
>
> 或说圣子与圣父不同性或不同体或如一切受造之物，或他说的话反复。
>
> 他如此说，天主和宗徒的教会都需定他的罪。

在流放的道路上，阿里乌罹患疟疾，在贫穷中凄凉死去。但是他的悲惨遭遇并没有解决对基督本质的争论。这是一个超越想象的

---

① "阿里乌派"指的是阿里乌的追随者，不应该和伊朗的"雅利安人"混淆，后者后来被纳粹的种族意识形态所吸收。

难题，因为每个问题的答案都能引发更加费解的问题。超越时空的上帝，该如何以凡人的形式表现自己呢？在耶稣体内，神和人的元素是如何共存的？这两种性质是合二为一抑或是泾渭分明？耶稣究竟是一个有血有肉的人类，还是更像一个三维空间里的全息投影？

关于这些抽象而未知的神学理论争论，即使在现代人眼里也依旧令人困惑。我们为什么不谦卑地接受这些悖论，并且为之冥想？然而，对于早期基督徒来说，这些问题却是十万火急、生死攸关的。如果耶稣是凡人，那么他为何如此特别？如果他是天神，那他又怎么会死在十字架上？他们既需要耶稣代表天堂的权威，又需要他和人世间息息相关，和人们一样忍受着痛苦与贫穷。千百年来，基督徒们殚精竭虑，试图在耶稣的神性和人性之间寻找完美的平衡点。

创造奇迹的尼古拉斯

在群情激愤的尼西亚宗教大会上，一位主教被阿里乌离经叛道的言辞所激怒。他愤慨地穿过议席，径直冲向阿里乌，狠狠地掌掴了他。这位主教就是来自米拉的尼古拉斯（Nicholas of Myra），他的行为让在座认识他的人们大吃一惊。在他们眼里，尼古拉斯一直是位受人爱戴、和蔼可亲的人。

尼古拉斯从小就是个孤儿，他富有的父母在他八岁的时候死于瘟疫。小尼古拉斯获得了一笔不菲的遗产，但他却将其中大部分财产捐赠给了病人和穷人。种种善行使得他被指派为小亚细亚米拉城的主教。

人们怀疑尼古拉斯主教秘密地资助过很多米拉城的人。曾经有个人因为没有钱为自己的三个女儿置办嫁妆而发愁。因为如果没有嫁妆，女儿就不能出嫁。这样的话，他可能就得把自己的女儿卖为奴隶。然而，幸运的是，在三个不同的晚上，有人把装着黄金的钱袋通过窗户扔进屋里，丢在炉火正烘干的鞋子中。这个人坚信是尼古拉斯主教默默地资助了自己。毕竟，除了他，还有谁能这么善良慷慨呢？[8]

还有一些脍炙人口故事讲述着尼古拉斯的神奇事迹。在一次可怕的饥荒中，三个孩子被一个邪恶的屠夫引诱进了他的房子里并且被残忍地杀害了。屠夫把孩子们的遗体放进桶里，他打算把尸体腌制后充作火腿卖给饥民。有一天，尼古拉斯来到这座城镇，他通过神力看到了屠夫的罪行，于是他找到了那几个桶，并且复活了三个孩子。

除了这两个故事，尼古拉斯还有其他不可思议的善举，他也因此被称为"奇迹创造者尼古拉斯"。公元343年，他在米拉城逝世，被埋葬在当地的大教堂里。后来，尼古拉斯被教会封圣，据说他的灵魂在他死后很久仍然创造着奇迹。如今，他因为给穷人赠送礼物以及保护儿童而闻名，在每年的12月6日当天，孩子们都会收到圣尼古拉节（圣尼古拉节，在每年12月6日，是一个基督教节日。圣尼古拉也即传说中的圣诞老人。圣尼古拉节是盛行于俄国、希腊、瑞士、德国、法国、荷兰等国家的民间节日。——编者注）的礼物。

在不同的欧洲国家，庆祝圣尼古拉节的风俗也各有不同。去到美国的荷兰移民将圣尼古拉的名字翻译为类似"圣克劳斯（Santa Claus）"的称呼，并且把赠送礼物的日子改到了圣诞节那一天。而在很多欧洲国家，孩子们仍然在12月6日交换礼物。

鞋子里金币的故事，如今已经衍变成平安夜里悬挂圣诞袜的风俗。圣尼古拉在宗教画像上是一个穿着主教长袍的清瘦形象，而今天已经演化成了穿着红色圣诞服的可爱胖老头。他也不是从北极圈乘雪橇而来，而是小亚细亚人。

今天的尼古拉斯被东正教会虔诚地纪念着，他被尊为儿童、制桶匠、水手、商人、被冤枉者、悔悟的盗贼、酿酒师、药剂师、弓箭手、典当经纪人和（也要算上）广播员的守护圣人。

不动的梯子

当君士坦丁皇帝正试图驱策教会建立起有关信仰的基本说明时，他78岁的老母亲海伦娜开始了前往圣地的使命。她现在的身份不再是被遗忘的旧侣，而是大权在握的奥古斯都的母亲，尊荣无限。君士坦丁将她带离如烟往事，接回到自己身边，授予她"奥古斯塔·英白多瑞克斯（Augusta Irnperatrix）（奥古斯都·英白多拉称号的女性形式）"的称号，并把她安置在罗马的一处奢华的宫殿里。

在那些浪迹天涯的岁月里，海伦娜成了一名狂热的基督徒。或许在君士坦丁皈心基督教的过程中，海伦娜也功不可没。现在的她威严赫赫、受人爱戴，可以不计花费地搜寻圣物。对她来说，这些东西绝不仅仅是纪念品，而且是余留有神圣力量的圣洁载体。

公元326年，奥古斯塔前往耶路撒冷朝圣，徒步行走在当年耶稣传教和升天的城市里。在穿过巴勒斯坦时，她给穷人派发礼物，解放在矿井里劳作的奴隶，并授命人们在重要位址修建新的教堂。

进入耶路撒冷后，海伦娜要求前往耶稣被钉上十字架的地方。那是各各它山，意为"骷髅之地"。她在那里惊骇地发现，遗址上曾经建过一座维纳斯神庙。神庙此时已经倒塌，她让一队工人去挖掘废墟下方的地面。据记载，海伦娜坐在旁边监督施工，工人们很快就挖出了一个用石块雕刻而成的小房间，里面装着三个十字架。

49

很快，海伦娜意识到，这就是传说中钉死耶稣和两个盗贼的十字架。

可是究竟哪一个是耶稣的十字架呢？人们做了个测试。耶路撒冷主教抬来一位病重垂死的妇人，人们轮流把三个十字架的木材放在她身上。当她触及沾染着鲜血、汗水和泪水的第三个十字架时，她的疾病立刻痊愈了。毋庸置疑，这肯定就是耶稣的真十字架。

相传，在那个坟墓里，人们还找到了 300 年前罗马士兵钉死耶稣的铁钉。

海伦娜带着铁钉和真十字架的一块碎片回到罗马。十字架剩下的部分被固定在银制的框架里，由耶路撒冷牧首①悉心保存。君士坦丁下令在耶路撒冷建造一座宏伟的大教堂——圣墓大教堂（the Church of the Holy Sepulchre），时至今日，它仍然在那里。

†

探访耶路撒冷老城的圣墓大教堂是一段让人心力交瘁的经历。如今，这里是耶路撒冷东正教牧首的教座所在地，同时也被至少六个互相攻讦的基督教教派分享②。

我第一次去圣墓大教堂是在 20 世纪 90 年代，在此之前我以为在那里会看到一个庄严肃穆的大教堂。出乎意料，在大教堂的门口我听到的是各种嘈杂且各不相让的宗教音乐和祈祷声，就好像六个乐队共用着一个排练场地，大家都试图用自己的歌声淹没对手。教堂并不是一个由多个间隔统一对外开放的空间，而是 30 个小型教

---

① 耶路撒冷牧首，全称为耶路撒冷圣城和全巴勒斯坦牧首，是东正教 15 个自主教会之一耶路撒冷正教会的领袖。

② 包括希腊东正教会、亚美尼亚东正教会、罗马天主教会、埃及科普特教会、叙利亚和埃塞俄比亚东正教会；但不包括新教教会。

堂连绵在一起，形成了错综复杂的院落。在这里，阴郁的忏悔室、熏香的迷雾、争鸣的圣歌和狂热的敬拜者构成了一幅气氛诡异而令人内心激荡的画卷，就好像一场不寻常的阵容庞大的摇滚音乐会。

六个教会分享着耶稣坟墓的特权。这个神圣的坟墓坐落在圣墓大教堂里一座被称为爱迪库尔（Aedicule）的小型建筑中。当我走出圣墓时，迎面遇上一位身材高大的牧师，他留着络腮胡，一双黑色眼睛炯炯有神。

"只有头部。"他对我嚷着。

"您说什么？"我说。

"这里只埋葬着耶稣的头，"他打着手势让我去主墓旁边一座埃塞俄比亚东正教会控制着的小房间。这房间小到让人无法相信能装下耶稣的遗体，于是他们就声称在他们那个区域埋葬着耶稣的头颅。

我怀着莫名其妙的兴奋离开了圣墓大教堂。在院子里，一个住在澳大利亚的以色列朋友指着教堂正面一个窗台叫我看，那里有个小梯子放在窗户下面。

51

他告诉我说："这个梯子在这里已经超过两百年了。"

"为什么他们把梯子放在这里这么久呢？"

"因为没人动得了它。"他回答我。

18 世纪的时候，奥斯曼当局厌倦了耶路撒冷基督徒之间无休止的争端，便调解促成了一个和约，将教堂的不同部分划分给不同教派的教会，每个教会对自己管控的部分有相应的权利和义务。大家商定，每个教派有关教堂的举措都必须得到其他五个教会的同意。所以后来，一位石匠把这个小木梯遗忘在了窗台边，由于没有得到六个教会首领牧师的一致同意，梯子无法从那边移开。

"他们一直没有达成共识吗？"

"一直没有，所以这个梯子只好一直在那儿放着。今天人们称

圣墓大教堂里不可移动的梯子（The Immovable Ladder）

注：创作共用图片/马克·A. 威尔逊（Mark A Wilson）

呼它为'不可移动的梯子'。20 世纪 60 年代，有人问教皇这个问题，教皇的回答是，只有等到天主教和东正教重新合二为一的时候，才可能移动那个梯子。"

52　"天哪！"

我的朋友耸耸肩，好像在说"这就是圣地的生活"。当然，也可能他想说的是，"这些疯狂的基督教徒，你又能拿他们怎么办呢？"

†

教堂里有一座纪念海伦娜的圣堂。在这座以她命名的圣堂一角，放置着一把椅子，据说当年海伦娜就是坐在这把椅子上，监督工人们发掘圣墓。

海伦娜，这位曾经在比提尼亚酒馆里打工的女孩，到她在公元327年逝世之时，已经成为整个罗马帝国最受人尊崇的女人。她后来被教会封圣，每年5月21日君士坦丁堡的市民都会在她的圣日举行纪念活动。

神为我引路

敌人一个接一个倒下，新的宗教系统又运行顺利，君士坦丁的皇位更加稳固了，他可以把全部的精力都投入到一项新的工程——去建造一座全新的帝国首都。君士坦丁出生在巴尔干（Balkans）地区，在小亚细亚接受教育。在年轻的时候，他曾经在美索不达米亚和不列颠北部领军作战。所以，从哈德良（Hadrian）皇帝之后，还没有哪位统治者能像他那样认识到帝国的幅员辽阔和结构复杂。

罗马城已经失去了过去的声望和战略意义，不再适合作为帝国的首都城市。这座位于意大利半岛中部的城市远离富庶文明的东部地区，对动荡不安的多瑙河流域以及颇具争议的波斯边境也鞭长莫及。君士坦丁在罗马滞留的时间并不长，因此他对这座帝国诞生的摇篮并没有难以割舍的深厚感情。除此以外，罗马城里那些傲慢的高贵家族也更倾向于坚持古老的多神教，不愿意对新的宗教信仰敞开胸怀。

因此，君士坦丁决定在东方建立新都。那里比西部地区拥有更多的人口和财富，文化水平也更胜一筹。他曾经认真地考虑在小亚细亚古特洛伊城的位置建都，但最终，在公元323年，他选择了拜占庭城。

53

拜占庭城坐落在欧亚大陆交界处的黑海入海口，是完美的建城之地。这是个无可比拟的地方，半岛三面环水，还拥有金角湾这一天然良港，补给供应和贸易通商都会十分方便。

君士坦丁此时已经 50 岁了，他担心自己时日无多，于是，他召集工程师、建筑师和工人们夜以继日地工作。拜占庭古城的大部分被拆毁，又从附近的希腊城市夺来雕塑、古迹和大理石柱。在海角边，宫殿建筑群、浴殿和新的元老院拔地而起。原本的赛马场也得到了扩建修缮。

据说当时，君士坦丁亲自用长矛给第一道城墙划定界限。当他一马当先向前奔跑时，他身后的测量师大声问他："还要跑多远，陛下？"

君士坦丁的回答有些令人匪夷所思："直到前面引导我的神停下时。"[9]

皇帝需要更多的人民住满新建的街道，因此他邀请那些台伯河畔旧罗马城里的家族来东方新都享受更好的生活。可那些历史悠久、名声显赫的高贵家族不为所动，反而有许多声名次之却雄心勃勃的人来到博斯普鲁斯海峡，寻找自己的前程。

这座罗马帝国的新都城虽然粉饰得富丽堂皇，但实际上却是粗制滥造的作品。为了赶上君士坦丁预计的工期，所有的建设工作都是在紧张压缩的时限里匆匆完成的，而这些草草造就的部分都没能留到今天。新的定居者们常常被街道上大理石石板间的参差不平绊倒在地，但这并不会影响他们漫步到海岬边的卫城欣赏波光粼粼的海水，呼吸清新的海风，啧啧赞叹这座城市得天独厚的地理位置。

然而，就在君士坦丁堡日渐兴盛的时候，皇帝的家庭却走向了分崩离析。公元 326 年，皇帝的长子、可能的皇位继承人克里斯普斯被带上了普拉城（Pola）的法庭，并被君士坦丁下令判处死刑，很快他就被处死了。那年他只有 21 岁。之后没过多久，皇帝又下令在过热的浴室中闷死了自己的妻子福斯塔。

除忆诅咒

这两个案件都没有任何解释，但是它们之间必然存在着某种关联。

克里斯普斯和福斯塔年龄相仿，而且他们在宫中朝夕相处多年。一个世纪后，有历史学家猜测福斯塔很可能向君士坦丁进献谗言，以确保自己的孩子能够继承皇位，而皇帝听信了她，杀害了克里斯普斯。按照这位历史学家的说法，福斯塔阴谋构陷克里斯普斯。当年轻的皇子因为害怕而逃离皇宫时，福斯塔径直找到皇帝，控诉克里斯普斯无耻地向她求欢。君士坦丁怒火中烧，他立即下令处死不忠的克里斯普斯。后来，克里斯普斯的祖母、君士坦丁的母亲海伦娜发现了这件事的真相，她大骂皇帝被自己狼子野心的妻子玩弄于股掌之间。君士坦丁如梦初醒，恼怒地处死了福斯塔。

55

最近，还有学者提出了对这两次死刑的新解释。这个颇费心机同时又更能说通的解释主要关注了处死福斯塔的刑罚。历史学家大卫·伍兹（David Woods）指出，"热浴处决"是一种迄今为止不为人知的古罗马刑罚。在古代，医生们曾经使用这样的方法引导流产。或许，福斯塔和克里斯普斯是真的彼此相爱了，所以，当福斯塔怀有身孕的时候，君士坦丁决定杀死这对不忠的恋人。对于一位皇帝来说，被自己的儿子戴上绿帽子无疑是非常危险的事。

在他们死后，君士坦丁宣布对克里斯普斯和福斯塔执行"除忆诅咒"，将他们的名字从史册和纪念碑上抹去。克里斯普斯位于特里尔的宫殿被夷为平地，取而代之的是一座新建起的教堂。

没过多久，君士坦丁就没日没夜地投身于新首都的建设中，似乎想以此分散注意力，从近期的悲剧中摆脱出来。可以想象这样的场景，这位孤独的老皇帝在博斯普鲁斯（Bosphorus）的新皇宫里手握一枚雕刻着他死去儿子头像的钱币，手不住地颤抖。当然，也有可能皇帝生就有一副极端自私自利的心肠，对这些事情从来都不屑一顾。

公元 328 年，君士坦丁按多神教的传统典礼宣布他的新首都落成，并和很多基督徒一起欢庆了这个时刻。拜占庭城被重命名为"新罗马"，但从一开始，这里的人们却更喜欢称这里为"君士坦丁堡"，即君士坦丁大帝的城市。尽管在新首都，每一种宗教都不会受到排挤，但城市中心的礼拜场所还是留给了基督教徒。皇帝派使臣收集了 12 位使徒的遗体，并把他们安葬在教堂里。他在使徒的坟墓旁边为自己未来的棺椁预留了一个位置。这一举动的用意显而易见——皇帝想让全世界视他为第 13 个使徒。

君士坦丁皇帝将自己的洗礼仪式推迟到了临终时刻，这是一种典型的功利主义做法。在早期的基督教世界里，许多人用这样的方式投机取巧。因为临死前的洗礼能净化人的灵魂，清除他的一切罪过，从而为升往天堂做好准备。也许杀害克里斯普斯和福斯塔的阴影一直笼罩在他的心头，让他到死也难以释怀。洗礼仪式之后，君士坦丁拒绝换上皇帝的紫袍，而是让仆人为他换上一身纯白色的长袍。公元 337 年 5 月 22 日中午，君士坦丁大帝在尼科米底亚郊外溘然长逝，终年六十五岁。他成了自奥古斯都大帝之后，在位统治时间最长的罗马皇帝。

君士坦丁皇帝不顾众人劝阻，执意将帝国传给了福斯塔的三个儿子和自己的两个侄子，由他们自行划分罗马疆土。包括君士坦丁在内的所有人都能预见，这个决定将引起新一轮的血腥斗争和残酷内战。后续正如人们所预料的那样。到公元 353 年，君士坦丁的两个侄子和两个儿子都不幸身亡。福斯塔的二儿子，君士坦提乌斯二世，最终成为罗马帝国的唯一主人。

†

乔伊十一岁的时候，我们花了整整一个下午粉刷家里的墙壁。为了打发时间，我们收听了一个关于尤利乌斯·恺撒的广播节目。我们安静地工作，广播里的讲述者带着我们领略了恺撒意气风发的青年时代，讲述了他被海盗绑架的故事，也谈起他在高卢的辉煌战绩以及他与罗马政敌庞培和西塞罗（Cicero）的战争。我们仿佛和恺撒一起行进在罗马的道路上，看着他和克莱奥帕特拉女王一同乘坐缀满鲜花的皇家游船，沿着尼罗河顺流而下。

落日的余晖照进院子，此时恺撒的故事已经讲到他在元老院遇刺的段落。一个目露凶光的元老冲上前来，猛拽恺撒长袍的一角。恺撒惊愕地大叫："为什么要这样做！这是暴力行为！"另一个元老院议员带着他的同伙们举起匕首上前刺杀。最终，恺撒身中二十三刀，他在临死前用沾满鲜血的袍子捂住了自己的脸。

当我们收拾油漆桶的时候，我心潮起伏。恺撒是不是经历了最有趣的人生？恺撒是不是做过世上最振奋人心、最不同寻常的事情？一个人的生命中竟能有那么多的冒险传奇，简直就像阿波罗号的宇航员、伊丽莎白一世（Elizabeth I）或者亚历山大大帝一样！

三年过去了，我们此时正在伊斯坦布尔谈论着另一位伟大的罗马独裁者。我问乔伊，问他如何看待君士坦丁大帝的一生。10天前，我们刚刚在罗马参观过他的巨大雕像。乔伊想了想。

"他的一生太难以评论了，"乔伊说，"他做了很多好事，也做了不少坏事。我不清楚该怎么评价他。"

距今 17 个世纪之遥，的确很难准确了解君士坦丁真正的个性。他那些谄媚的廷臣早已粉饰过有关他卑劣或者愚蠢事迹的记录。但即使如此，我们还是能从历史中寻找到恺撒和君士坦丁企图掩盖自己所作所为的蛛丝马迹。他们都是自我意识坚强的人，懂得如何无情地挥舞权力武器，在攀登权力巅峰的道路上披荆斩棘。当他们一旦成为罗马的统治者，他们就转而成为建设者和革新者，而他们推行的改革在他们死后几个世纪里依然延续。

我相信恺撒在死前以袍遮面是为了掩盖他被刺杀的羞辱，而君士坦丁在死前接受洗礼则是为了遮掩他更加令人不齿的罪行。毕竟，他曾经对自己的至亲使用了"除忆诅咒"，所以他害怕自己也会受到类似的报应。

†

七个沉睡者

君士坦提乌斯二世消灭了他所有的对手，此时他发现这个帝国对于一个皇帝来说，太大以致难于治理。因此，他不情愿地任命了他年仅 23 岁的表弟尤利安（Julian）作为自己的副手，在他心目中，尤利安是一个无心过问政治的学者。然而，君士坦提乌斯二世打错了算盘，隐藏的仇恨早已悄然在表弟的心底滋生，因为君士坦提乌斯在君士坦丁大帝死后的一系列纷争中杀害了尤利安的父亲。尤利安很快就成为一位有能力且内心坚定的将军，这让众人刮目相看。当君士坦提乌斯二世因发烧死去时，尤利安正计划着率领大军从巴尔干半岛出发前往君士坦丁堡。士兵们纷纷振臂拥戴尤利安登上皇位。对尤利安来说，这件事仿佛得有神助。

　　尤利安在年轻时代醉心于古希腊的世界，他师从那个时代信奉古希腊宗教的最知名思想家和哲学家。在雅典，他似乎暗地里盘算过断然废弃基督教，转而回归古代世界的古老信仰。因此，从那以后，尤利安被人称为"叛教者"，而他也开始毫不遮掩自己的真实意图，想将古代的神灵带回到罗马人的生活。他清洗宫廷中的教职人员，引进了反对基督教的法律并增加了元老院的权力。但我们并不清楚，假如历史就这么发展下去，他是否能够成功地把帝国轨迹重新引导到古代异教的那一边。因为公元 363 年，尤利安在与波斯人的战争中阵亡，那年他只有 31 岁。他的继任者约维安（Jovian）皇帝重新将基督教视为帝国的主流宗教。古神时代就此成为过去，君士坦丁选择的信仰得到了保全。

　　在公元 4 世纪末，君士坦丁堡作为帝国都城的地位已经十分稳固。城市的骨骼里填满了房屋、谷仓、剧院和浴室。在公元 368 年，瓦伦斯（Valens）皇帝下令修建了一座水道桥①将淡水源源不断地输送到君士坦丁堡。人群疯狂地涌入大赛马场中，为他们支持的车队呐喊助威。这座建有好几万座位的巨型建筑自然而然地成了宣布公共告示和举行政治仪式的论坛。瓦伦斯的继承者狄奥多西（Theodosius）皇帝将埃及卡纳克神庙（Karnak Temple）外的异教方尖碑搬来了君士坦丁堡，将它安放在大赛马场的中轴线上。今天，它依然矗立在伊斯坦布尔，基座的面板上雕刻着狄奥多西皇帝作为赛车手佩戴着胜利花环的造型。

　　狄奥多西是最后一位统治完整罗马帝国的皇帝。公元 395 年，

---

①　这座被称为瓦伦斯水道桥的建筑今天已成为伊斯坦布尔最具魅力的地标，它横架在车水马龙的阿塔图尔克大道正上方。

这位皇帝去世，他的两个儿子将帝国分为两个行政半区进行统治，东部帝国定都君士坦丁堡，西部帝国定都米兰。但很快，人们发现米兰城很难抵御各种威胁，因此西部帝国的皇帝随后将他的宫廷迁往拉文纳（Ravenna）。

60

深刻的变革正在罗马人的世界里发生。基督教领袖在帝国的建立中发挥了重要的作用。主教享有昔日元老院议员的权威和声望，受人尊敬的智者是僧侣而非从前的哲学家。基督教的力量在罗马帝国的土地上迅速生长扩展，信徒们相信这本身就像是奇迹一般。如今，一个来自加利利木匠的儿子的信仰出人意料地改变了世界上最伟大帝国的心魂。当罗马人回顾他们的历史，他们会惊奇地发现，在君士坦丁大帝去世后的那个世纪里，他们已经在新的道路上前进了很远，也已经改变了太多太多。

当基督徒们谈起七个沉睡者的故事时总是兴奋不已，这是关于公元 250 年德西乌斯（Decius）大迫害中以弗所（Ephesus）的七个年轻人的故事。

这七个人都是虔诚的基督教信徒，他们拒绝背弃唯一的上帝，逃进了深山中的洞窟。在逃亡中，他们身心俱疲，就在山洞里睡着了。皇帝的军队找到了他们藏身的地方，残忍地用砖块将山洞入口封住，七个年轻人就这样被困在了山洞里。根据传说，他们七个在那里足足沉睡了 180 年，直到一个牧羊人打碎了障壁唤醒他们。

七个年轻人揉着惺忪的睡眼步出洞穴。他们走下山岗，来到以弗所城，眼前所见让他们大感震惊。教堂里钟声齐鸣，十字架高高矗立在每一座城门之上，人们争相传颂着耶稣的圣名。

这些好奇的年轻人试着用 100 多年前的钱币购买面包，这一举动引起了路人的兴趣。他们随手抓住一位牧师，询问他关于现在的情况。牧师告诉他们，如今的基督徒已经不再受到迫害，因为就连皇帝本人都皈依了基督教。然而，对他们七个人来说，一切仇恨仿佛都在一夜间消失了，就好像噩梦初醒那样。

　　牧师还在讲述，而就在这时，七个人却突然在他眼前变得衰老。转瞬之间，他们变得白发苍苍，背曲腰躬，接着就倒地而死，而他们的尸骨也很快化为了尘土。

　　不同版本的七位沉睡者的故事被世界各地的人们口口相传。在古兰经中也有类似的故事，叫"洞中之人"，讲述的是那些虔诚的穆斯林为了躲避异教徒的迫害而在山洞里沉睡三百年的故事，这个故事与七个沉睡者如出一辙，在他们醒来时也有足够的理由，对所信仰的宗教发生地位转变，而惊诧欢呼。

　　关于这七个年轻人的故事直到 17 世纪还被人传颂，诗人约翰·多恩（John Donne）在他最得意的诗篇《早安》（*The Good Morrow*）中也有提及：

> 我想知道，
> 在你我坠入爱河之前，
> 我们如何虚度光阴？
> 像乳臭未干的孩童，
> 沉浸于田园风光？
> 抑或如七个沉睡者，
> 在洞中梦境盘桓？

　　这七位沉睡者后来都被东正教教会封为圣人。他们的圣日是每年的 10 月 22 日。

✝

61

狄奥多西墙

在从罗马飞往伊斯坦布尔的航班上，我和乔伊翻看着中世纪时君士坦丁堡的地图。我用手指沿着城市的边界画出一条曲线。

"看这儿，"我解释道，"这就是我想去伊斯坦布尔拜访的地方，它对我的吸引力不亚于圣索菲亚大教堂。"

乔伊点点头。他早就知道狄奥多西墙了。

62

†

君士坦丁大帝在凡人看不见的天使指引下，画出了君士坦丁堡最早的边界，但是到了公元 5 世纪，城市里快速增长的人口使得对土地的需求大大增加。于是，为了有足够的空间去容纳雨后春笋般新建的房屋、农场和果园，新的城墙向西推进。这项建设工作在狄奥多西二世皇帝（Theodosius II）的统治期内开始，并以他的名字来命名城墙，帝国东部大区总督安特米乌斯（Anthemius）为修筑城墙立下了汗马功劳。最开始，罗马人建立了一座五米厚的单层幕墙，城墙上散布着 96 座高塔。九年后，他们又在外围补上了一圈防御性的城墙，并且挖掘了战壕，补充了新的塔楼。在两层城墙之间还筑起了高高的平台。再后来，第三道防线也建成了，那是一条有矮墙保护的砖制沟渠，用来阻挡敌人的攻城设施。

狄奥多西墙的陆墙沿着地势的起伏由北向南绵延三英里，从金角湾到马尔马拉海，并与海墙相连，整个城市也因此固若金汤。这座立体的防御工事堪称古典时代晚期的奇迹，三层城墙系统对于任何妄想征服这里的人来说，都是心理和生理上不可逾越的障碍。城

63

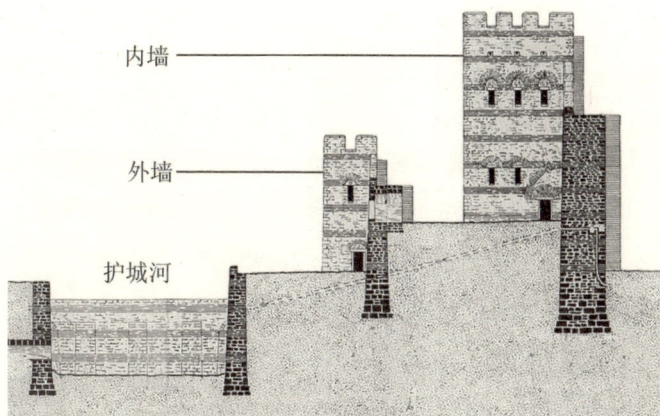

内墙

外墙

护城河

狄奥多西墙的剖面图

注：公版图片

　　墙上建有九座军用或者民用的城门，其中最壮观的要属传奇的"黄金城门"（Porta Aurea）。这座镶嵌着大理石、黄金和青铜的大门只为凯旋的皇帝而开，载誉而归的大军将从那里进入城市。

　　君士坦丁堡不断聚集财富，逐渐变成了周围强悍邻国觊觎的目标。但是狄奥多西墙的存在使得任何围攻的尝试都变成了疯狂行为，就好像是吞下一只巨大的豪猪那样愚蠢。那些雄心勃勃的领主们只能眼睁睁地看着自己攻城的军队倒在箭雨之下，而城里的居民则可以稳如泰山地坐在家里，享受着通过海路送来的源源不断地补给。城市里预备了足够多的淡水和谷物，人们还可以从金角湾里捕鱼作为食物储备。

†

　　狄奥多西墙如今还或多或少地保留在伊斯坦布尔。尽管有些部分早已拆毁，有些正逐渐崩塌，还有的部分已被人修复。但无论如何，我们还是能够沿着城墙边古老的小径从马尔马拉海漫步到金角湾。为此我们安排了整整一天。

"乔伊，我真想站在那些战壕里，我想知道那些可怜的混蛋们在攻城的时候到底在想些什么。"

64 "为什么？他们会遇到什么样的事情呢？"

"首先，他们要拿着梯子和刀剑跳进壕沟里。"

"那等他们爬出壕沟呢？"

"他们就必须一边躲避漫天的矢石，一边冲到 30 英尺高的外墙下面。如果他们成功到达了那里，那他们需要搭梯子爬上去。这时候，防御塔楼上的罗马人会把雨点般的石头和滚烫的油倾倒在他们头上。总之，他们很难突破层层防御活下来。"

"那如果有人真的爬上去并且活下来了呢？"

"唔，那最残酷的一幕就要发生了。如果真的有一名士兵翻越城垛，爬了上来，那么他将看到一幅无比恐怖的景象。他会发现自己落入了一个腹背受敌的地方，外墙和更高内墙上的防御塔楼将从四面八方向他开火。很快，他就会被飞来的箭矢射成刺猬。"

狄奥多西墙是罗马人在八百年的围城战争中的总结，是战术、战略和工程知识的完美结晶。阿瓦尔人、保加利亚人、塞尔维亚人和塞尔柱人都竭尽全力围攻这座城市，但最终全部惨败。那些所向披靡的阿拉伯将军带领着数以万计的士兵在这座城墙下进行了史诗

65 般的战斗，可也不得不铩羽而归。

城墙的作用在对付匈人和突厥人骑兵方面首当其冲。这些游牧民族定期会从中亚草原侵入欧洲，希望可以掠夺罗马大城市里的财富。他们特别擅长运动战，一次猝不及防的冲锋就能在一天之内赢得胜利。然而，在坚不可摧的城墙面前，他们只能整月整月地被困

19 世纪的狄奥多西墙照片

注：公版图片/维基共享资源

城郊，在凄苦的条件下安营扎寨。和第一次世界大战中的骑兵一样，他们不得不翻身下马，痛苦而缓慢地挖渠筑壕。

公主和上帝之鞭

霍诺里娅（Honoria）公主是一位年轻、充满智慧而且野心勃勃的少女，但最近几个月她却悲惨地隐居在君士坦丁堡的大皇宫里。因为未婚先孕，她每天都受到皇帝姐妹们的冷嘲热讽。

霍诺里娅的家乡在千里之外的拉文纳。她是衰败的西罗马帝国昏君瓦伦丁尼安三世（Valentinian III）的姐姐。霍诺里娅明白自己比弟弟聪明许多，却不得不看着自己无能的弟弟在公元 426 年加冕为帝。作为一个皇家公主，霍诺里娅终其一生也很难行使行政权力，更不用说以自己的意志支配整个帝国了。可尽管如此，她还是获得了奥古斯塔的尊号，被奉为罗马女性的典范，即具有美丽、贞洁、神圣的品德，以供女性效仿。

霍诺里娅本该安静生活，保持童真直到遇上命中的白马王子。然而，她不愿意忍受难以想象的无聊生活，和一名叫作尤金尼厄斯（Eugenius）的管家私通了。他们阴谋推翻皇帝，进而统治整个西罗马帝国。可当霍诺里娅怀孕的时候，这个阴谋暴露了。尤金尼厄斯被处决，霍诺里娅则千里迢迢逃往君士坦丁堡以诞下婴儿。因为在这里她才能远离拉文纳朝廷里的流言蜚语。

在那些日子里，霍诺里娅每天都徘徊在陌生宫殿冷清的房间里。她每天吃喝、休息，照顾着一天天隆起的肚子，直到孩子出生的那天。不过，史书上并没有记录她孩子的命运。

这位声名狼藉的公主从那以后便丧失了政治价值，她气愤的母亲，加拉·普拉西提阿（Galla Placidia）让她彻底失去了嫁给王子或者国王的希望。皇太后给霍诺里娅公主找了一位合适的丈夫，温和的中年议员巴苏斯·赫尔库拉努斯（Bassus Herculanus），一位众人眼中忠实可靠的人。

霍诺里娅的命运似乎被牢牢掌握在别人手中，她自己无法做任何重大决定。尽管她很不情愿地嫁给一个毫无生趣的贵族。但为了避免这"无聊"的婚姻，她还是做出了一个改变历史进程的决定。公元450年，霍诺里娅写信请求帮助，而这封信的收信人竟是世界上最危险的男人，匈人阿提拉（Attila）。

罗马人称阿提拉为"上帝之鞭"（"Flagellumn Dei"）。直到今天，"匈人阿提拉"的名字都被用来形容那些残暴无情的游牧部落首领。来自欧亚大草原的强大匈人部落成为第一批可能威胁到君士

坦丁堡的游牧民族。[①] 在匈牙利平原，他们所带来的神秘感和冲击
力，第一次这样被载入罗马人的历史中。公元 376 年，罗马帝国当
局接到报告，日耳曼难民为逃避来历不明的骑兵攻击，纷纷仓皇涌
入罗马境内。在此之后，匈人越过了多瑙河，地狱的大门打开了。

　　起初，罗马人并没有警惕起来。因为那个时候的罗马已经痛苦
地习惯了野蛮人滋扰、掠夺自己的土地。通常，罗马人会聚集在有
城墙保卫的城市，囤积好补给，拉起吊桥，然后慢慢等待蛮族丧失
兴趣或者被罗马军团驱逐。毕竟，蛮族并没有掌握足够的攻城技
巧，因此面对城墙他们无计可施。

　　可匈人却截然不同：他们能够使用攻城设施和撞城锤随意攻破
罗马人的城市。在战争的每个阶段，他们都有新的战术和技艺，相
比之下，罗马人陈旧的战法就有点相形见绌了。匈人最著名的发明
是复合弓，这种武器由木材、钢筋和骨板支撑。与传统单片木板制
成的长弓相比，复合弓能赋予箭支更高的动能。匈人勇士都是技艺
精湛的骑射手，移动、转向、定位、射击，一气呵成。在开阔地带
的战斗中，他们似乎难逢敌手。

　　匈人攻无不克战无不胜。罗马人对他们是束手无策。而且匈人
的长相也能激起常人的原始恐惧。每个匈人的孩子刚出生时就会在
头上缠上绷带，随着年纪增大，他们的颅骨会被拉长并且显得扭
曲。在罗马人的眼中，他们简直就是来自地狱的恶魔。

　　公元 434 年，阿提拉和他的兄弟布莱达（Bleda）成为匈人领

---

① 第二次世界大战结束时，斯大林控制着同样广袤的疆域，其国界与阿提拉帝国
的边疆相似。我们不难看到，这个出生在高加索地区边缘草原上的伟大的苏联
领导人，就像是中亚地区那些军阀们——阿提拉、阿尔普·阿尔斯兰、成吉思
汗以及帖木儿的最新一代继任者。而在他们死后的一两代人时间内，他们的帝
国都分崩离析了。

袖。虽然他们两人一起领导，但显然阿提拉是更重要的那一位。罗马使节这样描绘阿提拉的长相："他身材矮小，虎背熊腰，还有个大脑袋。他的眼睛很小，胡子稀薄，略显灰色。他的扁平鼻子和棕色皮肤显示出他来自何方。"[10]

匈人控制的领地从中亚一直延伸到现代德国的土地，他们的军队在罗马帝国的大门口枕戈待旦。但阿提拉和布莱达并不打算征服罗马帝国，也不打承担管理这个庞大帝国的重任。对他们来说，最简单最保险的做法就是让罗马人成为他们的客户，从罗马人那里压榨出大量黄金。每当罗马人试图摆脱这种剥削时，阿提拉和布莱达的军队就会越过多瑙河并且把罗马人的城市和定居点夷为平地，直到皇帝哭喊"够了！"在此之后，为了让罗马人长记性，匈人还会将每年索取的贡金提高一倍。

公元 454 年，布莱达死于非命，根据历史记载，他很可能是被他的兄弟暗杀。之后，阿提拉成为匈人的唯一领袖。狄奥多西皇帝希望利用匈人的内部斗争停止向匈人支付贡金。于是，阿提拉发动了新的战争，他侵入巴尔干，作为对狄奥多西皇帝的报复。罗马人花费了四年时间苦心经营的防线被匈人再次突破。在色雷斯平原上爆发的乌塔斯河（Utus River）战役中，罗马军队大败溃散，四处奔逃。前往君士坦丁堡的道路已经向阿提拉敞开了。

就在这个危急时刻，一次强烈的地震袭击了君士坦丁堡，狄奥多西墙被损坏了。五十七座防御塔楼被摧毁，它们之间出现了大量的裂缝。为克服罗马人的恐惧，皇帝命令大区总督君士坦提努斯（Constantinus）立即修复城墙。君士坦丁努斯动员了大赛马场中的群众，把他们编入劳动营，抢修破损的城防。紧张的工作在争分夺秒地连续进行着，断墙被修复和加固，大门和塔楼也坚固如初。在外墙前面，人们修筑好了一条壕沟，这是第三道防线，用以阻挡阿提拉的攻城武器。短短六十天，这些工作都不可思议地完成了。工人们把自己的壮举雕刻在石头上，他们有理由为自己的伟大成就感到骄傲。

匈人大军的推进速度不是很快，因此在阿提拉和他的军队靠近城市之前，维修工作就已经完成。阿提拉并不愿意把他宝贵的军队消耗在君士坦丁堡固若金汤的三层城墙之前。他从来没打算要攻克这座城市。对他来说，君士坦丁堡并不是他要夺取的奖品，而是一部复杂、能够为他提供巨大财富的机器，总能通过贸易线路上的耕耘为他奉上一车车的黄金。他怎会想要破坏呢？他之所以入侵东方帝国，只是为了提醒罗马人于己于彼都别忘了支付贡金为好。因此，阿提拉并没有强攻城市，他率军绕城一周，消灭了附近的两支罗马军队，然后就撤退了。

狄奥多西皇帝派遣他的使臣普利斯库斯（Priscus）去和阿提拉缔结和约。普利斯库斯记载了他在"上帝之鞭"宫廷中的所见所闻：[11]

> 所有的座位都被安排在房间的两侧，并且靠墙摆放。阿提拉坐在房间中央的沙发上。他的背后是另一张沙发，再往后几步就是他的床。为了装饰，他在床上铺设了细麻布制成的华丽帘子，就像希腊人和罗马人在婚礼上准备的那样……阿提拉的长子坐在父亲沙发的边缘，目光低垂，对自己的父亲充满敬畏。我们和其他在场的野蛮人都享用了盛放在银碟里的丰盛大餐，但是阿提拉自己却只用木盘吃肉，他是个自律的人。每个贵族都用金杯银盏，但是他自己的酒杯却是木头做的。他的衣服也十分简洁干净，不加任何修饰。

最终，罗马人不得不同意将贡金提高到每年 2100 磅黄金，并且清偿了此前拖欠的 6000 磅黄金。

从此，罗马人威风扫地。凶狠的匈人就像强盗抢劫店主一样，定期从罗马皇帝那里搜刮保护费。

最尊贵的共和国

霍诺里娅在信中恳求阿提拉把她从无爱的婚姻中拯救出来。收到来信后，阿提拉立刻着手制定攻打西罗马帝国的计划。信件里附带了公主的耳环作为信物，但阿提拉却误以为霍诺里娅打算向他求婚，他当然求之不得。于是，他给君士坦丁堡的狄奥多西皇帝写信，告诉他西罗马皇帝打算把半个西部帝国作为嫁妆送给他。

这激怒了狄奥多西，他闻言竟然写信给拉文纳的瓦伦丁尼安，解释了目前的形势并且建议他把霍诺里娅许配给阿提拉。瓦伦丁尼安自然怒不可遏，他立刻宣布霍诺里娅为叛国者，并判处她死刑。他们的母亲，加拉·普拉西提阿干预了这件事，她劝服皇帝改判公主流放。

瓦伦丁尼安回信给阿提拉，愤怒地否决了一切形式的联姻请求。作为回应，阿提拉派遣特使，坚称霍诺里娅的求婚是合法的。她的来信体现了她的自由意志，因此，无论从什么角度和目的来看，这封信都很合情理。阿提拉将很快迎娶他的妻子并索取他应得的"嫁妆"。听起来阿提拉仿佛是一位勇敢的追求者，飞过千山万水来拯救这位可怜的公主。而实际上，阿提拉所需要的仅仅是一个入侵西方帝国的借口，而霍诺里娅这封非同一般的信件给了他一个完美的机会。

公元 451 年，阿提拉的大军从高卢出发，攻克了沿途的城市，抵达大西洋沿岸。接着，他们转而向南，在奥尔良附近遭遇了罗马名将埃提乌斯（Aetius）率领的罗马与蛮族的联军。双方军队在巴黎以东的卡塔隆（Catalaunum）平原进行了一场规模空前的大战。最终，罗马人守住了自己的阵地，匈人第一次被击退。阿提拉失去了不可战胜的光环。

阿提拉无奈地重申了与霍诺里娅联姻和共治西部帝国的要求。他率领军队进攻意大利北部，攻陷了米兰和维罗纳。接着他摧毁了古城阿奎莱亚（Aquileia）。当地居民为了躲避阿提拉军队的狂怒，不惜一切代价跳上小船，逃入了附近泻湖的沼泽岛屿。好在他们的判断是正确的，阿提拉的骑兵们没有渡水追击他们。

商人和渔民在这些泥泞的岛屿上建立起一个繁荣的社区，大陆上的蛮族无法袭扰这里。人们陆续修筑了贸易站、房屋和码头，商业也开始发展起来。他们将紧密排列的木头柱子插进泥土中，在沼泽里为建筑物打下地基，再用锯好的木材制成表面平台。通过这样的方法，人们建造起了大房子、教堂以及公共广场。堤道加固了岛屿之间的海峡连接，变成了运河。这就是最尊贵的共和国——威尼斯的起源，她是匈人阿提拉催生的意外之喜。

阿提拉从来没能够进军波河（River Po）以南。当时，意大利半岛正遭受着饥荒，他的军队在那里无法获得足够的补给。公元453年，他放弃了霍诺里娅和西罗马帝国的半壁江山，带着军队回到了多瑙河流域。又过了几个月，他去世了。

对于阿提拉的死因，至今还没有定论，但至少他的死看上去非常血腥。阿提拉迎娶了一位名叫伊尔迪科（Ildico）的美丽少女作为新妻子。在新婚之夜的庆典上，阿提拉喝得烂醉如泥。在那天后半夜，人们发现他在新婚的帐篷里窒息而死，口鼻都流淌着鲜血。现代医学分析认为这些鲜血可能来自他食道内某个破裂的痔核，这是酒精中毒死亡的常见死因。

　　而霍诺里娅公主此后的命运就不为人知了。朱迪斯·赫林（Judith Herrin）教授颇有趣味地解释了她为什么会莫名其妙地给阿提拉写信，他认为有可能是公主在孩提时代和阿提拉在君士坦丁堡相遇过。那时候，十多岁的阿提拉被他的叔父卢阿（Luga）送到罗马帝国作为人质，以缔结一份和约。在君士坦丁堡的大皇宫，逗留在此的阿提拉遇到了陪同加拉·普拉西提阿（Galla Placidia）来访的年仅 5 岁的霍诺里娅。在那时他们注意到彼此了吗？是不是这位具有异国情调的匈人王子激起了年轻公主内心的涟漪？[12] 最终，阿提拉逃离了君士坦丁堡这个金色笼子。赫林教授猜测，或许从那以后，阿提拉就成了霍诺里娅心目中力量和自由的象征。

　　阿提拉死后，匈人部落四分五裂，退回了欧亚大草原。君士坦丁堡劫后余生。但也是从那时开始，遥远东北方的荒野成了罗马人长期驱之不散的梦魇。他们时常陷入担忧，害怕在那无边的草原海洋里，另一支不可战胜、信奉异端信仰的部落从地狱杀出，前来摧毁这座上帝守卫的城市。

意大利之王

　　东部帝国依靠坚固的防御屹立不倒，但西部帝国已经崩溃。不列颠行省被迫放弃。汪达尔人（Vandals）攻陷了北非和西班牙。已历经五个世纪的帝国行省高卢也被西哥特人、勃艮第人和法兰克人占领。在西部帝国风烛残年的日子里，她几乎成了东部兄弟在意大利的附庸国。

　　公元 410 年，罗马城被西哥特人攻陷，所有忠于帝国的人都感受到了前所未有的压力。为此，君士坦丁堡全城哀悼三天。圣杰罗姆（St Jerome）在伯利恒（Bethlehem）写下了悲怆的句子：
"我的声音哽咽在喉……征服世界的罗马城如今却被别人征
服。"[13]基督徒们指责多神教徒，说他们招来了神灵的愤怒。多神
教徒则反唇相讥，说基督徒背叛了帝国对古神的忠诚。公元455
年，罗马城再次被汪达尔人攻克，掠夺者们搬走了朱庇特神庙里
镀金的铜砖。①

　　最后一位西罗马皇帝是十四岁的罗慕路斯·奥古斯图鲁斯
（Romulus Augustulus），他通过担任帝国军队总指挥的父亲奥雷斯
特斯（Orestes）发起的政变获得了皇位。当时，真正的实力派是
蛮族酋长奥多亚塞（Odoacer），他受部下的怂恿起兵攻杀奥雷斯特
斯，并且占领了拉文纳的皇宫。他惺惺作态地为自己惊吓到年幼的
皇帝致歉，之后便把可怜的小皇帝流放到了意大利中部一座舒适的
种植园里。在君士坦丁堡，东部帝国的皇帝芝诺（Zeno）沮丧地
看着这一切的发生，却回天乏力。

　　奥多亚塞并没有篡夺西罗马皇帝的头衔，反而将皇家器物送到
了君士坦丁堡。他还写信给芝诺皇帝说西部再也不需要一位皇帝，
他希望自己能以芝诺皇帝的名义继续统治意大利。芝诺皇帝接受了
这个事实，或许这只是他的权宜之计。他授予奥多亚塞罗马贵族的
头衔，从此后者在意大利被人称为国王（rex）。罗马帝国维护了东
西方的统一，但仅仅是在外观形式上。

　　我们现在都认为这是历史上的关键时刻，但当时的人却不这么
认为。罗马的元老院仍然定期开会，行政官仍然照常工作，但是皇
帝却不再重要，没有人会在意他的缺席。回顾往事，我们发现历史
的传承在这里发生了断裂，从奥古斯都时代开始世代相传的西罗马

------

①　"汪达尔主义"一词由此诞生。

皇帝从此永远离开了人们的视线。在上古时代的残破神庙周围，新生的罗马城在缓慢生长。人们看着那些宏伟的残垣断壁，不禁叹服于他们祖先的伟大成就。

75

第三章　暗黑国度

公元 565 年，查士丁尼皇帝去世时的帝国版图

查士丁和查士丁尼

我和乔伊到了伊斯坦布尔。现在是一月份，一个春寒料峭的夜晚。在机场高速公路上，我看见出租车速度表的指针在 160 公里到 180 公里的时速间摇摆，这让我回忆起似乎在某本书上读到过，伊斯坦布尔是欧洲交通事故最为严重的都市。

当我把我们预定的酒店名字告诉出租车司机的时候，他自信地点了点头，但事实上，他并没有听说过这个酒店。因此，他把车开到了苏丹艾哈迈迪区的小街上，按着喇叭，偶尔停靠在路边向店主问路。最终，当他找到那个宾馆的时候，他看起来因为终于摆脱了我们而心中窃喜。

76　酒店的下沉式接待区域装饰着奥斯曼的古董、坐垫，以及几只睡着了的小猫。我看到一块罗马式的砌砖，标志性的红色条纹格外醒目。这座墙曾经属于拜占庭时代占据这个街区的皇宫建筑群。沿着旋转楼梯上楼，我们看到了一座寂静的花园，里面种着鲜花、棕榈树和一棵丝柏。花园后面还有一座奥斯曼公共浴室的遗迹。我和乔伊都喜欢上了这里。

由于天色已晚，我们刚放好行李就赶去寻找餐馆。博斯普鲁斯海面上的薄雾笼罩着城市。街道上空空荡荡，雾霭沉沉。我们转过几个街角，来到了一片开放的广场。这里就是圣索菲亚大教堂。这是一座巍峨雄奇的建筑，夜里的迷雾模糊了它的轮廓。它好像一位佝偻着的巨人，正艰难地站起身来。今天圣索菲亚大教堂并不开放，因此教堂前的广场罕见人至，使得这座宏伟的教堂由我们父子独享。抬头仰望，我们刚刚能看到巨大穹顶的边缘。乔伊问我，谁建立了这座教堂。

"大概有几千工人吧，"我回答道，"可能他们都是奴隶。"

"不，我想问，谁设计了它？"

乔伊的梦想是成为一名建筑师。一年前，他告诉了我他的梦想。有点出人意料的是，他告诉我，弗兰克·劳埃德·赖特［美国的最伟大的建筑师之一，工艺美术运动（The Arts & Crafts Movement）美国流派的主要代表人物。——编者注］（Frank Lloyd Wright）是他的偶像，他希望将来能建造出比肩赖特的作品。

"这座教堂是由两位工程师设计的，"我回答他，"可我记不得他们的名字了。在那个时代建筑师都不会很出名，所有的荣誉都归查士丁尼。他是主持修建教堂的皇帝，所以每个人都记住了他的名字。"

"为什么呢？"

"嗯，因为他建造了圣索菲亚大教堂，他重新征服了意大利和北非，而且他还爱上了整个国家最具争议的女人。"

我的视线穿过广场，注视着远处黑暗笼罩下大赛马场的地盘。

"查士丁尼皇帝在瘟疫中幸存，后来他只用了一个下午的时间，就屠杀了君士坦丁堡十分之一的人民。你看，这一切都发生在离这个广场不足一英里的地方。"

†

在公元 5 世纪晚期的一天，一个叫作查士丁的猪倌离开了他在别德里亚纳（Bederiana）的家园，和他的两个朋友一起前往君士坦丁堡寻找未来。他们都来自穷苦家庭，除了背上的驼毛背包之外一无所有。他们就这样踏上了遥远的旅途。

查士丁和他的朋友们从来没有见过如此庞大的城市。他们惊喜地走进君士坦丁堡，发现那里有熙熙攘攘的人流，还有美轮美奂的建筑和雕塑。这几位旅行者都是英俊强壮的年轻人，他们转眼就在大皇宫的皇家卫队找到了职位。很快，查士丁被拔擢成为皇帝私人卫队的队长。这个责任重大且颇有影响的职位，因为卫队的队长可以每天与阿纳斯塔修斯（Anastasius）皇帝本人进行交流。

查士丁的妻子叫作露庇西娜（Lupicina），是个奴隶出身。这对夫妇后来一直都没能拥有自己的孩子。因此，查士丁请求他的姐姐维吉兰提娅（Vigilantia）把她年仅 12 岁的儿子佩特鲁斯

（Petrus）过继给他。小佩特鲁斯是个胸怀大志的男孩，他被叔父收养之后，获得了一个新的名字查士丁尼（Justinian）。查士丁不希望自己的养子将来和自己一样目不识丁，于是资助他学习希腊和拉丁文化。年轻的查士丁尼刚满 20 岁就加入了宫廷卫队，在那里他将近距离旁观皇帝身边政治潮流的风起云涌。

阿纳斯塔修斯皇帝当时年事已高，他打算在三个侄子中挑出一位继承皇位。传说，老皇帝在一间房子里准备了三个沙发，其中一个沙发的坐垫下面藏了一张写着"统治者"的羊皮纸。阿纳斯塔修斯告诉他的侄子们，谁坐在那张藏着羊皮纸的沙发上，谁就可以成为新的皇帝。然而，三个侄子中有两人竟然坐在了同一张沙发上，藏着皇位赠礼的沙发却无人落座。于是皇帝相信，这是上天的旨意，这三个侄子都不是合适的皇位继承人。

是夜，老皇帝对着上天祈祷，他决定第二天早上谁先走进他的寝宫，他就让谁成为皇储。朝阳升起，第一个走进大门的竟是查士丁，他的卫队队长。公元 518 年，没有留下子嗣的阿纳斯塔修斯皇帝驾崩，从前的猪倌查士丁登上了皇位。

另一个版本的查士丁登基故事就平凡多了。据说，这位卫队领袖当上皇帝毫无悬念，他手握兵权，而且不惜重金收买元老院。有人猜测，对皇位如此热衷的并非查士丁，而是他年轻的侄子，后者做了大量的幕后工作，以保证自己的叔父能够荣登皇位。

已经 68 岁的查士丁是个政治上的新手，而且他的文化水平实在让人不敢恭维。他让人给他做了一个刻着"已阅（拉丁文 legi）"的木制模板。这样他就可以直接使用紫色墨水给公文盖章而不用手写签名。查士丁非常依赖他聪明的侄子。就这样，查士丁尼成了他叔父的摄政王，罗马帝国实际的统治者，那时的他只有 30 多岁。公元 521 年，查士丁尼被授予了"执政官"的称号，这是源自共和国时代的光荣头衔。为了热闹地庆祝这一盛典，大赛马场里的角斗杀死了 20 只狮子和 30 只猎豹。后来，他的叔父罹患痴呆症，更多的重担压在了他的肩上。他修复了帝国与罗马教皇之间的裂隙，并且维持了皇室与元老院权臣之间的和谐关系。

普罗柯比（Procopius）是查士丁尼时期的宫廷史官，他的著述是我们研究那个时代历史的最好素材。[1] 按照他的说法，查士丁尼是一位相貌平凡的人，"既不太高，也不太矮，身材稍微有些发胖；长着一张圆脸，但并不难看；他的脸色不错，即使经历两天斋戒也是如此"。查士丁尼在宫廷的权力日渐增长，相应地，他在君士坦丁堡街头巷尾的影响力也与日俱增。他和市井平民之间的联系以大赛马场里颇具实力的蓝绿两派为纽带。这两个派系各自饲养马匹，招募赛车手经营赌局，甚至组织文艺表演以吸引每场比赛之间闲着无聊的人们。绿党的支持者主要来自市中心，他们的对手蓝党则大多来自外城和城郊。随着时间的推移，蓝党和绿党渐渐发展成势力巨大的体育机构，甚至涉足政治和犯罪。贵族家庭会给某个党派进行赞助，以换取他们在大赛马场里呼喊己方的政治口号或者恐吓自己的政治对手。

两个党派都有自己的街头帮派，并称之为"游击队（partisans）"。蓝党游击队员常把自己打扮成匈人的样子，剃光前额，并狂野地把长发披散在脑后，以此震慑斯文的市民。而他们坐在赛马场里的时候，就会穿上昂贵的绣花长袍。这种长袍的袖子肥大，袖口收紧，看上去显得上肢肌肉异常发达。在赛场之外，他们敲诈勒索，干些小偷小摸的勾当，从事街头暴力，无法无天。查士丁尼对这些暴力和混乱视若无睹，反而公开表示支持蓝党。

和许多罗马贵族一样，普罗柯比在内心鄙视出身卑微的皇帝查士丁和他不安分的继承人。公元 525 年，查士丁尼让整个君士坦丁

80

堡的人们震惊了，他宣布，他要迎娶全城最臭名昭著的女人，曾经是娼妓、舞女、喜剧演员的狄奥多拉。

训熊师的女儿

查士丁尼的新欢是在君士坦丁堡的大赛马场长大。狄奥多拉的父亲曾经是绿党的训熊师，他在公元 505 年就早早过世了。而她的母亲在改嫁后想为新丈夫也谋求一个训熊的差事，便带着几个女儿向绿党成员求助。可昔日朋友的态度十分冷淡，她们只好转而求助于蓝党。正巧，这时的蓝党有一个训熊师的空缺，便聘用了狄奥多拉的继父。那年狄奥多拉八岁，从那天起，她终生都铭记着蓝党这番慷慨的善举，并且一辈子忠于她的恩人。

狄奥多拉刚一进入青春期就被母亲送进了一个剧团，在那里，她成了一名喜剧演员、一位滑稽舞者和一个妓女，年仅 14 岁的她生下了第一个孩子。由于美貌出众，她吸引了一大批手握大权的罗马议员。后来，她来到迦太基，成为当地总督的情妇。有传言说狄奥多拉加入了沙漠深处的一个神秘宗教社团，并且信仰归属于基督教的一性论派。这个教派是基督教的早期分支之一，主张耶稣的神性取代了人性。主流的基督教会斥责一性论派为异端邪说，但天生桀骜不驯的狄奥多拉不为所动，她一直支持基督一性论，就像她对待蓝党一般，至死不渝。

狄奥多拉 21 岁时回到了君士坦丁堡，起初，她只能蜗居在一间小公寓里。但在几年后的一次社交活动中，她结识了查士丁尼，两人随即坠入爱河。那时的查士丁尼已经 40 多岁了，可年龄差距没有阻碍他们之间的爱情。很快，他们就在马尔马拉海边的布科伦宫（Bucoleon Palace）同居了。查士丁尼经常称呼她为"最甜蜜的喜悦"，或者是她名字希腊语的字面意思"上帝的礼物"。

这对情侣迫切地希望将他们的结合合法化，却面临两个障碍。首先是帝国的法律禁止议员以上的官员与女演员结婚。查士丁尼怂恿叔叔修改了法律，把条文变成"如果女演员进行悔过自新，则可以与贵族结婚"。另一个障碍来自皇后的反对，查士丁的妻子本来就嫌弃自家低贱的出身，她不希望自己的亲属再与出身卑微的女人结婚，让已有的争议雪上加霜。所以，直到公元524年，皇后去世，年老体衰的查士丁皇帝不愿多管闲事，查士丁尼和狄奥多拉才扫清了迈向婚姻的道路，并于次年完婚。

查士丁晚年备受痴呆症的折磨，最终于公元527年离世。查士丁尼和狄奥多拉于同年8月加冕为皇帝和皇后。登基典礼的气氛在浩浩荡荡的队伍行进到大赛马场的欢庆游行中达到鼎沸，大赛马场中的人群也高声为新皇帝欢呼。然而，这一切都只是表象，尽管罗马上层人士在查士丁尼面前表现得客客气气，但背地里却对暴发户皇帝和妓女皇后的组合窝着一肚子火。不过，他们的轻蔑和傲慢自然瞒不过新皇帝的眼睛，为了树立威信，查士丁尼夫妇痛下决心强化了宫廷礼仪，乐于眼见这班贵族不情愿地在他们面前下跪并亲吻他们长袍的情景。

82

普罗柯比自然难以容忍如此行径，他把自己的满腔愤慨写进了《秘史》（*Secret History*）。普罗柯比编纂的正史以严谨客观、惜字如金著称，然而在《秘史》这本不可思议的著作里，他的鹅毛笔仿佛要从手中飞起，连篇累牍地记录了查士丁尼夫妇的缺点和罪行。他尤其愿意对狄奥多拉的放荡不羁花费笔墨。[2] 他详细描述了狄奥多拉在戏剧《丽达与天鹅》（*Leda and the Swan*）中的丑态，记录了她是如何表演出媚俗的滑稽剧效果：

　　　　她脱去盛装，赤裸地站在舞台中央，仅以一条丝带遮羞……她会用一条缎带把自己裹起来，然后缓缓躺倒在舞台上，仰面朝天。奴隶们将谷物撒在她的私处，任由受过训练的鹅肆意啄食……

普罗柯比不敢冒险出版《秘史》，这本书的手稿直到 1623 年才在梵蒂冈图书馆重见天日。这本著作在成书一千多年之后终于出版，让兴奋的欧洲读者感到颜面尽失。

在拜占庭帝国千年历史中，以智慧或者权势著称的女性不在少数，然而没有谁的光芒能盖过狄奥多拉。通常，皇后或者女皇掌权是因为男性统治者不能担当大任，然而，狄奥多拉却是个例外。她在极其强势的查士丁尼身畔同样大权在握，更有甚者，后者也乐于和她共理国事，两人交相辉映，相辅相成。[3]查士丁尼曾在一道圣旨中这样赞扬狄奥多拉对他的影响："我们是上帝赐给彼此的虔诚爱侣，也是互相谏言、共理朝政的搭档。"

狄奥多拉和查士丁尼都站在权力顶峰，但两人的个性有着天壤之别。狄奥多拉皇后从未忘记自己的穷苦出身。在她死后，帝国高官约翰·里杜斯（John Lydus）写道："皇后比任何人都更强烈地理解和同情受到不公正待遇的人"。[4]而查士丁尼皇帝似乎从未考虑过去解决社会正义的问题。

狄奥多拉习惯享受奢靡的宫廷生活，她的饮食精美，每天都睡到很晚。并且她还是个习惯表现的人，经常在公共事务和庆典活动中抛头露面。而查士丁尼则生活简朴，深居简出，宵衣旰食。以现在的观点来看，他是个工作狂、完美主义者和事必躬亲的领导人，孜孜不倦地试图控制都城民众日常生活的方方面面。他曾意气风发地宣称："我无微不至地关怀我的臣民。"[5]可事实是，在查士丁尼眼中，臣民应该对他唯命是从，他不需要自由的罗马公民。这也就不奇怪，为何那些忠于古代自由传统的议员阶层对这位深宫中不知疲倦的独裁者深怀不满了。

拉文纳圣维塔莱教堂（Church of St Vitale）的查士丁尼皇帝镶嵌画像

注：创作共用图片/佩塔尔·米洛舍维奇（Petar Milošević）

84

法典

在宫廷里传播的流言蜚语说，让罗马皇帝不知疲倦的是恶魔之力。有人声称他曾经在深夜的宫廷里窥探查士丁尼皇帝的行踪，他看见皇帝从宝座上飘然而起，而后身首分离，无头的身躯游荡在寝宫的走廊。一个朝臣则称[6]，他曾看到皇帝的脸渐渐融解成了一堆泥泞的肉糜，连眉毛和眼睛都消失在它们本该出现的地方，这令人毛骨悚然的过程一直持续到这堆烂肉重新变回皇帝的脸孔。

事实上，查士丁尼皇帝真正的力量来源于他向往成为千古一帝的野心，来源于他那不可抑制，不屑于隐藏的强大自我。他沉醉于向他的臣民们炫耀自己的成就，他希望每个人都知道，他是古往今来世界上最为成功的君主。由于内心秉持如此坚定的自得其意，一方面，皇帝招揽了天赋异禀的才俊作为自己的幕僚。他赋予这些人巨大的权力，鼓励他们随心所欲地施展自己的能力。另一方面，他也十分自信，相信自己的才能和威望能够驾驭这些人，而不用忌惮他们的权力失去控制。与之相反，谨慎的狄奥多拉却总是忧心忡忡，她怀疑皇帝的左膀右臂是否忠诚，对于那些可能怀有篡逆之心的人，她总会不遗余力地加以制裁。

来自卡帕多西亚的约翰（John the Cappadocian）曾是一位出身低微的官员，后来被查士丁尼皇帝提拔成了帝国的首相。约翰目不识丁，但他却是皇帝得力的助手。当时著名的历史学家普罗柯比尽管一直反对约翰的行政手腕，却也不得不在自己的著述中承认他是"这个时代最大胆、最聪明的人"。[7]约翰精简了帝国冗杂的行政机构，同时想方设法增加各种苛捐杂税来平衡皇帝的勃勃雄心所带来的巨大开支。这些举措严重侵犯了议员阶层的利益，使他们心生怨恨，更何况约翰自己还借机中饱私囊。果然不出意外，约翰很快树立了一大批敌人，其中最为强大的就是狄奥多拉皇后。她不能容忍约翰一直在皇帝身边对国内事务指手画脚。

85

按皇帝的授意，约翰成立了一个有十人组成的委员会来整理罗马法文集。在古罗马最辉煌的年代里，法律系统曾经是罗马文明中最宝贵的财富。但到了6世纪，这些刻板的法律早已变成了一锅大杂烩，充满了矛盾和过时的条文，反而导致司法体系混乱不堪，国家的权威一落千丈。连查士丁尼皇帝都曾经抱怨这些法律条文的复杂程度无以复加，"自罗马城建立之初，经过罗慕路斯（Romulus）的时代，我们沿袭至今的这套法律体系，读起来混乱杂陈，虽然阐明的篇幅已经长到令人发指的程度，仍旧让人难解其意。"[8]

约翰没有识文断字的能力，所以这个委员会最核心的工作实际上是由宫廷法律顾问特里波尼安（Tribonian）完成的。特里波尼安时时刻刻都遵循着法理学家乌尔比安（Ulpian）关于法律要义的箴言：生而体面，与人无害，各得其所。

在他的领导下，这个由十人组成的委员会夜以继日的精简整理连篇累牍的法条，并引入新的法条以修正法典中变得模糊不清的部分。[9]

与此同时，狄奥多拉皇后也在倡导自己的法律改革计划，她希望以此提高罗马妇女的地位。根据她的新法律，妇女将比以前更容易获得财产，丈夫若想大额借贷至少需要得到妻子的两次同意，处死通奸的妇女将不再受法律支持，强奸犯会受到死刑的惩罚。

公元 529 年 4 月 8 日，法律修订委员会提交了《查士丁尼法典》（*Codex of Justinian*）的草稿，这是帝国历史上第一部全面和连贯的罗马法律。令人震惊的是，修订工作仅仅用了 13 个月就全部完成。查士丁尼皇帝在公开颁布新法典时，沾沾自喜地宣称："或许许多前朝皇帝都曾觉得需要做出修订，但他们都不愿意承担这个重任，而我们在全能上帝的帮助下，最终完成了这个目标。"[10] 这是查士丁尼的风格，每当他宣布自己的改革成果时，他总是要归功于自己与上帝之间秘而不宣的紧密合作。

法典的官方副本被送到全国各地用于改善司法行政。之后，皇帝又发布了《法律汇编》（*Digest*），这套书中收集了校对整理过的五十部古罗马法学著作。为了培养法律人才，查士丁尼还下令出版了《法学阶梯》（*Institutes*），作为法学院学生学习罗马法要点的指导材料。总而言之，皇帝确有理由肯定自己引以为傲的成果，它们

86

伟大的意义值得敬仰。

查士丁尼法典的影响可谓流芳后世，直至今日。现代欧陆法体系正是植根于十五个世纪之前查士丁尼法律委员会的工作成果。在美国众议院大厅的北墙上，人们为查士丁尼和特里波尼安设立了浮雕肖像。在那里，他们和其他世界级法律奠基人的塑像比肩而立，这其中还包括摩西、汉谟拉比和拿破仑。

查士丁尼皇帝制定了完整连贯的法律之后，终于可以打响湮灭异教的最后战役了。他着手颁布新法律以惩罚异端信仰和异教徒。异教中盛行的同性恋行为被严格禁止，违者可能被判处拷打、断肢甚至死刑。犹太人的民事权利受到限制。在利比亚沙漠，人们被禁止供奉埃及的阿蒙神（Amon）。在尼罗河畔，伊西斯（ISis）神庙也惨遭查封。

查士丁尼皇帝没有停下步伐，他下令关闭雅典学院，哪怕只能算是补救措施。就这样，一千年前柏拉图（Plato）亲自开创的哲学教育与思辨的圣地，在一纸公文面前马上关门大吉。

古老的罗马城混乱不堪，到处是廉价的民房、破旧的神庙和杂乱的浴室，只有在这样肮脏破旧的地方才会滋生异教的陋习。新罗马屹立在博斯普鲁斯海峡边，虽然还没达到网格状分布，但展现在世人面前的，已是规划良好、井然有序、兼容并包的形象。这里无法容忍精神上的守旧，也不能倒退回古代的异教信仰。引导着人们走向光明的正统基督教之路是光明平坦的，在统一的宗教团体里，上帝钦点查士丁尼在世界的中心为人们指点方向。与古代相比，查士丁尼治下罗马人的精神世界更加超然，但也更加压抑。

随着国内改革的尘埃落定，查士丁尼皇帝将视线转向了日渐强盛的危险邻国——波斯萨珊王朝（Sassanid Persia）。

达拉城

在查士丁尼时代，萨珊王朝统治着幅员辽阔的波斯帝国，控制着今天的伊拉克、伊朗以及阿富汗、阿拉伯、高加索、中亚和巴基斯坦的一部分。西亚的波斯帝国如日中天，而罗马帝国则控制着地中海沿岸。这两个超级大国相处谨慎，在它们微妙复杂的关系里杂糅着尊重、反感和忌妒的成分。

萨珊波斯的统治者被称为万王之王（Shahanshah），名叫卡瓦德（Kavadh）。他居住在底格里斯河畔城市泰西封（Ctesiphon）一座无比豪华的宫殿里。卡瓦德平日里身着华贵的彩色丝袍，胡须上装饰着耀眼的黄金。由于他的王冠太过高大沉重，所以只好从天花板垂下悬置在他的头上。在波斯人眼里，万王之王是宇宙秩序与和谐的崇高代言人。波斯帝国的钱币上，日月环绕在他的头像周围。

和罗马人一样，萨珊王朝也始终认为自己是世界的主宰。在泰西封皇宫里，万王之王的御座之下，布置了三张空椅。这是为罗马皇帝、中亚大汗和中国天子有朝一日前来泰西封归顺预备的。

波斯帝国传统上的核心地区在伊朗高原，那里是波斯国教琐罗亚斯德教（Zoroastrianism，又称祆教）的发源地。在查士丁尼的时代，波斯的文化和经济影响力逐渐向西扩展到了泰西封和其他美索不达米亚都市。萨珊王朝的扩张势头仍在延续，这导致波斯人和罗马人为了叙利亚一带的争议地区剑拔弩张。为了监视对方的动向，他们双方沿着边境修筑了一连串的堡垒。

在这条边境线上，戴克里先皇帝曾经建立了军镇尼西比斯

（Nisbis），作为防御波斯人入侵的前哨。[①] 然而，到了查士丁尼时期，波斯人将边境线向西推进，尼斯比斯落入了万王之王的掌控之中。

面对边境线对面的波斯驻军，罗马人深感不安，于是他们在达拉（Dara）附近建立起了一座新的要塞。在泰西封当局看来，这座要塞无疑是明目张胆的挑衅。在和谈失败之后，罗马皇帝随即下令加固达拉的城防。作为回应，万王之王命令出身高贵的将军卑路斯（Peroz）带领 4 万大军，从罗马人手中夺取达拉城。

波斯军队在尼斯比斯集结，其中包括成千上万的步兵和骑射手，以及五千名重装骑兵。这些骑兵被称为"长生军"，他们的历史可以追溯到居鲁士大帝（Cyrus the Great，公元前 559 至前 530 年在位）的年代。他们武装着沉重的镀金盔甲，装备有战锤、刀剑和长枪，他们的战马也披挂着锁子甲。很多人称他们为"军营烤箱"（clibanarii），因为他们必须忍受厚重盔甲下令人窒息的热量。"长生军"是万王之王忠诚的私人军队，也是中世纪标志性人物形象铁甲骑士在亚洲最早的原型。

达拉城的防御工事对查士丁尼来说，不仅仅关系到国家安全，更关系到他个人的颜面。为了保卫这座要塞，皇帝任命最优秀的将军，一位年仅 25 岁的职业军人贝利撒留（Belisarius），担任东方军团的总指挥。

即将展开的达拉战役是贝利撒留第一次尝试指挥的大规模战役。虽然他算不上是经验丰富的将领，却拥有入木三分的战略眼光和年轻人的朝气，并且他还善于把握能影响战争形式变化的新技

---

① 现名为努赛宾，位于叙利亚和土耳其边界，仍与当时一样，形势严峻令人担忧。

术。在贝利撒留的戎马生涯中，他几乎总能击败人数远胜自己的对手，同时借力对方的人数优势四两拨千斤。他擅长揣摩敌人的思想，能够站在敌人的角度思考问题，这样他可以轻松挫败对手的企图。所以，他的敌人往往还没有意识到发生了什么，就被贝利撒留制服了。

90

公元 530 年，贝利撒留前往波斯前线，普罗柯比作为法律秘书陪伴在他身边。后者将目睹的战争经过记录下来。在达拉城，年轻的罗马将军集合了他的军队。一共有 25000 名士兵，包括普通的罗马步兵、雇佣来的骑射手以及披坚执锐的重装甲胄骑兵，这些重装骑兵的装备和职责类似于波斯人的"长生军"。但波斯军队人多势众，而贝利撒留的兵力禁不起守城战的消耗。于是，他毅然决定领兵出城，在开阔地上列阵迎战波斯大军。

卑路斯充满自信地率领大军直逼达拉城，然而关于罗马军队的情报却让他紧张起来。贝利撒留的步兵和骑兵摆出了非常罕见的阵型。罗马在他们的防线前方还挖出了一道呈适当角度的"之"字形中央壕沟，整个阵地也因此构成了一系列仿若牛角的形状。贝利撒留把步兵主力布置在中央壕沟所掩护的后部，波斯骑兵很难冲过壕沟侵袭他们。稍稍往前，在两侧平行分布的战壕里驻扎着罗马人雇佣来的匈人骑射手，他们个个手持威力惊人的复合弓。最后，贝利撒留把重装甲胄骑兵安排在了突角处的战壕里。

卑路斯大惊失色，他本以为罗马人会像往常一样把步兵布置在前方，骑兵布置在两翼。但贝利撒留的阵型似乎有违常识。卑路斯钻进帐篷，花了整整一天同顾问们商议，希望弄明白罗马人意欲何为。

与此同时，两军各自摆开阵型遥遥对峙，彼此都能感受到对方士兵愤怒的眼神。一个波斯骑兵从阵中冲出，在两阵之间大声嘲笑罗马人，要求罗马军队派出勇士来和他一对一决斗。一阵骚乱之后，一位叫作安德烈亚斯（Andreas）的年轻战士从罗马人的队伍里走了出来。这个强壮的小伙子曾经是个摔跤教练，却从来没有打过仗。波斯武士摩拳擦掌准备战斗，可他哪里想到安德烈亚斯竟然直接朝他冲来并掷出了长矛。波斯勇士应声而倒。安德烈亚斯慢慢走向奄奄一息的对手，掏出匕首切断了他的咽喉。罗马军队和达拉城头爆发出热烈的欢呼声。

　　紧接着，另外一名波斯骑兵驱马向前。这是一位年长的武士，他傲慢地用马鞭指着罗马人，发出了挑战。安德烈亚斯又一次披挂上阵，这次他骑马出战。两名骑手全速冲向对方。电光石火之间，两匹马的头部竟撞在了一起，两位骑手也都坠落到扬起的尘土里。双方都知道，先站起来的一方将获得胜利。尘埃慢慢消散，波斯人挣扎着跪立起来，他再咬咬牙就能站起来了。可当他抬头一看，却发现安德烈亚斯已经手持利刃站在自己面前。

　　波斯人在战斗的第一天落了下风。但是第二天，随着一万名来自尼斯比斯的援军抵达战场，他们的士气又重新高涨起来。此时，波斯人的数量已经达到了罗马军队的两倍。贝利撒留给卑路斯写了一封信，提醒他以和为贵，并提议用外交手段而不是无意义的战争来解决边境问题。[11]

　　"你说的对，"卑路斯回信道，"假如你不是一个卑鄙的罗马骗子，我说不定会同意你的和平提议。"

　　贝利撒留又派出了信使："我的士兵会把您的回信悬挂在旗帜上，来鼓舞我们的斗志。"

　　卑路斯的回复是："明天我就会进达拉城。你最好早点给我准备午餐和洗澡水。"

　　第三天中午，激烈的战斗打响了。在漫天箭雨的掩护下，波斯人朝中央壕沟发起了冲锋，壕沟里的罗马步兵则蜷缩在盾牌后面。接着，波斯骑兵开始冲击罗马军队的左翼，他们疾驰包抄壕沟附近，那里的罗马军队不得不开始后撤。眼看胜利在望，波斯骑兵纵马狂奔追亡逐北，却没发觉自己的阵型正逐渐变得松散。就在这时，贝利撒留的匈人骑射手突然加入战斗，这些蛮族战士冲进波斯骑兵的侧翼，将致命的箭雨射向近在咫尺的敌人。向前突进的波斯骑兵被迫停止追击，就好像出手的长矛被中途的旁敲侧击打得把持不住。

　　紧接着，贝利撒里使出了撒手锏。前一天，他在附近的一座小山后埋伏了 600 名赫卢利人（Herulian，日耳曼人的一支，生活在多瑙河流域。——译者注）骑射手，准备在关键时刻发挥作用。随着他一声令下，这支奇兵突然冲进战场，从另外一侧杀入波斯骑兵的队列之中。短短 20 分钟内，2000 名波斯骑兵非死即伤。

　　在罗马军队的左翼，越来越多的波斯人倒在了尘土和血泊里。而战场的另外一边，数量众多的波斯军队击退了罗马右翼步兵。但卑路斯的"长生军"在追击过程中，却被贝利撒留另行预备的匈人骑射手绕到身后，展开了猛烈地射击。由于匈人的复合弓能够近距离穿透"长生军"的盔甲，这令波斯人死伤惨重。罗马的重装甲胄骑兵也在此时发起了反冲锋，很快，他们就砍倒了 5000 名波斯人。

　　虽然战局不利，但波斯人还没有放弃希望，因为他们还有几千名步兵组成的后备军。但卑路斯的士兵大多数是强征来的奴隶，本来就没有投身战斗的欲望。所以，当他们看到同伴在战壕前惨遭屠杀，便立刻丧失了勇气，开始转身逃跑，而罗马骑兵则在后面乘胜追击。

93

　　对卑路斯来说，这是一场始料未及的惨败。日落时分，他的残部收敛了战死者的遗体，狼狈不堪地撤回了波斯境内。看来，这位傲慢的将军今晚只能在尼斯比斯城里洗澡了。

贝利撒留获得达拉战役的胜利，他报答了查士丁尼皇帝的信任，也证明了上帝对他拼搏的多加眷顾。罗马皇帝还将有更多任务交给这位天才的将军。然而，谁也没有想到，他的下一次军事行动竟是在君士坦丁堡城内，从愈演愈烈的不满情绪中解救查士丁尼皇帝的性命。

†

暗黑国度

我和乔伊到达伊斯坦布尔的时候正值社会动荡，当时的国际新闻报道中充斥着有关伊斯坦布尔和土耳其周边局势的最新动态。一路上我都绷紧了神经，希望能在第一时间发现游行抗议并及时避开。但令我惊喜的是，伊斯坦布尔老城的旅游区一直秩序井然，这里的一切都静悄悄的，与车水马龙的现代化都市区的风格迥然不同。

在我们旅行的第三天晚上，我们听见宾馆咖啡厅里的旅客都在谈论着发生在塔克西姆广场（Taksim Square）的游行抗议活动。据说为了维持秩序，警察们用高压水枪和催泪瓦斯驱散了示威者。

六个月前抗议就开始了。起初，人们只是组织起来静坐抗议，反对一项将塔克西姆盖齐公园（Taksim Gezi Park）由公共区域改造成购物中心的工程。但随着矛盾激化，这次小小的示威逐渐转化成大规模反对独裁总理雷杰甫·塔伊甫·埃尔多安（Recep Tayyip Erdogan）的抗议浪潮。最初的示威者主要是环境保护主义者，紧随其后的则是各式各样的社会团体，再后来，甚至连足球流氓、无政府主义者、共产主义者、民族主义者、库尔德人、同性恋者、女权主义者和学生都加入了抗议队伍。[12]警方与抗议者在盖齐公园发生了冲突，高压水枪和催泪瓦斯最终驱散了愤怒的人群。埃尔多安总理发表讲话，指责抗议者是掠夺者、失败者和极端主义者。

土耳其人渐渐分裂成支持与反对埃尔多安总理的两个阵营。支持者们主要由保守的穆斯林组成，他们一般来自那些对土耳其社会经济快速发展感到不安的地区。而建筑公司和房地产商则是埃尔多安的金主，这些公司在伊斯坦布尔新一轮的建设大潮中赚得盆满钵满。埃尔多安也因此从经济的蓬勃发展和保守式限制回退中获得了巨大利益。反对埃尔多安的人主要是城市居民和无神论者，他们对埃尔多安政府的贪腐深感不满，但埃尔多安对这些指责断然否认。

除此以外，抗议引发了新的紧张局面。很多土耳其政治家和记者都在谈论一个叫作"暗黑国度（deep state）"的名词，这是一个神秘的网络，它控制着土耳其最强力的国家部门，包括军队、情报机构、议会、司法机关、公务员系统、有组织犯罪集团和媒体。"暗黑国度"的宗旨包括但不限于反对民主主义、反对伊斯兰主义、反对库尔德主义以及反对工人运动。没人能说清楚"暗黑国度"的最终利益究竟是什么，它更像是一个诸多势力彼此勾结的松散利益联盟，而非单一谋划。

95

"暗黑国度"（土耳其语"derin devlet"）这个名词来自1996年土耳其西北部一起沸沸扬扬的意外事故。当时，一辆黑色的梅赛德斯·奔驰汽车撞上了一辆正在服务站倒车的卡车。车上的四名乘客中有三人当场死亡。遇难者的身份特殊，人们很难想象他们会坐到同一辆车里。一位前伊斯坦布尔警察局副局长、一位极右翼准军事组织"灰狼（Grey Wolves）"的杀手以及他的女朋友。这名杀手护照上的名字是"穆罕默德·于兹巴依（Mehmet Oezbay），而

1981 年刺杀教宗约翰·保罗二世（John Paul II）的刺客也曾使用这个化名。当然，车上唯一的幸存者也身份显赫，他不仅是一位手握实权的库尔德族长，还在土耳其议会担任议员。

这个消息不胫而走，四位当事人经过土耳其媒体的广泛报道而家喻户晓。人们不禁要问，为什么这四个人坐在同一辆车上？很显然，这起偶然的车祸揭露了政治家、安全部队和海洛因交易之间的秘密联系。然而，进一步的官方调查在后来不了了之，据说是"暗黑国度"掩盖了真相，导致调查人员一无所获。

2008 年，警方突击摧毁了一个叫作"厄尔根尼康（Ergenekon）"的极端民族主义团体，该团体的名字来源于古代中亚神话中一只拯救了土耳其的母狼。土耳其通讯社记者声称，这个团伙与军队和安全部队都有紧切联系，他们曾计划通过一次伪旗行动（即冒充其他组织进行行动。——译者注）暗杀包括诺贝尔文学奖得主奥尔汗·帕穆克（Orhan Pahmuk）在内的几位世俗派知识分子。他们还计划制造混乱并试图颠覆政府。

埃尔多安总理盛赞了警方的行动，他将厄尔根尼康的阴谋与"暗黑国度"联系在一起。在电视采访中，埃尔多安直言不讳："我认为'暗黑国度'是真实存在的。它的历史比土耳其共和国的历史更久，甚至可以追溯到奥斯曼帝国时期。它有悠久的传统。我们不能任由这个组织兴风作浪，如果可能，最好消灭它。"[13]然而，有些记者则认为，政府的真实意图是利用这一案件打击不同政见者。[14]

"暗黑国度"扎根在土耳其军界。现代土耳其国家的缔造者，穆斯塔法·凯末尔·阿塔图尔克（Mustafa Kemal Atatürk）曾授权军队维护世俗秩序并且限制伊斯兰教权主义者。在冷战期间，美国人帮助土耳其军队的特殊武装部建立了一支秘密的后备特种部队，如果有朝一日共产党在土耳其夺取政权，这支部队将进行地下抵抗活动。这些人后来逐渐演变成为"暗黑国度"的核心力量。在接下来的几十年里，他们一直受命镇压和刺杀共产党员、伊斯兰教权主义者、基督教传教士、记者和异议人士等。冷战结束以后，这支特种部队失去了存在的意义，它的一些领导成员便流入了"灰狼"之类的极端民族主义团体。

埃尔多安的正义与发展党（AKP）是土耳其共和国成立以来对"暗黑国度"最大的威胁。该党派计划更改凯末尔（Atatiirk）的世俗宪法，以体现出穆斯林在安纳托利亚（Anatolia）沿海和农村地区与日俱增的社会影响。

另一个焦点问题是库尔德独立运动（Kurdish independence），这在埃尔多安看来是对土耳其领土完整的重要威胁。与此同时，关于土耳其是否应该加入欧盟的讨论也迟迟没有结果。自掌权以来，埃尔多安对欧盟的态度发生了巨大的变化。他本是坚决的入欧支持者，但现在却对欧盟满怀敌意。他指出，欧盟并没有做好接受土耳其入盟的准备，因为后者不愿意对 7500 万穆斯林开放边境。在他眼里，欧盟简直就是穿现代衣裳的基督教王国。

想弄清楚"暗黑国度"阴谋论中的蛛丝马迹可不容易，你首先得变成一个玩转拼图、照片还有绳子图钉的福尔摩斯。倘若非要用一个英文单词来形容这些阴谋家们错综复杂的联系，那头一个在我脑海中闪现的一定是"拜占庭式"。这个英文单词常常被用来形容荒谬的官僚主义和神秘论，尽管现代拜占庭学家对此相当不满，正在努力纠正西方世界几个世纪以来的这一偏见。

今天还未过去，关于警方在街头镇压示威者的报道依旧不断更新。我仿佛听见了来自幽灵帝国的遥远回声，大约一千五百年以前，查士丁尼皇帝同样在这里留下了血腥的历史。

尼卡

故事始于一次失败的处决行动。公元 532 年 1 月 10 日，君士坦丁堡总督尤迪曼（Eudaemon）判处七名歹徒死刑，这七个人来自蓝党和绿党，都是所谓的"游击队员"。不知是何原因，行刑时有座绞刑架竟突然折断了，两个死囚跌落在地幸免于难，逃出了法场。他们俩一个来自蓝党，一个来自绿党。同情他们的僧侣带着他们渡过了金角湾，把他们送进了圣劳伦提乌斯教堂（Church of St Laurentius），并为他们提供庇护。

蓝绿两党原本相互敌对，但为了保护各自的成员，两党领袖们进行了会谈并且成立了一个临时联盟，要求皇帝赦免这两个犯人。在他们看来，这很显然是上帝想要宽恕这两名罪犯，所以才摧毁了绞刑架。但查士丁尼皇帝拒绝了他们的要求，还派出士兵守在教堂门口，防止两名犯人逃脱。

三天后，查士丁尼皇帝来到大赛马场中的皇家包厢观看赛车竞技。全场观众看见皇帝出席，纷纷对他进行质问和指责，赛场上的气氛变得凝重。在那天赛事结束之后，赛场里两派的支持者都异口同声地高喊口号"尼卡"（Nika），这是"胜利"或者"征服"的意思。

那天夜里，愤怒的暴徒们包围了城里的监狱，很快，他们就击败了势单力薄的士兵，并且打开牢房释放了所有犯人。暴动愈演愈烈，另一波暴徒冲入城市的中心广场，在那里，他们纵火焚烧了大皇宫入口处的查尔克门。大火熊熊燃烧，借着风势穿过广场，一路烧毁了议会大厅、圣智大教堂和圣艾琳教堂（Hagia Irene），甚至连装饰宙克西帕斯浴场（Baths of Zeuxippos）的精致古典雕塑也被暴徒捣毁了。

　　面对危局，查士丁尼皇帝仍强装镇定。他命令第二天的马车比赛正常进行，希望用精彩的比赛平息人们的怒火。但蓝绿两党不依不饶，他们在大赛马场的北端再次发起暴动。派系领袖们提出了自己的要求，希望皇帝罢免三个不受欢迎的官员，卡帕多西亚的约翰、大法官特里波尼安以及总督尤迪曼。查士丁尼被迫同意了他们的要求，然而，暴动并没有停止。他因此认定，这次暴动真正的幕后黑手是元老院中充满敌意的议员，赛车场里的党派都已经被他们收买了，不会就此罢手。

　　查士丁尼逐渐失去了对城市的控制，三天后，暴动蔓延到城市的每个角落。暴徒们沿着梅塞大道一路打砸抢烧，直逼君士坦丁广场。他们甚至摧毁了大皇宫的部分建筑。皇帝的宫廷卫士，包括精锐的帝国近卫军（Excubitors）和御林军骑兵（Scholarians）都拒绝镇压暴民。查士丁尼和狄奥多拉此时已经危在旦夕。

99

　　又过了一天，查士丁尼再次驾临大赛马场，他宣布赦免这三天里所有暴徒的罪行。当他对着福音书的副本起誓说他将信守诺言的时候，人群中爆发出尖锐的嘲笑声。与此同时，在君士坦丁广场，暴民们为阿纳斯塔修斯的侄子海帕修斯（Hypatius）加冕，推举他成为新任皇帝，随即便开始攻打皇宫。终于焦头烂额的查士丁尼失去了勇气。他提议逃出这座城市，大臣们纷纷表示赞同。

　　就在这千钧一发的时刻，狄奥多拉皇后站了出来，她掷地有声的演说永载史册。在朝臣们的众目睽睽下，皇后慷慨激昂："女人本不该在男人们主持的朝堂上说三道四，但在如今危急存亡之际，只好打破常规！"她转向自己的丈夫，要求他留下来战斗，哪怕死去也绝不要逃走，她说道：

　　　　对于曾经的统治者而言，亡命天涯的生活是无法忍受的。

但愿我永远也不用褪下我的紫袍。但愿我见到的人总能尊称我为皇后！

她伸出手，指向阳台的方向：[15]

皇帝，如果你想逃命，那太容易了。行囊里满是金银珠宝，宫外的海面上已经备好了船只。但是请你考虑一下，一旦你逃到了安全的地方，你是否会后悔没有选择战死在这里。

在我看来，古人有句话说得好，紫袍是最好的裹尸布。

这是狄奥多拉一生中最卓越的表现时刻。她的演讲令查士丁尼汗颜，在场的人们都坚定了斗志，要与暴民战斗到底。胜利或者死亡，狄奥多拉和查士丁尼都将共同面对。

拉文纳圣维塔莱教堂里的狄奥多拉镶嵌画像

注：创作共用图片/佩塔尔·米洛舍维奇（Petar Milošević）

在高高的宫墙另一边谣言四起，暴民们纷纷传言查士丁尼已经狼狈逃走。胆战心惊的海帕修斯听闻这个消息，心里的石头终于落地。他满怀信心地坐上大赛马场的皇帝宝座，在那里接受了人群的喝彩。

查士丁尼计划采用罗马人最古老的计谋打败敌人，分化瓦解、各个击破。宫廷卫队面对暴民畏缩不前，打算坐观成败。因此，皇帝不再相信他们的忠诚，转而求助自己坚定的支持者贝利撒留。这位将军此时刚从波斯前线回到君士坦丁堡，担任陆军总指挥一职。贝利撒留的助手是另一位忠诚的将领蒙杜斯（Mundus），他指挥着1500 名身经百战的色雷斯和赫卢利的雇佣军，而这些来自异国的士兵与大赛马场里的派系没有任何瓜葛。

查士丁尼一边磨刀霍霍，一边又派遣出一名叫作纳尔塞斯（Narses）的宦官携大袋金币去大赛马场贿赂蓝党的领袖。纳尔塞斯在看台上会见了这些人，提醒他们在皇帝心中，蓝党比绿党要好得多。他还用手指着皇家包厢里的海帕修斯，质问蓝党领袖，如果将来这位绿党的拥趸当上皇帝，蓝党将会立于何地。

蓝党领袖层内部很快出现了分歧，有些人开始考虑让自己的成员离开大赛马场。就在这时，贝利撒留的士兵们穿过了奥古斯塔广场的瓦砾，从东南方的入口悄悄进入了竞技场，并隐藏在竞技场大门的阴影之下，这样看台上狂欢骚动的人群就不会注意到他们。

贝利撒留一声令下，士兵们拔出刀剑冲向人群。与此同时，蒙杜斯将军的部队从另一侧的大门冲进了赛马场，5 万名暴民被两支大军包围在狭小的空间里。数以万计的人们在恐慌中相互踩踏，很多人为了避免屠杀，无情地推倒身边的同党，企图找到一条生路。海帕修斯在皇家包厢里无助地俯视着赛马场里的惨剧，受伤者和垂

101

死者的惊叫和呻吟不绝于耳。鲜血把赛道上的尘土变成了泥泞的池塘，从廊柱间一直流淌到赛马场外的大理石广场。

普罗柯比估计约有 3 万人死于这场屠杀，当时的其他作家估计这个数字大概在 5 万左右。但无论如何，大屠杀使这座世界上最大的城市至少损失了十分之一的人口。

军队抓住了海帕修斯并将他带到皇宫，查士丁尼对如何处置他颇为犹豫。他对海帕修斯非常了解，知道他本人从来没有策划过任何阴谋，只不过是阴谋家们推出的一个傀儡。当查士丁尼犹豫不决的时候，狄奥多拉提醒他，假如宽恕海帕修斯，那其他的阴谋家还会继续拿他做文章，威胁皇帝的统治。终于，查士丁尼下定决心，下令将海帕修斯斩首示众，并将其尸体丢进马尔马拉海。那些支持暴民的议员都被判处流放，他们的财产一律充入国库。至于那些在暴民威胁之下答应的承诺，查士丁尼决意全部反悔，很快，他再次提拔了卡帕多西亚的约翰作为他的首相。蓝党和绿党的势力从此一蹶不振，查士丁尼和狄奥多拉在堆积如山的尸体上重建起了权威。

†

内心的光辉

经过斗争的洗礼，和平重新回到了君士坦丁堡，一切归于平静。奥古斯塔广场上血流成河，古老的廊柱在战火中被熏得漆黑。在这一派残破景象里，查士丁尼皇帝发现了新的机遇。他打算重新设计规划这片已经狼藉不堪的广场，以此平抚都城民众因为这场暴乱而深感恐惧的心灵。他需要通过重铸帝国的威严，让民众将自己看作建设者而非暴君。

在奥古斯塔广场的东南面，查士丁尼下令在宫殿内新建一座规模较小的新议会会堂，与议会滑落的地位正相吻合。宫殿的主入口查尔克门被重新修葺一新，人们用大理石和马赛克重新包裹了这座壮丽的城门。在广场的南侧，新的宙克西帕斯浴场破土动工。除了以上这些工程，皇帝还计划在广场的北侧修筑新的圣索菲亚大教堂。一个多世纪以前，这里的第一座圣索菲亚教堂被暴徒摧毁。如今，第二座教堂也在混乱中化为废墟。现在，雄心勃勃的查士丁尼皇帝决心在这里建造一座规模空前的宏伟教堂。

在赛马场大屠杀后的第六个星期，工人们开始清理瓦砾并挖掘新教堂的地基。查士丁尼命令建筑师特拉勒斯的安特米乌斯（Anthemius of Tralles）和米利都的伊西多尔（Isidore of Miletus）设计这座无与伦比的教堂。他的指令无比简洁，要建造一座世界上最伟大的教堂，而且越快越好。在这以前，从来没有人在一座教堂上花费如此巨额的资源和财富。来自帝国各地的建筑材料被运往君士坦丁堡。绿色大理石来自塞萨利（Thessaly），黑色石材来自博斯普鲁斯，紫色斑岩则来自埃及。从各地征集的1万名劳工聚集在君士坦丁堡，尽可能确保大教堂能够尽快完工。

安特米乌斯和伊西多尔的设计看上去巧妙绝伦。他们将新建的圣索菲亚大教堂想象成巍峨的山峦，其上覆盖着错综交叠的穹顶。在中央的开阔区域和层层叠叠的复杂小穹顶之上，安置着象征苍穹的巨型中央穹顶。为了建成这个世界上最大的圆形穹顶，两位建筑师采用了将承重帆拱旋转180度的设计手法，这项精美的工程令后来一千年内的设计师们望尘莫及，也让见者无不目露惊叹。

修建圣索菲亚大教堂的工作前后不过五年又十个月，如此短暂

的工期本身就是一个奇迹。① 公元 537 年，在圣索菲亚大教堂剪彩
落成之前，查士丁尼皇帝亲来视察。他站在极富震撼力的教堂穹顶
下，大声呼喊："所罗门，我已经超过你了！"

君士坦丁堡的市民们目瞪口呆地凝视着气势磅礴的新圣索菲亚
大教堂。他们被巧夺天工的精巧工艺与和谐美观的设计比例惊呆。
"人们因为这无与伦比的美感而欢呼雀跃。"普罗柯比赞叹道。[16]大
教堂内部的美丽同样超乎想象。穹顶边的窗口漏进金色的阳光，灿
烂的光线交相辉映，照耀在绿色、紫色和白色的大理石地面上，游
人仿佛置身鲜花和绿草之中。

圣索菲亚大教堂的落成是非凡的成就，是上天超越凡尘，是
神化一说最直观的体现。从此以后，人间与天堂仿佛不再泾渭分
明。查士丁尼的伟大举措给他的臣民带来了最纯粹的欢乐，他们
更加坚信自己将有荣耀的来生。圣索菲亚大教堂的宏大气势也拨
动了每个来访者的心弦，普罗柯比写道："每一个走进教堂的人
都因为眼前的一切而惊喜，每一个离开教堂的人都因能谈论它而
骄傲。"[17]

不过，美中不足的是大教堂的建设工作十分紧迫，因此这座辉
煌建筑的某些结构存在着隐患，需要不断进行修复和改良。公元
558 年，一次地震摧毁了中央大穹顶。伊西多尔的侄子负责修复工
作。为了使建筑结构更加稳定，建筑师把大穹顶改建得更高，并且
造型更加圆润。另外，他还在穹顶的周围建造了四个穹隅
（pendentive），这种三角形的球面结构能够承受穹顶的重量并且把
中间的受力平均分摊到四角的柱子上。

圣索菲亚大教堂与大赛马场相互毗邻、相互补充，兼顾皇帝和

---

① 要知道，法国人建造巴黎圣母院足足花了一个多世纪。

君士坦丁堡市民的各种需求。让他们不仅能在赛车跑道边享受人世
的美好，也能在教堂的圣歌里憧憬来世的欢欣。

105

圣索菲亚大教堂设计图

注：公版图片/维基共享资源

†

伟大的和谐

圣索菲亚大教堂在长达九个世纪里一直是基督教的圣地，后
来又作为清真寺延续了 500 年。今天，这里已经变成了一座博物
馆，我带着乔伊在售票处前排队。在我们的身后，有两位来自得
克萨斯（Texas）的老太太争吵了起来，她们好像对这趟旅行不太
满意。

"算了，珀尔。"

"好吧，不过那个人实在太粗鲁了。"

"唉，算了吧。"

我们买了两张博物馆的门票，上面盖着土耳其文的印章。圣

索菲亚大教堂有一扇长方形的大门，当年是皇帝专用的通道，现在则供游客出入。我们穿过那扇大门，进入内部的望道廊。根据传说，这扇厚重的大木门是用挪亚方舟的残骸中收集来的木材制造的。大教堂巨大的室内空间让我们感觉豁然开朗。乔伊很开心地笑了。就像其他的伟大建筑一样，圣索菲亚大教堂有时会让你觉得自己的存在无比渺小，有时又会让你觉得它是只属于你一个人的庞大礼物。

106　　　100 年前，英国作家罗伯特·希钦斯（Robert Hichens）来到这里。喧闹和肮脏的伊斯坦布尔让他满心愤懑。然而，当他走进了大教堂，他发现之前的不快一扫而光，他自己仿佛置身于"极大的和谐当中，如此美妙，如此彻底，如此宁静，在一瞬间体会到了身心的巨大满足感"[18]。在我看来，他一点儿也不夸张。当我和乔伊在金色的穹顶下徘徊时，我感到一阵电流沿着脊柱刺激着我的大脑。我突然从内心意识到，我正站在世界上最美的建筑之中。

　　当年金碧辉煌的圣索菲亚大教堂如今已暮色沉沉，这足以唤起每个参观者内心的敬畏和仰慕。千百年来，教堂中镶嵌着的无数金制砖瓦遭到损坏或盗窃，现在只剩下为数不多的镶嵌画留存于世。大理石地砖被成千上万崇拜者、朝圣者和观光者的脚步磨损得坑坑洼洼。尽管如此，直到今天，圣索菲亚大教堂也仍然是令人心驰神往的天堂般胜境。

　　站在雄伟的穹顶之下，我隐隐感到一种难以置信的力量正支撑107 着这座建筑。光束从高处的窗户照耀进来，在镶嵌画的玻璃与金砖之间反复折射，弥漫出一片灿烂的辉光。在罗马人看来，这是神迹一般的光芒，"仿佛不是来自太阳的照耀，而是在其内部孕育而生的光"[19]。穆斯林征服者占领圣索菲亚大教堂后也对这胜景叹为观

雕刻着印度花纹的"辉煌门"（Splendid Door），产自小亚细亚的
塔索斯（Tarsus），后被运到圣索菲亚大教堂。

注：图片由作者提供

止。他们受此启发，在穹顶下方恰到好处地镌刻了《古兰经》中
的名句："安拉是天地间的光辉"。

塞拉芬

圣索菲亚大教堂里闪闪发光的镶嵌画别具风格。第一眼看上
去，几乎完全是平面构图，没有任何透视效果。但很快你就会发
现，这里的透视效果是颠倒的。画中建筑物和人物并不遵守近大远

小的透视规律，反而越远越大。圣母宝座下面的基石和其他看起来盒状的东西都变成了楔形。在经典的美术教材中，图像的消失点一般都在图中的地平线上，然而在这里，消失点却在观众的视野之外。当你欣赏这些画面时，你最好想象出一个圆锥形的视野，圆锥的尖端发自你的眼球，而宽阔的锥底则在图画里。这种美学上的感受，和这座教堂里的其他事一样，神秘莫测，仿佛来自另一个世界。

巨大穹顶下方的边缘隐约描绘着四个长着羽毛的庞然大物。它们沉重的蓝色翅膀从身体上下左右生长出来，围绕着，挡住了没有显示出的面容。导游告诉我们，这是大天使（archangel），但是他们和我们从前见过的天使大相径庭，反而让我想到了希腊神话里的怪物。

这四幅镶嵌画里所描绘的是"塞拉芬"（seraphim），他们是最高等级的天使，也是天堂王座的守护者。在希伯来语里，塞拉芬的意思是"熊熊燃烧的人"。他们奇怪的长相出自《以赛亚书》（*Book of Isaiah*），根据书中记载，以赛亚曾经目睹了他们可怖的样貌。

圣索菲亚大教堂的塞拉芬

注：创作共用图片/安德鲁·古尔德（Andrew Gould）

六翼的生物（塞拉芬）在上帝的宝座边飞舞，高声尖叫"神圣！神圣！神圣！"。先知（以赛亚）强忍住恐惧和自卑引起的颤抖。一位塞拉芬盘旋而下，用火钳取来一枚灼烧的煤炭，飞到先知面前。大天使用这块煤炭轻触了先知的嘴唇，说道："看吧，这块炭碰到了你的嘴唇，你的罪过也被带走，你的罪行被宽恕了。"[20]

查士丁尼伟大教堂里塞拉芬的肖像让我大吃一惊。从前，我们脑海中的天使印象不外乎是金色头发、俊朗面容。通过这次旅行，我们了解到，并不是所有的天使都是我们想象的那样。

在我们刚踏上罗马城旅途的起点时，我曾经把塞普蒂米乌斯·塞维鲁凯旋门（Arch of Septimius Severus）上的神像误认为是天使的雕像。可问题是，这座凯旋门兴建于基督教广为罗马主流社会接受之前，那时候怎么会有天使的肖像呢？

当我指出这个问题时，我们的向导丹妮尔笑了。"那可不是天使，"她说，"那是奈克（Nike），长翅膀的胜利女神。你看，她的矛尖上挑着波斯士兵的战袍，寻常的天使们可不会做这样的事情。"

109

可为什么胜利女神的形象酷似基督教文艺作品中的天使呢？丹妮尔告诉我，在帝国刚刚接受基督教的时候，罗马的有钱人喜欢资助艺术家，让他们把自己的肖像和天使雕刻在一起。艺术家和雕刻家可能会问他们："你们心目中的天使是什么样的呢？"他们得到的回答很可能是"美丽动人，还有优雅的双翅和飘扬的长袍"。于是，每个艺术家都会以胜利女神作为现成的模板，所以后世人们心目中的天使形象也就照此定型。

奈克的名字渐渐被人遗忘，而她的身姿却化为了天使的形象代代流传。1971 年，美国俄勒冈一家制鞋公司的推销员梦见了长翅膀的胜利女神。第二天，他立刻建议将公司的名字由"蓝丝带体育"改成"耐克（Nike）"。另外，公司还采用了新的商标，一个简洁的"对勾"。今天，耐克公司虽然身陷"血汗工厂"的丑闻之中，但仍然在世界品牌中独领风骚，正如奈克女神在两千年前的罗马一样。

†

贝利撒留和汪达尔人

圣索菲亚大教堂终于矗立在君士坦丁堡的天际线上。志得意满的查士丁尼皇帝又得到了好消息，波斯统治者卡瓦德一命呜呼，他的儿子库思劳一世（Khusrau I）继位。罗马使者再次出访泰西封，他们发现可以与新的万王之王达成某种共识。在经过漫长的谈判后，双方缔结了所谓"永恒的和约"，他们约定彼此平等相待，共同围剿那些打家劫舍的野蛮人。在和约的保障下，库思劳可以腾出手来解决国内问题，而查士丁尼则得到了千载难逢的机会去实现他的夙愿，收复罗马帝国的西方失地。

早在公元 439 年，汪达尔人就攻占了迦太基城，驱逐了那里的罗马势力，并且建立了自己的王国。查士丁尼即位之初与汪达尔国王希尔德里克（Hilderic）建立了友好的关系。这位汪达尔人的统治者继承了来自母亲的罗马血统，而且皈心基督教。罗马皇帝希望希尔德里克带领着汪达尔人重新加入罗马帝国。然而，公元 531 年希尔德里克却被表弟盖利摩（Gelimer）推翻。查士丁尼写信给迦太基当局谴责这场政变，盖利摩则回复罗马皇帝，让他少管闲事。

查士丁尼大发雷霆，决心发动一场征讨。他再次将贝利撒留从东方前线召回，命令他收复迦太基城和北非诸省。卡帕多西亚的约翰直言不讳地反对皇帝的计划，并列举出充分的理由：第一，大军必须要经历危险的海上航行；第二，通信不便，北非前线的军情需要足足一年才能传回君士坦丁堡；第三，即使罗马人攻占迦太基城也不大可能守得住，除非他们能同时占领西西里岛。

约翰的反对没能改变查士丁尼的心意。公元533年6月，他在布科伦宫的阳台上目送贝利撒留的舰队扬帆起航驶向北非。贝利撒留的妻子安东尼娜（Antonina）也登上旗舰，随军出征。

安东尼娜和她最好的朋友狄奥多拉皇后一样，也是在大赛马场里长大的女孩。她出生在一个赛车手家庭，年龄比贝利撒留大一些。在嫁给贝利撒留之前，她有过一段婚姻，留下了七个孩子。和狄奥多拉一样，她也是一个深谙尘世的女人。她有敏锐的政治嗅觉，对丈夫的事业给予了巨大的支持。贝利撒留依赖她的建议，总是将她带在身边。

同在这艘旗舰上的还有普罗柯比，他一向认为安东尼娜和狄奥多拉是一丘之貉。尽管如此，他还是不得不称赞这个女人机智过人。罗马舰队在渡过亚得里亚海之后发现他们携带的干粮都发霉了。还有更糟糕的是，绝大部分舰船上的水罐都破裂了，淡水供应十分紧张，只有贝利撒留的旗舰安全无虞。普罗柯比记录了安东尼娜的巧妙计策。她在旗舰的甲板下安置了沙床，把易碎的水罐埋在里面，这样水罐既不会破裂也不会长出水藻。

贝利撒留的舰队向西南方航行，在西西里岛停靠并稍做补给。在那里，他们得到消息，汪达尔人的舰队已经离开了迦太基，前往撒丁岛镇压当地的起义，迦太基城防守空虚。贝利撒留立刻下令舰队驶向非洲海岸。他的步兵和骑兵在迦太基城以南140英里处登陆，然后迅速向北进军。兵力空虚的盖利摩无计可施，只好仓皇逃命。贝利撒留和安东尼娜轻而易举地便占领了迦太基，他们发现盖利摩曾准备大摆宴席，可还没来得及享用就逃之夭夭了。

　　盖利摩写信召回了他的弟弟查宗（Tzazo），后者立即率领舰队从撒丁岛撤回非洲。两兄弟合兵一处，重整旗鼓准备夺回迦太基城。和达拉战役一样，贝利撒留为了避免陷入守城苦战，选择了主动出击。相比于盖利摩的庞大军团，他麾下的罗马士兵更加训练有素、纪律严明。汪达尔人很快就在罗马军队的凌厉攻势下溃不成军，查宗死于乱军之中，盖利摩则逃进深山。最终，当他被罗马人的搜索队找到的时候，这位汪达尔国王看上去已经发疯了。

　　贝利撒留写信给查士丁尼，宣布北非已重归罗马。查士丁尼大喜，决定为贝利撒留举行一次盛大的凯旋仪式。五个世纪以来还从没有罗马将军受到这一殊荣。贝利撒留荣归君士坦丁堡，受到了都城军民的热烈欢迎。100年前，尤利乌斯·恺撒在一辆战车上接受人群的顶礼膜拜，而谦逊的贝利撒留则徒步和战士们一起走进大赛马场，他们身后跟着一车一车的战利品。人们欣喜若狂，欢呼声一浪高过一浪。

　　沦为阶下囚的盖利摩戴着镣铐走进了大赛马场。为了让人们认出这位吃了败仗的蛮族国王，卫兵给他披上了一件紫色的斗篷。盖利摩望见查士丁尼皇帝高高坐在宝座上，不禁嫉妒地小声嘟囔："虚荣啊虚荣，都是虚荣……"。士兵们扯下他的斗篷，勒令他匍匐在罗马皇帝面前。查士丁尼决定仁慈地对待盖利摩，封给了他加拉太（Galatia）的土地，允许他和家人在那里平静地生活。

　　在这一大堆战利品中，人们发现了一个有七个分支的犹太教金烛台。这件宝物在公元71年被罗马人从耶路撒冷的神庙里掠走。汪达尔人在攻陷罗马之后又把它带到了迦太基。在大赛马场欢呼的人群中恰巧有几位犹太教拉比，他们认出了这个烛台。第二天，他们觐见皇帝，请求皇帝将这个烛台归还给耶路撒冷的神庙，并且警

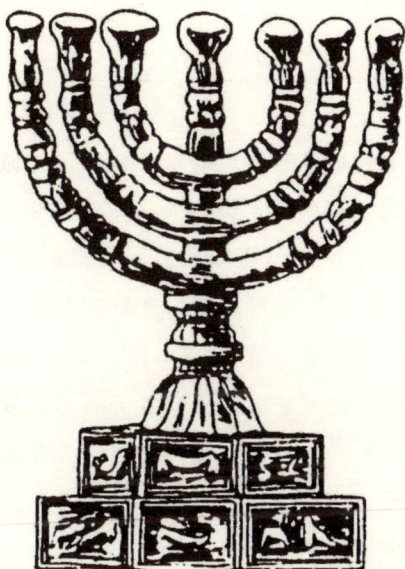

犹太教灯台

注：创作共用图片

告皇帝，不祥的命运已经降临在罗马城和迦太基城，倘若皇帝要继续将这个宝物据为己有，那君士坦丁堡就将是下一个遭受灾难的地方。查士丁尼同意了拉比们的请求，除了烛台，他还把其他来自犹太教神庙里的珍宝都送回了耶路撒冷。

库思劳的使臣也坐在欢呼的人群里，他们贪婪地盯着赛马场里堆积如山的战利品。在双方的外交联络中，查士丁尼和库思劳互相称对方为"兄弟"。因此，波斯使臣建议罗马皇帝与波斯的万王之王平分这些战利品，尤其是这些丰厚的战利品是在库思劳成全两国和平的情形下收获的。查士丁尼没有接受这个提议，作为补偿，他向库思劳赠送了丰厚的礼物。可是，他的慷慨并没有满足库思劳的胃口，妒忌的种子就这样埋在了万王之王心中。

贝利撒留和哥特人

　　罗马帝国再次征服了北非，也为他们进而收复意大利铺平了道路。一股被称为东哥特人的日耳曼部族占据亚平宁半岛和西西里岛，并在那里群居经营了 40 余年。贝利撒留率领 7500 名士兵从君士坦丁堡出发，决心从西西里岛开始收复意大利的工作。普罗柯比记录了罗马军队如何巧妙地夺下巴勒莫（Palermo）的港口。贝利撒留将他的舰队停靠在海墙边，命令弓箭手爬上高高的桅杆，从那里向港口的守军射击。击退守军后，这些罗马战士又从桅杆上一跃而下，占领了海墙。港口里的哥特人目瞪口呆，纷纷投降。贝利撒留乘胜追击，轻松占领了整个西西里岛。

　　西西里岛成为贝利撒留进攻意大利本土的战略基地。他的军队渡过了墨西拿海峡，来到了长靴状的亚平宁半岛的靴尖处。之后，他们转而向北，一路攻城略地，直抵那不勒斯城下。那不勒斯的保卫者主要是犹太教徒和阿里乌斯派基督徒，这些人不愿意接受君士坦丁堡东正教牧首的管辖，抵抗得十分顽强。贝利撒留的军队围城三周，但他苦于缺少兵力和攻城塔楼，只得寻找其他的办法。一天，一名战士意外地发现了一条废弃的水渠，这条水渠连通着城墙下面的阴沟。贝利撒留派遣了一支 400 名全副武装的士兵组成的小分队，让他们从废渠中悄悄摸进城。与此同时，城外的罗马军队也对城门展开猛攻。在内外夹击之下，那不勒斯城投降了。

　　贝利撒留现在距离收复罗马城的光辉战绩仅一步之遥。东哥特国王维蒂吉斯（Vitiges）宣布他将弃守罗马城，收缩兵力以巩固拉文纳地区的防御。罗马教皇维理（Silverius）谨慎致信，邀请贝利撒留向北进驻罗马。同年 12 月，贝利撒留的帝国军队从亚西那里亚门（Porta Asinaria）进入了这座永恒之城。普罗柯比满意地写道："罗马城终于在六十年后回到了罗马人的手中。"[21]

狄奥多拉打算把教皇换掉，推上一位更顺从他们心意的新面孔。因此，她斩钉截铁地命令贝利撒留剥夺维理的教皇头衔，她的挚友安东尼娜则负责了具体的执行。士兵们把维理教皇带进蘋丘宫（Pincian Palace）的大殿里，只见安东尼娜慵懒地躺在沙发上，贝利撒留则尴尬地坐在她的脚边。

"请您告诉我，维理大人，"安东尼娜傲慢地说，"您和那些罗马人对我们的所作所为有何不满，竟然背叛罗马，转而效命哥特人呢？"[22]她还没说完，一名士兵就迫不及待地夺走了维理的教皇长袍并把他赶出了宫殿。可怜的维理穿着普通僧侣的服装，被流放到第勒尼安海（Tyrrhenian Sea）一座岩石嶙峋的小岛上，后来他悲惨地饿死在了那里。

贝利撒留没有时间庆祝胜利，他手下仅有 5000 名士兵，而东哥特国王维蒂吉斯很快就会卷土重来。罗马人开始紧张备战，准备应付长期的围城。他们修理并加固了奥勒良城墙。由于缺少人手，他不得不关闭几座城门。果然，第二年年初，维蒂吉斯率领 5 万大军兵临城下，数量足足是贝利撒留军队人数的十倍。市民们恳求贝利撒留投降。这位罗马将军拒绝了，他焦急地催促君士坦丁堡方面为他提供援军和补给。查士丁尼立刻派出 16000 名援兵前往意大利。

但这些人似乎远远不够。看来，查士丁尼希望能以极小的代价收复西方的领土，并且指望贝利撒留能够一直以少胜多，取得那些不可思议的胜利。东哥特人包围了罗马城，切断了城市的补给。贝利撒留只能坐守城中，等待查士丁尼的援军。

维蒂吉斯下令摧毁了罗马城外的水道桥。这些城市命脉一被切断，罗马城里的大喷泉和浴室便出现了数百年来第一次干涸。更为致命的是，水力驱动的磨坊也停止了工作。不过，贝利撒留巧妙地解决了这个问题，他把磨坊拆卸下来，运到台伯河边再重新组装，这样磨坊又能持续不断地研磨面粉制作面包了。但是水道桥的损坏对罗马城造成了深远影响，此后 1000 年内罗马城的人口增长都受到阻滞。

一计不成，维蒂吉斯又生一计。他制造了四座装有轮子的攻城塔，用牛队牵引着扑向城墙。当贝利撒留听说了这个消息，就立刻登上城头，拈弓搭箭射翻了两名攻城塔上的哥特士兵。然后，他把弓箭递给身边的战士，让他们朝着驱动攻城塔的牛群射击。贝利撒留的妙计很快就击退了哥特人，他们丢下攻城塔逃走了。

但维蒂吉斯不甘心失败，他又命令士兵攻击哈德良陵墓（Mausoleum of Hadrian）附近的城墙。由于缺少守城武器，贝利撒留只好让他的战士们拆毁陵墓屋顶上的大理石雕像，用这些石头攻击攀云梯的敌人。哥特人的进攻再次被挫败了，然而，纵使有贝利撒留这样的英雄为之奋斗，罗马的荣耀、帝国的威名并未光复，它们随着时间的推移逐渐在消融。

罗马城中的情况逐渐恶化，人们情绪低落，斗志堪忧。补给短缺的问题日益严重，甚至有传言说已经有人吃人的现象发生。直到 11 月，5000 名骑兵和步兵组成的罗马军队前来支援。维蒂吉斯在此时提出和谈。

在谈判期间，贝利撒留派出 2000 名骑兵，让一名叫作约翰的部将率领着他们，突袭托斯卡纳（Tuscany）附近的敌人。贝利撒留严令，禁止约翰的部队过于远离罗马，以防身陷敌人的领土。刚愎自用的约翰无视长官的命令，他孤军深入，到达里米尼城

（Rimini），那里距离哥特王国的首都拉文纳只有不到 35 公里的距离。

　　维蒂吉斯闻讯大为光火，他立刻下令中止和谈，并让围城的哥特军队对罗马城发动总攻。最后的战斗在米尔维安大桥展开，这里曾经是君士坦丁大帝在上帝庇佑下一战成名的地方。贝利撒留的军队一举击溃了饥肠辘辘、疾病丛生的哥特人。维蒂吉斯国王不得不放弃已经持续了一年零九天的围困，然而，罗马城的光辉已因为这次战争大打折扣。

　　维蒂吉斯的军队士气低落，他们向北返回拉文纳。贝利撒留担心约翰和他的骑兵们被哥特人的大军包围，便立刻派人给约翰送信，命令他立刻撤退。

117

纳尔塞斯

　　从那时候开始，贝利撒留的好运气似乎到头了。约翰拒绝执行他的命令，贝利撒留怒不可遏。果然，维蒂吉斯带领大军前往里米尼，包围了约翰微不足道的军队。贝利撒留不得不做出抉择，究竟是派遣部队去解救约翰，还是任由约翰自生自灭，让他为自己的抗命付出代价。就在这时，又一支罗马帝国的援军在意大利北部海岸登陆了，这次足有 1 万人。

　　这支生力军的主帅是宦官纳尔塞斯，他是查士丁尼最信任的顾问之一。在尼卡暴动中，正是他前往大赛马场，收买了蓝党领袖。纳尔塞斯是一位精明的政客，虽然他对于宫廷阴谋十分在行，却没有行军打仗的经验。作为狄奥多拉皇后的近臣，他此行的目的很可能是奉皇后的命令监视贝利撒留，以防止这位魅力超群受人爱戴的将军生不臣之心。纳尔塞斯向贝利撒留宣读了皇帝最新的旨意，措辞十分谨慎："贝利撒留可以独掌军权，按其判断指挥整个部队，只要符合国家利益，全体都应遵守其令。"[23] 圣旨的后半句给纳尔塞斯留下了巨大的操作空间。贝利撒留从字里行间看出，纵然他可以继续对部队做出各种军事指令，可纳尔塞斯却有权以国家政策为由阻止他。

118　　带着这层认识，贝利撒留组织了一次军事会议，讨论约翰和他的骑兵在里米尼陷入困境的问题。贝利撒留直言不讳地说，约翰和他的士兵必须自己承担抗命的后果，而且派出救兵深入哥特人的腹地也非常冒险。他手下的军官纷纷赞同了他的意见。然而此时，约翰的朋友纳尔塞斯站了出来。他告诉大家，假如里米尼被哥特人攻破，约翰和他的战士被哥特人俘虏，那么帝国将会失去一位统帅、一支军队和一座城池。在他看来，哥特人本来就在意大利占据优势，假如里米尼再丢给敌人，哥特人的士气就会高涨，罗马皇帝收复意大利的计划就会变得更加难以完成。

纳尔塞斯转向贝利撒留："对于约翰本人，假如他真的如你所说，抗命不遵，那你当然可以随心所欲地惩罚他。但是这一切都必须在里米尼城解围之后。无论你要做什么，请确保你惩罚的是一时疏忽犯错的约翰，而不是查士丁尼皇帝和他的子民。"[24]

这是个令人尴尬的时刻。贝利撒留只得让步，答应纳尔塞斯去解救约翰。

贝利撒留将自己的不满藏在心底，他率军出发，水陆并进，在里米尼城外打了个漂亮仗。维蒂吉斯的士兵以为自己已经被包围，于是一溃千里，逃回了拉文纳。贝利撒留的战术大获成功，然而，就连普罗柯比都不得不承认，纳尔塞斯起初坚持救援约翰确实言之有理。贝利撒留冲进城里，找到了约翰，此时的约翰已经在艰苦的围城中变得骨瘦如柴，面色惨白。但这位违抗军令的军官拒绝感谢贝利撒留，而是对纳尔塞斯感激涕零。

　　现在，贝利撒留和纳尔塞斯成了竞争关系的指挥者，他们都希望帝国的军队能够忠于自己。刚开始，这种竞争还是良性的，他们各自率领一支军队攻城略地，在意大利半岛北部所向披靡。但是后来他们的矛盾加剧了，米兰城也因此堕入了深渊。

　　米兰城是意大利北部最大最富庶的城市。公元539年，贝利撒留率军攻占了这里，并留下了一小队驻军。维蒂吉斯认为，这座城市容易攻取，于是，他致信法兰克国王，提出用部分战利品换取法兰克军队的帮助。法兰克人很快包围了米兰城，城中守军的指挥官写信给贝利撒留求援。贝利撒留立即命令距离米兰最近的罗马军队前往支援。可不巧的是，这支军队的指挥官正是约翰。约翰回复贝利撒留说，只有纳尔塞斯首肯他才会照办。

　　贝利撒留大为光火，但他还是给纳尔塞斯写信求援。纳尔塞斯同意约翰立刻为米兰城解围，但已经太迟了。法兰克人给米兰守军开出了条件：假如他们弃城投降，就可以安全地放下武器离开城市。对于城里的市民，他们则没有任何承诺。那些已经饿得被迫捕食狗和老鼠的守军不得不接受了敌人的条件，把城市留给了法兰克人。之后，残酷的屠城开始了，米兰城的男人全部被杀，妇女儿童即使逃过了屠刀也被卖为奴隶。整座城市被付之一炬。

　　对于罗马人来说，他们失去了米兰，对于哥特人来说也一样。米兰城毁了，周遭的村庄也陷入饥荒。绝望的维蒂吉斯国王不得不想办法联系遥远的波斯人。他收买了两名利古里亚（Ligurian）牧师为他带信给波斯的万王之王。这封信称，如果库思劳有对罗马人采取行动的想法，那现在正是合适的时机，因为查士丁尼皇帝的大军已经在意大利陷入苦战。库思劳早就对查士丁尼的成功怀有嫉妒，所以他立刻答应了维蒂吉斯，开始着手准备新的战争。

西方的皇冠

贝利撒留的愤怒终于爆发，他写信给查士丁尼皇帝要求纳尔塞斯为米兰城的失败负责。查士丁尼同意了他的请求，召回了纳尔塞斯。从现在开始，贝利撒留终于可以放手指挥部队了。

公元 540 年年底，贝利撒留继续进攻，逐一拔除了哥特人的据点，兵锋直指拉文纳城下。维蒂吉斯见没有希望，不得不准备谈判投降。贝利撒留胜利在望，便派了两名随军议员回到君士坦丁堡与查士丁尼皇帝联系。皇帝告诉他们，波斯人正在厉兵秣马，所以他们必须尽快结束意大利的战争，然后回师东线。贝利撒留被告知，他必须立刻用优厚的条件与哥特人订下和约，允许他们带走自己的半数财产并保有波河以北的全部领土。

这封信简直把贝利撒留击倒在地。查士丁尼的命令让他沮丧无比，近乎崩溃。为什么要在夺回米兰的胜利前夜轻易地降格以求？甚至对于维蒂吉斯来说，这个条件也看起来太过优渥，他不能相信罗马人有这样的诚意。哥特人的国王告诉使者，假如他，尊敬的贝利撒留在这份和约上签字，那他才敢相信并签上自己的名字。贝利撒留拒绝了，他说，除非查士丁尼下达旨意明确命令他签名，他才会在协约上签字。

在后来的几天双方陷入了僵局，谁也不知该如何是好。直到有一天，维蒂吉斯私下见了贝利撒留。哥特国王建议贝利撒留加冕为西罗马皇帝，这样他就能名正言顺地接管哥特军队。

贝利撒留沉思片刻，就答应了。

他让自己的部下做好准备，然后秘密向维蒂吉斯保证，他将接受西部帝国的皇冠，并且善待哥特人。拉文纳的城门终于打开，贝利撒留的大军鱼贯而入。他们不仅没有为难城中军民，反而给他们带来了急需的粮食。普罗柯比目睹了入城仪式，他不敢相信罗马寥寥兵力能够战胜如此众多的蛮族部队。他认为这是上帝亲手创造的神迹，正如他曾创造万物那样。

贝利撒留占有了拉文纳的宫殿和哥特人的财宝。但是他信守诺言，对哥特人的私人财产秋毫无犯。罗马军队纪律严明，没有掠夺房舍，没有残害性命。维蒂吉斯虽然被拘禁，但依然享受优待。

五年的血腥战争结束了，意大利重新回到了罗马帝国的怀抱。然而，对于这里的人民来说，这不啻为深重的灾难。古老的城市化为丘墟，田地和庄稼惨遭践踏。战争和饥荒一遍又一遍地犁过大地，只留下森森白骨。

维蒂吉斯还被蒙在鼓里，贝利撒留实际上并没有打算背叛查士丁尼，更不打算自立为西罗马的皇帝。贝利撒留带着维蒂吉斯、哥特财宝还有征服意大利的好消息回到了君士坦丁堡。他拒绝了在意大利加冕的诱惑，还有什么事情能比这个决定更能进一步地证明他的忠诚呢？

贝利撒留在首都的声望如日中天，人们在他的家门口露营，跟着他的车队一起出行，只为了能看到这位知名人物一眼。在普罗柯比的笔下，贝利撒留将军身材伟岸，面貌英俊，与平民相处时，他谦逊有礼，毫不怠慢。[25]

但这一次，查士丁尼皇帝的态度却非常冷淡，大赛马场也没有举办凯旋仪式。皇帝对于贝利撒留没有能够如他所愿立刻前往波斯前线而感到愤怒。事实上，维蒂吉斯和哥特人并不是皇帝的心头大患，唯一能威胁罗马帝国的强权是东方的波斯帝国。另外，即使贝利撒留拒绝了西罗马皇帝的头衔，这对查士丁尼和狄奥多拉来说也不是什么好消息。这恰恰说明，在某些地方，人们已经认为贝利撒留配得上那份荣耀。往事历历在目，七年前暴徒们将海帕修斯加冕为帝，而那位在赛马场里登基的皇帝下场悲惨。何况，海帕修斯也曾经是查士丁尼的好朋友。

贝利撒留南征北战，可是他又为帝国真正赢得了什么呢？战后的意大利饿殍遍野，罗马城残垣断壁，米兰城化为灰烬。他的计谋一时瞒哄了哥特人，可也让他们有机会在不久之后再次揭竿而起。而在东方，波斯人的大规模入侵已蓄势待发。

公元540年，库思劳的军队开始进攻罗马人设立在美索不达米亚和叙利亚的前哨。"永恒的和平"仅维系了九年。波斯人越过达拉城，向南占领了苏拉（Sura）。他们还焚毁了阿勒颇（Aleppo），因为这座城市拒绝了他们的勒索。

6月，库思劳开始围攻安条克城（Antioch），这是一座经济繁荣却疏于防守的城市。被吓破胆的罗马守军逃之夭夭，勇敢的市民们接替了防务。然而，波斯大军最终攻破了城市，并且对城中居民进行了残酷的报复。整座城市被焚毁，幸存者被卖为奴隶。库思劳为自己的胜利欣喜若狂，他走到地中海岸边，在海中一番畅游，之后才带着满载黄金的车队和成群的奴隶回到波斯。在泰西封附近，他建造了一座新的城镇来安置安条克的俘虏，并给这个城镇起了一个可笑的名字"Weh Antiok Khusrau"，意为"库思劳的城市比安条克更好"。

查士丁尼皇帝被迫与波斯人签订屈辱的条约。他需要支付给波斯人5000磅黄金，并且每年再支付额外的500磅。皇帝别无所择。可即便如此，库思劳仅仅过了一年就再次发动了战争，袭击了黑海沿岸的城市拉齐卡（Lazica）。

作为反击，查士丁尼派贝利撒留前往美索不达米亚。这位常胜将军在尼斯比斯附近击败了波斯军队。但他实在没法攻占这座城市，很快便被召回了。

　　谁都看得出来，贝利撒留在战斗中有些心不在焉。普罗柯比在他的《秘史》中记叙，贝利撒留发现他的妻子安东尼娜和自己的养子有染，因此一路上心事重重。

　　安东尼娜是狄奥多拉皇后的密友和同谋，这两个女人已经阴谋陷害了卡帕多西亚的约翰，铲除了一个实力强劲的政敌。当贝利撒留发现自己妻子和养子狄奥多西（Theodosius）的私情时，他怀疑是皇后从中推波助澜。捕风捉影的流言让贝利撒留非常苦恼，安东尼娜还让皇后逼迫贝利撒留接受自己的风流韵事。很可能，狄奥多拉皇后也想通过宣传这些丑闻来损害贝利撒留的声望。

　　普罗柯比非常同情贝利撒留的遭遇，目睹了他因为羞辱而蒙受的打击，他写道："贝利撒留甚至已经忘记了自己是一个男人。他汗流浃背，头晕目眩，浑身颤抖。他完全迷失了自己，被恐惧和焦虑所奴役。他已经彻底不像一个男人了。"[26] 好在没过多久，与安东尼娜有染的狄奥多西因痢疾而死，贝利撒留的精神才稍微振作。124

　　公元542年，贝利撒留再次领兵出征，他在东方前线组织了一次对波斯人反攻。贝利撒留迅速攻占了波斯人在西索拉纳（Sisaurana）的堡垒，然后派出了他们的阿拉伯盟军。伽珊人（Ghassanids）沿着底格里斯河袭击了波斯人定居点。可就在这时，一种奇怪的疾病在双方阵营中同时爆发，战斗立刻停了下来，双方各自撤军回国。

黑死病

　　在那些日子里，瘟疫几乎消灭了所有的人类。从前天国降下灾难，总会有大胆者解读我们受难的缘由……然而对于这次灾难，我们没法给出一个合理的解释，甚至无法在精神上处理它，只能归结于上帝的旨意。

——普罗柯比，查士丁尼的战争，2.22.1

　　公元 5 世纪 30 年代的辉煌十年行将结束的时候，人们在查士丁尼皇帝治下的土地上，观测到了三个不祥之兆。普罗柯比记录下了公元 536 年的天文异象，在那一年的大部分日子里，天空阴沉无光。他写道："（在那段时间里）太阳依旧发光，却不再明亮，就像夜空里的月亮。①"[27] 一年之后，一颗形状宛如剑鱼的彗星出现在空中，足足持续了 40 个日夜。在东地中海的海面上，有人报告说目击了幽灵一般的青铜船只，它们飞快地掠水而过，船上的水手都是身着黑衣的无头男子，手中擎着熊熊燃烧的铜杖。[28]

　　公元 541 年，在埃及苏伊士地峡附近的贝鲁西姆（Pelusium）报告了第一例致死的瘟疫病例。随后，疫病大规模爆发，尼罗河畔的村庄一个接一个地被传染。到了 9 月，帝国第二大都市亚历山大港也变成了疫区。

　　水手和码头工人是最先感染瘟疫的一批人。病人刚刚发病时的症状和流感类似，头痛、疲劳、发热和呕吐。之后，令人恶心的囊肿就会出现在大腿上部、生殖器附近、腋下和颈部，同时还会伴随着令人难以忍受的疼痛。许多病人的指间和脚趾会因为坏疽而变成黑色。有时候那些囊肿会突然爆裂，溅出令人作呕的脓水。一些人在患病之后陷入昏迷，然后慢慢死亡。其他患者则会浑身抽搐，精神失常。瘟疫还会导致内出血，最终令病人吐血而死。

---

① 这件事很可能是万里之外印度尼西亚的喀拉喀托火山（Krakatoa）爆发引起的，大量的灰烬和地表碎片被抛入了大气层。

　　这场大瘟疫的罪魁祸首是鼠疫杆菌（Yersinia pestis），这是一种棒状细菌，它隐藏在多层寄生关系下，对寄主造成致命的损害。它的传播途径大概是这样的。患病动物的血液被吸血的跳蚤咽下，病菌进入跳蚤的肠道；之后跳蚤会寄生在黑鼠的体表，它们叮咬老鼠的皮肉；鼠疫杆菌会阻止老鼠的血液进入跳蚤的身体，并且细菌将与血液一起重新回流到老鼠的伤口，老鼠因此被感染。但由于不能摄入新鲜血液，饥饿的跳蚤会不断叮咬附近的各种哺乳动物，其中也包括人类。而在罗马时代，老鼠总是生活在人类周围，搜寻人类的食物和垃圾充饥。

　　当鼠疫杆菌进入人体的血液循环之后，它们便会很快侵入淋巴系统，从而导致疼痛的肿胀或者淋巴腺炎症（因此这种疾病又被称为"腺鼠疫"）。有时，细菌也会进入肺部，这种情况下患者会不断咳血，将疾病传染给其他人。

126

感染鼠疫杆菌的跳蚤

注：公版图片/National Institute of Allergy and Infectious Diseases

　　地中海上的交通线十分繁忙，寄生在老鼠身上的跳蚤也跟随着船只漂洋过海。许多商船在离港时还满载容光焕发的水手，但当船上爆发瘟疫之后，这些船只最终就只能满载尸首在海上漂泊。藏着被感染老鼠的货箱被从异国的海港运来，送进当地谷仓，疾病也就随之进入了人口稠密的大城市。就这样，瘟疫席卷了整个东地中海沿岸。瘟疫传播的速度甚至比警报传递得更快，它飞快地吞噬着海港、城市和乡村。

公元 542 年，君士坦丁堡出现了疫情。10 天之内，整座城市发生了翻天覆地的变化。面对这场瘟疫，一切道德和逻辑都失去了意义。致命的疾病对穷人和富人、好人和坏人不加区分。在普罗柯比的记录中，在疫病最猖獗的时候，君士坦丁堡每天就有 5000 人丧生，甚至还可能达到 10000。这是个疯狂的猜测，但并非毫无根据。医院里很快挤满了患者，医生们连瘟疫的病因都难以确定，更不用说对症下药了。

市民们极尽全力照顾患病的家人，然后不可避免地被传染并很快死去。"那些大大小小的美丽房屋……一夜之间变成了居民们的坟墓……连那些想把他们的尸首搬出屋的人也无法逃脱瘟疫的魔掌。"[29]

瘟疫的突然爆发造成了无数令人毛骨悚然的景象。以弗所的约翰（John of Ephesus）写道："美丽新娘刚刚还在新房里梳妆打扮，一转眼就变成了可怖的尸体……（手工作坊里）似乎有一个人曾经坐在那里，操作着工具，仔细地加工他的作品，可后来他试图挣扎着走到旁边，在那里他的灵魂离开了躯体[30]……全城的生活都停顿了，仿佛这里已被毁灭。[31]"在城外，所有的乡村也都是一片死寂，田野任自荒芜，无主的牛群四处游荡。

刚开始的时候，人们还能把死者埋葬在坟墓里，但是随着死亡率攀升，所有的坟墓都已被填满。市长命令工人拆开金角湾对面加拉塔（Galata）要塞的每一座塔楼塔顶，把尸体丢进塔里。很快这些塔楼里都装满了尸首，浓烈的尸臭充斥着整座城市。随着死者越来越多，甚至连挖坑和埋葬的工人也不够了，人们只得把尸体随意遗弃在街道上。

每天的死亡和感染，激发了人们心底最后的善良，即便是那些顽固的罪犯也开始变得充满温情。蓝党和绿党停止了敌对行为，他们互相帮助对方掩埋尸体。人们外出之前，会小心翼翼地在自己的手腕上绑上一个识别身份的小标签，这样一来，假如他们倒在街头，路人们就能够认出并告诉他们的家人。食物的生产也停止下来，看来，瘟疫过后注定会发生大规模的饥荒。

像鼠疫杆菌那样的病原体通常会很快停止传播，因为它们会很快地杀死寄主，减少了寄主继续传播疾病的机会。真正难以应付的流行病原体应该是导致普通感冒的微生物，它们不会对寄主有太大的影响，这样寄主仍然能四处活动，把病原体传播给邻近的个体。鼠疫杆菌的真正寄主应该是老鼠，而非人类，人类的大规模死亡很可能只是疾病的附带效果。假如是这样，那么客观上大量的人类尸体又会给老鼠提供食物，从而加速病原体的传播。然而，老鼠和其他动物也会因鼠疫杆菌的感染而死去。所以，面对这样一个不分青红皂白的杀手，谁能解释它存在的全部意义呢？

在几个月的人间地狱中，老鼠和人类的数量被极大地降低，君士坦丁堡的瘟疫才稍稍缓解。到了公元 542 年，鼠疫虽然没有完全消灭，但其影响已经很小了。多年后的 588 年、573 年和 599 年，君士坦丁堡还爆发过三次鼠疫。鼠疫杆菌往往会给幸存者留下丑陋的伤疤或者变厚的舌头，因此很多人即使保住了性命，也变得步履蹒跚。

公元 542 年早期，君士坦丁堡的人口大约有 50 万。然而仅仅四个月，城内便损失了 5 万到 20 万人口。也就是说，大约一半的人死于瘟疫或接踵而至的饥荒。[32]

查士丁尼时代的大瘟疫迅猛且致命，这只能被解释为上帝对人类罪恶的惩罚。在以弗所的约翰看来，鼠疫就像上帝的一台巨大的榨油机，把人类像葡萄籽一样碾得粉身碎骨。悲伤的幸存者们坐在空空荡荡的家里，那里曾经是亲人忙碌、儿童玩耍的地方。他们不禁拷问自己的灵魂，到底是不是他们的罪过引发了这么严重的灾难。

今天我们知道，瘟疫是通过看不见的微生物传播的，但当时君士坦丁堡的罗马人总是能把一切事物和超自然力量联系起来。假如在那个年代他们就有了微生物学的概念，他们也许会这样想："是谁把致病微生物放进跳蚤里？又是谁把老鼠引来了君士坦丁堡？"

今天的我们能够用科学知识解释事物发生的原因，这并不是因为我们很聪明或者不再迷信。我们和那些千年之前的人没有区别，都生活在动荡不安的时代里，免不了目露迷惘，试图利用有限的知识理解世界的意义。

在君士坦丁堡瘟疫最猖獗的日子里，查士丁尼也病势沉重，卧床不起。国家大事被交到了狄奥多拉的手中。由于皇帝没有子嗣，狄奥多拉已经开始考虑皇帝的接班人选问题。当她还在计划她的下一步打算时，皇帝病危的消息已经传到了东方前线。在那里，贝利撒留和他的高级将领们达成了共识，假如狄奥多拉不经他们同意就另立新君，他们将不会承认君士坦丁堡的新皇帝，以提防她的阴谋诡计。

狄奥多拉皇后听到这个消息后，强力压制。她立刻召回贝利撒留，并且没收了他的财产，解散了他的卫队。整个东部战线的指挥因此陷入混乱。然而，库思劳并没有抓住这个机会进攻罗马人，因为鼠疫同样在波斯帝国境内蔓延，类似的惨烈景象也在泰西封和其他波斯城市上演。

查士丁尼皇帝奇迹般地恢复了健康，他重新投入工作，开始评估君士坦丁堡和罗马帝国在这次瘟疫中遭受的损失。他恢复罗马荣光的梦想似乎成了泡影。无数士兵和纳税人的死亡使得帝国的兵源和财政收入大不如前。面对挫折，皇帝伏在书桌前，及时地授权多项紧急措施。当时道路维护和驿站服务已经中断，他甚至不得不考虑卖官鬻爵以获取额外收入。人力紧缺导致工资飙升，查士丁尼颁布了法令却未见任何成效。迫于无奈，他下令削减军队的军饷，这一危险的举措导致意大利的罗马军队不得不向当地人勒索钱财，而那些人早已被帝国苛刻的税吏盘剥一空。无力支付钱财的人们被迫卖身为奴。那些被查士丁尼从"蛮族"的统治下解放的人们，现在反而对所谓的"罗马人"深恶痛绝。

一位新的哥特领袖横空出世，他就是托提拉（Totila）。在弥漫着不满情绪的意大利，他很快就组建起一支新的军队以抵抗罗马人的暴政。托提拉号召要解放奴隶、重新分配土地并且停止向君士坦丁堡当局交税，他的事业受到很多人的支持，甚至许多查士丁尼的部队都叛逃到他的麾下。公元542年，托提拉占领了那不勒斯城，绝大部分意大利乡村也归于他的控制之下。查士丁尼任命的意大利军队指挥官写信给皇帝，坦诚地告诉他形势已成定局，必须放弃意大利。

查士丁尼皇帝资金紧张、人手不足，但他不甘心失败，不愿意放弃辛辛苦苦打下来的江山。于是，他又找来贝利撒留，希望他再一次带来奇迹。这一次，贝利撒留只有一支规模很小的军队，军饷紧张，士气低落。他们在拉文纳附近登陆，企图尽力打破哥特人对罗马城的围困。然而，被围的罗马守军中有人心怀不满，打开了城门，哥特人乘机冲入城中。这座曾经辉煌的帝国首都，此时的居民

130

还不足 1000 人。幸存的市民没有受到迫害，他们离开了城市。但罗马城的城墙、宫殿和军火库却被夷为平地。历史学家叹息道："仅仅几个星期，罗马就成了一座废弃的城市，除了野狼和夜鸮，别无其他踪迹。"[33]

心怀猜忌的皇帝又一次交给他如此之少的兵力，要求他完成如此巨大的使命。贝利撒留只得让安东尼娜回君士坦丁堡向皇帝请愿，他希望自己妻子与皇后的友谊能够起到作用。

安东尼娜还在回国的船上时，狄奥多拉皇后已经走到了生命终点。癌症杀死了这位不平凡的皇后，把无限的哀痛留给了查士丁尼。在她肃穆的葬礼队伍通过君士坦丁堡的街道时，查士丁尼皇帝来到灵柩旁边，想为自己深爱的妻子戴上项链，不禁泣不成声。后来，查士丁尼时常会前往狄奥多拉的陵墓，亲手点上蜡烛表达怀念。他计划将来自己去世后，也埋葬在那座陵墓，与狄奥多拉长眠在一起。在他的余生里，他一直拒绝再娶，选择孤独终老，而且也没有为王位指定一名接班人。

在狄奥多拉去世前一年，两幅光彩夺目的镶嵌画在拉文纳的圣维塔莱教堂揭幕。这两幅画描绘了皇帝夫妇身处权力顶峰时的伙伴关系。在今天，我们仍然能看到它们。其中一副描绘着查士丁尼皇帝和他的随从站在圣坛一侧，另一幅描绘着圣坛另一侧的狄奥多拉和随从。查士丁尼提着一篮圣餐用的面包，狄奥多拉则手持美酒。这两幅画相互呼应，为这对罗马帝国最有权势的夫妇留下了闪光的纪念。

亲爱的领袖

查士丁尼皇帝暂时抑制住悲痛，继续工作，这是他唯一能有的安慰。安东尼娜的请求打动了他，于是他将贝利撒留从意大利召回，并为他举办了荣耀的退休仪式。随着皇后的逝世，查士丁尼也不再那么偏执，他像一位老朋友那样欢迎了贝利撒留，并让工人为贝利撒留修建一座镀金的雕像，把它安置在奥古斯塔广场。

查士丁尼接受了对意大利困境的评估，他派出年过七旬的纳尔塞斯，率领一支规模庞大的军队再次征讨意大利。兵贵神速，纳尔塞斯在意大利中部的塔吉纳战役（battle of Taginae）中击败哥特军队。托提拉在战斗中受了致命伤，很快便在附近的卡普莱（Caprae）村死去。没过多久，罗马人的大军在维苏威火山（Vesuvius，在被遗忘的庞贝古城附近）下与对方决战，彻底击败了哥特人。从此，哥特人在意大利的统治结束，幸存的哥特人被驱逐出罗马帝国的北部边境。

战争结束了。查士丁尼赢了。

然而紧接着，查士丁尼皇帝又令人难以置信地收复了西班牙南部的国土。公元551年，盘踞意大利100多年的西哥特人陷入内战，敌对的酋长们邀请罗马皇帝的军队前往协助。查士丁尼仅仅派出了两千名士兵和年逾八十的将军列贝里乌斯（Leberius），就通过巧妙的外交策略和雷霆万钧的军事手段占领了西班牙地中海沿岸的土地和巴利阿里群岛（Balearic Islands）。

公元558年，瘟疫再一次袭击了君士坦丁堡。虽然这一次的疫情不如上一次猛烈，但持续得更久，很多儿童死于这次疫病。现在，人们知道这是因为年轻人没有经过第一次瘟疫，从而缺少对鼠疫的免疫力，上一次大瘟疫的幸存者则因此更容易击败病魔。

在生命的最后岁月里，查士丁尼皇帝似乎已经失去了征战的兴趣，他更喜欢通过外交手段和支付金钱的方式来解决和邻国的关系问题。公元550年，库特里格斯匈人（Kotrigur Hun）渡过多瑙河

132

入侵色雷斯，他们的骑兵甚至就要抵达君士坦丁堡城下。对于统治着从西班牙到美索不达米亚庞大国土的皇帝来说，让敌人在自己的院墙边耀武扬威是不可容忍的耻辱。他决心发起反击，最后一次召唤忠诚的贝利撒留领兵出征。

当年的名将已经不再年轻，但他在战场上的智慧并没有被时光消磨。他率领着一支由老兵、志愿者和卫士组成的小部队，在库特里格斯人附近安营扎寨。在夜里，他让他的士兵点起无数火把，让敌人以为罗马军队人多势众。第二天，库特里格斯骑兵前来挑战，他命令那些没有经验的志愿兵们敲击自己的盾牌，用嘈杂的喧闹声扰乱敌人视听。随即，人数众多的库特里格斯骑兵对眼前的步兵发起了冲锋。但两军还未接触，贝利撒留的老兵就挥舞着长矛和弓箭从附近的树林里冲了出来。敌人的骑兵遭到了出乎意料的打击，只得逃离战场，撤向他们在阿卡狄奥波里斯（Arcadiopolis）的营地。这是贝利撒留又一次以少胜多的经典战例。

就在此时，查士丁尼皇帝心底的嫉妒开始发作，他亲自接替了贝利撒留的职务，并通过贿赂库特里格斯人，让他们沿多瑙河回撤来结束了这场战争。为了平息众人对自己成就的怀疑，查士丁尼举办了凯旋仪式。在回君士坦丁堡的路上，查士丁尼特地绕道去了圣使徒教堂，在狄奥多拉灵前再一次点燃了蜡烛。

公元 562 年，贝利撒留被指控与人合谋弑君，他的财产和荣誉头衔又一次被剥夺。直到八个月以后，他的冤屈才得以昭雪，这才被允许回归退休生活。这是查士丁尼皇帝最后一次给贝利撒留难堪。来年 3 月，贝利撒留撒手人寰，终年 60 岁。几个世纪后有坊间传闻说，贝利撒留被皇帝刺瞎了双眼，流放到罗马城，作为平卡斯城门（Pincus Gate）外的一名盲人乞丐走完了人生最后的一程。虽然这个传闻是后人杜撰的，但反映出人们对查士丁尼所作所为的愤慨，帝国历史上最天才的将军遭到如此卑鄙的对待，真让人慨叹不已。

　　几个月后的 11 月 14 日，82 岁的查士丁尼皇帝驾崩。他统治罗马帝国长达 38 年，比奥古斯都和狄奥多西二世以外的任何皇帝都长。和其他长期的独裁统治者，例如路易十六或斯大林一样，查士丁尼的去世让一些人松了口气，但也让很多人陷入了深深的焦虑。皇帝的遗体被放置在金色的棺材里，上面覆盖着蜂蜜和香油。长长的送葬队伍点亮了繁星般的火把，从大皇宫缓缓前往圣使徒大教堂，数十万名哭泣的市民在道路两旁送别死去的皇帝。在大教堂的墓室里，查士丁尼的遗体被绘制着他生前光辉胜利的丝绸包裹着，静静地躺在斑岩制成的石棺里，在他身边不远的地方长眠着狄奥多拉皇后。人们很难想起查士丁尼登基之前的时光，也很不习惯没有他统治的生活。

†

　　我们在土耳其待了一个星期，可我们的手机一直无法工作。于是，我和乔伊只好去土耳其电信的零售点购买新的 SIM 卡。乔伊好奇地打量着店里的后墙，那里有一幅凯末尔的肖像。凯末尔是加里波利（Gallipoli）战役的英雄，也是现代土耳其共和国之父。我们在餐馆里、售票厅里和钞票上都能看到他的肖像。画像中的他看上去像一位老派的电影明星，穿着整洁的西装，口袋里插着叠好的白手帕。

　　乔伊看了看凯末尔的肖像，转过身来好像要问我什么。我示意他等我们走出店门再说。对凯末尔的崇拜被认为是现代社会持续最久的个人崇拜。在土耳其，每个导游都会告诫游客，千万不要说任何关于凯末尔的坏话。根据土耳其的法律，公开冒犯凯末尔名誉的人可能会被判处三年监禁。

回到街上，乔伊问我："为什么在伊斯坦布尔随处可见凯末尔的肖像呢？"当时，我正在刷新手机上关于土耳其游行抗议的新闻。

"我想那是因为他受人民爱戴。人们怀念他为国家所做的一切。总之，无论如何，大部分土耳其人都是如此。"

"就像金正日一样吗？"

乔伊对于朝鲜有很深的兴趣。他非常喜欢研究极权主义国家的历史，在家里，他读了很多这方面的书籍。当我和他一样大的时候，我也被这些内容迷得神魂颠倒。我始终认为，亲爱的领袖或者伟大的舵手将人民引向未知的乌托邦是一件可怕的事情。

"他们还是不大一样，"我四下张望，确保没有人听到我们的谈话，"凯末尔是一位进步的领导人。他追求民主和妇女权利。绝大部分凯末尔的纪念碑和雕像都是在他死后建立的。人民想要记住他们的伟人。这没什么了不得的。"

"但是似乎每个人都必须挂他的画像啊，不管他们愿不愿意，"乔伊边看着我笑，边反驳说，"假如真的没什么了不得，为什么爸爸你谈起他的时候如此小心翼翼呢？"

†

136

对于其支持者来说，查士丁尼皇帝的伟大成就不言自明。他们只需要摊开地图，指出北非、意大利和西班牙是因为他才回归的罗马帝国，就足够了。似乎罗马帝国的霸权才是世间常态，之前罗马人所遭受的灾难仅仅是历史的曲折反复罢了。

但这一切只是南柯一梦。罗马帝国的荣耀已随着查士丁尼皇帝一起逝去，罗马人再也没有能力统治如此辽阔的国土。在其后的一个世纪里，帝国缓缓滑入了黑暗时代的深渊。也许它有回过神来形成强大力量的时段，可那个曾经主宰欧洲和中东的无比强大的国度再也不会出现了。

查士丁尼的继承者们无力担负沉重的债务和责任。帝国过度的开销和瘟疫的蹂躏削弱了军事力量和信息传递系统。首都的政令难以管辖遥远边疆的行省，不满的人民在那里怨声载道。那些试图重振帝国权威的举措反而起到了副作用。所以，查士丁尼皇帝死后不过三年，意大利北部几乎都被日耳曼部落的伦巴第人（Lombards）占领。50 年内，西哥特人就完全铲除了罗马帝国在西班牙的全部据点。公元 7 世纪，穆斯林征服了整个北非。

查士丁尼是最后一位说拉丁语的罗马皇帝。他的继承人和臣民都使用希腊语作为官方语言。随着拉丁语不再被广泛使用，罗马帝国与古代传统的又一个联系中断了。

查士丁尼最伟大的成就并没有被时代的变迁所磨灭，他的军事冒险虽没能留下千秋帝国，但不朽的罗马法和圣索菲亚大教堂却一直保存至今。除此以外，他还有一个不那么显眼的成就，就是确保了君士坦丁堡在东地中海经济中心的地位，这也是罗马帝国还能持续数个世纪的重要保障。

137

赛里斯

公元 552 年，两位印度僧侣来到了君士坦丁堡的查尔克门前，他们给皇帝带来了精彩的故事。据他们所说，他们在一年前从印度去了中国，目睹了生产丝绸的神秘过程。① 这个故事吸引了查士丁

---

①　在那时，欧洲人称中国为"赛里斯"，这个词在拉丁语里是丝绸的意思。

尼皇帝，因为，在罗马人看来，能生产这样奢华织物的方法是非常
昂贵而神奇的。

在查士丁尼时期，顺滑的中国丝绸已经在罗马流行六百多年
了，尤其是上层社会的妇女对此更是情有独钟，因为丝绸拥有其他
织物所不具备的舒适、珍奇和华丽。保守的罗马男人则认为穿戴异
国织物是不道德的行为。塞涅卡（Seneca）认为妇女穿着丝质衣物
是一件令人羞耻的事情，因为轻柔的衣物会使人们看见她身材的曲
线。在他看来，穿着丝绸衣物和赤身裸体没什么区别。

在罗马帝国，没有人知道丝绸是如何生产的。他们只知道这些
昂贵的货物来自遥远的中国。包括波斯人在内的无数中间人从丝绸
贸易中抽成，因此当丝绸最终运抵罗马城的时候，它的价格已经升
到比黄金还高。老普林尼（Pliny the Elder）曾抱怨说，仅仅为了让罗
马的女人在公众面前"闪闪发光"，帝国已经向外国人支付了太多的
金钱。他估计，每年罗马人花费了超过 1 亿塞斯特提乌斯（sestertii）
用于丝绸的进口，这个数字超过了帝国每年预算的百分之十。[34]

到了查士丁尼时代，丝绸依然备受追捧，尤其是在宫廷女性和
东正教神职人员中。然而，由于波斯萨珊王朝与罗马人之间战争不
断，丝绸贸易经常中断，丝织品的价格也随之飙升。查士丁尼试图
建立一条绕过波斯的新丝绸之路，但是并不成功。丝绸贸易的巨额
财富仍然不断流入波斯人的国库。因此，查士丁尼皇帝对于两位印
度僧侣要讲的故事求之不得。

僧侣们向皇帝解释了他们在中国的见闻。丝绸来自一种特别的
蠕虫，它们只生活在一种特定的灌木上。查士丁尼请他们再去一趟
中国，带一些吐丝的蠕虫以及喂养它们的树苗回来。这两位僧侣从
此变成了商业间谍，他们接受了皇帝的祝福和大量的金钱，穿过波
斯北部边境，渡过里海，走过中亚，沿着戈壁滩的边缘来到了西安

的丝绸工厂。

中国人早在公元纪年之前就掌握了养蚕缫丝的技术。他们把新孵化出的蚕（Bombyx mori）放养在切碎擦干的桑叶上。蚕通过进食桑叶获取足够的能量，直到它们编织出自己的茧。蚕茧由蚕丝构成，这是一种很特别的蛋白质，它们在蚕的体内还是液体，一旦遇到空气就会凝固并且硬化。工人们会把刚织好的蚕茧放置一周，然后放在蒸笼上杀死蚕茧中的蛹，以防蚕蛾羽化破茧而出。经处理过的蚕茧会被放进热水里，工人们从中抽出细长的单丝。五到六股这样的细丝被编织在一起，一条丝线就制成了。

两位僧侣从中国采购了一些蚕卵和幼虫，把它们藏在中空的手杖中带出国境。令人惊奇的是，他们竟然还用陶罐把桑树苗运送到了6500公里外的罗马帝国。这两位走私者历经两年多的旅程，终于回到了君士坦丁堡，向皇帝进献了珍贵的货物。从此，罗马人开始建立自己的丝绸工业。

很多历史学家都认为这仅仅是个寓言故事，但是根据史料的记载，查士丁尼确实在他统治的最后几年里在靠近帝国边境，也是今天贝鲁特（Beirut）附近的地方，建立了丝绸工厂。如同他的独裁风格，查士丁尼将丝织业作为帝国产业的垄断经营。此举为国库获得了大量的营收收入，也大大减少了流向波斯的罗马金币。

丝织业的本土化有一个并不引人注目的结果，查士丁尼及其继承者对在阿拉伯半岛进行的针对波斯帝国的代理人战争失去了兴趣。在此之前，笃信基督教的阿拉伯伽珊人曾经是罗马人的亲密盟友，他们的对手、同为阿拉伯人的拉赫姆人（Lakhmids）则为波斯人而战。一旦伽珊人占据上风，新丝绸之路就能沿着红海到达君士坦丁堡，从而不让波斯税吏有机会分一杯羹。

现在，罗马人拥有了自己的丝绸工业，罗马和波斯两大帝国对

139

140

阿拉伯人的影响都开始淡化，他们也不再对阿拉伯半岛发生的一切保持关注。这个疏失将让两个庞大的帝国在一百年后遭受意想不到的一次重击，一个被切为两半，一个完全毁灭。

水中宫殿

1544 年，法国学者皮埃尔·吉勒（Pierre Gilles）来到了奥斯曼帝国的首都伊斯坦布尔。他在那里逗留了三年。吉勒是一位自然科学家，他主要研究鱼类和其他海洋生物。与此同时，他还是一名测绘学专家，专精于测量地球表面的各种地形特征。两个独立学科的知识汇聚在一起，给他带来了新发现的契机。

彼时的君士坦丁堡已经被征服近百年，可很多罗马时代的建筑还保存完好。很多伟大的雕塑尽管已经破损，但它们的遗迹仍然被保留在街头和广场上。吉勒测量了这些纪念碑并画下了素描。对于穆斯林来说，以生活为素材进行绘画是一种忌讳，因此，他在街头素描的行为引起了很多好奇路人的围观，他笔墨之间勾画街头景象的能力让人们大为赞叹。

法国学者很快就和路人攀谈起来，有人告诉他一则奇闻逸事。据说有个居住在圣索菲亚大教堂附近的人把水桶扔进他家的地板下面，就能打起一桶淡水。有人开玩笑说，也许他可以在房间下面发现一个游泳池。吉勒非常感兴趣，决定深入探索。

这位法国人亲自找到那个故事中的房主，说明了来意，房主同意他进入地下室探个究竟。地下室的地板上有一个大洞，下面漆黑一团，水花翻滚流淌的声音在清冷狭窄的空间里回响。房主带着两名随从，点起火把，和法国人一起通过这个大洞进入了神秘的空间。他们在那里的水面上放置了一艘小船，小船上备着装有倒刺的长矛。吉勒举着火把，房主和他的随从们一起划桨前行。

在火把的照耀下，吉勒看见了几根巨石制成的柱子，它们平均排列着，仿佛从水里生长出来一般，支撑着拱形屋顶。其中一些石柱的基座被雕刻成了恐怖的鬼怪头像。这里好像是一座被洪水淹没的神庙，但完全不像基督教徒的圣殿。吉勒意识到他们正处在一个巨大的地下蓄水池中，似乎是建于罗马时代，只不过早被人们完全遗忘了。屋顶的某处有一束光射下，直直的照在水岸上，房主把船划了过去。那里是一口敞开的水井。一条鱼突然从水里跳了出来，房主用长矛插住它，看来，今天的晚餐有着落了。

公元 6 世纪，查士丁尼皇帝下令修建一座地下水库以确保他的宫殿有充足的淡水供给。由于君士坦丁堡修建在一座半岛上，淡水十分稀缺，因此人们建立了一连串的水渠将黑海附近水库的水引到城中的蓄水池内。

142

作为大皇宫的供水系统，这里的设计容量大约是 1 亿升。查士丁尼从附近的异教神庙里搬来了 336 根柱子，作为地下水池的支撑。但后来，皇帝搬到了城市另一边的布拉契耐皇宫，最终，这座蓄水池被关闭，并且慢慢被人们遗忘了。

吉勒回到了地面并且向奥斯曼的统治者报告了他的发现，可是并没有引起重视。在以后的几个世纪里，这里一直被当作垃圾堆放地使用。

今天，这座蓄水池被人称作沉没的宫殿（Yeribati, 'the Sunken Palace'），是伊斯坦布尔最负盛名的旅游景点之一。它现在安装了灯光和音乐播放设备，空间看起来更有戏剧性。肖恩·康纳利（Sean Connery）著名的 007 系列电影《来自俄罗斯的爱》（Russia with Love）就曾在这里取景拍摄。

在蓄水池的一角，我和乔伊看见两座巨大的石柱。它们的基座

巴西利卡蓄水池的美杜莎之头

注：创作共用图片/Matthias Süβen

雕刻着希腊神话中蛇发女妖美杜莎（Medusa）的面孔。两个美杜
143　莎的脑袋一个侧放，一个倒放在水里。人们不知道为什么当年的建
造者如此放置，也许是防止人们被她们的魔法变成石头，也许仅仅
是因为这样放置比较容易支撑石柱。但无论怎样，当我静静凝视那
半浸在水里的头像时，仍然能感受到美杜莎阴森的目光。仿佛她正
忍受着地狱的折磨。如果圣索菲亚大教堂是幽灵帝国的天堂，那么
查士丁尼蓄水池则是被遗忘的地狱。

第四章　波斯人的噩梦

公元 610 年，希拉克略登基时的帝国版图

萨莱普和凯马克

在宽阔的苏丹艾哈迈迪广场（Sultanahmet Park）的另一边，蓝色清真寺①与圣索菲亚大教堂遥遥相对。它们是如此的相似，就

---

① "蓝色清真寺"是俗称，得名于它闪闪发光的蓝色砖块，其官方名称是苏丹艾哈迈德清真寺。

好像孪生兄弟一般。查士丁尼皇帝留下的伟大杰作成为后世难以忽略的模板。当土耳其人在 11 个世纪之后修建蓝色清真寺时，还是有意无意地建成了一座雷同的建筑。

145 我和乔伊从清真寺的非穆斯林入口走了进去。我们把鞋留在门口，舒适地慢步行走在地毯上。这是我从小到大第一次走进清真寺。以前我常常抱怨，教堂里的硬木地板无论是坐是立，都让人觉得很不舒服。而现在，这座巨大的清真寺里，精心布置的地毯让每个人都由衷感到舒适和慷慨，就好像走在私人住宅的房间里一样。清真寺里的每一个部分都装饰着蔚蓝色玻璃片制成的镶嵌画，巧夺天工的样子让人感觉仿佛置身于一座巨大的水族馆。这里没有真主、先知和穆斯林圣人的图像，因为这在伊斯兰教义里是不被允许的。人们用抽象的视觉暗示代表安拉，古兰经的经文和复杂的几何形状经瓷砖连起的优雅曲线勾勒出来，体现出伊斯兰文化传统中的书法和数学之美。

注：图片由作者提供

在清真寺外面，乔伊被一辆卖萨莱普（salep）的售货车吸引了。我买了两杯这种奶油热饮，将其中一杯递给乔伊。他立刻喝了一大口，然后闭上眼睛，脸上浮现出陶醉的微笑，似乎终于享受到了梦寐以求的美食。

"太棒了！"他意犹未尽地说，"我们在伊斯坦布尔每天都要吃萨莱普！"

萨莱普是一种甜腻的奶制品，配方包括牛奶、米粉、糖和玫瑰水，还有一种最重要的成分——一种经过洗涤、煮沸、干燥和研磨的野兰花球茎。人们把这种美味的混合物舀到杯子里，再加入肉桂或者磨碎的开心果，就可以尽情享用了。土耳其人声称萨莱普是一种药用饮品，能够治疗包括支气管炎和心脏病在内的多种疾病，但是对于我和乔伊来说，它能在这个清冷的早晨给我们带来甜蜜的温暖，这就已经足够了。

晚上，我们和宾馆前台的服务员亚辛（Yasin）攀谈，提到了我们对萨莱普的喜爱。

"萨莱普不算什么，"他说，"伊斯坦布尔最值得一试的是凯马克（Kaymak）。"

亚辛在便条纸的背后写了一个名字：潘多·凯马克。

"那里有最好的凯马克。"他平静地说。

第二天，我和乔伊去了艾米诺努区（Eminonu），在那里乘船前往坐落在博斯普鲁斯海峡欧洲一侧的贝西克塔什区（Beşiktas）。[1]

①　贝西克塔什区曾经是罗马皇帝"酒鬼"米海尔三世（Michael III）海滨娱乐场的所在地。此人的一个嗜好是纠集一帮朋友，穿着土教的衣服在街道上游荡，通过滑稽模仿东正教会仪式的方式取乐。他有一个被人称为"小猪"的朋友狄奥菲洛斯专门在此类游行中扮演君士坦丁堡牧首的角色。此人还有个绝技，能放屁吹灭蜡烛。

那是个人来人往的热闹购物区，到处都是烤肉店、手机店和汉堡店。我们按图索骥找到了一个钻蓝色的店面，招牌上写着"潘多·凯马克"。虽然其貌不扬，但这里却是伊斯坦布尔享有盛名的地方，可以说是破旧却富有格调，随意却魅力非凡，就像墨尔本的佩莱格里尼（Pellegrini）咖啡厅或者纽约的韦塞尔卡（Veselka）西餐厅一样。满堂顾客既有年轻时尚的年轻人，也有常年光临的老年主顾。

我和乔伊找了个座位，在大理石桌旁边坐下。一位衣着古朴的老人端着一碟鸡蛋从我们身旁缓缓走过。他就是店主潘多先生，年过九旬的他剃着短发，留着白胡子。潘多和他的妻子德内（Döne）是伊斯坦布尔为数不多的希腊裔基督徒。咖啡厅墙上的照片是潘多骄傲祖先的影像，他们都戴着暗红色的高帽，留着大胡子。

潘多的咖啡厅和奶油店早在1895年就开张了。潘多先生就出生在这座低矮的二层建筑里。在20世纪20年代他还是个小男孩的时候，国父凯末尔前来造访，他们还握了手。

这个咖啡厅提供美味的早餐，包括煎蛋和香肠，配以茶水或土耳其咖啡。但是绝大部分客人都是冲着凯马克而来，这是种起源于中东的传统土耳其美食由凝固的水牛乳制成。

德内来到我们的桌前。她的黑色羊毛衫外面罩着围裙，头发束在脑后。她对我们微笑着致以传统的问候，静候我们点餐。

我不会说土耳其语，尴尬地笑了笑。我指着菜单上的项目，"凯马克？土耳其咖啡？"

德内笑了，她用法语问道"要加糖吗？"

我吃了一惊，这位可敬的希腊老奶奶竟然会说一口字正腔圆的法文。我同样也用法语回答她："是的，谢谢您。"

"我猜您是美国人？"她礼貌地和我聊了起来。

"不，夫人。我是澳大利亚人。"我费劲地组织语言回答她，我的法语水平和小学生差不多。

"我在墨尔本有个堂兄。"

"这么巧，墨尔本是我出生长大的地方。"

德内聊得很开心，末了她记下了我们的点单："你们要的是两份凯马克，一份土耳其咖啡，加糖，对吗？"

"谢谢您，夫人。"

德内微笑着离开。我瞥了乔伊一眼，他似乎憋了一肚子话要对我说。

"爸爸，我们在伊斯坦布尔才待了几天而已，"他迫不及待地问道，"你的土耳其语怎么说得这么好？"他显然听不出法语和土耳其语的区别。

哈哈，我神秘地勾起眉毛，对他做了个鬼脸。想给这个年纪的孩子留下好印象可不容易。

待应生把凯马克装在金属碟子里端了上来。它看上去是一小团白色的奶油，还配着一篮新鲜的面包和一壶蜂蜜。我看了看其他食客的做法，也学着样子把凯马克涂在面包上，再浇上满满一勺蜂蜜，最后满意地咬上一口。柔软的面包把香浓的凯马克推到了上颚，让我满口留香。奶油的口感轻柔丝滑，一点也不油腻，入口即化。这里的蜂蜜则有点像糖浆，芳香扑鼻，甜而不腻。这种特殊蜂蜜和普通蜂蜜相比简直就像香槟之于芬达。如果我每天都吃这样的早餐可能活不过五年，但是我想它自有存在的价值。

149

凯马克的制作方法听起来很简单。人们把新鲜的水牛奶放在小火上煨几个小时，直到一层厚厚的奶油浮在表面。待冷却之后，再小心翼翼地把奶油卷成圆柱体。凯马克的保质期只有一天。潘多的家人曾经在城外的牧场里放养水牛，因此他能很方便地取到新鲜的牛奶。不过现在他们不养牛了，是到市场上买牛奶。

潘多和德内是他们这一代人中最后的幸存者。100 多年前，伊斯坦布尔生活着大约 13 万拜占庭的希腊遗民，如今这个数字降到了3000。第一次世界大战以前的奥斯曼帝国是一个多民族的国家，而现代的土耳其则变得单一，很多希腊裔居民已经离开了这个国家。

1953 年是奥斯曼征服君士坦丁堡 500 周年，土耳其政府低调地纪念了这一历史时刻。而在两年后，土耳其执政党为了获得选民的支持，放纵了民族主义者和宗教极端主义者对少数民族的过激行为。希腊人和亚美尼亚人的商店和住宅都遭到破坏。一名暴徒就冲进了潘多的咖啡店，砸碎了他的一张大理石桌。

这次暴乱之后，很多年轻的希腊人和亚美尼亚人都感到在土耳其生活没有未来。1955 年，离开伊斯坦布尔的希腊基督徒甚至一度超过 1453 年城破之时离开的人数。潘多和德内选择留在这里，他们把那张破损的石桌放在原处，提醒人们不要忘了当年暴徒的恶行，同时也提醒他们自己，或许有一天类似的情况还会再次发生在他们的店里。

我们光顾的那天，潘多的咖啡馆人来人往，热闹非凡。这个咖啡馆的前景似乎很有保证，至少在潘多的有生之年不会改变。

我们离开土耳其六个月之后，潘多收到了房东的驱逐通知。房东打算把这座两层小楼翻新并改造成一家快餐店。很多土耳其记者和律师都想方设法保留这家咖啡店，他们在当地报纸上发表了许多热情洋溢的文章，还在社交网络上号召大家一起想办法。可是这些努力都无济于事。最终，潘多不得不在 2014 年 8 月关上了凯马克店蓝色的大门，拜占庭留下的又一小块领土消亡了。

†

万王之王

查士丁尼的时代已经过去了，疲惫不堪的帝国交到了他的侄子查士丁二世（Justin II）的手中。新皇帝为了解决帝国窘迫的财政问题，决心削减查士丁尼支付给那些兵强马壮的邻国的贡金。查士丁二世取消了给阿瓦尔人的年金，这些居住在潘诺尼亚（Pannonia）的游牧战士转而向伦巴第人施加压力。被赶出家园的伦巴第人侵入了罗马帝国在意大利的领土，当年贝利撒留和纳尔塞斯的努力也因此付诸东流。伦巴第人在意大利定居下来，他们和当地人通婚融合。与此同时，西哥特人彻底将罗马人赶出了刚刚征服不久的西班牙领土。查士丁尼皇帝治下的帝国如此复杂和脆弱，也只有他本人才能施以掌控。

151

查士丁二世默默接受了帝国在西部的挫败，因为他认为他将在东方取得转机。他取消了支付给库思劳的贡金并对波斯刀兵相见。年迈的万王之王奋起反击，波斯军队直捣罗马帝国在叙利亚的领土，占领了达拉城，那是四十年前贝利撒留取得辉煌胜利的地方。查士丁二世被这一系列失败击垮，若非众人在旁苦苦劝阻，心灰意冷的他恐怕早已跳楼轻生。待他稍稍平静下来，他的侍从只得驾着马车载他在宫殿周遭散心，好让他保持冷静。

查士丁的妻子，索非娅（Sophia）皇后接过了帝国的权杖。她监管国家财政部门，向波斯帝国支付了巨额黄金以换取一年的和平。与此同时，她将一位能力不凡的将军提比略（Tiberius）召到了君士坦丁堡共同摄政。

公元 578 年，查士丁二世皇帝去世，提比略成了帝国唯一的统治者。罗马人与波斯的战事又起，提比略不得不向阿瓦尔人支付了一笔新的贡金，防止他们骚扰多瑙河流域。

提比略挣扎着统治了八年后就撒手人寰，他把皇冠留给了年轻有为的将军莫里斯（Maurice）。他对莫里斯寄予厚望，在去世前深情地对他说："愿你的功勋成为我最好的墓志铭，愿你的美德照耀我的坟墓。"[1]

152　莫里斯皇帝没有让他的前辈失望，他给帝国带来了稳定并且一度开疆拓土。公元 579 年，库思劳一世驾崩，莫里斯敏锐地发现了波斯宫廷继承危机所带来的机会。库思劳一世的孙子库思劳二世从泰西封流亡到罗马宫廷请求庇护。这位年轻人请求莫里斯帮助他重新登上波斯皇位，作为报答，他将把达拉城、亚美尼亚和美索不达米亚的边境要塞全部还给罗马人。莫里斯派出一支特遣部队支持库思劳二世，帮助他回到波斯并成为新的万王之王，而库思劳二世也遵守了和莫里斯的约定。和平重回大地，罗马帝国东边的边境也重新变得祥和，君士坦丁堡不用再向波斯人支付巨额年金了。

莫里斯成功地缓和了与波斯的关系，现在他可以毫无后顾之忧地把注意力转移到欧洲边境的阿瓦尔人问题上了。然而，他却因为自己的过分节俭而犯下了致命的错误，他削减了多瑙河前线士兵的补给并且取消了冬季休假。罗马士兵们不得不在东欧寒冷刺骨的季节蜷缩在帐篷里。来年，当莫里斯试图再次削减军饷时，多瑙河军团哗变了，他们拥立了下层军官福卡斯（Phocas）为帝，并且向君士坦丁堡进军。

警报传来，莫里斯匆忙间恳求蓝党和绿党团结起来保卫首都。可食物短缺导致城里人心惶惶，最终发生了暴乱。莫里斯只得带着家人乘船逃到了海峡对面的迦克墩（Chalcedon）。

公元 602 年，福卡斯进入君士坦丁堡，志得意满的他将手中的
153　大把黄金撒向欢呼的人群。福卡斯加冕后，立刻派兵捕获了莫里

斯。叛乱士兵当着莫里斯的面,一一杀死了他的孩子,然后又将莫里斯斩首示众,把他的尸体扔进了大海。

历史学家爱德华·吉本认为福卡斯的外表和他的品德一样糟糕。他写道:"福卡斯是个矮小猥琐的人,他眉毛粗长,头发火红,下巴光秃,脸颊上留着丑陋变色的疤痕。"[2]福卡斯心里很清楚,他的权势来源非常低微,不能像君士坦丁或查士丁尼那样自诩为得天独厚。当他杀死莫里斯的残忍行径曝光后,人人都会意识到他只是一个残暴的机会主义者。为了压制平民和贵族对自己的仇恨,福卡斯对每一个敌人,甚至仅仅是自己想象中的敌人,都执行了酷刑和残杀。

君士坦丁堡的动荡激起了很多军阀的野心,边境上的其他部族首领也都蠢蠢欲动。阿瓦尔人逐渐蚕食富饶的色雷斯地区,他们的军队甚至来到狄奥多西墙之下。福卡斯被内部的分歧折磨得焦头烂额,只好向阿瓦尔人支付贡金打发他们远离君士坦丁堡。

库思劳二世

注:创作共用图片/World Imaging

来自波斯的更大威胁正在酝酿。库思劳二世与莫里斯曾惺惺相惜,莫里斯在库思劳最艰难的时候帮助了他,还把他扶上皇位。如

154　　　今，万王之王根本不承认谋杀了恩人的福卡斯是罗马人的新皇帝，甚至还逮捕了福卡斯派来的大使。波斯人和罗马人之间再度燃起战火，而这场惨烈战争的最后受益者却远远出乎两个帝国的预料。

　　库思劳二世的经历颇为曲折坎坷。当年，他的祖父库思劳一世去世后，他的父亲霍尔米兹德（Hormazd）一度继承了皇位。但库思劳二世的两位叔叔发动了一场宫廷政变，致盲并杀死了霍尔米兹德，将刚刚20岁的库思劳二世推上了皇位。可没过多久，年轻的万王之王被叛乱的将领推翻，被迫流亡海外。直到莫里斯皇帝伸出援手，颠沛流离多年的库思劳二世才得以回到泰西封，再次加冕。

　　库思劳留起了卷曲的长胡子，穿上了华丽的丝质长袍。他在泰西封修建了雄伟壮观的宫殿，许多人慕名而来，瞻仰世界上最大的无支撑拱结构建筑"库思劳大拱门（Great Arch of Khusra）"。① 当时的宫殿里坐落着一座规模宏伟的纪念堂，里面铺有90米长、装饰着黄金和珍珠的丝绸地毯。宫殿还建有一座下沉式地宫，据说里面能容纳后宫全部的3000名嫔妃。在远离泰西封的波斯高原上，万王之王还修建了一座用于避暑的夏宫，在那里，他可以去猎场狩猎或者在私人动物园里赏玩来自异国的珍禽异兽。

　　库思劳二世登上皇位的幸福感还没持续多久就被泰西封的动荡折腾得烟消云散。他对于基督教徒过于宽容，甚至连他的皇后和财政大臣都信仰基督教，这招致了琐罗亚斯德教会的不满。世俗的群众们也对他借助罗马军队夺回皇位的做法颇有微词。可莫里斯皇帝不幸被杀给库思劳提供了一个千载难逢的机会提高声望。很快就有一个声称自己是莫里斯幸存儿子的异乡人出现在泰西封的宫廷里，

① 库思劳二世的宫殿现在已经不复存在，唯一可见的遗迹就是这座拱门，位于伊拉克境内的萨尔曼帕克（Salman Pak）。

请求库思劳为他报仇雪恨。这个人很显然是个冒牌货，但库思劳立刻就满足了他的要求，对福卡斯宣战了。

155

库思劳的军队渡过了幼发拉底河，轻而易举地摧毁了美索不达米亚地区的罗马前哨基地。如此易如反掌的胜利点燃了这位万王之王的野心，他下令他的部队继续向西挺进。

接下来的短短一年内，库思劳的军队数次击败罗马军队，攻克了守卫森严的城市埃德萨（Edessa）。波斯人乘胜追击，他们的大军翻越托罗斯山（Taurus Mountains），横扫安纳托利亚，兵锋直指迦克墩。福卡斯透过大皇宫的窗户可以清晰地看到海峡对面波斯军营的篝火。[3] 他做梦也想不到，波斯人神兵天降，竟然已经兵临君士坦丁堡城下。

此时，君士坦丁堡的街头巷尾充满了恐怖的气氛。福卡斯对他治下的人民作威作福，可对库思劳悍然发动的侵略却无力阻止。罗马人相信上帝永远站在正义者一边，而福卡斯显然是个彻头彻尾的失败者。面对都城市民的抗议和暴动，福卡斯毫不犹豫地进行了大规模镇压。为了转移人们的视线，福卡斯在帝国各地迫害犹太人，这导致犹太人组织起来屠杀了安条克城里的基督徒以示报复。而在君士坦丁堡，绿党游击队发动了暴乱，纵火焚烧了部分建筑物。

有关君士坦丁堡动乱的传闻被旅行者带到了地中海对岸的北非行省，那里的总督指挥着一支数目可观的罗马部队和强大舰队。公元610年夏天，北非总督派遣他的舰队前往君士坦丁堡，舰队由总督年仅35岁的儿子希拉克略（Heraclius）领导。

希拉克略英俊过人、魅力十足。据记载，他"身材十分健壮，有一双蓝色的眼睛，满头金发，脸色红润，留着美髯"。[4] 他的舰队横跨地中海，绘着圣母肖像的旗帜在他的旗舰船头迎风飘扬。这支舰队在10月上旬到达了博斯普鲁斯海岸。福卡斯的党羽对即将

156

入港的希拉克略海军感到深深的恐惧和震撼，他们选择赶紧抛下自己的主子溜之大吉。于是，希拉克略兵不血刃地进入了君士坦丁堡。

福卡斯被逮捕了。士兵们扯掉了他的皇袍，把他押到希拉克略面前。

希拉克略讽刺地问道："这就是你治理下的帝国？"

福卡斯反唇相讥："难道你能做得更好？"

希拉克略不屑地用脚踢开福卡斯，士兵们一拥而上，将他押下去处死了。君士坦丁堡城内，愤怒的人们将他的尸体剥皮斩首，游街示众。在元老院的赞许下，希拉克略于大皇宫内的圣斯蒂芬（St Stephen）教堂被加冕为新皇帝。

希拉克略需要尽快找到办法解决福卡斯留下的问题。来自前线的情报显示库思劳的大军即将渡过博斯普鲁斯海峡，但庆幸的是现在波斯人还没有渡海的船只，也没有办法渗透巍峨的狄奥多西墙。而希拉克略也缺少足够的资源击退波斯人，罗马人的军队士气低落，补给短缺。长期的战争造成了贸易停滞，国库里早已空空如也。福卡斯的惨死成为城中末日氛围的不祥征兆。许多人感受到上帝正掌控一切，引领世界走向历史的极点，也就是《启示录》中所预言的世界末日。

希拉克略想要扭转局面，就必须完成两个目标。他要领导那些失魂落魄的人民并得到他们的支持，同时要集合剩余的军队抵挡库思劳的进攻。他迫切需要一场胜利，让他的人民相信上帝是站在罗马人这边的。

157　　希拉克略的首次尝试开始了。他派出一支部队在安条克附近拦截波斯军队，结果不幸被库思劳手下杰出的将军沙赫尔巴拉兹（Shahrbaraz）击败。公元 613 年，沙赫尔巴拉兹攻克了罗马人在叙利亚的最后据点大马士革。库思劳对此大喜过望，他从未想过他的军队能够如此深入罗马腹地。

没过多久，希拉克略又遭受了更严重的打击。他心爱的妻子尤多西娅（Eudoxia）因癫痫发作而死。希拉克略失去爱侣的相伴，陷入了更深的痛苦之中。

希拉克略续弦的对象是他年轻的侄女玛蒂娜（Martina），这桩婚事在君士坦丁堡引起了轩然大波。根据教会的法律，他们的结合触犯了禁忌，属于乱伦。君士坦丁堡的牧首塞尔吉乌斯（Sergius）试图劝诫希拉克略，但皇帝仍然坚持自己的决定。于是，牧首只好违心地主持了这场婚礼，将玛蒂娜加冕为奥古斯塔。这次联姻似乎让希拉克略的心情好了起来，他好像难以忍受与玛蒂娜分开的日子，连行军打仗也将她带在身边。但他的臣民都对此不满。人们纷纷指责玛蒂娜将皇帝置于不洁的境地，认为她是君士坦丁堡最令人讨厌的女人。

库思劳的军队持续作战，如入无人之境，将希拉克略的帝国撕成了碎片。公元614年，沙赫尔巴拉兹兵临耶路撒冷城下，城里的基督教徒开城投降。波斯将军在这里留下了卫戍部队，并且将管理城市的权力交给了当地的犹太人领袖。当波斯大军离开这里以后，基督徒们反戈一击，杀死了波斯驻军和犹太人，关闭城门，坚守不出。

听闻变故，沙赫尔巴拉兹立刻率军杀回，经过血战重新攻占了城市。波斯人的报复十分血腥，在三天之内，所有的耶路撒冷基督徒不是死于刀剑之下，就是被卖为奴隶。波斯人还纵火焚烧了圣墓大教堂，抢走了基督教最珍贵的圣物之一——真十字架作为战利品。劫掠和屠杀是波斯人精心策划的，他们的目的是给罗马人的内心造成深深的痛苦。然而，正是这一举动使得波斯和罗马的战役远远超过了领土争端，两个民族由此结下了难以调和的血海深仇。

当耶路撒冷骇人听闻的消息传到君士坦丁堡，罗马贵族们大惊失色。可元老院的领袖们向希拉克略施压，希望他能不惜一切代价与波斯人媾和。罗马人的特使将希拉克略的亲笔信交给了库思劳二世，信中希拉克略称赞对方为"最伟大的皇帝"，承认波斯帝国比罗马帝国强大，甚至卑躬屈膝地表示自己是库思劳"听话的儿子"，并"迫切地希望伺候波斯皇帝并安静地为他提供一切服务"。[5] 在过去的 600 年里，从来没有哪个罗马皇帝给异邦统治者写过这样有失身份的信件。

库思劳二世读完了来信，下令逮捕使者。他拒绝一切和谈，因为他的目标已经不是战胜罗马人，而是消灭罗马帝国。就像漫威漫画（Marvel Comics）里的超级反派那样，沉迷于自己滔天权势的库思劳给希拉克略回复了一封极为浮夸的信：[6]

> 库思劳，最伟大的神，全世界的主人，在此致信给他最卑鄙无知的奴隶希拉克略。你为何敢拒绝我们的统治，为何敢自称为王？……假如你对我俯首帖耳，那我将会宽恕你……别再欺骗自己说耶稣会保佑你们，那可怜的人甚至不能保全自己的性命，结果被犹太人钉死在了十字架上。希拉克略！即使你逃到海洋的深处，我也会伸出手来将你捉住！

万王之王来到了自己命运的十字路口，他似乎已经被眼前的胜利冲昏了头脑。如今的他已经不再是那个势单力薄、疲于奔命的可怜人，而是只手就能扼住罗马帝国咽喉的强者。看起来他的计划就快实现了，他要先控制东罗马余下的土地，然后攻克君士坦丁堡。

欧马兹特和阿里曼

在公元 5 世纪和 6 世纪，大部分罗马人都成了基督教徒，与此同时，波斯宫廷也进入了狂热的信仰琐罗亚斯德教的阶段。

琐罗亚斯德教的名称来源于创教先知琐罗亚斯特。他曾教导他的信徒，告诉他们整个宇宙可以被划分成两股强大的力量，光明、真理和智慧之神欧马兹特（Ohrmazd）以及谎言之神阿里曼（Ahriman）。这两位神灵势不两立，进行着无休无止地争斗。而每个凡人，无论身份高低贵贱，都有义务加入到欧兹马特用火焰创造新世界的伟大斗争当中去。万王之王在这个宗教理论中的地位类似于罗马皇帝之于基督教，也是神灵钦点的国教保护者。

尽管如此，库思劳仍然亲近某些基督徒，甚至让他们进入自己的核心集团，特别是他颇具影响力的第三个妻子席琳（Shirin）。库思劳还允许聂思脱里派（Nestorian）的基督徒在他的国度里传播信仰，并给他们的神庙捐款。但是随着波斯和罗马的战争愈演愈烈，双方对于宗教的态度也渐渐变得强硬起来。

激进的琐罗亚斯德教的理念是用烈火净化世界，这一点与军事征服行动相辅相成。随军的琐罗亚斯德牧师来到新征服的罗马土地并建立起崇拜火焰的神庙。他们积极鼓动当地的居民叛心波斯人的宗教。两个帝国的圣徒们都声称为了人类的灵魂而战，罗马人经由耶稣的尸体与鲜血赎罪，波斯人则战斗在欧兹马特的圣火之下。

在战场上，罗马人的处境江河日下。公元 618 年，经过一年多的围攻，万王之王的军队攻克了北非重镇亚历山大港。至此，罗马帝国的粮仓埃及行省全部失陷。又过了一年，瘟疫再次在君士坦丁堡肆虐，造成了巨大的人力减损和财产损失。似乎上帝已经不再眷

160

顾罗马人了。

在统治帝国的前 10 年里，希拉克略四面楚歌，他带给罗马人民的只有牺牲和失败。为了修复岌岌可危的财政，他削减官僚的工资和士兵的军饷。这对任何一位统治者而言都是在棋行险着。但此时的希拉克略却体现出过人的政治技巧，他说服了军队接受这一事实。然而，唯利是图的贵族们仍然决心捍卫既得利益，对皇帝的改革强烈抵制。面对这些固执而斤斤计较的贵族，希拉克略忍无可忍，威胁他们说，如果得不到足够的支持，他打算放弃君士坦丁堡并迁都迦太基，这样他就能够在自己的根据地组织军队对抗波斯人。君士坦丁堡的贵族们听到这个消息无不大惊失色，仍在反对皇帝紧急举措的人都不得不改变主意。以塞尔吉乌斯牧首为首的议员代表们恳求皇帝不要迁都。希拉克略则不失时机地说，只要他们有决心和皇帝一起共渡难关，他就会留下来。他的要求得到了温顺的回应。教会甚至答应将价值连城的金制工艺品和银盘子捐入国库。随着战事的进展，皇帝的权威也不断增强。希拉克略来到圣索菲亚大教堂并在牧首面前庄严宣誓，他将永远不会放弃君士坦丁堡。从此，皇帝、都城和教会的命运被紧紧地拴在了一起。

希拉克略极力宣传波斯人在耶路撒冷的暴行，希望以此唤醒人们的宗教热情，稳定城里的人心。波斯人破坏教堂和捣毁圣像的消息在城里四处传扬。犹太人的行径也惹得人们满腔怒火，人们听说，正是这些叛徒为侵略者打开了耶路撒冷城门，并且积极参与屠杀耶稣的子民。

公元 622 年，希拉克略亲临前线。他在安纳托利亚半岛西北部指挥了一次成功的反击，暂时击退了波斯人。但他还来不及庆祝胜利，就收到了阿瓦尔人围攻君士坦丁堡的消息。他只得匆匆丢下前线的军队，心急火燎地赶回去保卫都城。

希拉克略的金库早已是今不如昔，但他还是不得不用黄金来阻止阿瓦尔人的劫掠。他将剩下的军队集中在一起，这是他能够用来抵抗波斯人的最后力量。其他的罗马军队不是被击溃、消灭就是被俘虏了。希拉克略把狂热的宗教情感灌输到这些军人的心中，以此挽救他们濒临崩溃的士气。他计划率领军队深入敌后，通过游击战打破波斯人的战略封锁。

公元 624 年 3 月 25 日，希拉克略终于做好了战争的准备。他告别了自己年仅 12 岁的儿子，率领军队离开君士坦丁堡开赴东方。这一别就是四年。

黑暗之塔

希拉克略的军队向北前往特拉比松（Trebizond），从那里进入亚美尼亚连绵的群山之中。他并不指望自己的能在正面战场上击败库思劳二世，因此，他干脆取道亚美尼亚崎岖难行的山地，绕过波斯人的军队。到了夏天，罗马人的远征军到达高加索山，然后往南进入了波斯帝国的心脏地带。他们的出现出乎波斯人的意料，故而轻易便突破了波斯人脆弱的防线，摧毁了好几座城市。

希拉克略率军深入波斯帝国腹地，他决心在这里彻底摧毁万王之王的威望，并对波斯人偷走真十字架的罪行进行报复。于是，他命令一支部队去袭击波斯人的马之圣火神庙（temple of the Fire of the Stallion）。

波斯琐罗亚斯德教建立了三座神庙，用以供奉三簇圣火，分别是马之圣火、法尔圣火［the Fire of the Farr（the holy spirit）］和米尔圣火（the Fire of Mihr－is－Great）。信徒们认为欧马兹特在创世之初亲手点燃了这三团火焰，将光明和秩序带到了世界上。神庙中

162

的神职人员肩负神圣的职责，他们需要保持圣火一直燃烧，绝不能熄灭。对信徒来说，圣火的熄灭意味着宇宙的完整性受到了威胁。

马之圣火神庙位于米底（Media）一座小山的山顶上，毗邻着泉水汇聚而成的山中湖泊。每一位波斯统治者加冕后的第一件事就是从泰西封步行前往这座神庙朝圣。库思劳二世曾在这里祈祷神灵保佑他击败罗马人，并慷慨地向神庙捐赠了大量礼物。

这座山顶上的神庙由两层城墙和 38 座塔楼拱卫。然而，希拉克略的士兵们貌似没有遇到什么抵抗就占领了这里。罗马士兵冲进华丽的神庙，杀死了惊恐万分的祭司。他们沿着长长的走廊冲进供奉圣火的房间。这是一间拥有壮丽穹顶，墙壁上满是雕带装饰的房间。在它的中央，圣火在三层基座的圣坛上熊熊燃烧。希拉克略的战士们狂欢般砸碎了圣坛，扑灭了圣火。波斯人长明不灭的希望化作若有若无的细烟，随风飘散，最终湮灭无踪。

现在轮到波斯人陷入恐惧和痛苦之中了，信徒们不得不忍受宇宙秩序崩塌所带来的精神打击。

希拉克略的军队在泰西封以北的波斯领土上神出鬼没，他们擅长化整为零，在发起突然袭击后立刻销声匿迹。库思劳二世先后派出三支军队前去搜索并试图消灭罗马军队，但希拉克略却将他们逐一击败。

希拉克略和他的士兵在凡湖（Lake Van）附近过冬。这时，他得到的消息让他担心起来。阿瓦尔人准备和波斯人联手，从东西两侧夹击君士坦丁堡。万王之王亲临博斯普鲁斯海峡的亚洲一侧，而在狄奥多西墙那边，阿瓦尔人的攻城器械已经准备就绪。敌对双方都很明白，希拉克略已经陷入了困境。此时，他若无动于衷，君士坦丁堡可能陷落；但他若离开前线，带兵回救都城，那他将失去主动权，所有取得的战果也将付诸东流，也再没有希望夺回真十字架。

希拉克略做出了生死攸关的选择。他决心将主力部队留在敌境，只是让自己的弟弟狄奥多（Theodore）率领一小支部队去骚扰侵略者。他准备让都城自行保卫，把希望完全寄托在坚不可摧的狄奥多西墙、城中军民坚强的抵抗意志以及上帝对罗马人的眷顾上。

对于攻城的军队来说，除了人数众多，他们并没有什么优势。阿瓦尔人的投石机根本无力摧毁君士坦丁堡经过加固的城墙。远远观战的阿瓦尔可汗惊恐地发现基督教徒敬爱的圣母玛利亚竟然诡异地飘浮在城头，他以为这是天主的奇迹，因此对胜利丧失了信心。可实际上，这只是守军举着圣母像在城墙上游行而已。

与此同时，罗马海军在博斯普鲁斯海峡轻而易举地摧毁了波斯人的运输船队，把万王之王的千军万马困在了海峡那面。虽然阿瓦尔人和波斯人的军队人数众多，但是面对坚固的城墙和不可逾越的海峡却无计可施。终于，徒劳无功的围攻战在几周后结束了，可汗和万王之王都被迫撤退。

在希拉克略看来，这次胜利是上帝的礼物，他得到了深深的安慰和鼓舞。他趁机再次向库思劳二世提出和平提议，但是万王之王却固执地拒绝了，他不能接受自己的大好局面突然变得毫无胜算。于是，罗马人继续进军，他们走出山区，击败了美索不达米亚平原上的波斯军队。希拉克略想向波斯人证明，被上帝诅咒的万王之王是多么的无能。

公元 627 年 12 月 12 日，罗马人在古城尼尼微（Nineveh）附近重创波斯军队。失败的波斯将军无地自容，羞愧自杀。库思劳命人将这位将军的遗体包裹上食盐带给他。当着众人的面，库思劳的手下将这具尸体用链枷抽打得血肉模糊，然后大卸八块。波斯宫廷里的人都私下议论，库思劳二世可能已经失去了理智。

164

随后，希拉克略的军队攻占了库思劳的夏宫并劫掠了波斯君主的动物园。饥寒交迫的罗马士兵把园中的珍稀动物烤熟，作为果腹的美餐。他们的这一举动意在嘲讽库思劳。

紧接着，希拉克略率军沿着底格里斯河一路南下，将泰西封城郊劫掠一空。城中的波斯市民人心惶惶，人们看着城外罗马军队点起的熊熊火焰，忍不住瑟瑟发抖。

波斯人觉得他们已经受够了。

库思劳的大臣们派出一位代表秘密潜入罗马人的军营给希拉克略报信。特使告诉罗马皇帝，一场废黜库思劳的政变即将在宫中发动。两天后，波斯将军沙赫尔巴拉兹派自己的两个儿子捉住了身患痢疾尚未痊愈的库思劳。变节的士兵们把库思劳关进了一座叫作黑暗之塔的小屋里，关押了整整五天，不提供任何食物。每到开饭的时间，士兵们都给这位前万王之王送来大堆金银和宝石，并且说道："快享用这些你深爱的宝贝吧！"[7]到了第六天，士兵们一箭一箭慢慢射死了奄奄一息的库思劳。

库思劳二世死去的消息传回君士坦丁堡，人们奔走相告："上帝之敌傲慢的库思劳死了！他将永堕地狱，他的名字将永远被人遗忘！"[8]

库思劳的儿子卡瓦德二世（Kavadh - Shiroe）继承了万王之王之位，他立刻与罗马人签订了和平条约。希拉克略操劳十八年，终于反败为胜，为罗马人留下了历史的传奇。满心欢喜的皇帝在这一刻终于能够休息，此刻的他早已归心似箭。于是，他派出代表与波斯人继续商谈，自己则和玛蒂娜一起回到了君士坦丁堡。

六个月后，卡瓦德二世死于瘟疫，他尚在襁褓儿的儿子阿尔达希尔（Ardashir）继承了皇位。希拉克略的大使与摄政的沙赫尔巴拉兹达成了协议，收回了被波斯人占领的叙利亚、巴勒斯坦和埃及。

罗马人还从泰西封索回了被波斯人抢走的真十字架。

主少国疑，波斯帝国的统治陷入了新一轮的混乱。沙赫尔巴拉兹谋杀了阿尔达希尔，篡夺了皇位。然而，这位权臣成为万王之王没多久，就在另一场宫廷政变中惨遭杀害。

当希拉克略和玛蒂娜来到博斯普鲁斯海峡边的赫拉（Heira）时，数以千计的君士坦丁堡市民来到行宫门口，高举着橄榄枝和蜡烛迎接凯旋的皇帝。希拉克略深为感动，但他还是对人们说，假如他不能携带真十字架归来，就绝不会进入君士坦丁堡的大门。此时，真十字架还在运回国内的路上。君士坦丁堡的人们开始满怀期待地为皇帝准备盛大的凯旋仪式，直到当年9月真十字架运抵赫拉。

公元628年9月14日清晨，君士坦丁堡的黄金门旁人山人海。得胜归来的战士簇拥着真十字架威武地开进君士坦丁堡。他们还带回了四头俘获的波斯大象，这让首都军民们大开眼界。

当希拉克略皇帝出现的时候，人群中爆发出响亮的欢呼声。此时，岁月的痕迹已经爬上了希拉克略的脸庞，饱经风霜的他和多年前领军出发的那个青年大不一样了。梅塞大道两旁挤满了欢呼雀跃的人群，皇帝从他们的歌声与鲜花中穿过，前往圣索菲亚大教堂参加感恩弥撒。大教堂宏伟的穹顶洒下神圣的光辉，塞尔吉乌斯牧首虔诚地捧起真十字架，高高举在空中。这是罗马帝国历史上最光荣的时刻之一，是一次完美的胜利庆典。

象棋

当希拉克略与沙赫尔巴拉兹在美索不达米亚和小亚细亚运筹帷幄的时候，西亚人的桌案上也在进行着千千万万类似的战略博弈，只是规模要小得多。

167   这种游戏叫作象棋，起源于 3 世纪到 5 世纪的北部印度。印度人称之为"恰图兰卡（chaturanga）"，意思是"四个师团"，指象棋中的四种棋子兵、马、象和车。这种受大众喜爱的游戏在萨珊王朝时期传入波斯，当地人民称之为"chatrang"。

象棋游戏使用一个八乘八方格的棋盘，每位对弈者拥有 16 枚棋子。一个王，一个首相，两只象，两匹马，两个车和八个兵。当一名对弈者威胁到对方的王时，他必须告诉对方他正在"将军"，当对方的王无路可逃时，他应该说"将死"。

阿拉伯人对数学和战略游戏情有独钟，象棋游戏让他们如获至宝，并称之为"shatranj"。朝圣者和商人把象棋带去了西欧，进而发展出今天的"国际象棋"（chess）。欧洲人把象棋中的"首相"改成了"皇后"，"大象"改成了"主教"，马改成了"骑士"，车的名称不变，不过使用了城堡塔楼状的棋子。八个"兵"则被改名为"卒"（pawns）。

尽管教会令人扫兴地认为象棋是一种"赌博"而加以谴责，但是这种有趣的游戏还是在君士坦丁堡迅速流行起来。安娜·科穆宁娜（Anna Comnena）公主的巨作《阿莱克修斯传》（*Alexius*）中将象棋称为"一种由亚述人发明并传入我国的游戏"，她还记录了他的父亲阿莱克修斯皇帝经常在清晨和人对弈，以此排解整夜困扰着他的忧虑情绪。[9]

当我八岁的时候，我最亲爱的叔叔送给我一本精美的《儿童象棋》（*Chess for Children*）。书中讲述了一个有关象棋起源的寓言

168   故事：

        曾经，有一位波斯国王热衷于各类游戏，他特别指派了一

位智者进宫，专门负责游戏方面的事务，称他为"游戏总管"。国王让这位智者发明一种战略游戏，好让自己在游戏中提高军事战略能力。游戏总管回家冥思苦想，发明了象棋，把它献给了国王。

看到象棋，国王龙颜大悦。这个游戏看起来很简单，却蕴含着无穷无尽的复杂变化，每一回合都内含戏剧性和对抗性。国王沉迷其中，一连研究了好几天后他召见了智者。

"象棋真是世界上最有意思的游戏！"国王欢呼，"我太高兴了，你想要什么奖赏尽管告诉我！"

游戏总管想了一会儿，不紧不慢地说："陛下，我的愿望很简单，通过象棋棋盘上的方格就可以算出来。"

国王很奇怪："怎么算呢？"

"您在第一个方格里放一粒米，第二个格子两粒米，第三个格子四粒米，第四个格子八粒米……以此类推，请您将这些米粒赏赐给我。"

国王不明所以，愉快地答应了："对于你如此杰出的工作来说，请求这么一点赏赐真是太客气了。我同意你的请求。"

国王让司库大臣回去计算到底需要给游戏总管多少大米。当司库大臣返回王宫时，脸上写满了惊奇。

"陛下，"司库大臣汇报，"似乎您需要给游戏总管一千八百亿亿①粒米！"

哪怕再过 100 万年，全波斯也长不出这么多稻米来，国王实在无力兑现自己的承诺。可君无戏言，赏无可赏，他只好砍下了那位游戏总管的头，尽管这让他非常悲伤。

169

---

① 1.8 乘以 10 的 19 次方。

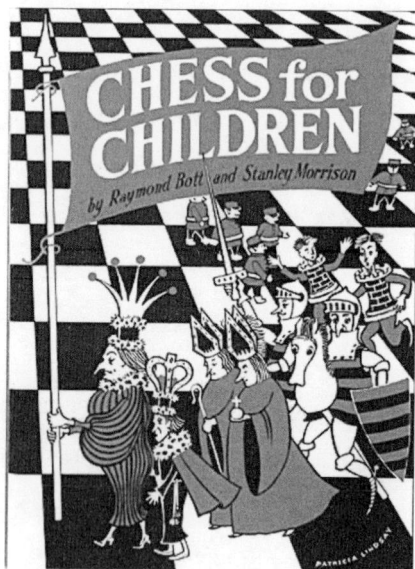

注：图片由 Collins 提供

这个寓言故事给了我们指数数列的概念。我们可以想象一下那位司库是如何将谷物堆放在棋盘上的：1，2，4，8，16，32，64，128，第一行的数目并没有给我们带来太多惊喜。然而从第二行开始，数字陡然变成了 256，512，1024，2048，4096，8192，16384，32768……到这里，数字已经非常惊人了，然而此时整张棋盘还有六行需要填满！

先知的预言

罗马人夺回了真十字架，还要再把它送回供奉的地方。公元630 年 3 月 21 日，希拉克略皇帝驾临耶路撒冷。不过这次他的身份不是伟大的征服者，而是一名虔诚的朝圣者。他褪下皇帝的冠服，赤足行走在苦路（Via Dolorosa）上，亲手把真十字架送回了圣墓大教堂。大教堂为庆祝这一神圣的时刻，举行了一场盛大的烛光典礼。

没过多久，希拉克略在耶路撒冷发起了强迫犹太人接受洗礼的行动，作为对犹太人真假莫辨的背叛行为的报复。这一举措大大加剧了犹太人对罗马帝国统治的不满。

据穆斯林典籍中的记载，当希拉克略进入耶路撒冷城的时候，他收到了一封来自沙漠中阿拉伯人领袖的信件：[10]

奉至仁至慈安拉之命，安拉的奴仆和使者穆罕默德致信罗马人的统治者希拉克略。愿追随正道者一切平安。我诚挚地邀请您皈心伊斯兰教。若您虔诚供奉安拉，则将平安无虞，收获双倍赠礼。若您执迷不悟，则必负误导民众之罪过。

据记载，希拉克略并不了解写信人的身份，但他仍然礼貌地做出了回应，并且对"安拉的忠仆穆罕默德"表现出相当的兴趣。穆斯林们还相信，穆罕默德还给波斯、埃塞俄比亚、叙利亚、埃及和巴林的统治者送去了类似的信件。这些信件在历史上是否真实存在还有待考证，世俗的历史学家和伊斯兰教历史学家至今还在为这个问题争论不休。但无论如何，穆罕默德的追随者们将很快出现在希拉克略面前。

171

雅穆克河

元老院充满感激之情地授予希拉克略"西庇阿（Scipio）"的称号，将他和这位当年战胜汉尼拔的罗马名将相提并论。在罗马历史上的名将之林，他似乎必然占据一席之地。

德国历史学家们曾经讨论过一个问题。假如希特勒在 1938 年就故去，他是否会被后世尊为最成功的德国元首。[11] 希拉克略皇帝也当得起类似的评价。假如他的故事在收回真十字架之后就结束，说不定他会被后人称颂为成就可比奥古斯都或君士坦丁的贤君。但历史不容假设，希拉克略皇帝晚节不保，给后人留下了太多的痛苦和遗憾。

表面上看，似乎希拉克略让帝国恢复了往日疆域，但是一切都已经改变了。20 年毁灭性的战争之后瘟疫横行，帝国境内哀鸿遍野。昔日繁华的罗马土地，如今只剩下烧毁的教堂、废弃的堡垒、破败的田地和空荡荡的村庄。

罗马皇帝向巴勒斯坦、叙利亚和埃及派遣了官员，希望行政系统能在这些地方重新运转起来，但是一切都已改头换面。罗马人的统治已经中断了很久，新派来的官员很快就被当地人驱逐出去。这一局面很像二战结束后英国人重返新加坡的遭遇。浮华矫饰都无法掩盖强大帝国在光天化日之下承受的挫败。但尽管如此，希拉克略在民众之中仍然享有崇高声望，他又花了七年时间亲自在各省之间奔波，将罗马帝国的管理体系在大马士革、埃德萨和安条克重新建立起来。不过，罗马擅于辖治的赫赫威名已大不如前。

谁也没有想到，一场灾难即将降临。它发端于遥远沙漠前线的些许震颤，让帝国神经的末梢随之抖动。

公元 629 年，在波斯与罗马的战争刚结束一年之后，一支罗马军队在巴勒斯坦就遭到一股阿拉伯掠夺者的袭击。罗马人击退了这些入侵者，把他们赶回了沙漠。在此之后，关于阿拉伯部落局势动荡和边境变迁的传言充斥在帝国境内。罗马人称呼这些沙漠中的阿拉伯部落为"萨拉森人（Saracens）"，后者则自称为穆哈吉勒

（muhajirun，意为移民）。

更多的入侵者纷至沓来，开始袭击城镇和居民点。这些人战斗起来勇猛而狡猾，大肆掠夺一番之后便会立刻撤退，在罗马军队集结反击之前消失得无影无踪。这些袭扰让罗马人在叙利亚和巴勒斯坦地区的军事存在变得举步维艰。

其实当这些阿拉伯民族还是战士和商人时，他们早已为罗马人熟知。波斯人和罗马人很早就雇佣阿拉伯士兵在沙漠中战斗。频繁的代理人战争使得这些沙漠部族成了职业佣兵，他们的生活开销完全仰赖这两个帝国提供的佣金。如今战争停止了，希拉克略皇帝也就没有必要再为这些部落提供金币。所以，阿拉伯的酋长们愤怒了，他们终止了与罗马的合作，罗马人也不再对阿拉伯半岛的情报感兴趣。因此，对于这一场即将到来的风暴，希拉克略毫无准备。

公元634年，身在安条克城的希拉克略收到情报，了解到一支阿拉伯人的大军正在入侵叙利亚。他派出一支军队前去拦截，但是很快就被敌人击败了。一年之后，阿拉伯人占领了大马士革。

这个有些荒诞的消息震撼了罗马人的心灵。之前，他们一直将沙漠上的阿拉伯人认作少数民族，时而是盟友，时而是麻烦，觉得他们只能依附于罗马帝国讨些蝇头小利。可谁曾想到，他们现在变得如此组织严密，如此骁勇善战？一百年前普罗柯比写道："萨拉森人并不擅长攻城略地，他们在掠夺中体现出的狡猾无人能及。"[12]但到这时，阿拉伯人已经学会了如何攻破城墙，并一举拿下其后的城池。

希拉克略收到了波斯帝国末代君主伊嗣埃三世（Yazdegerd III）的求救信。在波斯边境，阿拉伯人同样发动了潮水般的入侵。两个帝国的领袖达成共识，他们决定从两个方向同时与阿拉伯人开战。希拉克略在巴勒斯坦发起进攻，而波斯军队将在伊拉克组织反击。可是，正当罗马皇帝调兵遣将的时候，力有不逮的波斯人竟欣然接受了阿拉伯人提出的屈辱和约。

希拉克略失去了盟友，但他仍然希望能够在叙利亚打一场翻身仗。5 万罗马军队在安条克集结，他们中包括罗马人、阿拉伯基督徒、斯拉夫人、法兰克人、格鲁吉亚人和亚美尼亚人。阿拉伯人避开罗马人的锋芒，后撤到加利利海（Sea of Galilee）以南的耶罗米亚河（river Hieromyax，阿拉伯人称之为 Yarmouk，雅穆克河）附近。公元 636 年 8 月 15 日，两军在一片尘土飞扬的平原上对阵，战场边缘是一条名为"Wadi - ur - Ruqqad"的幽深峡谷。

罗马军队的主将是久经沙场的亚美尼亚将军瓦罕（Vahan）。他的军队阵型严整，前排是手持长矛和短剑的步兵，后排则是标枪手和复合弓射手，除此之外，还有装备精良的铁甲重骑兵压阵。

阿拉伯人则由名将哈立德（Khalid ibn al-Walid）率领。这位号称"安拉之剑"的军事天才曾在美索不达米亚四战四捷，重创波斯帝国。他麾下的士兵人数虽不及罗马人的一半，但都是习惯于沙漠战争的勇士，这些人非常善于在沙漠中寻觅水源，能够骑着骆驼和马匹行军打仗。

这场决定历史走向的战役在小规模冲突和一对一决斗中拉开帷幕。战斗的第二天，瓦罕发起了进攻，哈立德的右翼军队被罗马人击退了。溃散的阿拉伯步兵丢盔卸甲地逃回了自己的营地。这些残兵败将的妻妾们对他们嗤之以鼻，并向他们投掷石块，不让他们回家。于是，不堪受辱的阿拉伯士兵鼓起勇气重新回到了战场上。当天的战斗遭受了很大的伤亡，但是胜负未见分晓。

第三天，瓦罕的军队继续冲击阿拉伯阵线的右翼，而哈立德在第四天发起了反冲锋。在激烈的战斗中，罗马人的铁甲重骑兵杀伤了大量阿拉伯人。无数血流满面的阿拉伯伤员被抬下前线，他们中很多人眼睛受创，因此这一天也被穆斯林称为"失明之日"。第五天，双方没有发生直接冲突，哈立德挥师布设，切断了罗马人的退路。

第六天，哈立德积攒了全部力量猛攻罗马人的左翼并且一击成功。紧接着，阿拉伯大军在罗马人阵型的缺口中转向，开始横扫整个军阵，将罗马军队团团围住。在阿拉伯军队不留俘虏的残酷命令之下，罗马士兵不是坠入峡谷就是死于战斗，几乎没有人逃出这场屠杀。哈立德和他的骑兵一路追杀罗马败军，直抵大马士革城下。

全军覆没的消息传到了安条克，希拉克略黯然神伤。他知道自己已经无力防守这座东方古城了，只得号令自己剩余的军队经托罗斯山撤回小亚细亚。希拉克略奋斗十几载所收复的叙利亚行省再次落入敌手。与此同时，罗马皇帝还决定，假如形势继续恶化，他宁愿放弃巴勒斯坦以保存实力。为防万一，他秘密下令将真十字架从耶路撒冷运回了君士坦丁堡。

公元 637 年春天，阿拉伯大军在四个月的围城之后攻克耶路撒冷。全城居民都在关注新来的阿拉伯统治者究竟是何方神圣。他们信仰基督教、多神教还是别的宗教？犹太教徒们欣喜地发现哈里发奥马尔（Caliph Umar）下令将所罗门圣殿所在的圣殿山从垃圾堆中清理了出来。他们的领袖则受到了哈里发的礼遇。在阿拉伯人统治下，犹太人被称为"有经者"（阿拉伯语转写为"ahl-al-kitab"，英语是"People of the Book"），受到优待。

又过了三年，狂热的阿拉伯人攻陷了埃及，揭开了穆斯林北非大征服的序幕。紧随在千军万马之后的是阿拉伯人对新征服地区稳固的统治，他们从罗马人那里学到了很多行政管理的技巧。

在短短 30 年的时间里，罗马人损失了帝国三分之二的土地。那些费尽千辛万苦从波斯人手中收复的失地，又很快得而复失。在东方，波斯萨珊王朝被阿拉伯人以摧枯拉朽之势摧毁。他们在公元638 年占领了伊拉克全境，然后是整个伊朗。最后一位万王之王伊嗣埃三世逃到了波斯东部边境的梅尔夫（Merv），在那里他被人谋杀在街头，时年 34 岁。他的孩子们后来逃到中国，客死他乡。波斯帝国萨珊王朝的历史就这样走到了终点。

176　　　帝国命运的起伏彻底击垮了希拉克略，他失落地回到了赫拉的宫殿。他的臣民们把这一系列的失败都归咎于皇帝与玛蒂娜疯狂的婚姻。批评者们认为，皇帝荒唐的婚姻受到了神灵的诅咒。他和玛蒂娜的 10 个孩子中，有三个早早夭折，一个颈部瘫痪，还有一个罹患耳聋。

希拉克略此时已经年过六旬，他的脖子已经无力支撑沉甸甸的皇冠。他变成了一名佝偻的老人，腿部的水肿让他痛苦万分。据说他还患上了恐水症，在渡过博斯普鲁斯海峡回到君士坦丁堡时，恐惧得不能自已。他的将军们只得使用许多小船搭起一座浮桥，年迈的皇帝这才得以回到都城。

水肿的恶化让皇帝卧床不起，他在痛苦中走到生命终点。公元641 年 1 月，希拉克略皇帝驾崩。在这一天来临时，很可能他的内心不再挣扎，他的身心都得到了永恒的解脱。

宫廷诗人比西迪亚的乔治（Gerorge of Pisidia）曾经亲眼见证了希拉克略在波斯的辉煌胜利，也陪伴皇帝走完了最后的岁月。皇帝坎坷的一生让他感慨万千：[13]

> 一切荣光霎时暗淡，
> 人间浮华皆易碎虚荣，
> 时而灿烂如火，
> 时而寂灭如烟……

不祥之兆

伊斯兰史书中曾经记载了一个故事。在雅穆克河之战的第一个黎明时分，一名叫乔治的罗马军官离开了自己的队列，骑马来到两军中间的无人地带，大声疾呼自己将叛离基督徒的队伍并加入穆斯林的行列。哈立德将军欢迎他的到来，还给他起了个伊斯兰风格的名字"吉哈"（Jirjah）。不过，在第一天的战斗中，吉哈就阵亡了。

罗马人很难理解阿拉伯人的宗教观。在新征服的土地上，阿拉伯人尊重基督教徒和犹太教徒的宗教信仰，但这些非穆斯林居民需要交纳一笔额外的税款。很多基督教徒为了避免交税，很快就改信了伊斯兰教。

今天，我们很难想象中世纪的人们听到异教徒军队获胜时会受到怎样的心理打击。刚开始总是会有圣人在街道上大声呼喊，声称这些灾难是上帝对罪恶和邪教异端的惩罚。但更为惨重的失败则会引发人们更冒险的思考。假如叛教者反而受到神灵眷顾，那我们曾经的信仰是不是是个彻头彻尾的错误？我们究竟应该为自己的信仰献身，还是应该像吉哈那样加入得胜的异教徒阵营？难道真正的上帝不是一直站在胜利者一边吗？这些想法让信徒们焦虑万分，因为这不仅关系到尘世生活，更决定了永恒灵魂的命运。

古罗马人向来对自己的国家充满信心，他们很少担心罗马的荣光终有熄灭的一天。但世上从未有长盛不衰的国度，必然的宿命早有征兆。公元前146年的一个晚上，一位罗马将军目睹了他的士兵们将迦太基城付之一炬。迦太基城的覆灭对他来说本该是欢庆的时刻，可这位将军却抽泣不已。他对自己的同伴说道："我有一个不

177

好的预感，总有一天迦太基人的灾难会同样降临到我们的国家。"[14]

这个预言似乎来得太早。因为当时的罗马帝国才刚刚走上称霸地中海的道路，国力正值鼎盛。在后来的几个世纪里，罗马人经历了周期性的动乱和复原。但每当国家陷入危急时刻，总有奥古斯都、戴克里先和君士坦丁这样的伟人力挽狂澜。于是，人们习惯性地认为，无论时局如何变迁，罗马帝国永远安若磐石。

公元 641 年，希拉克略皇帝逝世，君士坦丁堡的人们第一次认识到罗马帝国在走向衰落，她不再是地中海沿岸的唯一强权，只能和其他新兴国家平起平坐。连年征战和致命的瘟疫一次又一次地重创罗马人的心灵，他们的基督教信仰中某种饱含力量的方面开始强烈地爆发，使人们产生这样一种情感——希望耶稣回归人间。君士坦丁堡每一位做礼拜的人都会吟诵圣经里关于耶稣"在荣耀中回归，并审判活人和死者"的教条。他们相信终有一天，仁慈的主将复活死者，审判罪恶，救赎世界。希拉克略为挽救帝国命运所做的努力不可谓不成功，他几乎完美地执行了上帝对凡间的旨意。可是，为什么阿拉伯人能够从罗马人手中夺取如此之多的土地呢？上帝为何反而眷顾了这些信仰异端的蛮族？

第五章　以实玛利的后代

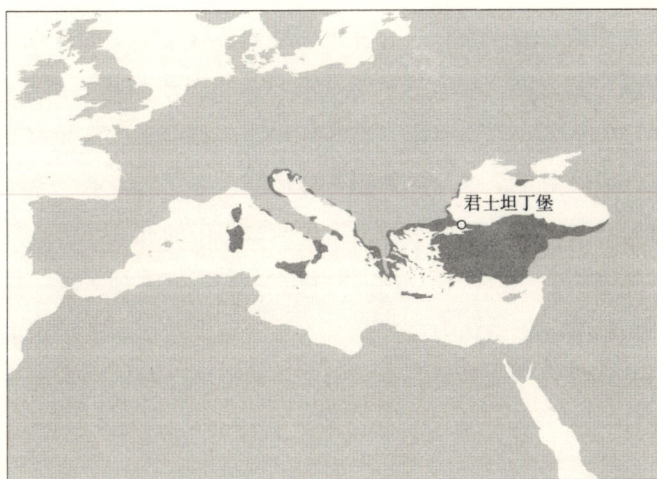

公元 718 年，阿拉伯军队第二次围攻君士坦丁堡时的版图

祈祷胜于睡眠

在伊斯坦布尔，我和乔伊已经养成了新的作息习惯。我们吃完晚餐后会早早入睡，然后在第二天日出时分起床。我们每天早上听到的第一句话是从蓝色清真寺尖塔上传来的呼唤：来赞美伟大的真主吧，祈祷胜于睡眠！

乔伊可能不大赞同"祈祷胜于睡眠"。除此以外，他总觉得这句话听起来太过嘈杂刺耳，但我对此并不介意。毕竟，它很快就会被大城市车水马龙的喧闹声掩盖，不再引起人的注意。和历史上的君士坦丁堡一样，今天的伊斯坦布尔依然是欧洲大陆最大的城市。在忙忙碌碌的一天中，能够享受几次安宁的时光，对我来说好处是显而易见的。但我也能理解乔伊，当我像他这么大的时候，可能也不会喜欢这样的时刻。

我打算通过这次旅行，让乔伊领略到宗教艺术和古典建筑中蕴含的荣耀与激情。我和凯姆从来没有打算把孩子们培养成基督徒，他们自己也从未表现出对宗教有任何兴趣。乔伊没有接触过圣经里的故事，因此对他来说，伊斯坦布尔的拜占庭镶嵌画就像象形文字一样难以理解。在生活中，他与宗教为数不多的有关经历也都是些不愉快的回忆。当时，福音派基督徒在我们街区十分活跃，许多孩子受他们影响，坚持认为世界只有六千年历史、达尔文进化论是错误的以及人类曾经和恐龙共存。因为这些问题，乔伊经常和他们发生争论。

"别对他们太苛刻，"我对乔伊说，"他们只是试图忠于父母以及父母教给他们的信条。"

"但他们太讨厌了。他们还说如果我不赞同他们，我就会下地狱！"

"那你相信他们吗？"

乔伊绷紧了脸："当然不相信了。我根本不相信上帝的存在！"

几年前，我采访过著名的生物学家、无神论者理查德·道金斯（Richard Dawkins）。在交谈中我提到，我曾经在一年级的哲学课上学过这样一句话：我们可以通过理性或信仰来理解知识。道金斯并不赞同这句话中提及"信仰"的那部分，他的回答充满了鲜明的

蓝色清真寺内部

注：图片由作者提供

个人风格：“嗯，我认为任何一位负责任的学者都不会说出这样愚蠢的话……”

对于宗教原教旨主义者把宗教神话当成科学常识教给孩子们的做法，道金斯非常反感。这个问题也困扰着我。在早餐前教孩子相信六件不可能发生的事情，很可能最终不会有好的收效，这样做或许会鼓励他们自负地相信任何他们愿意相信的“事实”。我希望乔伊能够对宗教艺术和哲学持开放态度，也希望他能够辨别和批判其中的糟粕。

为了给这次采访做准备，我观看了道金斯拍摄的一部英国纪录片《上帝错觉》（*The God Delusion*）。这部作品记录了他在美国和耶路撒冷旅行中的见闻，展示了他对宗教迷信和偏见的研究成果。

道金斯在圣地结束了此次拍摄。在影片的结尾处，他站在圆顶清真寺的大门前，强烈谴责了宗教冲突引起的仇恨，而耶路撒冷正是西方三大宗教共同的发源地。

但在我看来，当道金斯慷慨陈词的时候，大概忘记了身后那座清真寺的闪耀光彩。对他来说，圣墓大教堂也只不过是狂热者和骗子们的聚会场所。道金斯说过，我们可以在科学中找到美的存在，那是 DNA 优雅的双螺旋曲线、乌鸫鸟曼妙的歌声或是花朵复杂的对称图形，它们中都蕴藏着震撼人心的美感。他说的确实有些道理。可我却在想，是不是这些新时代的无神论者也或多或少地受到了庸俗主义的影响，导致他们把对宗教的反感毫无保留地扩大到了宗教美学的范畴。

道金斯很自然地认为原教旨主义与启蒙运动的价值观、理性主义、怀疑主义以及实事求是的态度，属于水火不容。18 世纪的历史学家爱德华·吉本深受启蒙运动影响，他对君士坦丁堡城里说希腊语的罗马人不屑一顾，并且在著作中极力抹黑拜占庭帝国。

吉本叹息道："迷信是他们项上的枷锁。"[1] 在他的眼中，拜占庭历史是"软弱悲惨的乏味故事，千篇一律"。[2] 伏尔泰（Voltaire）也反感敬畏上帝的拜占庭人，认为他们的千年历史是对"人类心灵的侮辱"。启蒙时代文学家和思想家的态度影响深远，"拜占庭式"这个词如今在英文辞典里已经有了新的贬抑释义，它被用来形容一切无意义的烦冗形式或官僚主义。但直到今天，许多说英语的人都知道"拜占庭式"这个词的引申意义，却对拜占庭帝国的历史一无所知。

20 世纪，新一代的历史学家重新审视了拜占庭史。他们认为那些启蒙时代的绅士们有些矫枉过正了。假如君士坦丁堡的罗马人真的终日生活在宗教迷信当中，那他们的文明为何能延续千年？他们是如何从天堂的想象中汲取艺术灵感的？难道这一切都只是魔术师用戏法维持的愚蠢骗局？这些问题是启蒙时代的批评家们无法回答的。

我无法抑制自己对拜占庭人的敬爱和向往，尤其赞赏他们忘记自我又始终紧盯世间万物初创者面容的态度。我的内心深处总是被这种超自然的神圣感吸引，仿佛一颗看不见的行星正向我施加万有引力。这种力量有时会把我吸引到教堂门口，尽管我不会因此在那里久留。在国外旅行时，我常常会溜进教堂，站在参加弥撒的人群身后观看仪典。我听不懂他们的语言，但我能感受到庄严肃穆的宗教之美。我想，假如我能听懂他们的话，说不定反而会很容易觉得不开心。因为我宁可作为一名旁观者置身事外，也不愿意作为参与者背诵那些我并不相信的经文。这就是我对宗教的态度。

183

我的父亲名叫阿兰（Alan），他是个对教堂不感冒的人。每当他因为参加婚礼、葬礼或平安夜活动而不得不前往教堂时，他往往会看着孩子们打发时光，心里琢磨着谁和他一样正觉得无聊呢。父亲还会无所顾忌地带着孩子们在宗教仪式上捣乱，以至于妈妈不得不忍住笑小声提醒他："别那样，阿兰。"

父亲的童年充满了痛苦的回忆。他的母亲在他年仅三岁时就患肺结核去世了，参加过世界大战的父亲狠心遗弃了他。父亲从小在一所天主教会学校接受教育，教会的"兄弟"们一直试图给他灌输信仰和服从的观念。

我的母亲帕梅拉（Pamela）和基督教的接触则快乐得多。她在一座乡村小镇里长大，从小就是圣公宗（Anglican）信徒。有规律的社区宗教生活给她留下了美好的回忆。

我的父母在1959年结婚。当时天主教和新教教会的关系还不像现在这样和谐。帕梅拉愿意为了婚姻转信天主教，而阿兰却对这

帕梅拉和阿兰的婚礼

注：图片由作者提供

些宗教问题毫无兴趣，他们最终选择在阿德莱德的一间圣公宗教堂
184 举办婚礼。宗派主义在澳大利亚已渐渐式微，因此我父母的婚姻完
全没有受到影响，他们依然是天造地设的一对。在婚礼照片上，父
母看上去像电影明星那样俊美，父亲打扮得好像年轻的约翰·巴里
摩尔（John Barrymore，美国著名影星。——译者注），母亲则像格
雷斯·凯莉（Grace Kelly，也是美国著名影星。——译者注）一样
光彩照人。

　　这张好莱坞式的婚礼照片掩盖了父母家境贫寒的事实。我和妹
妹从小就被送到墨尔本和悉尼城郊的学校上学，那里的宗教教育总
是寥寥数语。母亲希望我们熟悉圣经里的故事和宗教歌曲，于是，
她经常带我们去当地的圣公宗教堂参加活动。后来，我上了高中，
每个星期天的早晨我不是睡懒觉，就是沉迷于电视节目，渐渐不再
去教堂了。15 岁时我倒是主动报名参加了本地圣公宗一个青年教
团，不过我去那儿并不是因为我对宗教产生了兴趣，我只是觉得那

样可以认识更多的女孩。

青年教团每个星期天下午都会举行社交活动，最后在晚祷的歌声中散场。教团团长主持的仪式低调简朴，与福音派大相径庭。我的一些朋友逐渐接受了基督教，但我却一直没有加入，这多少让他们有些不开心。我的脾气就是这样，对任何事物宁可存些怀疑，也不愿无条件地相信。而且我无论如何也没办法把《新约》中代表仁爱宽容的上帝与《旧约》中愤怒而善变的造物主联系起来。

不过，《创世纪》（Genesis）里记录的奇幻旖旎的故事却仍然让我着迷。这本书让我们记住了上帝创造天堂与人间的故事。上帝创造世间万物的神话，如今听起来很像是宇宙大爆炸理论（Big Bang theory）的诗意解释。能量在原始物质中不断涌动，突然爆炸，放出强烈的光芒。待一切归于寂静后，地球诞生了，成为各种生物的家园。

希伯来人的神雅赫维（Yahweh）〔《旧约全书》中以色列人对造物主、最高主宰、宇宙创造者的称呼。犹太教严禁信者呼其名，而代之以"阿多纳伊"（"我主"）。——编者注〕和迦南"流奶和蜜"的荒漠一样令人敬畏。在《创世纪》中，他与亚伯拉罕同行，与雅各摔跤。在《出埃及记》中，他化身为光明的火柱，在燃烧的灌木中出现。但因为人类不可挽回地堕落了，所以他不得不用洪水消灭了世界上所有的人口，只留下了诺亚和他的家人。他的所作所为远远超出凡人的理解，宏大到难以把握的地步。

出现在巴勒斯坦的基督教最初像是犹太教的一个变种。教徒们相信，耶稣作为弥赛亚（受上帝指派来到人间的救主。——译者注）来到耶路撒冷，他就是希伯米预言中的受膏者（最初指犹太人的王在加冕时受膏油，但旧约圣经的预言指耶稣。——编者注）。耶稣重新定义了上帝与凡人之间的关系，他用充满爱和善的新诫命取代了授予摩西的旧诫命。耶稣升天时，基督教还只是一个小型犹太教派。后来使徒保罗积极努力，将耶稣带来的新宗教传播到广阔的罗马世界。基督教给奴隶和穷人带来了尊严和希望，这些人又把基督信仰传播给了他们的主人。于是，新的道德准则渐渐普及开来。木匠儿子卑微的布道，最终征服了整个帝国。

耶稣去世六百年后，来自阿拉伯沙漠的商人穆罕默德对亚伯拉罕、摩西和耶稣多次提出的宗教进行了第三次、也是最后一次改进。穆罕默德被称为先知，他的论断不留余地，他宣布将来不会再对他的教理进行任何改进。真主对先知的启示被写成了《古兰经》，这是伊斯兰世界中最纯粹的语言，不可被凡人模仿或稀释。

先知

伊斯兰教的起源笼罩在历史的迷雾之中，至少对于非穆斯林来说如此。穆罕默德的生平故事一直被人们口口相传，但直到他去世的几个世纪之后才由虔诚的穆斯林们写成文字。现代史学界对这些传说的真实性颇有质疑，因为它们的内容和非穆斯林文献中的记载186 存在诸多矛盾的地方。

根据伊斯兰教经典，先知穆罕默德于公元 570 年生于麦加。在他很小的时候就失去了父母，祖父和叔父阿布·塔利布（Abu Talib）将他抚养成人。

穆罕默德属于一个叫古莱什（Quraysh）的部落，那里的人们崇拜主神安拉和他诞下的女神们。年轻的穆罕默德加入了跋涉于麦加和叙利亚之间的商队，在旅途中他接受了有关犹太教和基督教的知识。25 岁时，他迎娶了一位名叫赫蒂彻（Khadija）的有钱寡妇。

古莱什的富商们沉迷享乐，穆罕默德却喜欢简朴的生活。有时，他会前往光明山（Mount Jabal al – Nour，现位于沙特阿拉伯境内。——译者注）的一个洞窟，在那里进行祈祷和冥想。

根据记载，一天夜里，穆罕默德正在山洞中沉思，突然一个神秘的声音浮现在他耳边："跟着我念！"

惊恐万分的他连忙跑出山洞，看见一位巨大的天使笼罩了整个夜空，并用雷鸣般的声音对他说："你的造物主以血块创造人类，你以他的名义宣读吧！哦，穆罕默德，我是大天使加百列（Jibri-l），而你则是真主的先知！"

自此以后，穆罕默德经常吐露真主的启示。在其后的 23 年里，穆罕默德的追随者们将他说过的话记录在羊皮纸、石头和棕榈叶上，或者镌刻在骆驼的肩骨表面。

穆罕默德传播真理，但他的身体却遭受着巨大的痛苦。他曾经说过："每当我收到真主的启示，我会感觉灵魂好像被从身体里剥离。"[3]

187

起初，穆罕默德最早传教的对象是自己的家人，然后是几位亲近的朋友。三年后，他开始向其他古莱什部落成员传播信仰。穆罕默德的言语朴实无华，就像孕育着智慧的大漠一般：你们信奉的旧神已经失败。世上只有唯一的神安拉[4]，每个人都必须服从他的意志，因为审判和复活之日随时可能到来："当天空碎裂之时，当群星凋零之时，当海洋翻卷之时，当墓穴翻覆之时，人人皆应了解他的所做与所期。"

穆罕默德要求他的追随者公正、谦卑、仁爱。他的道德观念受到了苦于新兴富商阶级剥削和压迫的古莱什人的热烈欢迎。他鼓励信徒将财物分享给穷人，在斋月的白昼禁绝饮食，并且关注穷人和饥民的艰辛生活。

穆罕默德的激进宣传开始被古莱什的权贵阶级视为心腹大患。

公元 622 年，穆罕默德为了躲避当权者的追杀不得不离开麦加。他带领信徒迁居到了耶斯里卜（Yathrib，后改称麦地那），那里聚集着大量支持他的群众。人们称那些跟随穆罕默德去往麦地那的信徒为 "muhajirun"，意为 "移民"。

公元 624 年，一支古莱什大军在拜德尔（Badr）与规模相比要小很多的穆罕默德军队进行了交战。穆斯林最终获胜，穆罕默德将他们的胜利归功于众多无形的天使前来助阵。最终，双方签订了合约。公元 629 年，穆罕默德平安地进入麦加，来到了克尔白天房（Kaaba）。在这座黑色的立方形神庙中，先知要求人们抹除异教的偶像，将供奉献给唯一的真神安拉。

随后，穆罕默德依靠过人的见识和威望消弭了阿拉伯各部之间的仇恨，成为沙漠部落的共同领袖。他将信仰安拉的臣民聚集起来，安置在一个个被称为 "乌玛"（umma）的社区中一同生活。他还让信徒们整军备战，为将来发动 "圣战"（jihad）做准备。和耶稣不同，穆罕默德从未声称自己具有神性，他只是一个先知，而非弥赛亚。当基督徒们还在绞尽脑汁解释三位一体时，穆罕默德则清晰透彻地阐释了他的宗教："世上无神，唯有真主。"

公元 632 年，穆罕默德病逝，追随者们接过了他的旗帜。先知的好友阿布·贝克尔（Abu Bakr）成了伊斯兰世界新的领袖，他就是第一位哈里发（caliph）。阿布·贝克尔发动了一系列战争，从国力凋敝的罗马和波斯帝国那里夺取了大片土地。奥马尔一世（Umar I）在阿布·贝克尔死后继承了哈里发之位，之后，他完成了对伊朗、伊拉克、叙利亚、巴勒斯坦和埃及的征服。安拉的军队所向披靡，穆斯林征服的世界已经远远超出了祖辈们认知的极限。他们相信发生的一切造就了非同寻常的神话。公元 10 世纪，一本穆斯林宣传小册子上有这样的话：[5]

离开家乡的我们披发跣足，衣不蔽体，既缺少工具和武器，也没有增援和补给。我们去讨伐强大的波斯人和罗马人，他们疆域辽阔，军队无法计数。我们的能力不足，但安拉帮助我们以少胜多，把敌人的土地赐给了我们。

对于伊斯兰教信徒来说，伟大的胜利是《古兰经》正确性的明证。符合真主律法的社会才能蓬勃发展，而敌人遵奉的神灵只能相形见绌。

夏甲和以实玛利

阿拉伯势力的崛起极大地震撼了君士坦丁堡的罗马人。自古以来，罗马人对于袭扰边境的野蛮民族一直抱有复杂的感情，既蔑视，又担忧。阿拉伯人素来以作战勇猛、灵活多变著称，但部落间纷争持续不断，令他们始终并未构成真正的威胁。现在，他们联合了起来，阿拉伯人的庞大队伍正势不可挡地向君士坦丁堡逼近。

在耶路撒冷，基督徒和犹太人都希望新来的阿拉伯统治者是和自己同一信仰的兄弟。城中的罗马人发现，阿拉伯人总是自称为"信徒"。他们迫切想要知道，这些"信徒"信仰的是什么，他们在上帝眼中又是怎样的存在。

当时的一封信件留下了一些线索。信中记录了安条克牧首与叙利亚埃米尔（阿拉伯国家的贵族头衔，多为地方君主。——译者注）会面的情形。阿拉伯人向牧首质疑了基督徒和犹太人的信仰和法律，而埃米尔对自己臣民的称呼也并非穆斯林或先知的追随者，而是"夏甲人"（Mhaggráyé 或 Hagarenes）。[6]

第二条线索来自阿拉伯人写给希拉克略皇帝的信。[7]这封信傲

190　慢地宣称巴勒斯坦是阿拉伯人与生俱来的土地："真主已经将这里赐予亚伯拉罕和他的子孙们。我们就是亚伯拉罕的后代。您强占了我们的土地，实在欺人太甚。请您立刻平静地离开那里，我们将向您索回您占取之物，并加算您应当支付的利息。"

先知穆罕默德被描述为"以实玛利的儿子之一"。通过这个名字，人们可以找到如下问题的答案：为什么天堂的祝福如此明显地倾向阿拉伯人？解释就在《创世纪》中，故事大概是这样的：

亚伯兰深得希伯来神雅赫维的喜爱，他的名字意为"尊贵的父亲"。但到了85岁，亚伯兰还没有任何子嗣，他心中感到深深的绝望。

一个凉爽的夏夜，雅赫维出现在亚伯兰的梦中，引导他走出泥屋。雅赫维指着夜空中点点繁星，对亚伯兰说："你看夜空里有多少颗星星，你就会有多少子孙。"

雅赫维指示亚伯兰宰牲祭祀。于是，亚伯兰依次献祭了一头母牛、一头母山羊、一头公绵羊、一只斑鸠和一只雏鸽。祭毕，令人恐惧的黑暗降临了。

雅赫维的声音又一次在亚伯兰的心中响起。神告诉亚伯兰，他的子孙将在未来的四百年里遭受奴役，但他们之后将获得从埃及河到幼发拉底河之间的土地。

亚伯兰从梦中醒来，对他的妻子萨莱（Sarai）说："神告诉我，我的子孙会像天上的繁星一样多。"他的脸上满是惊喜的神色。

但是萨莱已经75岁了，她紧紧掐住自己脸上和乳房上松
191　弛的皮肤

"看看我，亚伯兰。谁都清楚，我太老了，不能再生儿育女。"

萨莱召来了她的埃及女仆夏甲（Hagar）。"去和她一起睡吧，"萨莱苦涩地对亚伯兰说，"也许她能为我们带来孩子。"

于是，夏甲被纳为妾，她很快就怀孕了。萨莱渐渐开始嫉妒夏甲和她日渐隆起的小腹，她认为这个年轻奴隶小看自己，便心生仇恨。她指责夏甲心底里越来越看不起她。夏甲害怕萨莱，逃进了沙漠。

有一天，夏甲在一眼泉水边休息，一位天使找到了他。

"夏甲，"天使询问，"你从哪里来，要去哪里？"

"我从我的主人萨莱那里逃来。"她回答。

"回到你的主人那里，服从于她。按我说的去做，你将会生下更多的后代，多到你数不清楚。"

天使告诉夏甲，她很快将诞下一个儿子。"他的名字将是以实玛利（Ishmael，意为'神听见'），因为神已经听见了你的苦难。"

天使还警告了夏甲："以实玛利为人会像野驴。他会用手攻击别人，别人也会用手攻击他。他与所有的兄弟都不得和睦。"

夏甲听从了天使的话。她回到家里，诞下一子。亚伯兰果然给他取名叫"以实玛利"。

10年之后，亚伯兰到了99岁高龄。

雅赫维又出现在他梦里："从今天起，你不再被称作亚伯兰，你的名字是亚伯拉罕（Abraham，意为'众国之父'）"。

雅赫维重申了诺言，亚伯拉罕将成为多国的父亲。"作为回报，"雅赫维说，"你和你的后代必须和我立下新的约，肉身的约。"

"你身边每一个男子都要行割礼，包括你、你的每一个儿子和你的每一个奴隶。这是你守约的证明。"

雅赫维也给亚伯拉罕的妻子萨莱一个新名字："现在起她的名字是萨拉（Sarah），她将为你生一个儿子。我祝福她，她将为众国之母。诸王是她的孩子。"

亚伯拉罕伏倒在地，大声笑道："我已近百岁，如何会生养孩子？我的妻子萨拉也即将90岁。我的孩子以实玛利将会如何？他为何不能受你祝福？"

雅赫维再一次出现在亚伯拉罕心中，如灼日当空："听我说，萨拉将生下一子，你将称他以撒。我会与他和他的后代建立永恒的约。"

亚伯拉罕听了，没有说话。

雅赫维说："我听见你的询问，以实玛利也会受祝福。他会生下12位王子，他们也会成大国。但我的约将与以撒的子孙同在。"

193

说完这些，雅赫维飘入空中。

那天，亚伯拉罕、儿子以实玛利和家里其他男子行了割礼。如雅赫维所约的一样。

过了一年，萨拉诞下了期待的孩子以撒。

亚伯拉罕此时100岁了。

以撒长大，他们办了宴会庆祝婴孩断奶。在宴会上，以实玛利拿以撒取乐。萨拉看到了，她怒不可遏："亚伯拉罕，让这奴隶和她的孩子走吧。我的儿子以撒绝不会与以实玛利分享财产。"

亚伯拉罕很痛苦，因为以实玛利和以撒同是他的孩子。

这时雅赫维出现了，告诉他："听从萨拉的话。去做吧，你不需忧虑。我一定会护佑以实玛利，因为他是你的儿子，从他也会生出一个国。"

第二天日出时，亚伯拉罕给夏甲面包和水囊。他把以实玛利扶上夏甲的肩，让他们走了。

夏甲和以实玛利走进了贝尔谢巴沙漠（desert of Beersheba），亚伯拉罕再没见过他们。

基督教学者毫不费力就辨认出，阿拉伯人是夏甲和以实玛利失落已久的后代，如今他们走出千里大漠，准备收复神赐给他们的土地。雅赫维预言中对以实玛利描述为"野驴般的为人"和"用手攻击别人"，简直就是对这些手持弯刀骑乘骆驼的奇怪部落最完美的描写。

罗马人还有一个更令人不安的推论。假如阿拉伯人真是以实玛利的子孙，那么他们也和犹太人一样，有权声称自己是亚伯拉罕的血脉。在这一点上，他们甚至比罗马基督徒更接近上帝，因为后者无法依此声张。

194

失落的巨人

希拉克略大帝逝世后，君士坦丁堡政局陷入混乱。皇帝的葬礼刚刚结束，不受欢迎的遗孀玛蒂娜就和希拉克略前妻的家人们展开了权力斗争。几个月后，玛蒂娜和儿子赫拉克洛努斯（Heraclonus）被迫流亡到罗德岛，希拉克略年仅 11 岁的孙子君士坦斯二世（Constans II）独据王位。此时，罗马帝国的领土已经大大缩水，只剩下色雷斯、小亚细亚、亚美尼亚、北非以及意大利半岛上几块不连续的土地。在阿拉伯帝国与日俱增的威胁之下，君士坦斯二世统治了 27 年。

在叙利亚、巴勒斯坦和埃及这些原来属于罗马帝国的省份，阿拉伯人建立起了卓有成效的行政制度。哈里发控制了地中海东岸的大部分港口城市，不过，罗马海军依然掌握着地中海上的航道。

新上任的叙利亚总督穆阿维耶（Mu'awiya）是一位野心勃勃的

穆斯林将军，他意识到阿拉伯帝国急需一支强大的海军。他找到时任哈里发奥斯曼（Uthman），请求启动一场规模巨大的造舰计划，奥斯曼同意了他的请求。穆阿维耶回到叙利亚海岸，马上开始建设船坞、建造战舰、募集人员。

短短两年之后，穆阿维耶建成了一支令人印象深刻的舰队。许多基督徒船员和阿拉伯水兵在他麾下效力。公元 649 年，穆阿维耶率领舰队突袭了塞浦路斯岛（Cyprus），很快就获得了胜利。第二年，他的舰队再次起航，这次他的视线投向了罗马人在君士坦丁堡与亚历山大港之间的航线上最重要的中转站——罗德岛。

在古代世界，罗德岛以青铜巨像闻名。为了庆祝罗德岛战胜塞浦路斯王，当地人在港口附近按希腊神话中太阳神赫利俄斯（Helios）的形象，塑造了这座高达 32 米的巨大雕像①。巨像在公元前 280 年完工，被当时的人们称为世界七大奇迹之一。每一位第一次来到罗德岛的访客，都会对这座宏伟的雕塑赞叹不已。

可惜的是，罗德岛巨像仅存世了 56 年。在公元前 226 年，一次地震摧毁了它。迷信的希腊人并没有动过重建它的念头，他们将这次灾难看作天神的意志。倒塌的雕像被弃置在海港边，成了古代观光者们频繁光顾的旅游景点。古罗马作家老普林尼（Pliny the Elder）写道："纵使坠落于地，它仍是奇迹。少有人能环抱这巨人的手指。这几根手指，已经大过世上的多数雕塑了。"[8]

公元 653 年，穆阿维耶的海军不费吹灰之力就占领了罗德岛。阿拉伯人对这座损毁的铜像完全不感兴趣，并且将拆解的青铜卖给了来自埃德萨的犹太商人。搬运工作由九百头骆驼完成，这些铜被带回叙利亚，重新铸造成钱币投入流通。罗德岛巨像的命运恰到好

---

① 大约与纽约自由女神像相同规格。

处地体现出破旧立新的哲学内涵。古典时代的世界奇观分解为不可胜计的粒子，散布到了中世纪的每一个角落。

两年后，阿拉伯海军在一场被称为"桅杆之战"的海战中击败了实力更为强大的罗马舰队。君士坦斯皇帝亲临前线，但他的 500 艘战船被全数击沉，罗马海军因而丧失了对东地中海的控制权。尽管皇帝本人的性命得以幸免，但他不敢回君士坦丁堡，只得逃往西西里岛。

穆阿维耶于公元 661 年成为新的哈里发，他把阿拉伯帝国的首都迁到了大马士革。七年后，君士坦斯二世在锡拉库萨（Syracuse）被自己的澡堂服务员谋杀。凶手用一只装肥皂的碟子敲碎了皇帝的脑袋。罗马人相信皇帝的死是他咎由自取，抛弃君士坦丁堡的行为让他遭受了天谴。

罗德岛巨像

注：公版图片

✝

鱼酱

金角湾里丰富的鱼类资源是上帝对君士坦丁堡的众多恩赐之一，在黑暗年代里尤其显得珍贵。在港口边捕鱼和烤鱼的古老传统一直流传至今。午餐时分，我和乔伊乘坐电车从艾米诺努区出发，去金角湾里非常有名的"水上餐馆"享用鱼肉三明治。在加拉塔大桥边，我们看到一排木船停在离岸不远的地方，随着海潮起起伏伏。想必这里就是我们的目的地了。船上的厨师们在烹制铁板上的鱼排，一边吆喝呼应，一边谈笑风生。

我们在码头上的柜台点餐。收银的女人转过身去让船上的厨师开始烹饪。一位厨师切开了半块面包，把烤鱼、沙拉、洋葱和柠檬汁塞了进去，这就是所谓的三明治了。然后，他用纸把三明治包好，顺手丢出。三明治便越过海水，稳稳地落在柜台上。

我和乔伊从附近拉来了几张凳子，就坐在那里开始进餐。很多当地周围的居民，也在这里打发午餐时光。我们买的三明治非常便宜，每个只需要五个土耳其里拉。但是不得不说，这三明治的味道实在一般，鱼肉吃起来也干涩多刺。我们决定丢开刚刚吃了几口的鱼肉三明治，从别处买几张土耳其椒盐脆饼充饥。后来，我发现三明治里的这些鱼可能根本不是从金角湾里捞上来的，因为博斯普鲁斯海峡如今的污染已经十分严重。这些原材料可能是从挪威进口的鲭鱼。

在历史上，漫长的围城战可能会让许多城市因为饥饿而屈服，但君士坦丁堡人可以从金角湾中安全地获得大量鱼类资源，维持守卫者的生命。除了鱼类以外，君士坦丁堡居民的食谱中还有大量蔬菜，例如胡萝卜、韭菜、蘑菇、洋葱和菠菜等。

橄榄，奶酪和鸡蛋在低收入阶层人士的餐食中占有较大比重，而较富裕阶层则喜欢昂贵的肉类，例如猪肉、羊肉和家禽，再加上橙子、柠檬、石榴和苹果。鱼子酱随处可见，价格低廉，任何人都可以享用。在酒精饮料方面，最常见的是加了香料的葡萄酒。克雷莫纳的利乌特普兰德在他的信中抱怨过皇帝餐桌上的"松脂酒"[9]，这听起来很像今天我们在希腊餐厅里经常饮用的、用松树树脂调味的白葡萄酒。

利乌特普兰德还在游记中不无讽刺地记录了皇帝送他的一份"大礼"。那是一只烤全羊，肚子里面塞满了大蒜、韭菜和洋葱， 198外面则淋上了满满一层鱼酱。最让他难以接受的就是味道刺鼻的鱼酱了。罗马人认为，如果不加鱼酱，食物就会索然无味。因此他们极力让每一盘菜肴都带上鱼酱的风味。西方游客来到君士坦丁堡，没有一个人会不抱怨鱼酱糟糕的味道。但是各国使节在宫廷宴会上却不能如此直率，他们必须硬着头皮咽下鱼酱，然后给皇帝留下一个陶醉的笑容。

鱼酱的制作工艺让人瞠目结舌。人们首先将鱼血和鱼肠用盐腌制，捣碎后放在阳光下任其发酵变质。几个月后，一层透明的液体会从中渗出，这就是所谓的"鱼酱"。接着，人们会把这一大团东西放进一个篮子式的过滤器中，滤掉令人不快的残留渣滓，以得到纯净的液体鱼酱。现代越南人似乎也用这种方法制作了类似的食物。

阿拉伯人的入侵改变了罗马人的饮食方式。由于埃及沦陷，罗

拜占庭时代的渔民，《马德里思利特扎》（*Madrid Skylitzes*）

注：公版图片/维基共享资源

马人失去了最重要的粮食基地。君士坦丁堡市民逐渐学会加工北方生产的小麦，他们制造出面粉，通过发酵和烘烤得到香喷喷的面包。叙利亚陷落后，罗马人一度断绝了橄榄油供应，他们不得不更多地用水煮食物，而不能像过去那样总是用油炸。灯油的匮乏，也让人们在家里燃起了蜡烛照亮自己的住宅。

199

在古时候，有钱的罗马人喜欢躺在沙发上用餐，奴隶们在一旁服侍，好让他们用手指拈起食物送进口中。从公元 7 世纪开始，罗马人开始坐在桌前吃饭了。他们发明了一种餐具，前段看上去好像被磨尖的勺子，用于叉取食物。后来，人们又为这种餐具增加了一个分叉。从此，欧洲人进入了使用刀叉进餐的时代。

罗马人的个人卫生习惯也发生了变化。在公元 7 世纪之前，奢侈的罗马浴场曾经是每个人喜爱的地方。但后来由于基督徒对肉体的怀疑态度，教会渐渐反对人们去浴场洗浴。君士坦丁堡著名的宙克西帕斯浴场先后被改造成了军营、监狱和蚕丝作坊。古典时代自由放纵的享乐主义在新时代里逐渐暗淡，最终湮灭了声迹。

公元 7 世纪是罗马人的黑暗年代，他们丧失了很多土地、收入和人口。社会变得越发贫困，连年的战事把国家变成了一个大军营。受过教育的议员阶级对国家的影响开始减弱，乃至完全忽略。历史的书写记录仿佛可有可无，文化和艺术逐渐变成一小撮神职人员自娱自乐的消遣。

在经历了无数入侵和失败之后，帝国退回到高墙之后。曾经叱咤风云的罗马帝国竟变成了畏缩防守、偏安一隅的小朝廷。虽然数百年后，帝国会重回世界之巅，再次征服那些本属于她的土地，重现古时的荣光。但在 7 世纪的君士坦丁堡，没有人预见到还会有这样的未来。多年连续不断的战争、瘟疫和暴力，夺去了死者的生命和生者的希望。

200

被劓鼻者

公元 669 年，帝国宫廷传出喜讯，君士坦丁四世皇帝夫妇的长子出生了。皇宫里举办了盛大的庆典为其庆生。小皇子继承了曾祖父希拉克略皇帝的高贵血统，他的父母给他起名为查士丁尼。不言而喻，他们希望将来他也能成为查士丁尼大帝那样伟大的征服者、立法者和圣索菲亚大教堂的建造者。

小查士丁尼自幼接受经典教育，父母在他身上寄予厚望，希望他有朝一日成为公正智慧的君主。在他 12 岁的时候，他的父皇就任命他为共治皇帝。与此同时，君士坦丁四世还提升小查士丁尼的两位叔叔为副帝。但这也让他心下不安，因为他不能确定将来自己撒手人寰后，这两位副帝是否会夺走自己儿子头上的皇冠。

　　皇帝一直为此发愁，直到有一天他心生一计，决定剜掉两位副帝的鼻子。按照帝国惯例，高居帝位者，仪表不得有任何明显残缺。这两位被剜鼻毁容的副帝实在过于丑陋，仪表明显不能匹配帝王之尊，从此失去了觊觎皇位的盘算。尽管君士坦丁四世的手段未免有些残忍，但是这一举措无疑有助于维持帝国的稳定。

　　四年之后，君士坦丁四世驾崩，16 岁的小查士丁尼继承大位，史称查士丁尼二世。虽然新皇帝年纪轻轻，做事却雷厉风行。他登基后的第一个决定就是派遣军队驱逐亚美尼亚境内的阿拉伯势力。由于阿拉伯哈里发阿卜杜勒·马利克（Abd al–Malik）被国内的分裂势力掣肘，只得接受罗马人的条件，撤出了自己的军队。意气风发的查士丁尼二世马不停蹄地再次出兵，这次他的部队北上攻入色雷斯地区并击败了马其顿的保加尔人。罗马大军光复重镇塞萨洛尼基（Thessalonica）后，查士丁尼二世在那里举办了盛大的凯旋仪式。

　　军事上的胜利让年轻的皇帝增强了在内政方面腾挪谋划的决心，他开始有条不紊地推行自己的人口迁移计划。他强令色雷斯的斯拉夫人和塞浦路斯岛上的基督徒离开自己的故乡，搬迁到安纳托利亚半岛上一座新命名为"查士丁尼波利斯（Justinianopoplis）"的城镇。在这次大迁移的五年后，他从这些背井离乡的斯拉夫人中征募了 3 万名士兵。他计划派遣这支军队再次进攻阿拉伯人。

　　查士丁尼二世对阿拉伯人的远征起初进展顺利。然而，随着战斗的深入，罗马军队的内部却产生了裂痕。由于皇帝不近人情的移民和征兵政策，军中的斯拉夫士兵不愿再为罗马人或是年轻的皇帝效命。阿拉伯人乘机收买了这些斯拉夫人，并让他们临阵倒戈。于是，查士丁尼二世麾下三分之二的士兵加入敌方反戈一击，罗马军队全线崩溃，皇帝本人只得穿过马尔马拉海一路逃回君士坦丁堡。

惨痛的失败刺痛了年轻皇帝的内心。他大发雷霆，命令手下将斯拉夫叛军士兵的妻子和孩子统统处死。那些忠于帝国的斯拉夫人也因为自己同胞的背叛行为而受到惩罚。皇帝还召回了这次败仗的指挥官列昂提（Leontius）。这位倒霉的将军在受到皇帝狠狠训斥之后锒铛入狱。

查士丁尼二世的步伐并没有因这次失败而停滞不前，他又开始着手镇压那些他认为"非正统"的宗教活动。他召开了新的世界基督教大会并制定了新的教会法。远在罗马的教宗塞尔吉乌斯对此深感愤怒，拒绝接受新宗教法。查士丁尼二世派人前往罗马逮捕教宗，然而他的士兵却被教宗的支持者挡在门外。皇帝的命令被公然违抗，这是一个危险的信号，但同时，这也是帝国在意大利的影响力日渐衰落的明证。

君士坦丁堡城内的民意开始发酵变质。查士丁尼二世计划大兴土木，为此他征收了大量税款，并对逃税者严惩不贷，无论是穷人还是富人都因此心怀怨恨。为了平息贵族阶层的怒火，皇帝只好将身陷囹圄的替罪羊列昂提释放出狱。没过多久，一些不满的议员就秘密聚集在列昂提家中，商议如何推翻皇帝，每个人都欲除查士丁尼二世而后快。所以，皇帝只能出局。

这些密谋者得到了赛马场里蓝党的支持。甚至连君士坦丁堡牧首加利尼库斯（Callinicus）都承诺对他们的计划睁一只眼闭一只眼。

政变计划在预定时间准时执行。深夜，参与密谋的议员和军官在列昂提家中集合，他们推举列昂提为新皇帝，并在他的带领下来到位于总督府（Praetorium）的城市监狱，释放了关押在那里的政治犯。政变者们在街上大喊："基督徒们，快到圣索菲亚大教堂集合！"睡眼惺忪的市民们纷纷赶到那里，他们迫不及待地观察着正

202

在发生的一切。一群人聚在大教堂，开始对皇帝大声发出喧嚷辱骂的口号。列昂也提带着人马来了，他们在这里接受了加利尼库斯牧首的祝福。狂热的人群拥挤在教堂里，甚至有人高呼起了古罗马时代的诅咒："让我们挖出查士丁尼的骨头！"就这样，叛乱者心中的残忍被点燃了。

黎明时分，越来越多的市民来到大赛马场。一支政变者的军队攻入了皇宫，他们把查士丁尼二世从宫中拖过奥古斯塔广场，丢在赛马场中的空地上。坐在皇帝包厢里的列昂提居高临下地俯视着他。狂怒的暴民们已是群情激愤，他们迫不及待地要求处死查士丁尼二世，可列昂提却选择了克制。眼前落魄的查士丁尼二世仍然是帝国的合法君主，将他当众杀死会开创一个危险的先例。但列昂提又不得不做些什么，他必须让查士丁尼再也没有资格卷土重来靠近王位。

列昂提的判决并不让人意外。士兵们将查士丁尼二世架起来，用小刀割下了他的鼻子，让他重蹈了两位叔叔的覆辙。之后，行刑者还将他的舌头切成了两瓣。

查士丁尼二世惨遭毁容，他被褫夺了皇冠并处以流放。之后，列昂提的手下把他丢在一条开往黑海的小船上。他被驱逐到克里米亚半岛南端的城市切尔松（Cherson，也就是今天的历史名城塞瓦斯托波尔）。那年，他只有26岁。

在切尔松，查士丁尼二世治好了伤口，他痛苦地反思了这次的巨大失败。他发誓绝不接受自己已经被毁容不再能统治帝国的事实，他相信自己仍然是合法的皇帝，是上帝选择的希拉克略大帝的继承人。

切尔松是一座边陲小城，查士丁尼二世虽然失势，但他的到来对于没见过什么市面的当地人来说仍然激起了热议。虽然他已经毁容，但仍是个充满魅力的公众人物，而且随着他惨遭酷刑的故事四处流传，当地人开始转而同情他。越来越多的人加入到查士丁尼支持者的行列，他们聚集在查士丁尼的家中，为他重新夺回宝座出谋划策。然而，忠于列昂提的切尔松行政官员们决定阻止查士丁尼二世的复辟企图，但他们对如何处理这位废帝并没有统一意见，有人认为应该将他送回君士坦丁堡，有人则主张干脆杀死他。可还没等他们商量出最终方案，查士丁尼二世就逃出了城市。他带着支持者们一路向北进入高加索地区，并希望在可萨人（又译作"哈扎尔人"——编者注）的土地上找到避难所。

可萨利亚的可萨人

可萨利亚的可萨人是历史学家们最感兴趣的中世纪民族之一。这个过着半游牧生活的马背民族和匈人、阿瓦尔人一样，也发源于无边无际的中亚草原。后来，他们迁居到丝绸之路西端①。可萨人的定居之所可谓得天独厚，位于拜占庭、阿拉伯和中国文化圈的交界处，因此他们能够从丝绸、貂皮、蜂蜡、银器、香料和蜂蜜贸易中赚得大笔利润。可萨人还驯养牛羊，并且从伏尔加河中捕鱼出售。

那时的可萨汗国是一个多元化的国度，信仰基督教、犹太教、伊斯兰教和蒙古腾格里宗教的各族人民都在那里安居乐业。公元9世纪，可萨贵族集体改信犹太教。这一决定令人惊讶，因为犹太教与基督教、伊斯兰教不同，它并不主张向其他宗教的信徒传教。根据可萨人的传说，可萨人的可汗布兰（Bulan）为了确定国教，请来了基督教、伊斯兰教和犹太教的贤哲，让他们讨论出哪个宗教才

204

---

① 如今属于乌克兰的土地。

是最好的。三位贤哲争论了两天，毫无结论。[10] 到了第三天，布兰可汗请来了基督教牧师，问他："你更喜欢伊斯兰教还是犹太教呢？"

牧师回答道："大汗，以色列人的宗教比伊斯兰教还是要好一些的。"

可汗又把伊斯兰伊玛目请来询问："你觉得基督教和犹太教哪个更好？"

伊玛目说："犹太教比基督教更好。"

"太好了，"布兰可汗总结说，"现在你们两个都亲口承认犹太教更好了，那么我国就选犹太教作为国教吧。"

可萨人本是说突厥语的民族，在转信犹太教之后，他们的官方文书就开始以希伯来文书写了。可萨汗国的钱币上刻着"摩西是上帝的信使"这句话，很明显是在模仿穆斯林钱币上对先知穆罕默德的赞美。虽然皈心犹太教使得可萨人与当时的国际强权格格不入，但这也在一定程度上保证了可萨汗国的独立性。基督教的罗马帝国和伊斯兰教的阿拉伯帝国互为敌对，对这两个超级大国来说，一个信仰犹太教的邻邦，总比信仰敌对方宗教要好得多。

文化和信仰多元化的可萨汗国比其他国家更加富强、包容、务实。对于他国的失意者和受迫害者，这里是完美的天堂。遭罢黜的查士丁尼二世渴望复仇，理所当然地选择这里作为临时避难所。

被剜鼻者查士丁尼和他的随从们在可萨城市多罗斯（Doros）受到了可汗布希尔（Busir）的盛情款待。可汗非常乐意向查士丁尼一行人提供庇护，他认为后者有朝一日能夺回皇位，会给自己带来丰厚的回报。为了强化与查士丁尼的关系，可汗还把自己的妹妹嫁给了他。我们可以想象这位可萨公主在这场政治婚礼上该有多么焦虑。她心里肯定很清楚，被毁容的新婚丈夫内心充满复仇的渴望，根本无心谈情说爱。不过随着时间推移，这对夫妇之间还是萌生了真挚的情感。查士丁尼二世给自己的新婚妻子起了他所能想到最美的名字——狄奥多拉，和当年查士丁尼大帝的妻子同名。在亚速海边的新房里，查士丁尼二世和妻子过着恩爱的生活。不过，这位落魄废帝从未打消过复仇的念头，他不断写信给布希尔要求借兵夺回宝座，每天都是坐立不安地等待着可汗的答复。

与此同时，篡位者列昂提在君士坦丁堡也是如坐针毡。他一面要应对首都里的鼎沸民情，一面要防御阿拉伯远征军对北非的入侵。双方军队在迦太基城来回拉锯，城池几度易手。最终，列昂提的海军还是被阿拉伯人的增援部队彻底击败。罗马人的舰队只得撤回君士坦丁堡，从此，帝国永远失去了对北非的控制。

206

舰队中的罗马士兵害怕回到首都会受到列昂提的责罚，于是他们在归国途中另立了新君。海军将领阿普西马（Apsimar）被推选为皇帝。舰队在君士坦丁堡靠岸后，阿普西马的士兵直奔皇宫，通过贿赂守卫打开了布拉契耐皇宫的大门，抓住了列昂提并且废黜了他。现在，轮到列昂提接受毁容酷刑了。刽子手切掉了他的鼻子和舌头，把他关进了一家修道院。

阿普西马的皇位可以说是摇摇欲坠。他既没有皇家血统，也没有任何合乎道德的称帝理由。更让他头疼的是来自切尔松的消息，据报查士丁尼二世逃出帝国国境，并成了可萨人的座上宾，似乎正准备着夺回君士坦丁堡。

阿普西马写信给可萨可汗，希望用重金厚礼换取查士丁尼的首级。本打算保护查士丁尼的可汗动摇了。他觉得眼前唾手可得的金帛远胜于将来不可预见的回报，于是，他派出一队卫士去"保护"查士丁尼。这支卫队中的有两名武士，帕帕齐斯（Papatzys）和巴尔吉齐斯（Balgitzis）认识查士丁尼二世，他们奉命去刺杀这位落魄的废帝。

　　但是狄奥多拉却把这次刺杀计划透露给了查士丁尼二世。怀有身孕的她已经决定死心塌地地跟随自己的丈夫。查士丁尼决定先发制人，他单独邀请帕帕齐斯来到家里做客，趁着四下无人之时用绳索勒死了他。之后，他又用同样的办法将巴尔吉齐斯扼死了。

　　查士丁尼匆匆告别了狄奥多拉，派人把她送回了可汗的宫廷。而他自己则和几名追随者跳上了一条渔船驶入黑海。这艘简陋的渔船在切尔松附近靠岸，在那里，查士丁尼得知自己正被通缉。他只好派出两个手下进城购买补给品，自己则躲在岸边，带着剩下的人建造一艘稍大些的海船。

　　第二天，查士丁尼和他的支持者们乘坐着新船重新出海。没过几个小时，天色突然暗沉下来，大海开始翻滚咆哮。狂风把他们的小船抛上浪尖，又拖进浪底，船员们个个吓得面无人色。[11]查士丁尼的仆人冲进了船舱，哀求他和上帝做一笔交易："求求您告诉上帝，您将宽恕您的敌人，这样上帝或许会原谅我们，让我们平安地度过风暴。"

　　查士丁尼二世两眼放光，他愤怒地站起来，向阴霾的天空举起了自己的拳头。

　　"与其让我宽恕任何一个敌人，"他咆哮道，"我宁愿上帝在这里将我淹死！"

　　终于，暴风雨过去了，小船重新扬起了风帆。他们驶向多瑙河河口，来到了保加尔人的领地。查士丁尼写信给保加利亚可汗捷尔维尔（Tervel），请求他借给自己15000名骑兵。而作为报酬，查士丁尼慷慨地答应复位之后将赠送给保加利亚可汗黄金、土地和恺撒的头衔。保加尔人同意了。经过了这卧薪尝胆、死里逃生的十年之后，查士丁尼二世终于拥有了自己的军队。

207

金鼻子

公元 705 年春天，查士丁尼率领 15000 名保加利亚骑兵向君士坦丁堡进发。阿普西马很快收到了相关的情报，他派出一支军队去拦截查士丁尼。可双方的军队选择了不同的道路，在色雷斯平原上擦肩而过。保加利亚骑兵竟然毫发无损地出现在狄奥多西墙下。查士丁尼二世认为自己是合法的皇帝，当他重归君士坦丁堡时，必然看到洞开的城门和夹道欢迎的市民，因此他并没有准备任何攻城武器。然而，当他亲自来到狄奥多西墙下劝守军效忠自己时，得到的只是漫天的谩骂和嘲讽。

查士丁尼二世对敌人的嘲讽无能为力，他身后的保加利亚骑兵们则怀疑他们被人愚弄了。现在，他们的处境已经非常危险，只要阿普西马早先派出的军队回师城下，查士丁尼和他借来的兵马就会被团团围住，被前后夹击。

时间一分一秒过去，查士丁尼二世不得不剑走偏锋。他亲率一小队精兵乘着夜色悄悄靠近了狄奥多西墙外墙的西北角，在那里向外突出的城墙包围着布拉契耐皇宫。查士丁尼对自己早年居住的皇宫了如指掌，他知道那里有一条狭窄的下水道通向城外。时间紧迫，查士丁尼身先士卒，亲自钻进了下水道。这支小分队沿着流着污水的水管和沟渠爬进了城里，阿普西马闻讯大惊失色，他不相信自己手下这帮乌合之众的忠诚，仓皇逃出了皇宫。

这是一场不流血的皇位更迭。历经十年漂泊之后，这位饱经磨难的皇帝再次成为君士坦丁堡的主人。

查士丁尼二世派出他的卫士追捕列昂提和阿普西马。两个篡位者很快就被擒住，士兵们用铁链将他们锁住，拖到街上游行。游行

208

的终点是大赛马场，在那里，围观人群对他们大声嘲讽，把粪便和垃圾扔到他们身上。居高临下俯瞰赛马场的皇帝包厢里端坐着查士丁尼二世，他看上去显得和以往略有不同。根据记载，他的脸庞金光闪烁，原本空洞的口目之间安上了一个金制的假鼻子①。

列昂提和阿普西马被带进皇帝包厢，他们不得不遵令跪在查士丁尼面前。皇帝把双脚分别踩在这两人的脖子上，坐着观看赛车竞技。当天的比赛结束之后，这两人被拉出赛马场外斩首。忠于阿普西马的军官们也被一一诛杀，尸体被悬挂在城墙上。加利尼乌斯牧首由于多年前参加了反对查士丁尼二世的政变而被挖掉了双眼，他的余生将在罗马城的修道院里度过。

保加利亚可汗捷尔维尔受邀来到君士坦丁堡。查士丁尼二世履行了诺言，赠给了他大量的黄金和土地，并且授予了他恺撒的头衔。捷尔维尔也成了第一个获得这一殊荣的外国人。

查士丁尼二世终于能和家人团聚了。他派出战舰去可萨利亚接回妻子狄奥多拉和孩子提比略。布希尔可汗开心地把他们交给了罗马人。忠诚的狄奥多拉获得了奥古斯塔的头衔，而他们的爱情结晶小提比略则成为新的共治皇帝。

不过，查士丁尼二世复辟后没有吸取教训，他的统治和初次在位时一样不得人心。他用恐怖手段镇压自己的对手和潜在的敌人。执事保罗（Paul the Deacon）在他的著作中写道，皇帝动辄下令处决犯人，"和他用手擦鼻涕一样频繁"。

没过多久，查士丁尼二世又对自己当年和捷尔维尔可汗的协议感到后悔。他派出一支军队攻打保加利亚，希望夺回不久前赠给可

① 至于这个金鼻子是如何固定在他脸上的，现代历史学界颇有争议。有人认为皇帝佩戴的可能不仅仅是一个假鼻子，而且是一个遮盖部分脸孔的金面具。在古代很多出身高贵的麻风病人都会佩戴这样的面具。

汗的领土。但这支军队很快就被击溃了。而与此同时，新继位的阿拉伯哈里发派兵入侵安纳托利亚半岛，占领了许多本属于罗马人的土地。雪上加霜的是，切尔松又爆发了反对罗马人的叛乱。查士丁尼二世派出军队前去镇压，可这支军队竟临阵倒戈加入了叛军。叛军宣布废黜查士丁尼二世并推举将军巴尔达尼斯（Bardanes）为帝。惊闻变局的查士丁尼此时正在前往亚美尼亚的途中，他立刻回师君士坦丁堡，一心只想在巴尔达尼斯夺取首都之前赶回宫中。可他还是慢了一步，巴尔达尼斯的军队抢先占领了皇宫，并且开始清洗查士丁尼的支持者。

深居宫中的狄奥多拉眼见大祸临头，带着小提比略逃进了圣玛丽教堂希望得到庇护。两名巴尔达尼斯的亲兵闯进了教堂，他们看见吓坏了的小提比略正一手抱着祭台的桌腿，一手举着真十字架的碎片。他的脖子上还挂着护身符。狄奥多拉向这两名亲兵苦苦求饶。一名叫作斯特洛索斯（Strouthos）的亲兵抓住了孩子，他把真十字架放回祭台，夺走了挂在小提比略脖子上的护身符挂在自己身上。最终，提比略在教堂门前被杀害了，而狄奥多拉的结局则没有被记载在史书上。

查士丁尼二世体会到了众叛亲离的滋味，连他的私人卫队也举起了叛旗。他在迦克墩被捕，一名叫作埃利亚斯（Helias）的卫兵用一把短剑砍下了查士丁尼的脑袋。这名卫兵的家人曾被查士丁尼二世下令处死，终于他等到了能够报仇雪恨的这一天。这一剑不仅结束了查士丁尼二世命途多舛的一生，也终结了希拉克略大帝的王朝时代。

†

被剜鼻者查士丁尼的故事大多来自狄奥法内斯所著的《编年

211 史》（*Chronicle of Theophanes*），该书大约成于查士丁尼二世被杀的100多年后。这也是关于这段历史唯一的存世记录。被毁容的皇帝悲壮而又血腥的复仇故事，与古希腊悲剧和20世纪70年代恐怖电影里的情节如出一辙，让人过目不忘。很显然，狄奥法内斯的记录肯定掺杂着很多私人情感，但由于缺乏其他史料，我们无法判断其中有哪些故事是他凭空杜撰的。

当我给乔伊讲故事的时候，我被当年蔓延在君士坦丁堡的仇恨和暴力震惊了。死亡带来的仇恨又导致新的死亡，人们的道德底线被一步步地突破。在历史上，这不是唯一由歇斯底里的领导人占据上风而普通人对于杀戮习以为常的时刻。从法国革命的雅各宾派恐怖到印度尼西亚长达一年的血腥屠杀，从纳粹的水晶之夜到卢旺达的种族灭绝……在这些非同一般的历史时刻，杀戮和死亡变得和吃饭喝水一样司空见惯。无情的政治谋杀逐渐发展成为只凭一时的喜好就足可置人性命于不顾。无助的被害者得到的不是任何怜悯的感情，他们感受到的恐怕只有轻蔑的嘲笑。屠杀以越来越快的速度发展着，直到再没有足够的受害者可以被填入尸山之中。

现代人的心智要对邪恶做出形而上的表现，显得有些不大管用，但是在中世纪，混乱的始作俑者其实很好识别。《尼德兰箴言》（*Netherlandish Proverbs*）是16世纪著名画家彼得·勃鲁盖尔（Pieter Bruegel）的名作，画中描绘了一座叫弗兰德斯的村庄中蔓延着的无序状态。在这个令人毛骨悚然的虚构空间中，画家描绘了112个尼德兰谚语，借此讽刺了人类的愚蠢和邪恶。一头小牛跌入井中，而它的主人立刻把井填上；一个人试图将一头猪撕成两半；两个赤裸的屁股从破损的厕所中漏出，往河流里拉屎；一个盲人领着另一个盲人；一个戴着帽子的傻子一头撞上砖墙。画面正中央的木制王座上端坐着一切混乱的始作俑者——恶魔，它是个肥

胖的林地生物，有两颗铅丹般的眼睛，头上歪歪斜斜地长着两根
枯死的树枝。

212

《尼德兰箴言》，彼得·勃鲁盖尔

注：公版图片/维基共享资源

歌革和玛各

　　每个罗马人都在阿拉伯大征服的时代中感到焦虑不安。在沦陷
的土地上，很多基督徒都改信了伊斯兰教，原因仅仅是因为他们不
想向哈里发缴纳额外的宗教税。而忠于信仰的基督徒们则开始四处
寻求慰藉，他们需要这个问题的答案——为什么罗马人的基督教帝

国会遭受如此灾难？

罗马帝国的形势岌岌可危。很显然，阿拉伯人着手攻打君士坦丁堡只是时间问题。"诸城女皇"对于任何征服者来说，都是令人垂涎三尺的战利品。在罗马人眼中，她不仅是一座城市，更与宇宙的命运休戚相关。假如基督护佑的君士坦丁之城落入异教徒之手，那么这不可避免会引发对于启示的解读。

为了能够解释他们身处的那个混乱世界，罗马学者们开始从古老的经文中寻找答案。《启示录》是圣经最后收录的篇章，在这段经文里，作者拔摩岛的约翰（John of Patmos）预言在世界末日来临前夕，撒旦和天堂之城将展开一场殊死较量：

> 一千年后，撒旦会从它的牢狱中脱出，迷惑地上四方的国度。那就是歌革和玛各，它们将聚集起来去打仗，多得像海岸上的沙砾。
>
> 它们将来到广阔的原野上，包围圣者们的营垒和他们挚爱的城市。烈焰将从天国降下，把它们全部淹没。

牧师和学者的目光都汇聚到了这个神秘的名字"歌革和玛各"上。这些数量庞大、生活在大地尽头的部落究竟是什么人？

他们从古代世界最伟大的军事家亚历山大大帝的传奇故事中找到了答案。这位伟人早在耶稣降世前300多年就已经去世，但他征服世界的故事却被人口口相传，永垂青史。一本名为《亚历山大传奇》（Alexander Romance）的故事集曾是中世纪早期的畅销书，特别是在君士坦丁堡。书中收录了许多令人瞠目结舌的冒险故事：亚历山大遇见了半人马和塞壬；他曾到过一座拥有12座金子和祖母绿制成的高塔的城市；他登上一座平坦的岛屿，却不料那原来是一条鲸鱼的背脊，所以，那条鲸鱼潜入深海时几乎将他淹死。

　　《亚历山大传奇》中的主人公和历史上那位真正的征服者没有任何共同之处。他在书中的形象是一位基督教的先行者和上帝的追随者，而非史实中的异教徒。[12]假如这些故事是真的，那基督徒们会顺理成章地认为早在耶稣诞生前几百年，上帝之手就已在影响人间了。

　214

　　　马其顿人亚历山大，一个睿智的帅小伙，带着军队去征讨拒绝臣服的贝尔叙利亚人（Belsyrians）。亚历山大穿着金色胸甲的士兵们大获全胜，他们追击逃亡的贝尔叙利亚人50个昼夜，直到东北方的原野，那里是已知世界的尽头。

　　　亚历山大一路追赶，最终来到了被称为"北地之乳"的两座阴沉大山之前。在那里他看到许多污秽邪恶的种族。有些人的头上长着独角，其余的人则长着大象的脚或者狼的头部。这些猥琐的生物靠食用狗、苍蝇、蛇、流产的胎儿、尸体和人类胚胎为生。他们的国家被称为'歌革和玛各'。[13]

　　　亚历山大立刻意识到这些类人生物对文明世界构成了致命威胁。他研究这两座大山之间的通道，假如他能将这里封闭起来，那么这些未知世界里的邪恶部族就会永远被隔离在外。他虔诚地向全能的上帝跪下，询问是否能够将两座高山并在一起。伴随他的话语，大山发出低沉的呻吟声，它们缓缓相向移动，两座山中间的小道间隔已被弥合。

　　　年轻的征服者亚历山大看见两座山之间还有一条窄窄的缝隙，便命令他的士兵建起铜铸的大门将其完全封闭。他十分满意自己的工作，完成之后便继续匆匆赶路离去。歌革和玛各的人们则被封锁在那阴暗之地，在铜门处不安地躁动着，等待着……

亚历山大大帝镶嵌画

注：创作共用图片/Ruthven

  歌革和玛各的名字出现在《亚历山大传奇》中，对罗马人来说无疑是《启示录》记载属实的有力旁证。但这些怪物在审判之日究竟会扮演一个什么样的角色，圣书中并没有明说。《启示录》成书时，罗马帝国还在崇拜多神异教，皇帝们被认为是基督教迫害者。许多早期的基督教徒甚至把帝国比喻成"巴比伦大淫妇"，一个《启示录》中邪恶而残忍的传说人物。时过境迁，罗马人皈心基督，因此把罗马帝国说成是"大淫妇"也不再妥当。在基督下一次降临之前，帝国和皇帝所扮演的角色应该被重新定义。

  7 世纪后期，一部影响巨大的新版《启示录》在君士坦丁堡问世。这个版本假托 4 世纪神父美多迪乌斯（Methodius of Olympus）的名义发行。

这部伪作完全将旧版《启示录》的内容束之高阁，取而代之的是截然不同的经文。罗马帝国在书中被描绘成天堂与地狱的末日之战中的主角。尽管作者在书中流露出悲观的情绪，但他仍然相信阿拉伯人的暂时胜利是上天注定的，而基督徒们将在基督归来之日获得救赎，赢得最后的胜利。

新《启示录》提到，以实玛利人将要占据波斯人和罗马人的土地。以 7 世纪人的视角，这些预言竟不可思议地成真了。书中还预言，下一步敌人将打破君士坦丁堡的城墙：[14]

> 拜占庭，你的灾难降临了！
> 因为以实玛利人将要攻占你。
> 他们的每一匹马都将穿过这里，
> 他们将在你面前安营扎寨，
> 然后摧毁木马戏团的大门。

但入侵君士坦丁堡的战斗将成为转折点。上帝将会点燃皇帝和每一位罗马人的斗志。他们将会夺回穆斯林窃取的国土，并发动起最残酷的报复行动。皇帝的愤怒会把侵略者的家园变成一片焦土，让那里和从前一样贫乏寂静。

这些胜利将让基督徒们享受一段欢快而祥和的短暂时光。《启示录》预言，在此之后，撒旦将打开北方的大门，歌革和玛各的邪恶力量将像蝗群一样涌出，横扫大地。

217

当世间万物都危如累卵之时，一位强大的天使将从天堂降临并在一瞬间消灭这些来自地狱的入侵者。随着歌革和玛各的覆灭，罗

马人的最后一位皇帝将担起自己最后的职责：[15]

> 罗马人的王将去往各各他山，那里矗立着钉死耶稣的木十字架。罗马人的王将把自己的冠冕安放在十字架上，然后张开双臂飞升天堂，他将把基督徒的王国献给上帝。

随着皇冠升天，最后一位皇帝也完成了自己的使命。他会在十字架的脚下溘然长逝，地球将被交给敌基督（Antichrist，假冒基督之名却反对或意图取缔真基督的人。——译者注）统治。

对于身处困境的罗马人来说，《启示录》至少能够解释世界混乱的原因。这些神话中的意象被深深刻在了人们对拜占庭往事的追忆之中。直到帝国覆灭、中世纪结束，这些预言也依然未被遗忘。

基督徒的历史进入公元 8 世纪以后，罗马人仍然不断地在与阿拉伯人的战争中丧城失地。安拉的军队向东扩张到了中亚地区，向西则一直越过北方沙漠，直达今天摩洛哥的海格力斯之柱。阿拉伯军队马不停蹄，他们甚至渡过直布罗陀海峡①攻入西班牙。

阿拉伯国家自崛起之后，就迅速发展成为世界历史上少见的超级大国，此时距离先知穆罕默德逝世还不到一个世纪。公元 712 年，阿拉伯人已经控制了从印度河流域到大西洋沿岸的广阔土地。曾经被人鄙夷的沙漠游牧民族早已不甘于以暴发户的形象出现在世人面前。他们希望建立一个大帝国，从此屹立在世界民族之林。哈里发打算夺取君士坦丁堡作为自己的新都，用这场伟大的胜利为自己的冠冕赢得无上光荣。

----

① 直布罗陀这个地名最早源自阿拉伯人名加巴尔·塔里克（Jabal Tariq），此人曾任倭玛亚王朝将军，率军渡海远征西班牙。

与此同时，君士坦丁堡城内却陷入了此起彼伏的动荡之中。在巴尔达尼斯从查士丁尼二世手中夺取王位之后就不思进取，对他来说，穿上紫袍就意味着失去了奋斗的目标。他似乎对权力争斗失去了兴趣，唯独对两件事乐此不疲。一是与教会领袖进行喋喋不休的神学争论，二是挥霍国库的金钱来满足自己的欲望。

在登基仅 19 个月之后，巴尔达尼斯的皇帝之路就走到了尽头。那天上午他还在漫长的宴会中和朋友们一起纵情享乐，但下午却在小睡时被叛变的士兵拖到了大赛马场上。他的双眼被叛军残忍地剜掉。和剜鼻的酷刑一样，这样的毁容虽然没有夺取他的性命，却足以让他失去重夺皇位的可能。

一位名叫阿纳斯塔修斯（Anastasius）的干吏匆匆走上空着的帝王宝座，他就是历史上的阿纳斯塔修斯二世皇帝。新皇帝刚一登基便宵衣旰食，忙于处理巴尔达尼斯给他留下的烂摊子。相比从前，帝国的战略前景更加黯淡无光。派去东方的间谍不断将坏消息带回君士坦丁堡，说阿拉伯人正在地中海港口中建造战船，他们的陆军也不断开赴边境。所有的迹象都表明，一场针对君士坦丁堡的浩大攻势正蓄势待发。

219

君士坦丁堡之梦

阿拉伯帝国的哈里发苏莱曼·本·阿卜杜勒-马利克（Sulayman bin Abd al-Malik）是一位受人敬爱的领袖，他以能言善辩和雄心勃勃而闻名于世。公元 715 年夏天，他的内心已经充满了征服君士坦丁堡的狂热理想，并对此虎视眈眈。一则伊斯兰预言说过，有一天罗马人的首都将会落入穆斯林统治者之手，而这位伟大的征服者拥有与一位先知同样的名字。苏莱曼的名字恰好来源于所罗门，于是，诗性大发的他理所当然地认为自己就是预言中的君王。他还发誓道："我绝不会停止征服君士坦丁堡的行动，就算牺牲掉整个阿拉伯世界，我也要夺取这座城池！"

但因为健康原因，苏莱曼无法御驾亲征，他便把军队的指挥权交给了自己的兄弟马斯拉马（Maslama）。这支阿拉伯大军兵力空前，总计有 10 万名士兵和 1800 艘战舰响应了哈里发的召唤，将从陆上和海面发动袭击。

马斯拉马大军出征的消息不胫而走，来自伊斯兰世界数以千计的志愿者从各地赶来，也加入了这支军队。他们不仅满怀宗教热情，也被君士坦丁堡城内的巨大财富冲昏了头脑。很多富人都为他们捐赠了武器、马匹、骆驼和驴子。这是一笔不错的投资。毕竟，一旦阿拉伯人获得胜利，他们将得到加倍的回报。

苏莱曼整军备战，意欲攻打君士坦丁堡的消息传遍了地中海
220 东岸。罗马人知道自己正处于危急存亡之秋。和阿拉伯人一样，罗马百姓也把自己看作世界舞台的中心角色，可这场戏剧的剧本他们只能一页页翻看，此刻，它的情节正一幕幕地走向某个蕴含上天启示意义的悲壮高潮。他们眼睁睁地看着萨拉森人的力量慢慢汇聚，剑锋直指基督教世界跳动的心脏——君士坦丁堡。基督徒们想知道，上帝会不会在危急时刻放弃他的信徒。虔诚的祈祷者们一遍又一遍地呼唤圣母玛丽亚的名字，希望她能代人们向上帝求得怜悯。

阿纳斯塔修斯皇帝开始着手修整城防。投石机被拖放到了狄奥多西墙上，海墙也得到重修和加固。城市里的谷仓都存满了粮食，每个家庭也被要求储存足够食用三年的食物。所有无法完成这些准备的人们都被劝离了城市。与此同时，阿纳斯塔修斯试图通过谈判达成外交解决方案，以期拖延开战的时间。

然而，正当阿纳斯塔修斯全身心准备防御前方敌人之时，他的后院失火，他也被拉下了台。两年前，将他扶上皇位的那支军队因为不满他的严苛法律，发动了叛乱，逼迫他放弃皇冠，把他送进了修道院。叛军领袖们决定扶持一位便于掌控的新君，于是他们决定推选一位叫作狄奥多西的柔弱税吏做皇帝。可令人啼笑皆非的是，这个胆小的税吏竟然被这个决定吓破了胆，逃进森林藏了起来。叛军很快就将他搜出，用一把剑逼迫他接受了皇冠。可怜的狄奥多西没有在皇位上待太久。公元 717 年 3 月，他被一位年轻的将军废黜。最终，这位将军穿上了皇帝的紫袍，他就是著名的伊苏里亚人利奥（Leo the Isaurian）。

221

狐狸科农

伊苏里亚人利奥的原名并不是利奥，他也并非来自伊苏里亚。他的本名叫做科农（Konon），出生在叙利亚边境城镇日耳曼尼西亚（Germanicaea）①。在科农出生前，阿拉伯哈里发就占领了他的家乡，因此他从小就熟悉阿拉伯风俗，并且能说流利的阿拉伯语。

长大后的科农加入了罗马帝国的军队。查士丁尼二世发现了他的军事才能，提拔他做了安纳托利亚的军事指挥官。他的指挥部设在小亚细亚前线要塞阿莫里姆（Amorium），在那里他狐狸一般的战争智慧逐渐显露出来。

安纳托利亚的阿拉伯将军打算利用罗马指挥官之间的嫉妒和矛盾来分化瓦解他们。当时有传言说科农将成为未来的皇帝。阿拉伯

---

① 这座位于托罗斯山麓的城镇就是今天以兰茎粉和土耳其冰淇淋闻名的土耳其马拉斯市（Maras）。

士兵得知后，便来到阿莫里姆城边，将城墙团团围住，然后大声地起哄道："科农皇帝万岁！科农皇帝万岁！"

阿拉伯将军还给科农寄去了一封信："我们知道你将来会成为罗马人的皇帝，让我们讲和吧。"

科农回信说："如果你们真的希望讲和，为什么还派兵围困我的城池呢？"

阿拉伯将军觉得他说的有道理，便承诺如果科农愿意和谈，他便撤走围城的军队。

科农和阿拉伯人谈判的细节在史书中并没有留下清晰的记录，但据后人推测，阿拉伯人大概给科农开出了这样的条件：如果他愿意以封臣的身份效忠哈里发，那么阿拉伯人将秘密给他一大笔钱并且扶持他入主君士坦丁堡，成为罗马人的"国王"。这个交易看上去对双方都很有利，科农将轻易地加冕为王，哈里发也将兵不血刃地夺取君士坦丁堡，而深受阿拉伯文化影响的科农会是他完美的傀儡。

后来的故事史书里也没有记载，不够明确。但根据史料推测，科农很可能回信告诉阿拉伯将军说他愿意接受这个条件，但是他的人民绝不能接受一个有嫌疑是哈里发傀儡的人成为罗马皇帝，所以最好是请阿拉伯军队先撤离阿莫里姆。

阿拉伯将军同意了。科农率领军队离开边城，向处于混乱中的君士坦丁堡进发。在狄奥多西墙下，科农向狄奥多西三世皇帝保证，一旦后者让位于他，他将善待后者及其全家老幼。本来就不想当皇帝的狄奥多西立刻接受了这个条件。他交出皇冠，去修道院过起了隐居生活。科农很快就在元老院和牧首的支持下，在圣索菲亚大教堂加冕为帝，史称利奥三世（Leo III）皇帝。后来人们给他起了个外号，称他是伊苏里亚人利奥。

222

和希拉克略大帝一样，利奥在极度危急的时刻登上了帝位。他的军队兵微将寡，他的人民士气低落。在过去的 20 年里，君士坦丁堡经历了七次暴力革命。与此同时，当罗马人被内讧折磨得焦头烂额无暇顾及其他之际，保加利亚人夺取了帝国在巴尔干半岛的土地，阿拉伯人则占据了小亚细亚的中心地带。所以，在利奥登基之时，安拉的大军距离君士坦丁堡仅有六个月的路程。

燃烧的战船

马斯拉马的十万大军来到了赫勒斯滂海峡（Hellespont）岸边，在这里等待的运输船会将他们送到海峡对面的欧洲大陆。噩运正逐渐降临在君士坦丁堡。8 月 15 日，马斯拉马渡过海峡来到了君士坦丁堡郊外，他的士兵沿着整条狄奥多西墙修筑了坚固的围城营垒。

马斯拉马对自己的胜利充满信心，因为他相信城里的罗马皇帝将会站在自己一边。这位骄傲的阿拉伯将军觉得自己没有必要将士兵的生命浪费在攻打城墙上，他只需要静静等待，利奥会劝说他的人民放弃无意义的抵抗并打开城门投降。马斯拉马理所当然地认为，利奥与其选择生灵涂炭城毁人亡的结局，还不如安安稳稳地做一个傀儡国王。在围城的日子里，马斯拉马不断收到利奥写来的信件。后者的意思好像暗暗表态说，唯一不流血的解决方案就是开城投降。然而，城门依旧有守军牢牢封锁。

随着时间的流逝，双方间的通信气氛渐渐有些紧张起来。马斯拉马越发觉得自己不大可能兵不血刃地占领城市，他开始对利奥三世感到失望了。

与此同时，利奥和保加利亚可汗捷尔维尔达成了协议，毕竟保加利亚人不希望强大而危险的阿拉伯人取代相对软弱的罗马人成为自己的南方邻居。一天夜里，捷尔维尔的保加利亚军队突袭了城外的阿拉伯军营，杀害了几十名阿拉伯士兵，包括一些马斯拉马的贴身亲卫。几天后，一队阿拉伯士兵在附近的树林里搜索粮秣时与保加利亚人的队伍狭路相逢。一场战斗之后，只有一个阿拉伯人夺路逃生留下了性命。

224　　马斯拉马意识到他派往色雷斯郊外征粮的士兵处于致命的危险之中。但他还是不愿承认，自己被利奥三世骗了，后者根本就没打算投降。马斯拉马现在能做的只有派出海军封锁城市，他希望这样能切断城中食物补给，迫使饥肠辘辘的基督徒们接受自己的条件。

9 月 3 日，哈里发的 1800 艘战舰驶抵马尔马拉海。君士坦丁堡城墙上的男女老少目瞪口呆地眺望着这支规模空前的庞大舰队驶入博斯普鲁斯海峡。当阿拉伯舰队的后卫船仅仅刚转过卫城所在的岬角时，风突然停了。运载着 2000 名阿拉伯水兵的 20 艘运兵船掉了队，只能由海浪拖拽着驶向海墙附近。

利奥把握住了千载难逢的时机，他下令立刻出击。一队罗马海军的德罗蒙战船（Dromons）从金角湾中杀出，冲到一片混乱的阿拉伯运输船队中。甲板上的阿拉伯水兵射出箭雨，然而罗马舰队仍旧加速冲击，双方的距离越来越近。

而后，伴随着巨响和浓重的黑烟，罗马战舰的船头纷纷喷射出流动的火焰。阿拉伯运输船立刻就被黏稠的燃烧液体淹没，风帆和甲板上燃起了熊熊大火。阿拉伯水兵和船员不是被活活烧死，就是跌下船被博斯普鲁斯海峡的湍流吞没。

罗马战舰的船首继续向海面喷出流动之火，火焰并没有被海水熄灭，反而在海面上持续燃烧，将缓慢移动的阿拉伯舰船一一点燃。而阿拉伯舰队的作战舰只能束手无策地看着他们的运输船陷入烈火，烈焰的呼号与木材的断裂声、濒死者的嚎叫声混做一团，回荡在海面上。烧毁的船只逐渐解体，化为漂浮着的碎片。

希腊火插图，泥金装饰手抄本《马德里思利特扎》（*Madrid Skylitzes*）
德罗蒙战船上方写着："罗马人的舰队焚烧敌舰"。

注：公版图片/维基共享资源

这种流动的火焰就是举世闻名的"希腊火"，其确切成分不为人知。这份配方是罗马人甚为珍视的国家机密，但也随着帝国的毁灭销声匿迹。今天的人们推测，这深色的黏稠液体应该是一种松树树脂、原油、生石灰、硫黄和硝酸钾的混合物。罗马人把这种液体放在战舰上的大锅里，通过加热使其黏稠度下降。当敌人进入射程之后，液体会被吸入青铜管内，从船头的喷口射出。在那里，喷出的液体会被点燃，产生火焰喷射器一般的效果。不难想象，假如这个装置在船上爆炸会产生怎样的后果。但是罗马人高超的制造工艺和细致的航海技术保证了希腊火能够在紧要关头向敌人施展出全部威力。当然，除了实战效果，希腊火还是有效的宣传武器，因为消灭异教徒舰队最好的办法就是把他们投入地狱之火。

　　和往常一样，信奉基督教的罗马人并没有把发明希腊火看作人类智慧的杰作，而是他们受到的神圣恩宠。相比于智慧，他们更希望用正义而虔诚来形容自己。假如硬要让他们承认自己聪明或者努力，那么他们也会解释说这些优点都来自于上帝的恩赐。

　　摧毁阿拉伯运输船队是一场决定性的胜利。城墙上观战的人群目睹了战斗的全过程，他们坚信这场战斗胜利的原因是圣母对其子民的拯救。阿拉伯舰队主力尚存，但是震惊和失望的情绪已经在马斯拉马的军队中如同瘟疫一般扩散开来。他们的舰队撤往更安全的上游海域，失望的马斯拉马将军也只得回到狄奥多西墙外的营垒中继续围城。

　　夏去秋来，一则惊人的情报传入了围困中的君士坦丁堡。年仅43岁的苏莱曼哈里发在拉姆拉城（Ramla）突然身亡①。这个意外的惊喜再次被罗马人看作上帝眷顾的结果。紧接着，严酷的寒冬降临城市，这是那一代人所经历过的最寒冷的冬天。

　　阿拉伯士兵们蜷缩在城外单薄的帐篷里瑟瑟发抖。军营中爆发了瘟疫。饥肠辘辘的人们被迫开始杀死骆驼、马匹和驴子充饥。那年的雪比往常来得更早，整整三个月的时间里，君士坦丁堡城外都是白茫茫的积雪。土地被冻得像金属一样坚硬，阿拉伯人没法埋葬死去的战友，只得把尸体投入波涛汹涌的马尔马拉海。

　　根据阿拉伯史料记载[16]，利奥三世在此时又一次开启了与马斯拉马的谈判。罗马皇帝仍然态度谦卑，他告诉阿拉伯人，他仍然希望通过投降结束这场旷日持久的围城战。他给马斯拉马的信里大概是这样写的："如果我打算献城投降，我必须先劝说我的城民，

---

① 位于叙利亚城镇达比克（Dabiq）的苏莱曼哈里发墓已于2014年被ISIS武装分子毁坏。

226

让他们知道继续抵抗毫无意义。"

马斯拉马回信："我需要做些什么才能帮助你劝降你的人民呢？"

"如果你焚毁你们全部存粮，那么城里的罗马人就会认为你们将发起一场孤注一掷的大决战，他们一定会对此感到害怕……现在你们完全占据着巨大的优势，烧毁这些粮食对你们来说根本算不上什么。"

阿拉伯史书记录了，马斯拉马竟不可思议地烧毁了他的粮草。但也有些史料说是利奥使用诡计骗走了马斯拉马的粮草。利奥三世当然没有如约打开城门投降，马斯拉马和他忍饥挨饿的兵马只能继续困留在城墙之外。

拜占庭史书中没有提及任何以上的这些故事，这些记载听起来本就有些荒诞不经。历史学家却一直在尝试了解，为什么阿拉伯人会编造出这样传奇般的历史故事，把自己的领导人贬低到一文不值。也许，这是因为他们打算把失败的责任完全丢给马斯拉马，或者这只是因为他们需要一些关于阴谋诡计的夸张故事，来证明利奥三世是一个狡猾反复且言而无信的人。像这样虚构的中世纪历史花招在阿拉伯还有许多，但它们却比真正的历史更受读者欢迎。

新任哈里发奥马尔（Umar）得知前线传来的坏消息，大感震惊。他临时拼凑了一支拥有近 800 只船的舰队前去支援困境中的马斯拉马。当这支携带着粮草和武器的船队驶入博斯普鲁斯海峡时，船上来自埃及的基督徒划桨奴隶叛变了。他们刚一望见君士坦丁堡的城墙，就倒戈到罗马人那边。他们一边高呼"皇帝万岁"，一边奋力划桨，将满载补给品的船只驶进了海墙。

来到君士坦丁堡的埃及基督徒们迫不及待地把关于阿拉伯舰队位置的情报告诉了利奥三世。利奥当机立断，派出一支德罗蒙舰队，用希腊火摧毁了敌舰。他们还夺走了阿拉伯船只上的补给品，228 将其带回君士坦丁堡。马斯拉马本来指望这些补给能够让他的部队再多坚持几个月。可现在，他期待的补给舰队上的物资资助了罗马人，阿拉伯士兵却只能继续挨饿。

哈里发还派出了一支后备军通过陆路前去支援马斯拉马。罗马人探知了这个消息。利奥三世派出一小队士兵，悄悄渡过博斯普鲁斯海峡，在尼科米底亚附近的小路上伏击了这支阿拉伯援军。

与此同时，捷尔维尔的保加利亚骑兵又一次突袭了君士坦丁堡城外风餐露宿、忍受着病痛和饥饿的阿拉伯军队。在这场血腥的战役中，大约有22000名阿拉伯人被杀。马斯马拉面对如此局面，不得不考虑是否要放弃围城。

最终，奥马尔哈里发下令解除围城，阿拉伯海陆两军全部撤回本土。然而更多的灾难还在等待着阿拉伯海军。他们在归国途中遇上了马尔马拉海的风暴，数十艘战船葬身海底。虽然其余的船能继续航行，但在罗德岛海岸附近又一次遇到风暴，这次造成的损失更大。

然而，噩运并未结束，当他们小心翼翼地穿越爱琴海时，竟然遇上了希拉岛（island of Thera）上的火山爆发，灼热的火山灰像雨点一样砸在阿拉伯战舰的甲板和风帆上。当初离港驶向君士坦丁堡的2600艘阿拉伯战船，只有五艘最终返航。

†

"这些故事怎么可能是真的呢？"

乔伊不住地摇头。当时，我们正坐船前往卡德柯伊（Kadıköy）。它是伊斯坦布尔在博斯普鲁斯海峡亚洲一侧的城区，当年马斯拉马229 的大军就是在离这里不远的地方渡海撤回亚洲。在拜占庭时代，这里曾是著名的城市迦克墩。

"嗯，这是 13 个世纪之前的故事了。当时有两部罗马人的著作记录了这场围城战，但是成书时间都在战后一个世纪左右。阿拉伯人的史书也是在这场战争结束之后很久编写而成的。双方的史书记录在基本事实上大多雷同。阿拉伯倭玛亚王朝（Umayyad Arabs）派出了规模庞大的陆军和舰队，他们围攻君士坦丁堡长达 13 个月之久。最终，阿拉伯人不仅输给了利奥的智慧，也遭遇了一系列的厄运。双方都认为是神灵的意志左右了战局，否则阿拉伯人不会遇到如此之多的倒霉事。"我说。

"我觉得他们只是运气不好罢了。"

"他们并不相信是运气不好。阿拉伯人相信，这是上天对自己傲慢和虚荣的惩罚，毕竟先知早就警告他们很多次了。"

†

满怀狂喜和感激的人群在君士坦丁堡的街头巷尾欢庆阿拉伯军队的溃退。围城的结束恰逢圣母升天的盛宴，罗马人都认为他们的胜利来自她的神意干涉。

所有西方的基督教国家都得感激君士坦丁堡的巨大贡献。这座城市像盾牌一样顶住了伊斯兰大军的重锤出击，保护了它身后的西方世界免遭哈里发铁蹄的践踏。假如在某个平行宇宙中，利奥三世选择打开城门投降阿拉伯人，那么哈里发毫无疑问会将整个欧洲变成伊斯兰教的土地。君士坦丁堡的阻隔让基督教在欧洲积贫积弱时幸免于难，安全地度过了最黑暗的时代，最终迎来了兴旺发展的新纪元。

阿拉伯人的自信心一时受挫，哈里发们的关注点和热情也逐渐投向更为富饶和充满社会活力的东方世界。通过和印度、波斯文化的交流，阿拉伯世界的科学和文化艺术逐渐开启了黄金时代。而在另一边，切断了与东方的文化交流的欧洲大陆则逐渐变成一潭死水。

231

第六章　非受造之光

公元 1025 年，帝国鼎盛时期的最大版图

布科伦宫

我们居住的宾馆是一座经过翻修的 19 世纪建筑，坐落在圣索菲亚大教堂和马尔马拉海之间的老街区中。那里的街道十分狭窄局促，街边排满了三四层高的小楼，旅游用品商店和小餐馆随处可见。饭馆里准备有一摞摞英文或德文的菜单，可以想见这里的外国

游客必定是络绎不绝。几个街区以外就是铁路，铁轨两旁拥挤着鳞次栉比的各类房屋。一千年以前，那里曾是罗马皇帝的马球场。

布科伦区的建址曾经坐落着拜占庭时代的大皇宫。这里是整个罗马帝国行政系统的神经中枢。从奥古斯塔广场直到海墙的一大块土地上，绵延分布着组成大皇宫建筑群的亭台楼阁。君士坦丁、查士丁尼和希拉克略三位伟大的皇帝都曾经居住在这里。

千百年前，每天都有数百名工作人员和朝臣在这里的廊柱之间奔波忙碌。元老院的议员们在马格纳拉宫（Magnaura Palace）里召开会议。皇室成员在富丽堂皇的十九榻宴殿里招待贵宾，他们像古罗马时代的人那样进餐。皇帝在由大理石巨柱支撑的八角形宫室金宴殿（Chrysotriklinos）里召见朝臣。400 名皇宫卫士分驻在两座军营之中，皇帝的家人则居住在达芙妮宫（Palace of Daphne）芳香弥漫的大厅里。

皇宫卫队军营和海墙之间的空旷草地就是皇帝的马球场（Tzykanisterion）。和国际象棋一样，马球也是从波斯传来的游戏，后来加入了本地化的规则。两支队伍都骑在马上，设法用前端装有小网兜的球杆将一个皮球打进对手的球门。拜占庭式的马球是一种非常激烈疾速的运动，阿列克修斯·科穆宁（Alexius I Comnene）皇帝曾经在一场比赛中身受重伤，而亚历山大三世（Alexander III）皇帝则在赛场上因为心脏病突发而身亡。

今天，在这座古老的居民区里，除了一小片废墟以外，昔日大皇宫的所有可见标志都已经不复存在。我和乔伊正要去探访那片仅存的遗迹。我们越过铁路桥，穿过狭窄的小路，踏上了沿着海墙旧址修建的肯尼迪大道（Kennedy Caddesi）。又穿过一个街区之后，我们来到了一座小公园里。在高墙之上，我们看到了三扇大理石镶框的门廊组合，就嵌在不太牢靠的罗马风格砖墙里。在查士丁尼时代，这几座门廊通往布科伦宫的大理石阳台。有时候皇帝和皇后会从这道门走到屋外，欣赏马尔马拉海在月光下呈现出的静谧美景。时至今日，壮丽辉煌的布科伦宫只剩下了这三座门廊，其他的遗迹都在 19 世纪建造铁路时被清理干净。

当我们凝视这些门廊时，我努力让自己脑补出这座欧洲最美宫殿曾经的壮丽恢宏。但我失败了，眼前的残垣断壁完全无法让人如愿，只让人感觉出这个想法有些冒昧和遥不可及。乔伊十分不解我们为何要跋涉半小时来到这，参观这座公路边藤蔓覆盖的废墟。

那天晚些时候，我们停在了另一座废弃的拜占庭建筑面前。这是一座三层结构的砖拱，或许曾经也是皇宫的一部分。一个当地人站在我们身边，啜饮着咖啡，也目不转睛地看着这座建筑。

他开口说："这是座很棒的建筑吧？"

我答道："是啊，我想它应该曾经是某座重要建筑的一部分吧，比如皇宫什么的？"

"嗯，大皇宫……好吧，就是大皇宫。但是……"他压低了声音，故作神秘地说，"你知道么，这附近还有一座更重要的建筑。"见我们满腹狐疑，他指着我们身后的一间屋子说："就是它啦，我的地毯商店！"

他俏皮地笑了起来，我们也跟着开怀大笑。

大皇宫并非因为土耳其人的忽视而荒废，其实早在奥斯曼的征服之前它就已经衰落了。在帝国最后的几个世纪里，皇帝们更喜欢居住在城市另一边的布拉契耐宫中。随着罗马帝国一天天衰败，皇帝把日渐枯竭的财产全部投入了城市防御的开销中，对于大皇宫的维护实在是力不从心。所以，当穆罕默德二世在公元 1453 年巡视这座新近征服的城市时，他吃惊地发现大皇宫的废置局面，便将它的大部分拆毁了。

20 世纪时，考古学家在蓝色清真寺附近的宫殿旧址中发现了令人震惊的罗马地板镶嵌画。如今这些古董都被陈列在伊斯坦布尔马赛克博物馆中供人参观。这些镶嵌画的历史可以追溯到查士丁尼时代，画面主题也各不相同，既有自然界和神话中富有戏剧性的场景，比如狮鹫吞噬蜥蜴、狮子与大象相搏，也有牧民为山羊挤奶和母马哺育马驹等日常生活中的片段。在这片区域中，考古学家还有其他振奋人心的发现，却没有很多有关大皇宫的线索。时光把这座古老的宫殿静静掩埋在居民楼、铁路线和清真寺下不为人知的世界里，就好像一座陵墓，里面埋葬着古老帝国的灵魂。

✝

圣像破坏

在帝国时代，每一个来到大皇宫的访客都会从位于奥古斯塔广场东南角一座宏伟的大理石门廊进入宫中。这就是大名鼎鼎的查尔克门，它厚重的大门完全由青铜铸成。进门之后，迎面就能看见全能基督的圣像悬挂在门楣上方，象征着他对宇宙的统治。

公元 726 年的一个夜晚，一队士兵出现在查尔克大门外。在广场路人震惊的目光中，他们竟然把这幅圣像从大门上移了下来。骚乱立刻爆发，两名士兵在混乱中被杀死。待事态平息以后，君士坦丁堡的市民仍然十分疑惑，他们在私下里讲起这一事件，探讨为什么皇帝要把这深受人们喜爱的圣像从皇宫大门上移除。

说来话长。公元 717 年，利奥三世皇帝带领他的人民取得了反抗阿拉伯帝国的伟大胜利。虽说是击退了敌人，但他仍然面临自己皇位合法性不足的问题。在人们的心目中，他仍然只是一个篡位者。尽管阿拉伯人暂时遭受了失败，却仍然保有强大的实力。

为了求得上帝的恩宠，利奥三世颁布了一系列新法律，包括禁止堕胎以及处死同性恋者。但是这些措施并没有得到任何回报。仅仅过了两个月，希拉岛的火山剧烈喷发，周边地区都被灰烬和浓烟覆盖。利奥三世觉得，是时候打击历史悠久的圣像崇拜了。

圣像崇拜是中世纪基督教帝国从古代异教那里继承下来的遗产之一，古希腊人和罗马人都喜欢把神灵的肖像刻画在他们的画作和雕像中。自然地，当基督教的时代到来，圣像的制作也跟着进入到这个新时代。胜利女神的形象被移植到了天使身上，人们不再给宙斯立像，转而为天父作画。耶稣被描绘成金光灿烂的仁慈形象，就如同过去无敌的太阳神索尔（Sol Invictus）一般。

君士坦丁堡市民家中一般都会供奉圣像，家中男女老少都把最虔诚的爱戴和尊重献给它，好像圣像已具有了荣誉家庭成员的身份。圣人和殉道者的眼睛直视着供奉者的灵魂，让每个善良虔诚的人感受到内心的平静和力量。对于女人们来说，圣像是她们日常生活中能够不通过牧师、僧侣或主教接近上帝的唯一机会。圣像还把圣经里的故事带给每个凡人，即使他目不识丁也没有关系。只要一个瞬间，它就能把经文中的全部感情力量播撒到瞻仰者的心灵深处。

圣像崇拜从来未受到质疑，直到伊斯兰教的兴起才引起了人们的反思。穆斯林认为基督徒的偶像崇拜违反了摩西的第二条戒律："你们不能为自己塑像，也不能为天堂里的一切塑像，也不能为大地上的一切塑像，也不能为水中的一切塑像；你们决不能向偶像躬身，也不能侍奉它们。"[1]

这条古人的戒律已经清楚得不能再清楚了。在穆斯林和犹太人眼中，罗马人躬身向木制或石制的偶像行礼，简直就是历史的倒退。公元 721 年，哈里发耶齐德二世（Yazid Ⅱ）下令禁止阿拉伯帝国境内一切基督徒崇拜偶像的行为。这个命令看起来简直就是对罗马人的羞辱。怎么能让一个萨拉森异教徒勒令基督徒们禁止去做他们本来就该遵行的事情呢？"圣像支持者"们指出，"尊敬地敬爱圣像"和"偶像崇拜"是两种截然不同的行为。可希拉岛的火山喷发促使皇帝采取了主动措施。公元 726 年，利奥三世下令将境内所有十字苦架（crucifix）上的耶稣像去除，其他所有公共场所的圣像也必须全部摧毁或用白色石灰覆盖。

这次轰轰烈烈摧毁神像的行为史称"圣像破坏运动"，皇帝政令一出便立刻激起了人民大众的强烈反对。斯图狄奥斯修道院（monastery of Stoudios）的院长狄奥多（Theodore）愤怒地当面指责皇帝："作为一个皇帝，您理应对国家政治和军事负责。请多留意您该管的事情吧，教会的事情应当交给牧师和教员去做。"[2]

刚开始，利奥的运气还不错。在他实行破坏圣像的政策后，罗马军队在与阿拉伯人的战争中接连获胜，他也因此骄傲地宣布这些胜利来自上帝对宗教新政的支持。但是公元 740 年君士坦丁堡的一次地震，却被"圣像支持者"们视作上帝降怒于利奥三世的征兆。罗马人已经形成了一个习惯，就是在每一次军事行动和自然现象发生之后，反复揣测上帝的态度，直至每个人都精疲力尽、沮丧不已。这种迷信行为导致了一次又一次的内耗，严重挫伤了帝国的元气。

利奥三世在公元 741 年 6 月死于浮肿，皇位传给了他的长子君士坦丁五世（Constantine V）。新皇帝登基后继承了父亲的两大政策，对阿拉伯的战争和圣像破坏活动。针对阿拉伯的军事胜利使得他声望日隆，这给了他继续推行政策的良机。公元 753 年，君士坦丁五世下令，所有偶像崇拜都将被视为异端邪说，同时，他还掀起

237

了迫害"圣像支持者"的活动。无数修道院被摧毁，敢于反对皇帝的僧侣和修女被要求放弃誓言，并在大赛马场的嘲笑声中被迫举办婚礼。任何拒绝放弃偶像崇拜的人都会在严刑拷打后被挖去双眼。

公元 766 年，君士坦丁五世破获了一起宫廷阴谋，参与者们都是"偶像崇拜"的支持者。愤怒的皇帝严惩了每个涉嫌阴谋的人，有的人被斩首，其余的被致盲或是受到鞭笞。再也没有人敢策划反对他的阴谋了，但是帝国内部却因之形成了深深的裂痕，也因此疏远了与其他国家基督教领袖的关系。公元 775 年，君士坦丁五世在远征保加利亚的途中病倒，在班师回朝的途中他病逝了。

虽然手段严厉了些，但君士坦丁堡五世总体来说算是一位颇有能力的统治者。可他在历史上的名声却十分糟糕，这一切都源自当时支持偶像崇拜的大历史学家狄奥法内斯（theophanes the Confessor）的偏颇记载。每一位以"君士坦丁"为名的皇帝都有不错的尊称，人们常在他们的名字前面加上"大帝"、"紫衣贵族"之类的短语，唯独君士坦丁五世是个例外，他的绰号是"臭虫"。圣像崇拜者不断传播恶毒的谣言，说这位皇帝在婴儿时代的洗礼庆典上用自己的粪便玷污了圣水。

君士坦丁五世的长子利奥继承了皇位，史称利奥四世（Leo IV）。相比于故去的父亲，利奥四世显得性情温和。虽然反对偶像崇拜依然是帝国的官方态度，但皇帝已经开始不动声色地着手弥合都城发生的分裂了。不过，好景不长。公元 780 年的一天，利奥四世从妻子伊琳娜（Irene）的随行物品中发现了两幅被藏匿的圣像。经过调查，这些圣像是由皇帝的仆人偷偷带进宫的。利奥对皇后和仆人的行径愤怒不已，震怒之余，他甚至鞭打自己的侍卫泄愤。从此，皇帝和皇后形同陌路，利奥四世甚至拒绝和自己的妻子同床共

238

枕。

同年 9 月，伊琳娜从宫中发出了一个令人震惊的消息，利奥四世死了。她告诉人们，皇帝在临终前举止怪异。利奥要求随从将一个装饰着珠宝的皇冠递给他，当他把皇冠戴上头顶时，皇冠上的宝石导致他的头皮上长出了许多脓疮。脓疮很快引起了剧烈发热，随后皇帝就驾崩了。

这个听起来难以置信的故事给后世历史学家留下了很多疑问，很多人因此相信是伊琳娜谋杀了皇帝，而同情偶像崇拜的宫廷高官则参与到了这起阴谋之中。但是，当时并没有人提出质疑，年仅九岁的皇子君士坦丁六世（Constantine VI）顺理成章地继位了，伊琳娜自己作为皇太后摄政。时年 25 岁的她并不甘心只当临时的摄政者，野心勃勃的她还有更多政治诉求。

巴塞丽莎和巴塞琉斯

伊琳娜出生在雅典的高贵家庭，很可能是通过君士坦丁堡的"选后大典"进入皇室。她从众多候选少女中脱颖而出，受到了皇家的青睐。她未来的公公君士坦丁五世安排她在公元 769 年的诸圣节风光进宫。一艘罗马战舰载着她渡过博斯普鲁斯海峡，其他皇家船只则悬挂着飘扬的绸带簇拥在周围。欢呼的群众在城里迎接她的到来。在宫墙中的教堂里，她接受了奥古斯塔的桂冠，嫁给了年轻的利奥。

作为皇后，伊琳娜在丈夫的权力阴影下生活了 12 年。利奥四世死后，一条通往权力顶峰的道路终于敞开在她的面前。她即将成为罗马帝国历史上最具权势的女人，甚至远超当年的狄奥多拉皇后，因为后者还必须和查士丁尼皇帝一起分享权力。

眼见罗马帝国的江山就要由女人和孩子掌控，雄心勃勃的宫廷野心家们都认为夺取政权的好机会来了。利奥四世的一个同父异母兄弟尼基弗鲁斯（Nicephorus）很快就建立了阴谋推翻伊琳娜母子的小团体。出人意料的是，伊琳娜竟然很快识破了这次阴谋，并且睿智而仁慈地处理了叛乱者。尼基弗鲁斯和他的四个兄弟被迫进入修道院做牧师，从此告别权力的宝座。在圣索菲亚大教堂的盛大典礼上，伊琳娜命令尼基弗鲁斯兄弟为她供奉圣餐。教堂里的每个男人都意识到，这位柔弱的女子才是这里的主人。

240

伊琳娜清醒地察觉到，军队中的男性将领不愿意接受女性统治者的命令，因此她将一些宦官安排到军队和朝堂的关键职位，因为宦官们对于女性领导人的容忍度要高得多。在她宠幸的宦官当中，最有名的就是后来成为首相的斯陶拉西乌斯（Stauracius）。

伊琳娜还通过巧妙地利用自己圣像崇拜同情者的身份，赢得了贵族和教会中关键人物的支持。这些人不久以前还是她身为女子执掌大权的巨大障碍。然而，在军队和官僚部门当中，圣像破坏派仍然把持着一些关键位置。

这位野心勃勃的皇太后一步步地将神职人员拉拢到自己身边。她任命了一位偶像崇拜同情者为新的君士坦丁堡牧首，并于公元786年在圣使徒教堂召开宗教会议，宣布终止圣像破坏运动。会议召开当天，伊琳娜和儿子君士坦丁列席旁听这次盛会。可是形势的发展超出了她的预料。忠于先皇理念的皇宫卫队冲进会场，打断了讨论。这次宗教会议也就不了了之了。

一次失败并没有击倒伊琳娜。她以准备与阿拉伯人开战为借口，将宫廷卫队调往小亚细亚。这支部队到达目的地后很快被分割开来，分别派往不同的省份。忠于她的军队从色雷斯和比提尼亚开进君士坦丁堡，成为新的近卫军。第二年，伊琳娜在尼西亚召开了新的宗教会议，大约有 350 名主教和 100 名僧侣出席。这次会议十分顺利，圣像破坏运动终于被正式叫停了。

伊琳娜的儿子君士坦丁六世一天天长大，渐渐也到了谈婚论嫁的年龄。本来他和法兰克国王查理曼的女儿订有婚约，但随着两国关系破裂，这纸婚约也只得告吹。可伊琳娜总要给儿子找个媳妇。

于是，她在公元 780 年举行了"选后大典"。13 名符合条件的少女来到君士坦丁堡，在年轻的皇帝面前展示自己的身姿。不过，最终挑选谁做皇后并非由皇帝本人决定，而是伊琳娜和斯陶拉西乌斯来选择。他们中意一位圣人的后代，来自亚姆尼亚的玛丽亚（Maria of Amnia）。典礼结束后，君士坦丁六世和玛丽亚共结连理。但年轻的皇帝十分不满母亲对自己婚姻生活的干涉，所以在玛丽亚为他生下一个女儿后，他就不再理睬她了。

君士坦丁六世渐渐长大，他还不到 20 岁就急于摆脱母亲的影响，想要独揽大权。伊琳娜和斯陶拉西乌斯却无意放权，他们和皇帝之间的矛盾逐渐升级。君士坦丁多次尝试在宫廷事务中扮演更重要的角色，但他的努力一次次地被斯陶拉西乌斯挫败了。君士坦丁根本无法想象这位宦官首相实际上是一直奉自己母亲的命令行事。天真的他还以为伊琳娜是斯陶拉西乌斯控制的傀儡。

因此，君士坦丁六世和他的朋友们谋划了一场推翻斯陶拉西乌斯的政变，但是他们的计划很快就宣告失败。愤怒的伊琳娜闻讯立刻将君士坦丁召入宫中，狠狠地扇了他几个耳光，继而将他软禁起来。他的同谋者纷纷被捕，在挨了一顿鞭子后被流放远方。

这次不成功的阴谋让伊琳娜有些慌了手脚，她紧接着做出一个十分不明智的决定，竟要求军队宣誓承认她的懿旨比君士坦丁六世

更有权威。这一次她彻底失算了。半数军队发生了暴动，他们要求
伊琳娜把囚禁的君士坦丁交给他们，伊琳娜只得照办。高级军官们
立刻宣布君士坦丁六世是帝国唯一的皇帝。伊琳娜被剥夺了权力，
禁锢在马尔马拉海峡边的宫殿中，只能象征性地保有皇太后的头
衔。

242

　　年仅 19 岁的君士坦丁六世终于亲政了，但他很快发现自己离
不开母亲的建议。伊琳娜虽然失去了自由，却仍然乐于帮助自己的
儿子。君士坦丁六世掌权后开始对阿拉伯人作战，但多次遭到失
败，他在军中的支持者也逐渐动摇了。更雪上加霜的是，君士坦丁
废黜了玛丽亚皇后，另寻新欢，这种行为在教会领袖眼中是不可原
谅的通奸行为。于是，越来越多的人开始重新考虑支持伊琳娜执
政，毕竟他们更认可这位皇太后的治国才能。

　　公元 796 年 10 月，君士坦丁六世和伊琳娜正在小亚细亚的普
鲁萨（Prusa）享受温泉。宫中突然传来消息，新皇后狄奥多特
（Theodote）诞下一子。听闻喜讯，君士坦丁匆匆赶回首都，伊琳
娜则独自留在普鲁萨。趁着这个机会，皇太后和近卫军指挥官们进
行了秘密接触……

　　第二年 5 月的一天，君士坦丁在离开大赛马场的途中遭到突然
袭击。一队叛乱的士兵攻击了他的贴身侍卫并试图抓住皇帝。君士
坦丁仓促逃过博斯普鲁斯海峡，但仍然被叛军抓获并被带回大皇
宫。根据伊琳娜的命令，士兵们在皇宫紫室里用匕首剜出了君士坦
丁的眼睛。具有讽刺意味的是，26 年前，伊琳娜正是在此地诞下
了他。几天之后，伤重不治的君士坦丁六世一命呜呼。根据狄奥法
内斯记载，君士坦丁六世死后，令人毛骨悚然的黑暗笼罩了君士坦
丁堡，人们连续 17 天看不见太阳。大家都相信这是上天播下的恐
惧。

刻画着伊琳娜女皇的金币，她携带着皇权宝球和权杖

注：图片由 Classical Numistatic Group 提供

243

　　我们不清楚都城民众是否知道皇帝是如何被害的。不管怎样，既然伊琳娜夺回了皇位，自然也没有什么人再去过问这件事情了。

　　伊琳娜单独掌权面临着一个很大的合法性问题，从前她的行政命令都是以儿子的名义发布的。现在，君士坦丁六世死了，她并不确定以一个女人的名义签发政令是否合法。伊琳娜的解决办法是把自己的头衔由巴塞丽莎（basilissa，女皇帝）改成了巴塞琉斯（basileus，男皇帝）。尽管如此，控制军队也是个问题。伊琳娜不敢向那些桀骜不驯的将军们发号施令。但她在市民和僧侣阶层中仍然享有很高声望，仍然完美地控制着君士坦丁堡的政治潮流。

　　公元 799 年复活节，伊琳娜出现在君士坦丁堡的庆典游行中。她坐在一辆由四匹白色骏马牵引的金色战车上，有四名高级军官手握缰绳驱马前进。在当时那样的男权主宰的帝国里，一位女性攀登到了权力制高点，这不能不说是一件令人费解的事。

　　几个月后，伊琳娜病倒了。在女皇的病榻前，一位名叫埃提乌斯（Aetius）的宦官告发他的政敌、首相斯陶拉西乌斯心怀不轨。斯陶拉西乌斯苦苦哀求，终于得到了宽恕。然而此时他也身染沉疴，不久便去世了。而当伊琳娜疾病痊愈之时，一条来自罗马城的惊人消息迫使她将全部原定计划抛诸脑后。

卡罗卢斯·马格努斯

公元 800 年圣诞节，法兰克国王查理曼缓缓步入罗马圣彼得大教堂（shrine of St. Peter）。他没有佩戴自己的王家徽章，仿佛只是一位参加弥撒的普通基督徒。然而，当他跪在圣坛之前，教宗利奥三世为他戴上了金色的皇冠，并称呼他为"罗马人的皇帝卡罗卢斯·马格努斯"。教宗随即匍匐在地，与会众人都对他们的新奥古斯都齐声欢呼。

从君士坦丁堡的政权视角来看，教宗将皇帝称号授予一位蛮族国王，是对罗马帝国特权的横蛮侵犯。只有君士坦丁堡拥有授予"奥古斯都"头衔的权力。然而这一次，正宗的罗马人却什么也做不了。比起查士丁尼大帝时代的帝国来说，他们已经丢失了太多的土地和人口，西方蛮族挑战帝国的权威也只是个时间问题。不幸的是，这一悲剧时刻降临在了伊琳娜统治时期。这并非巧合，教宗利奥对自己胆大妄为的举动就是这样辩解的。他说，谁都知道一个女人是不能坐上皇帝宝座的，查理曼正好补上了这个空缺。

相比于查理曼追求的虚荣，这次加冕仪式对教宗反而更为重要，因为他迫切需要法兰克人的保护。称帝后的查理统治着包括今天法国、西德、奥地利和意大利北部在内的广大地区，这是西罗马帝国灭亡后欧洲西部存在过的最大政治实体。更令人尴尬的是，尽管查理曼帝国远远谈不上是个文化统一的国家，但它的领土面积却

244

足足有伊琳娜领土的两倍大。

刚刚称帝的查理迫切需要盟友，他立刻向哈里发哈伦·阿尔－拉希德（Harun al－Rashid）的朝廷伸出了触角。哈里发热情地回应了查理曼，并送出大象作为赠礼。公元802年，希望广交朋友的查理曼派出特使前往君士坦丁堡，并向伊琳娜求婚。如果他的求婚成功，东西方两大帝国即将再次统一在一顶皇冠之下。

伊琳娜对这个提议很感兴趣，她打算接受查理曼的求婚。但是她的顾问们却对接受野蛮人国王的统治深感恐惧。当年10月31日，当伊琳娜身有微恙时，一伙高级官员和军队将领发动了反对东西方联姻的政变。政变的军队很快控制了大皇宫并软禁了伊琳娜。为了保留自己的尊严，伊琳娜主动宣布退位。后来她被流放到马尔马拉海上的普林西普岛（island of Principo），并在一年以后死在那里。在她传奇的一生里，"雅典人"伊琳娜，或独自或与其子一起，掌权长达22年。历史上后来还有其他几位有影响力的女皇，但是拥有"男皇帝"头衔的罗马女性君主，唯有她一人。

伊琳娜的统治标志着罗马帝国重新振兴的开端。经历了几个世纪令人沮丧的失败、瘟疫和自然灾害以后，罗马帝国终于获得了喘息休整的机会。帝国重生和再次扩张的时代来临了。君士坦丁堡的经济状况渐渐稳定，越来越多的人迁入了这座城市，多年前因瘟疫肆虐而陷入沉寂的城区重新焕发出活力，大规模的重建活动也在破土动工。笼罩在帝国都城头顶的世界末日气氛渐渐消弭，君士坦丁堡即将重现昔日的荣光。

东方阿拉伯人的扩张得到控制，罗马帝国开始收复边境失地。在色雷斯的田野、塞浦路斯岛和古城安条克，又恢复了帝国的统治。罗马的版图渐渐形成一种双头鹰的形状，巧的是，不久后双头鹰也将成为帝国的国徽。在欧洲一侧，双头鹰翼护着色雷斯、希腊、西西里岛和巴尔干半岛的一部分，而在亚洲，它守望着安纳托利亚半岛和塞浦路斯。

帝国复兴的最高峰无疑是"保加利亚屠夫"巴西尔二世皇帝统治时期。这位皇帝将 14000 名保加利亚战俘分成若干队，挖掉了所有战俘的双眼，只给每队的第一人留下一只眼睛。然后他让独眼人领着失明的士兵回去见保加利亚统治者。保加利亚可汗看到如此恐怖的场景惊惧异常，不久就中风去世了。巴西尔二世皇帝因此闻名。随后，保加利亚人彻底被罗马帝国征服，他们的土地也被并入了帝国的版图。其他的边境民族也被逐渐吸收进了这个越来越多元化的国家。

随着国力日盛，君士坦丁堡催生出了文化和教育发展的新篇章。珍贵的古希腊文学、数学和哲学手稿重见天日，它们成为学校和学院的教材。人们还编纂了历史、医学和动物学百科全书。

帝国都城的巨大号召力还将斯拉夫人和其他东欧民族都吸引到东正教的轨道中。每一个来到圣索菲亚大教堂的访客，都毫不迟疑地认为东正教才是真正的信仰。基辅罗斯大公的特使在这里留下了发自内心的赞叹："在这里，上帝与人们同在，信徒的供奉超过其他一切地方。这样的美景，我们永生难忘。"[3]

†

背景和旋律

我想起在罗马度过的一个周末早晨，那时我和乔伊正在街上寻找糕点和咖啡。教堂的钟突然响了，优美的钟声穿过大街小巷，召唤人们去做弥撒。在老街区的中心小广场（Piazza Della Madonna dei Monti），我们听到两扇打开的大门中传出了唱诗班的歌声。门

247 上的牌匾显示这里是圣色尔爵及伯古斯堂（Chiesa dei Santi Sergio e Bacco）。这是一座实行拜占庭宗教仪式的天主教堂。我本打算带着乔伊从后门溜进去，没想到教堂里面早已人满为患，我们连门都挤不进。在熏香萦绕的门廊边，圣歌中响起的浑厚男声在耳旁回荡。

拜占庭式的咏叹调由两部分组成，低音部的背景"ison"和高音部的旋律"melody"。"ison"是一种简单低沉的音调，也是咏叹中持续不断的背景音。它的旋律在整个乐章中一直重复，持续不变，代表着永恒和崇高的上帝之光。在单调低沉的"ison"之上，活跃着抑扬顿挫、时时变化的"melody"。拜占庭咏叹调与我们耳熟能详的现代西方音乐中的大调和小调略有不同，它的旋律中常常伴随着奇妙的半音变化。听众很容易听出这种别致的美感，两种音乐元素和谐地融为一体，宛如圣光直射心灵。这是一种既让人兴奋，又让人沉静的特殊情感。当我陶醉在音乐中时，泪水忍不住夺眶而出，但我又难以解释到底是什么样的情感在触动我的心弦。

乔伊站在我身边安静地等我。我很清楚，一个14岁的孩子不可能像我一样沉醉在拜占庭式合唱音乐当中，但他一点儿也没有抱怨。在我独自徘徊在教堂的门廊时，他一定在自顾自地想心事。乔伊是个内心恬静的孩子，在他的心灵深处有一种安静的力量，尽管还没用早餐。

离开教堂，我们开始在街上闲逛。那天是安息日，绝大部分地方都关着门。过了好久，我们才在广场边找到一家由时尚青年经营的咖啡店，总算是个和宗教信仰无关的地方了。店里的装修略显媚248 俗，仿佛让人回到了20世纪60年代。当我们坐等点心的时候，我想起了前一天晚上的心路历程。在我们走过一间狭小的威士忌酒吧时，我突然希望我能回到乔伊的年纪，然后坐在吧台前品尝六种不同的威士忌，和萍水相逢的人们分享各种有趣的故事。乔伊这样的年轻人比我更容易融入新时代的文化当中，而且还能把新鲜事物介绍给我。假如我们父子更换一下位置，让乔伊当我们这次旅行中的文化向导，我只希望他不会嫌我太陈旧古板。

我告诉乔伊，总会有一天，我们的关系会改变。"我希望有一天我不再以父亲的身份替你做出决定。或许我不再像对待孩子那样对你一路说教，或许我们可以更平等一些，就像一对亲兄弟那样。"

乔伊耸耸肩。那天似乎离他很是遥远。

249

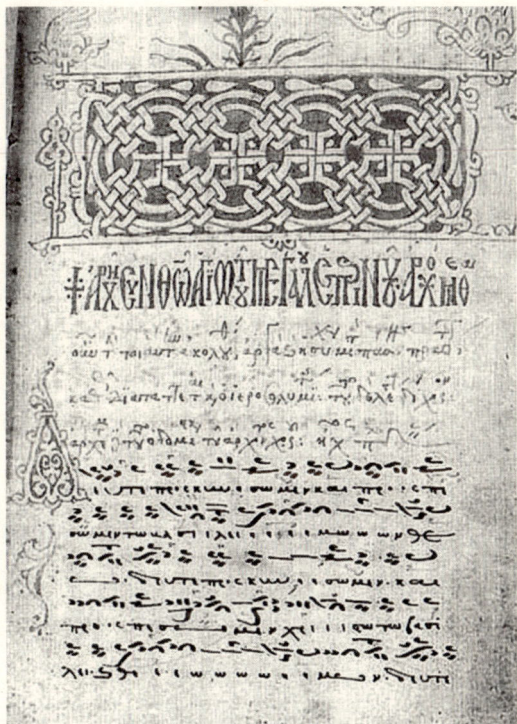

拜占庭散页乐谱

注：公版图片

我想象着我和凯姆对乔伊失去父母权威的那一天。或许那时候我们能举办一个小小的仪式，就像英国把香港交还给中国那样。对我们来说，父母的威严总在缓缓降低，在孩子的心里，属于自己的独立的闪亮旗帜终将迎风招展。随着时光推移，他眼中的我们将慢慢变得苍老干瘪，我们年轻时候的华彩篇章将被渐渐遗忘。年迈的我们只能在衰老中回忆，想象我们曾经在孩子心目中顶天立地的模样。

梅露辛娜

一位身着白色古典外套的侍者给我们端上来一大盘烤饼，上面点缀着又长又绿的腌辣椒，除此以外还有一大份抓饭。主食旁边搭配着土耳其特色的辣椒酱。这是家不错的餐厅，提供物美价廉的土耳其特色餐点，唯一的缺点可能就是照明太亮，显得气氛不够优雅浪漫。我和乔伊几乎每天晚上都在那里吃饭。餐厅里弥漫着烤肉的诱人味道，混合着香草、薄荷和柠檬汁的芳香，我们心底深藏着的穴居人祖先留下的食肉本性被唤醒了。不得不说，酸醋腌制的辣椒配上羊肉烤饼简直是世间美味。

在晚餐时，我打算给乔伊讲一个神话故事。

"我已经长大啦，不适合这种故事啦。"乔伊叹口气说。

"对于一个真正的神话故事来说，你永远都不会太大。我想给你讲一个古老的故事，它比那些迪士尼写给小孩子的故事要阴暗得多。"

乔伊低下头，哼哼一声。

"你听说过小红帽故事最早的版本吗？大灰狼来到了奶奶家里，杀死并吃掉了奶奶。它穿上奶奶的睡袍躺进被窝里。当小红帽到了屋里，大灰狼为了不让她看出马脚，就把吃剩的人肉给小红帽吃。可怜的小红帽没有认出这些是奶奶的残骸，于是就把盘里的东西都吃光了。"

"这不是我听过的版本。"

"当然了。后来大灰狼命令小红帽把自己的衣服都脱下来扔进火堆里，然后一口就把小红帽吞进了肚子里……"

"然后呢？"

"没有然后了。故事结束。"

"这……"

"嗯，现在我给你讲一个梅露辛娜（Melusine）的故事吧。这是个源于法国的传说，故事原型是真实存在的人物。她出生在君士坦丁堡，就在这附近……"

†

从前，有一个叫雷蒙德·德·拉·佛雷（Raymond de la forêt）的人。他出生在法国一个家道中落的贵族家庭中。普瓦图公爵十分同情雷蒙德一家，就把雷蒙德收为养子，在普瓦图城堡里将他抚养成人。多年过去，雷蒙德长大了，成了英俊潇洒、气度不凡的小伙子。

一天，公爵请雷蒙德一起去狩猎野猪。他们一路追逐猎物，深入阴暗的森林。手下人实在跟不上他们的快马，很快就跟丢了。没过多久，森林陷入沉沉暮色之中，野猪却已不知去向，他们也迷了路。雷蒙德和公爵点起篝火，决定宿营。

正当两人坐在篝火旁取暖时，他们听到树丛中传来令人不安的噪声。突然间，一头野猪从树林间冲出，直扑公爵。千钧一发之时，雷蒙德拔出长剑，疯狂地砍向野猪。可是因为过于慌张，他的剑砍中了公爵。雷蒙德又出一剑，才把野猪砍翻在

251　　地。当他擦拭着剑上的鲜血时，他惊恐地发现自己不小心杀死了善良的养父。目瞪口呆的雷蒙德手足无措，他心神不定地跨上马，漫无目的地奔跑起来。

　　雷蒙德策马狂奔，不经意间穿过森林的缺口，进入到一片沼泽地里。他看到了一片诡异的景象。在那里，银色的月光照耀着一眼冒泡的喷泉。喷泉不远处有三个年轻姑娘，她们身着彩虹一般的衣裙，每个人都是不可名状的美丽。

　　一个少女站起来，优雅地朝瑟瑟发抖的雷蒙德走来。

　　"你在害怕什么？"她问。

　　雷蒙德忍不住哭了起来，他告诉她，自己刚刚错手杀死了自己的恩主和监护人。等到雷蒙德说完，少女缓缓地说："我想我有办法帮助你。请你骑上骏马，回到普瓦图城堡。你装作不知道发生了什么，等到人们发现公爵的遗体，都会以为他是在与野猪搏斗时死去的。"

　　雷蒙德觉得少女的建议很好，点头赞同。他们继续聊天，雷蒙德被少女的美艳和魅力迷住了。朝阳升起时，雷蒙德觉得自己已经爱上了少女，他希望少女能答应自己的求婚。

　　"我可以答应你，"少女说，"但是作为回报，我希望你能答应我两个请求。第一个就是我想要获得喷泉旁边的一块土地，不过不需要太大，只要一张雄鹿的皮那么大就可以了。在这片土地之上，我将要建造起一座宏伟的宫殿。"

　　"那第二个请求呢？"

　　"我愿意嫁给你，"她略一沉吟，真诚地看着雷蒙德，"但是每252　个星期六你必须让我一个人待着。在那一天，你绝不能来找我。请记住我的名字是梅露辛娜，我是一个拥有很多财富和力量的水妖。"

　　雷蒙德同意了。他返回城堡，并请求养父的儿子伯特伦赐给他喷泉旁边的土地。聪明的雷蒙德把雄鹿皮切成了细丝，这样他就能覆盖住更多的土地，远远超出了伯特伦的想象。

得到喷泉附近的土地后，梅露辛娜建起了巨大的城堡，在那里，她和雷蒙德终于如愿成婚了。他们的婚礼庆典美好隆重，每位来宾都赞叹不已。在他们相拥的瞬间，梅露辛娜的眼睛里满是喜悦的泪水。但即使在如此幸福的时刻，她仍然一再对雷蒙德强调，一定不要在星期六打扰她。

"别忘了我的警告，雷蒙德，"她轻柔地说，"如果你忘记了，我们将不得不永远分别。"

雷蒙德发誓满足她的心愿。

梅露辛娜不断地扩建和修缮自己的城堡，将它变成了全法国最美的地方。她用自己名字中的"露辛娜"命名这里，直到今天，这座城堡的废墟还保留在法国。梅露辛娜和雷蒙德每周开心地共处六天。星期六时梅露辛娜就躲进了自己的小屋，雷蒙德则信守诺言，不去干涉妻子的隐私。

后来，梅露辛娜生下了几个孩子。第一个个儿子叫作乌里安，长着大嘴巴和长耳朵。他的一只眼睛是红色的，另一只是绿色的。第二个儿子叫塞德斯，脸孔猩红。第三个儿子很英俊，就是两只眼睛不一般高。四儿子安东尼则是个毛人，手指末端长着长长的爪子。第五个儿子独眼。第六个儿子叫作长牙齿的杰弗里，他的面颊上不雅地长着两个野猪的獠牙。他们后来又生了好几个儿子，每一个都长相骇人。

253

†

"长牙齿的杰弗里真的是他的名字么？"乔伊笑了。

"当然啦。"

"给他起这个名字的人似乎想让这个名字听起来吓人一些。不过我感觉一点儿也不吓人。"

"也许法国人比较害怕吧。"

†

时间一天天过去，雷蒙德的父亲和兄弟们也搬过来和他们住在一起，他们都过上了好日子。

一个星期六，兄弟悄悄告诉雷蒙德，梅露辛娜每周六的神秘行踪已经成为附近居民茶余饭后的谈资。

"我的兄弟，你得留意这件事情，这样你才能放心啊。"

雷蒙德想了一会儿，他早就担心梅露辛娜是不是在这一天私会其他男人。于是他违背了诺言，闯进了妻子的私人小屋。他仔细检查了每一个房间，但是一无所获。唯有一扇门还紧锁着，那是通向浴室的门。

254

雷蒙德听见梅露辛娜在浴室里唱着欢快的歌曲。他蹑手蹑脚地弯下腰，透过钥匙眼往里看。令人震惊的是，他发现自己爱妻的腰部以下竟然完全不成人形，却长着两条鱼类的尾巴！

雷蒙德吓得倒退一步，他为自己无意间发现的秘密深感沮丧。他仍然爱着梅露辛娜，但他对自己打破誓言的行径无比羞愧。他知道，自己很快就要失去她了。

又过去了几天，似乎梅露辛娜并不知道自己的真身已经被丈夫看破。直到有一天晚上，当一家人坐在城堡里吃饭时，他们听到了一个可怕的消息："长牙齿的杰弗里袭击了本地的一间修道院，他将建筑物和困在里面的 100 位僧侣都烧成了灰烬。"

雷蒙德听闻噩耗，大声惨叫。梅露辛娜连忙奔向他，想安慰悲伤的丈夫。可雷蒙德却一把推开她，愤怒地吼道："滚开，你这个蛇妖！你玷污了我高贵的血统！"

梅露辛娜惊得昏了过去。雷蒙德这才从愤怒中平复下来，他满心悲伤和后悔，紧紧地抱住妻子。梅露辛娜慢慢醒来，她用手捧住雷蒙德的脸，温柔地说："我把两个最小的孩子留在摇篮里了，请你好好照顾他们，因为他们今天就要失去妈妈了。"

雷蒙德无言地点了点头。

随着一声悲哀的嚎叫，梅露辛娜从窗口一跃而出，她的脚印深深留在了石制的台阶上。雷蒙德慌忙跑到窗前，他看到自己的妻子变成了一条 15 英尺长的巨龙，围绕着城堡飞行了三圈，然后消失在了夜空里，只留下凄厉的哀鸣。

255

雷蒙德的幸福从此画上了句号。

但是梅露辛娜并没有完全丢下自己的孩子们。夜里，保姆们经常能看到两个婴儿的摇篮边有什么闪闪发光的东西在盘旋，一个长着长尾巴、覆盖着蓝白鳞片的妖怪会抱着那两个孩子，用自己的乳汁哺育他们。

†

梅露辛娜的故事是法国作家让·阿拉斯（Jean d' Arras）在 1387 年写成的。这个故事的原型是一位拜占庭公主，她被人称为君士坦丁堡的梅莉希娜（Melissena of Constantinople）。

这位金枝玉叶身世传奇，身上流淌着异国王室的血液。她大约出生在公元 9 世纪中叶，祖父是身负可萨血统的米海尔一世（Michael I Rangabe）皇帝。米海尔的皇后普洛柯皮娅（Procopia）

不仅也是可萨人和罗马人的混血，其祖先甚至可以追溯到中国汉朝皇室。因此，拜占庭和中国的皇家血脉竟然在梅莉希娜身上汇聚，在她的血管里流淌。

在家族的政治前途宣告破产之前，年幼的梅丽希娜曾一直被人们看作一个完美的联姻对象。到她的父亲被政敌处以宫刑时，可怜的梅丽希娜也被送进了修道院。她成年以后，下嫁给了一位名叫茵格（Inger）的维京武士，后者不过是瓦良格卫队中名不见经传的普通士兵。

茵格对自己的妻子十分满意，他带着梅丽希娜去拜访法兰克国王的宫廷，在那里他向别人炫耀她身上带有的双重皇家血脉。关于256 这位异国公主的故事传遍了法国各地，梅丽希娜很快就成为西欧贵族们仰慕的对象。举止优雅、知书达理的她和粗鄙不文的西方人截然不同，仿佛来自另一个世界。

梅丽希娜去世后，她的故事渐渐演变成了梅露辛娜的传说。梅露辛娜的水妖标志双鱼尾，象征着梅丽希娜身上的两股皇家血统。

†

侍者又给我们端上来一篮面包。当我们吃饱喝足时，发现墙上旧照片里那些带着土耳其帽子的男人们正俯视着我们。

乔伊把脑袋转向一边，空洞地看着不远的地方。每当陷入思考时，他就会这样。过了一小会，他说："我喜欢故事的开头。我以为雷蒙德将来会成为一个英雄，因为他虽然出身贫寒，却是个好心人。"

"但是他根本就不是个英雄。他是个不折不扣的失败者。他不小心杀死了那个像父亲一样关爱他的人，感到很伤心。可是当梅露辛娜告诉他如何逃避责任之后，他就开心起来了。后来梅露辛娜为他带来了幸福欢乐的生活，她所需要的仅仅是一个不被打扰的星期六。他连这个小小的要求也不能满足！"我也表明了自己的观点。

乔伊笑着说："这个故事的结局和你预期的不一样吧？"

"虽然写作的金科玉律不允许作者离经叛道，但好故事一定是充满曲折情节，结局出人意料的。"

†

257

梅露辛娜在中世纪很受欢迎，很多城镇都把她独特的肖像画在城徽上。那是一位赤裸少女头戴王冠，长发披肩，手握着一对鱼尾，在波浪中漂浮。

今天梅露辛娜的形象更是随处可见，她成为著名美国连锁品牌星巴克（Starbucks）的商标，在全世界的咖啡杯上都有一席之地。曾经象征着女性神秘力量的梅露辛娜，如今已经成为这种温和而多糖的美式咖啡家喻户晓的代言人。

梅露辛娜

注：公版图片

生于紫袍之家

> 君士坦丁，
>
> 以基督之名做罗马人永恒的王，
>
> 致他亲爱的儿子罗曼努斯，
>
> 生于紫袍之家佩带上帝宝冠。[4]

上文是《关于帝国的治理》一书的开篇语，这或许是一位专横父亲写给自己儿子的，关于国家治理的最详细手册了。写书的人正是君士坦丁七世皇帝，一般被人尊称为"紫衣贵族"君士坦丁。在他笔耕不辍的时候，他的儿子、共治皇帝罗曼努斯二世（Romanus II）只有十几岁。君士坦丁希望自己的儿子能够成为一个顶天立地而又虚心谨慎的人，他写道："有智慧的儿子能让父亲开心，慈爱的父亲会喜欢谨慎的孩子……听我说，我的孩子，你应该让智慧的人觉得你谨慎，而让谨慎的人觉得你智慧。"

罗曼努斯刚开始读这本书的时候只有 14 岁，也就是乔伊现在的年纪。君士坦丁七世希望能为孩子留下一本有关治理国家的参考书，这样孩子长大独自理政后不会感到无所适从。

"紫衣贵族"君士坦丁七世是一位受人爱戴的君主。他不仅是一位饱学之士，还是一位画家和艺术赞助人。在本书开篇，就是这位皇帝坐在自己的机械宝座上，在落着自鸣机械鸟的镀金树旁接见了意大利使者利乌特普兰德。

《关于帝国的治理》（De Administrando Imperio）一书融合了君士坦丁七世的过人学识和政治经验。在这本书中，老皇帝首先告诫罗曼努斯一定要和北方的佩切涅格人（Pechenegs）保持良好的关

258

系，因为这些游牧民族"对金钱贪得无厌，他们渴望并追求一切财富"。他希望罗曼努斯能够满足佩切涅格人对于金钱和贡品的要求，否则后者就会入侵克里米亚地区并掠夺那里的人民。对于罗马皇帝来说，最好的选择就是收买他们成为自己的盟友，然后利用他们对付突厥人和斯拉夫人。

如果外族前来索要皇帝的长袍或者皇冠上的珠宝，君士坦丁七世建议儿子这样回复他们："这些圣物是天使赠给君士坦丁大帝的，任何敢于僭越的人都将受到大帝英灵的诅咒。"

君士坦丁七世还在书里对穆斯林进行了描述。但以今天的眼光看来，皇帝对他们似乎存在着很多误会，他甚至以为穆斯林会向异教女神阿芙罗狄蒂祈祷，在他看来，穆斯林的祷词"alla wa koubar"是"上帝和阿芙罗狄蒂"的意思。这说明当时的罗马人虽然连年征战，但对老对手阿拉伯人的行为并没有多少了解。

259

《关于帝国的治理》一书中不仅流露出君士坦丁七世对帝国福祉的关切，也体现了一位父亲对儿子温暖而坦率的亲情。他似乎对孩子将来能否统治好国家感到忧心忡忡。罗曼努斯即位后，有时确实遵从了父亲的教诲，但有时也把父亲的言语当作耳旁风。

"紫衣贵族"君士坦丁七世于公元 959 年逝世，罗曼努斯继任皇位，权力交接非常平稳。新皇帝起初被人看作一位轻浮的君主。他看上去纵情享乐，还娶了个出身低微的旅馆老板的女儿。这个幸运的少女名叫阿娜斯塔索（Anastaso），嫁入皇家之后改了个尊贵的名字"狄奥法诺（Theophano）"，希腊语意思是"神圣的显示"。

君士坦丁七世为罗曼努斯二世留下了宝贵的遗产，他在帝国边境上安排了许多颇有能力的将领。年轻的皇帝很快就任命他们为自己的左膀右臂。可不幸的是，登基后仅三年，罗曼努斯就在一次狩猎事故中死于非命。人们立刻开始怀疑是皇后谋杀了自己的丈夫，但无论事实如何，狄奥法诺都没有从皇帝猝然离世中得到任何好处，反而失去了一切。宫廷中人只当她是粗鄙的暴发户，身边尽是奸诈的官僚在私下密谋，她只得向帝国最优秀的将军尼基弗鲁斯·福卡斯（Nicephorus Phocas）寻求保护。

萨拉森人的白色死神

尼基弗鲁斯将军并没有多少个人魅力，他的言谈举止缺少幽默感，连外表也稍显低矮猥琐。但他却是罗马帝国一连串大捷的关键人物。他曾击败穆斯林军队，一举收复克里特岛，还在一次突袭中攻克了叙利亚重镇阿勒颇，从而被人称作"萨拉森人的白色死神"。据传说，他天生神力，能够轻易地把长矛戳进敌人的盔甲。作为常胜将军，尼基弗鲁斯一直深受人民爱戴。收到狄奥法诺的求助以后，他立刻驰往君士坦丁堡，都城军民热烈欢迎了这位英雄。

狄奥法诺被公认为是君士坦丁堡最美艳的妇人。尼基弗鲁斯虽然是帝国最伟大的将军，但他的年龄足足是狄奥法诺的两倍，长相也完全谈不上俊美。虽说如此，这位铁石心肠的将军似乎深深爱上了狄奥法诺，他几乎没怎么考虑就答应效忠狄奥法诺和她的两个孩子。尼基弗鲁斯从此对她矢志不渝，尽管这与他曾经立下的誓言相悖。

尼基弗鲁斯的第一任妻子斯蒂法诺（Stephano）很早就在军旅中去世了。满怀痛苦和内疚的尼基弗鲁斯发誓从此不娶。后来他的爱子在骑马时发生意外，也死去了。从那时起，他开始不再吃肉，成了一名禁欲主义者。每天他都会在入睡前穿上黑色毛衣，以此表达忏悔。每当和别人深谈时，他都会说希望自己能早些从行伍退役，然后遁入修道院，在祈祷和沉思中了此残生。如果迎娶狄奥法诺，他就必须放弃这些热切的理想。他做到了。在他的侄子、首席副官约翰·齐米斯基斯（Tzimisces）的主持下，尼基弗鲁斯和狄奥法诺终于走到了一起。

尼基弗鲁斯在君士坦丁堡的声名使得他轻而易举就击败并放逐了狄奥法诺的政敌。他在公元 963 年 8 月 16 日加冕为皇帝，并于次日与狄奥法诺在圣索菲亚大教堂完婚。但是戴上皇冠之后，尼基弗鲁斯却渐渐和自己旧日的部下甚至自己的侄子约翰慢慢疏远了。与此同时，他的简单粗暴和缺少耐心也导致其在政治和外交方面表现糟糕。

利乌特普兰德归来

公元 968 年夏天，利乌特普兰德乘坐着威尼斯帆船，再次航行在马尔马拉海上。此刻他一定心潮澎湃。20 年前，他曾拜访过君士坦丁堡，当时他的身份是意大利国王贝尔伦加的使臣。

时过境迁。慈祥和蔼的君士坦丁七世皇帝已经去世，而利乌特普兰德也已经改换门庭，为德意志国王奥托一世（Otto I of Germany）服务。作为德意志国王的主教，这次他来到君士坦丁堡的任务是促成神圣的罗马帝国与君士坦丁堡之间的联姻，使得两国结为盟友。

德意志人和君士坦丁堡的关系曾一度紧张，原因是奥托一世征服了一些意大利的土地，而那里属于罗马人宣称的领土范围。利乌特普兰德建议奥托与东方的罗马帝国和谐相处，这样双方都能得到更多的利益。他的最终目标是为奥托的儿子与一位君士坦丁堡的公主缔结婚约，并借助联姻使得两大帝国握手言和。

这一计划成功与否取决于皇帝的态度。利乌特普兰德十分清楚，尼基弗鲁斯皇帝是一位莽撞直率的军人皇帝，他必须依靠自己的外交技巧和真诚的善意去缓和与尼基弗鲁斯的关系。事与愿违，

261

当利乌特普兰德来到查尔克门时，他被告知需要在门外等待负责接待的官员。在等待过程中，突然天降大雨，利乌特普兰德却无处躲避。几小时后，他被淋成了落汤鸡，但是仍然没有接待人员出现。

262　　大约到了傍晚五点，湿透了的利乌特普兰德终于获准进入大皇宫，他被接待人员送到了住所。那是一间空空荡荡，四处灌风的石屋。屋内没有供水，只有一些用树脂调味的葡萄酒，那怪异的味道让他觉得十分恶心。

利乌特普兰德在这简陋的房间里煎熬了整整两天。到了第三天，他受到了皇帝的胞弟、首席皇家顾问利奥（Leo）的会见。这不是一次愉快的见面，双方很快就为统治者头衔的问题陷入争吵。利乌特普兰德认为君士坦丁堡当局必须视奥托一世为巴塞琉斯（与君士坦丁堡的皇帝等级相同），但利奥否决了这一提议，认为奥托只能被称作国王（rex）。利乌特普兰德自然强烈反对。利奥也毫不相让，当场指责利乌特普兰德为麻烦制造者。

又过了一天，利乌特普兰德被请去金宴殿。在那里他第一次见到"萨拉森人的白色死神"。利乌特普兰德记录下了他对这位皇帝的印象：[5]

> 他是个长相奇怪的人，又矮又胖，獐头鼠目，留着半白的短而宽阔的胡须，看上去十分丑陋。他的脖子很短，似乎不到一英寸长，胡须中密布刚毛，看上去简直就像一头猪。他的肤色如同埃塞俄比亚人一样黝黑，正如诗歌中说的那样，"你在黑暗中肯定看不见他"。

利乌特普兰德如此记录也不奇怪，因为会面后不久，尼基弗鲁斯就表现出了很不友好的态度：

"我们当然有责任和愿望，彬彬有礼地接待您。但是由于您主公的不道德行为，这一切礼遇都变得不可能了。"之后，皇帝发表了长篇大论，谴责奥托一世在意大利攻打盟友的行为并指责利乌特普兰德为间谍。在一个多小时的攻击与争论后，利乌特普兰德和尼基弗鲁斯没有达成任何共识，后者不得不下令结束这次尴尬的谈判。

"已经七点多了，"皇帝无精打采地说，"现在我必须去参加宗教仪式了。"

在礼仪的约束下，利乌特普兰德不得不加入了皇帝随从的队伍，离开宫殿前往圣索菲亚大教堂。这支队伍缓慢而庄严地行进在大路上，路边站满了持矛荷盾的士兵。到达教堂后，利乌特普兰德被安排在唱诗班附近的座位上。他听着唱诗班歌颂皇帝，在他看来，这些谄媚之词简直荒唐可笑。他是这样记录当时场景的[6]：

> 尼基弗鲁斯走来走去，宛如爬行的怪兽。歌手们献媚地高唱，"看晨星将近，看日星初升！阳光在他眸中闪烁！我们的王子尼基弗鲁斯！萨拉森人的白色死神！"

仪式结束后，利乌特普兰德应邀与皇帝共进晚餐，但是他被安排在了餐桌上地位较低的座位。他的餐点混合着橄榄油和鱼酱。当利乌特普兰德不小心被食物噎住时，皇帝在餐桌的另一端对他大声嘲笑，并且轻蔑地揶揄奥托一世的实力。

利乌特普兰德彻底被激怒了，他不再尝试说服皇帝，义愤填膺地站起身来。

他愤怒地呼喊："当我们发怒时，再也找不到比'你这个罗马人'更侮辱人的话了！对我们来说，'罗马人'这个词象征着低

263

级、怯懦、贪婪、奢侈、虚伪和恶习！"

这次交锋使得晚餐的气氛骤然紧张。尼基弗鲁斯下令撤掉利乌特普兰德的座位并让兵士把他押送回住所。双方的火药味太浓，致使利乌特普兰德不得不将联姻计划从自己的日程表上抹去。

在被允许回国之前，利乌特普兰德在那间糟糕的石头房间里待了四个月。最终，他满心苦涩地离开了君士坦丁堡，这座他眼中从前"富有而辉煌"如今却"充满了饥饿、欺诈、贪婪和虚荣的"城市[7]。在他离开城市时，贪婪的海关官员竟然没收了他刚刚采购来打算带回德意志装点教堂的五匹紫色丝绸，没有给他任何补偿。

利乌特普兰德来得不是时候。尼基弗鲁斯刚登基的时候，他的统治让人充满期待。可是没过多久，人们就对他的统治不再抱有不切实际的希望。为了筹备新的战争，帝国的赋税一再提高。粮食短缺使得君士坦丁堡的面包价格飞涨，由此引发了街头的游行抗议。宗教游行时，两名妇女从屋顶上向皇帝投掷砖块。皇帝的侍从当场捕杀了她们，可血腥镇压反而激起了更大的公愤。还有一次，一伙愤怒的暴徒用石头袭击皇帝，皇家卫队无力反抗，只得用盾牌保护他离开街头。

由于事态没有好转的迹象，都城里关于阴谋和叛乱的流言开始四处传播。尼基弗鲁斯二世不得不把布科伦宫改建成一座要塞。但他没有想到，他最致命的敌人来自萧墙之内。

和君士坦丁堡城中的每个人一样，狄奥法诺皇后也已经厌倦了这位让人不快的皇帝。她秘密地勾搭上了尼基弗鲁斯的侄子约翰·齐米斯基斯。约翰和他沉默寡言的叔叔截然不同，他是一位充满魅力的帅小伙，长着深金色的头发和湛蓝的眼睛。多年前，他和尼基弗鲁斯一直在前线并肩战斗。可是后来不知何故，约翰渐渐失去了叔叔的欢心，还被流放去了安纳托利亚。

　　狄奥法诺告诉尼基弗鲁斯，约翰受到的惩罚太重了。尼基弗鲁斯心软，便同意解除了流放。于是约翰被接回到他在迦克墩的家中，却被禁止返回宫廷。这也许是因为尼基弗鲁斯皇帝已经察觉到狄奥法诺和约翰正在密谋些什么。约翰确实正在策划阴谋。一天，他趁夜渡过博斯普鲁斯海峡，来到宫殿外围的一个角落。在那里，隐藏在黑暗中的狄奥法诺和他接上了头。尽管我们不清楚谁主导了这次会面，但这对秘密情人确实在这个夜晚制定了铲除尼基弗鲁斯的阴谋。

　　12 月 10 日的夜晚寒风凛冽，鹅毛大雪铺满了宫殿中的道路。尼基弗鲁斯回到寝宫，读了会书，然后和往常一样穿上那件黑色毛衣，躺在地上的熊皮毯上睡着了。大约晚上 11 点左右，约翰·齐米斯基斯和三名同伴一起划船渡过了波涛汹涌的海峡。他们通过一根绳索爬进了狄奥法诺卧室的窗户，从那里混进了宫中。一名宦官给他们带路，很快他们就来到了皇帝的寝宫门前。约翰一伙拔出刀剑，悄悄地走进房间。

　　当这四人发现皇帝的床空着的时候，几乎都被吓坏了。直到他们在地板上找到鼾声如雷的尼基弗鲁斯，约翰才松了一口气。他们猛踢了几脚，皇帝终于醒来，死死地盯着这四个行刺者。一名心有余悸的刺客狠狠挥出一剑，击中了尼基弗鲁斯的前额。约翰坐上了皇帝的床，他的同伴把已经陷入半昏迷的尼基弗鲁斯拖到了他的面前。

　　"告诉我！"约翰大声怒斥，"当年是我把你扶上了皇位！可你为什么要把我流放到远方？更何况我的出身比你高贵得多！你看看吧，现在谁会来救你？"

　　约翰·齐米斯基斯愤怒地撕下了尼基弗鲁斯的头发和胡须，他的同伴们也纷纷用剑柄殴打落魄的皇帝，直到其中一个刺客用弯刀刺进尼基弗鲁斯的后背。刀刃从前胸穿出，皇帝死了。约翰割下了尼基弗鲁斯的脑袋，把他的尸体扔出了窗外。

266

　　谋杀了尼基弗鲁斯后，约翰的侍从们冲出了宫外。在白雪覆盖的街道上，他们大声呼喊："约翰万岁！他是罗马人的奥古斯都！"

　　忠于皇帝的瓦良格卫队被街道上的骚乱惊醒了，他们立刻提起了战斧，冲到了布科伦宫的大门口。正当他们打算强行冲破铸铁的宫门时，约翰的手下在窗口向他们展示了尼基弗鲁斯的首级。瓦良格人面面相觑，他们来得太晚了。

　　约翰·齐米斯基斯大踏步地走进了金宴殿，坐到了皇帝的宝座上。当天他就穿上了象征皇权的紫色长靴，迫不及待地开始处理国家事务。

　　如果狄奥法诺真的是这次谋杀的主谋，那她真的是白忙一场了。因为尼基弗鲁斯死后，她已经失去了利用价值，反而成了约翰野心之上的绊脚石。约翰·齐米斯基斯来到圣索菲亚大教堂要求牧首为他加冕。但是牧首拒绝了，理由是他绝不能把皇冠交给双手沾满鲜血的弑君者。齐米斯基斯却辩称自己并没有亲手杀害尼基弗鲁斯，而且行凶的刺客都是遵照皇后的命令。牧首对约翰的说法将信将疑，但他仍然要求约翰公开谴责凶手，并且废除一些尼基弗鲁斯颁布的限制教会的法案，然后才能考虑加冕。约翰·齐米斯基斯立刻答应了全部条件，他终于在公元 969 年圣诞节戴上了皇冠。

　　倒霉的狄奥法诺被指控背叛君主，她被人流放到马尔马拉海上的小岛普罗蒂岛（island of Proti）。后来她从岛上逃了出来，悄悄潜入圣索菲亚大教堂请求庇护。宫廷总管巴西尔（Basil）劝她回到流放地继续服刑。绝望而愤怒的狄奥法诺立刻爆发了，她疯狂地冲上前撕打巴西尔，把后者的鬓角抓得伤痕累累。最终，狄奥法诺

267

被人拖出了大教堂，再次被押上流放的道路。这一次她被驱逐到了更遥远的亚美尼亚山区，那里也是她的最终归宿。

尼基弗鲁斯无头的尸体被人遗忘在宫中的院子里，渐渐被积雪覆盖。后来，人们收敛了他的遗体，把他埋葬在圣使徒教堂中。在他的坟墓上，后人写下了这样的话："你征服了一切，却无法征服一个女人。"

金叉子

约翰·齐米斯基斯从血泊中夺取皇冠，但这并不妨碍他成为一名受人欢迎、勤于政务的好皇帝。为了增强统治的合法性，他还迎娶了生于紫宫的公主狄奥多拉。高贵的联姻成为都城百姓津津乐道的美谈。

约翰登基以后的第一件大事就是写信给罗马城的奥托一世，希望重启东方罗马帝国和西方神圣罗马帝国之间的联姻议题。约翰的提议得到了奥托一世的热情回应。按照协议，奥托一世的儿子，17 岁的奥托二世将与来自君士坦丁堡的"公主"狄奥法努（Theophanu）订婚。

公元 972 年，狄奥法努来到罗马，那年她只有 13 岁，和她一起到达意大利的还有一大群仆从和沉甸甸的大宝箱。年幼的狄奥法努不仅从未见过未来的丈夫，也完全不会说异邦的语言。但她高贵的气质和典雅的服饰却震撼了奥托宫廷中的德意志人和意大利人。

没过多久，德意志人发现狄奥法努其实是个冒牌货。她根本不是出生于紫宫的罗马公主，而是约翰的侄女。奥托一世的几位顾问都建议取消婚约并把狄奥法努送回君士坦丁堡。但是奥托觉得没有必要这样做，他对狄奥法努颇为赞赏，因此决定如约举行婚礼。

268

　　公元 972 年 4 月 14 日，狄奥法努和奥托王子在圣彼得大教堂完婚，教宗亲自主持了婚礼。婚宴上，王子和公主一起坐在尊贵的座位上，面前摆着丰盛的佳肴。这时，狄奥法努做出了一件让众人目瞪口呆的举动。她不知从哪里取出了一支前端分叉的金色工具，用它舀起食物，送入口中。

　　喧闹的婚宴上来宾们都惊讶不已。在奥托一世的宫殿中，还没有人见过这样的工具。在西欧，即使是皇家宴席上，人们也依然使用双手进食。而君士坦丁堡的人们使用这种名叫"叉子"的工具进餐已经好几个世纪了。很多来宾立刻意识到，使用叉子可以有效地避免桌子和衣服被食物弄脏，他们也想试试。但也有人觉得叉子是东方衰败堕落的象征，比如意大利的圣徒彼得·达米安后来就谴责使用叉子是不虔诚的行为。

　　同样引起争议的还有狄奥法努每天沐浴的习惯。奥托宫中体味浓重的西欧人十分羡慕狄奥法努的清爽质朴，而不满者则认为洗澡体现出东方人的自负和对基督的不敬。总体上说，狄奥法努的拜占庭魅力着实让生活粗糙的德意志人眼前一亮，并且对他们的生活造成了立竿见影的影响。当地人传统的法兰克式庆典活动逐渐变成了精致而无趣的皇家仪式。

　　婚礼之后大约一年，奥托一世去世，狄奥法努的丈夫加冕成为西方神圣罗马帝国皇帝奥托二世，她则成了皇后和共治者。奥托二世经常把政务交给狄奥法努处理。狄奥法努出色地完成了任务，声望与日俱增，她在德意志的影响甚至超过了自己的婆婆、奥托二世的母亲阿德莱德（Adelheid）。在家庭生活中，奥托和狄奥法努的感情也十分和谐美满，他们一共育有五个孩子。

　　婚后第 11 年，年仅 28 岁的奥托二世因急病与世长辞，他的遗体被埋葬在圣彼得大教堂里。刚刚三岁大的小皇子奥托三世继承了皇位，狄奥法努作为太后摄政。她成功地统治了德意志，直到生命的最后一刻。公元 991 年，35 岁的狄奥法努英年早逝，她长眠在科隆的圣庞塔莱昂修道院（monastery of St Pantaleon）里，陪伴她的是当年从君士坦丁堡带来的圣者遗物。今天她的石棺还保存在这座罗马风格的教堂里。

即便是当时最坚定的沙文主义评论家也不得不承认狄奥法努的统治充满智慧和审慎。一位德意志史学家是这样描写她的："女人或许都是脆弱的，但是狄奥法努的谦虚、信念和生活态度样样出类拔萃，她简直是来自拜占庭的珍品。"[8]

不论影响是好是坏，狄奥法努让德意志和意大利的上流社会接触到了来自东方的奢侈服装和食物。而她对西方社会最长久的影响，则是将叉子带到了西欧人的餐桌上。假如没有她的贡献，意大利人或许永远也无法发现享用意大利面的乐趣——用叉子插住面条后旋转几圈，就能把面条优雅地放进嘴里。

这就是为什么每当你用叉子卷起面条时，你都在以一种十分微妙的方式重现着罗马城和君士坦丁堡间的象征性联合，重现东、西罗马帝国的重聚。

270

✝

瓦良格人

在圣索菲亚大教堂上层回廊的护栏上，我和乔伊发现了镶嵌在大理石中的斯堪的纳维亚符文。符文可以追溯到公元 9 世纪，如今只留下浅浅的痕迹。这些看上去很像小火柴人的文字，翻译成现代语言就是"哈夫丹（Halfdan）雕刻了这些符文"。很显然，这行从中世纪流传下来的涂鸦出自千年之前一名无聊的维京人之手。

于是我和乔伊也开始无聊地使用"哈夫丹"这个名字来指代自己，在随后几天，我们经常会说"哈夫丹饿了"、"哈夫丹杀了一只熊做晚餐"或者"哈夫丹累了，哈夫丹要回房间看土耳其电视节目了"一类的话。

圣索菲亚大教堂的哈夫丹符文

注：公版图片/维基共享资源

哈夫丹曾经是瓦良格卫队的一名战士。这支皇帝直接指挥的精锐卫队由从斯堪的纳维亚和俄罗斯招募而来的维京武士组成。这些体格高大、须发火红的异族勇士，是君士坦丁堡大街上的一道奇特风景。在梅塞大道两旁，人们经常能看见他们令人印象深刻的造型。蓝色长袍、猩红色披风，还有扛在肩上的双刃战斧。当与普通士兵们一起出现的时候，他们给人的感觉就像是狼群中站立的巨熊。

瓦良格①人是皇帝最信赖的私人卫队，他们在入伍时都被要求

宣誓效忠皇帝本人。卫队成员每天的工作就是当皇帝出席各种仪式时一言不发地站在那里，进行安保和警戒工作。可怜的哈夫丹估计就是因为这种工作而感到无聊的。在战斗中，瓦良格卫队充当预备队的角色，等战斗到了最紧急的关头才会冲入战场。他们会在猛烈

---

① "瓦良格"这个词出自希腊语，意思正是"维京人"。

的冲锋中挥舞战斧，将皇帝的敌人砍成碎片。不当值的瓦良格士兵有权随意畅饮葡萄酒，因此他们经常被君士坦丁堡市民称作"皇帝的酒袋子"。不过市民们可不敢当面这么称呼他们。

瓦良格卫队自公元874年开始为罗马皇帝效力。当时拜占庭和基辅罗斯签订了一份条约，要求后者派出一队武士加入帝国的军队。罗马人开出的高额军饷吸引了很多来自挪威、瑞典、冰岛、俄罗斯和英格兰的勇士。皇帝很快就体会到招募这些大个子维京战士的好处。他们作为外国人不会掺和到宫廷政治当中，因此比本地人更为忠实可靠。基于这些原因，皇帝们对瓦良格人很少加以约束，甚至允许他们在自己死后瓜分自己的财产。

年轻的维京勇士们为了冒险、名誉和财富来到君士坦丁堡，加入瓦良格卫队。这些来到异国他乡的士兵们，相互之间不仅结下了兄弟情义，而且继承了某种来自北欧传统的荣誉感。公元1034年，一队瓦良格士兵在色雷斯过冬，其中一名士兵离开队伍时试图强奸一位当地的妇女。这位妇女在打斗中拿到了强奸者的匕首，并刺进了他的心脏。其他的瓦良格士兵闻讯赶来时，这名强奸犯已经死去了。出人意料的是，每一名瓦良格人都向那位色雷斯妇女致敬，并且把他们死去同伴的财产都赠送给了她。在此之后，他们把那位失去荣誉和生命的同伴尸体草草弃于荒野。

每一个活到退役的瓦良格战士除了满身伤痕之外，还可以带着一大袋黄金和丝绸长袍回到遥远的北方故乡。伴随着他们回到北方的还有关于君士坦丁堡的故事，这座梦幻般大都市的传说将被故乡人民世世代代流传下去。

瓦良格战士中最出名的一位无疑是哈拉尔·哈德拉达（Harald Hardrada）。他的冒险精神使得他的足迹遍布世界，他的名字也一直在冰岛的史诗传奇中振荡回响。

†

年仅 15 岁时，出身北欧贵族的哈拉尔就开始渴望获得荣誉。他的哥哥奥拉夫（Olaf）召唤盟友争夺挪威王位时，哈拉尔就曾带领着 600 名士兵前去助阵。不过他们最终输掉了战斗，奥拉夫也战死了。哈拉尔和他的残兵逃进了一间农舍，在那里他紧急处理了自己的伤口，躲过了敌人的追击。

到了夏天，哈拉尔和他的朋友们决定离开挪威去远方寻找自己的命运。他们骑马翻山越岭，向瑞典前进。

哈拉尔在马背上一路高歌："未来有谁知道呢？有朝一日，我或许会声名远播！"

哈拉尔沿路不断收编他所遇见的奥拉夫残部。之后他们幸运地在海边找到长船，并驾驶它们横渡了波罗的海，来到了基辅罗斯人的土地。哈拉尔在诺夫哥罗德（Novgorod）受到了雅罗斯拉夫大公（Grand Prince Yaroslav）的热情款待。他很快加入了大公的军队，并且成为一名军官。

在雅罗斯拉夫军中效力七年后，哈拉尔和他的同伴打算去追求更高的目标，决心向南前往罗马人的首都。维京人的长船再次起航了，他们沿着第聂伯河行驶，通过黑海，最终进入博斯普鲁斯海峡。公元 1034 年，哈拉尔·西古德松登上了君士坦丁堡的陆地，他面前是一座金碧辉煌的超级大都市。而在此之前，他从未到过任何一个比乡村更大的人类聚居地。

哈拉尔和他的朋友们受邀加入了瓦良格卫队的行列，他们承诺效忠于皇帝和他的家人。哈拉尔收到的第一个任务是前往地中海消灭阿拉伯海盗团伙。他们成功地击沉了海盗的船只，捣毁了海盗们在岸上的基地，并且杀死了他们发现的每一个海盗。皇帝龙颜大悦，将哈拉尔提拔为瓦良格卫队的指挥官。

后来，哈拉尔又被派往小亚细亚与那里的阿拉伯人作战。据说在那段时间里，哈拉尔抽空去了耶路撒冷。他曾在圣城的街道上漫步，也曾在约旦河中沐浴。

完成任务后，哈拉尔和他的士兵们又奔赴地中海的另一侧。他们奉命前去袭击西西里岛上一座高墙环绕的城镇。哈拉尔发现很多麻雀从城中飞出来，在城外寻找食物哺育幼雏。机智的哈拉尔命令捕鸟者捉住一些麻雀，然后在麻雀背上安装浸了硫黄的木片。当他把麻雀身上的木片点燃时，这些惊恐的鸟儿就飞回城中。因为它们的巢大多安在城楼的屋檐下，所以很快城里的建筑物就被点燃了。城中军民因此不得不开门投降。

哈拉尔很快就因为他的军事天赋赚得盆满钵满，远远超出了自己最初的想象。但就在他迫切地希望能够返回故乡夺回挪威王位时，皇帝突然把他投进了监狱。没有人知道哈拉尔到底为什么身陷囹圄。盗窃？杀人？还是因为他勾引了皇后的侄女玛丽亚？人们传说皇后暗恋哈拉尔，她听闻哈拉尔与玛丽亚有染后醋意大发，便怂恿皇帝夺去了哈拉尔的自由。

274

哈拉尔和朋友们在盟友的帮助下趁着夜色逃出了监狱，他们从高塔上绳缒而出。本来他们应该立刻逃离君士坦丁堡，可哈拉尔坚持要向忘恩负义的皇帝报仇。他带领一队维京人冲入寝宫，抓住了惊声尖叫的皇帝，然后剜掉了他的双眼。

报仇雪恨之后，哈拉尔和他的手下匆匆离开了皇宫。在他们奔向港口的道路上，他们闯进了玛丽亚的家，把她挟持了。一行人狂奔来到金角湾，在港口偷了两艘战船。可是还没有驶出多远，哈拉尔就发现金角湾的入海口被铁链封锁了。紧急关头，哈拉尔命令他的船员奋力划桨，全力冲向铁链。另外，他又把行李和船上的其他乘客都转移到了船尾。就这样，飞速行驶的战船抬起了船头，足可以让船的前半部分越过铁链。当战船过去一半之后，哈拉尔和他的手下再奔向船首，这样船尾就翘了起来，全部船身也就自然而然地滑到了铁链的另外一边。可另外一艘船就没有那么好的运气了，它在越过铁索时从中部断裂了。

逃出金角湾的封锁之后，哈拉尔的船停靠在了加拉塔岸边。他释放了玛丽亚并让她带话给皇后说，即使是皇后也无法将他关在笼中。随后，哈拉尔和他的朋友们驾船驶入大海，这是他们和君士坦丁堡的永别。尽管在这座梦幻都市里的经历并不总是十分开心，哈拉尔却一直在心底保留着对罗马世界的仰慕和怀念。

哈拉尔的第一站是重返诺夫哥罗德。他向雅罗斯拉夫大公提亲，后者爽快地答应了，并且把当年哈拉尔留在这里的财宝还给了他。

作别俄罗斯人之后，哈拉尔回到了挪威。此时的他已经拥有巨额的财富和诺夫哥罗德驸马的头衔，更何况他在南方帝国的传奇经历早已人尽皆知。享有如此威名和财富的哈拉尔轻而易举地成了挪威人的国王。

作为挪威统治者，哈拉尔很快就以自己的刚强勇猛、决不妥协著称。他的臣民们因此给了他"哈德拉达"的绰号，这个词是"无情者"的意思。公元 1066 年，哈拉尔在征服英格兰的过程中阵亡于约克郡的斯坦福桥（Stamford Bridge）。

据说在战斗前，一名维京武士梦到了哈拉尔即将阵亡。在梦境里，他看见一名骑着狼的可怕女巫率领着敌人的强大军团，一个接

一个地把维京人血肉模糊的尸体喂给自己的坐骑。这女巫一直念念有词，哼唱着令人毛骨悚然的歌谣：[9]

> 斯卡德①的鹰眼在眺望，
> 目光透过盾墙。
> 噩运将近，噩运将近，
> 我不幸的国王！
> 噩运隐藏在绿野里，
> 我不幸的国王！
> 我能看见你的下场，
> 如同这些人的血肉，
> 被喂给凶残的豺狼！
> 被喂给凶残的豺狼！

哈拉尔听说了这个梦，他相信自己死期将近，但没有丝毫退缩。在战斗最激烈的时刻，狂怒的他果然被敌人砍倒，紧接着一支飞箭刺穿了他的喉咙。他咽下最后一口气时，双手中还紧握着长剑。

每当有维京勇士从君士坦丁堡回到家乡时，人们总会举办盛大的庆典欢迎英雄归来。但是还有很多人永远也回不来了。时至今日，在瑞典各地还存留着30多个古老的符文石，用于纪念那些前往罗马人的土地追寻荣誉和前程，并牺牲在那里的维京人。符文石上镌刻的文字简单苍白，但给人带来的感动却历久弥新。[10]

276

---

① Skade，北欧神话中寒冬之神。

福尔克马尔立此石纪念他的儿子福尔克比约恩，

他也在希腊人的土地上逝去，

愿主保佑他的灵魂。

奥斯特里茨（Ástríðr）立此石纪念她的丈夫埃斯泰恩，

他与穆斯林作战，在希腊牺牲。

这些石碑用来纪念因加的儿子们，

她继承了儿子们的荣誉，

那些兄弟们，包括格尔扎，继承了她的步伐。

他们都长眠在希腊。

曼西科特

公元 1025 年巴西尔二世皇帝逝世，此时的罗马帝国再次成为欧洲最大最强的国家。但在随后的几十年里，体制僵化和政治阴谋开始慢慢腐蚀帝国，她的经济实力由于通货膨胀和货币贬值而日渐衰弱。

继任者君士坦丁十世几乎是历史上最短视和无能的皇帝。面对帝国边境上塞尔柱突厥部落这个新崛起的威胁，他竟削减了国防力量。原先忠诚的近卫军被那些唯利是图的外国雇佣兵取代，常备军被裁撤，边境碉堡遭到废弃。在他统治的时期，帝国在意大利的领土几乎尽丧于诺曼人之手。当他行将就木时，还强迫妻子尤多西娅（Eudocia）发誓永不再嫁，以确保自己年幼的儿子能够继承皇位。

君士坦丁十世死后，尤多西娅按惯例成为太后主持摄政，但她无法应付亡夫家族种种恶毒的阴谋。为了自保，她不得不违背了自己的誓言，嫁给了一名叫做罗曼努斯·第欧根尼（Romanus Diogenes）的贵族将领。

史料记载罗曼努斯是一位非常英俊的男人，体格健壮，双瞳湛蓝。尤多西娅召唤他时，他正因此前参与了反对君士坦丁十世的叛乱而在监狱中服刑。当罗曼努斯被带到尤多西娅面前时，尤多西娅不禁泪流满面。没有人知道她的泪水来自内心的解脱还是对灾难的预感。牧首受到劝诫，毁弃了尤多西娅对故去丈夫写下的誓言，祝福了她与罗曼努斯的结合。公元1068年元旦，罗曼努斯·第欧根尼加冕为帝，史称罗曼努斯四世。

罗曼努斯四世登基后，立即将注意力集中在了荒废已久的军备和日渐壮大的塞尔柱突厥人身上，后者正在不断袭击位于叙利亚和卡帕多西亚的帝国要塞。在纸面上，罗马帝国的实力远超突厥人，罗曼努斯四世也因此决心痛击对手。公元1071年夏天，他率领一支军团穿过小亚细亚，前往征讨突厥人。这支军队规模庞大，由来自多民族的士兵和雇佣军组成。

塞尔柱突厥人的苏丹阿尔普·阿尔斯兰也和罗曼努斯一样，是一个不折不扣的勇士。据阿拉伯史学家记载，阿尔斯兰身材异常魁梧，膂力过人。他留着修长的胡须。为了不让它们在战斗时影响自己的视线，阿尔斯兰不得不把胡须拉到脑后打结。他的宫廷里不乏数学家、哲学家和诗人应邀来往的身影。著名的波斯学者欧玛尔·海亚姆在宫中的身份是天文学家，他留下的不朽诗篇《鲁拜集》（此为郭沫若译作。——译者注）却让后人铭记他的诗坛贡献：

278

　　醒呀！太阳驱散了群星，

　　暗夜从空中逃遁，

灿烂的金箭，

射中了苏丹的高翎。

除了在卡帕多西亚附近打家劫舍之外，塞尔柱苏丹并不打算和罗马帝国进行对抗。此时的塞尔柱突厥人刚刚成为逊尼派穆斯林，他们的主要国策是发动圣战征讨什叶派的埃及法蒂玛王朝。当阿尔斯兰率军围攻法蒂玛城市阿勒颇时，他惊闻罗曼努斯的大军正朝他们步步紧逼。他不得不立刻放弃对阿勒颇的围攻，紧急前往小亚细亚阻挡罗马军队。

双方的军队在凡湖以北、离曼西科特要塞不远的地方相遇了。两军各自安营扎寨，彼此相距大约一英里半。入夜之后，塞尔柱人派出小分队袭扰罗马人的军营，造成了一些混乱。第二天一早罗马人发现，一夜之间，己方的乌兹人（Uz）雇佣军竟然倒戈加入塞尔柱人的阵营。

阿尔斯兰仍然不确定自己对罗马人的胜算，他试图与罗曼努斯握手言和，但很快就遭到拒绝。罗曼努斯此时麾下仍然拥有 10 万名步兵、铁甲骑兵和攻城部队，携带着能投掷半吨巨石的攻城机械。相比之下，塞尔柱军队的规模要小得多。阿尔斯兰在大战前夕换上了白色长袍，这是穆斯林标志性的寿衣。他还要求手下的将领向他宣誓，如果他殁于战阵，他们都要对他的儿子效忠。每一个突厥武士都意识到阿尔斯兰已经做好了成为烈士的准备。

阿尔斯兰把塞尔柱军队排成宽大的弧形阵，与罗马军队针锋相对。战斗开始后，战场中路的罗马步兵开始缓缓向前推进。他们对面的突厥士兵则一边快速后撤一边猛烈地射出箭矢。突进的罗马军队渐渐陷入敌人的包围，却又无法与对手近身肉搏。在战场的两侧，塞尔柱骑射手采用了类似的战术，边跑边打。当黄昏来临时，有力没处使的罗曼努斯无奈地下令撤退。阿尔斯兰这时把握住了战机。他发起了一次全军突击，后退中的罗马军队立刻陷入混乱。担任军团后卫的一名叫作安德罗尼卡·杜卡斯的军官一直心怀不轨，在这关键时刻故意曲解了撤退的信号。他诓骗附近的罗马士兵说皇帝已经阵亡，战斗已经失利。他自己则带领着手下逃离了战场。

在日落时分，罗马军团的中央阵营已被敌人团团围住。皇帝在近卫军的簇拥之下，号召部队继续抵抗。敌人砍倒了他的战马，他仍然步行坚持战斗，直到自己的受了重伤不能继续挥动刀剑才向敌人投降。夜晚降临，罗曼努斯无助地躺在地上，他的身边尽是受伤或阵亡的士兵。

第二天清晨，罗曼努斯四世被戴上镣铐带到阿尔斯兰的帐篷里。苏丹根本不敢相信面前这位蓬头垢面的人就是罗马人的皇帝，直到其他俘虏证实了这一点。阿尔斯兰从宝座上站起身来，命令罗曼努斯亲吻他面前的土地。当罗曼努斯匍匐在地的时候，苏丹缓缓把脚放到了他的脖子上。

其实这只是一种象征性的羞辱。这一举动一结束，阿尔斯兰就把罗曼努斯扶了起来，并拥抱了他。苏丹还用哲学家式的语言宽慰罗曼努斯道："这就是生活。"在后来的几个星期里，罗马皇帝都被塞尔柱人视为上宾。苏丹经常和他边走边聊，还和他在同一张桌上进餐。

280

一天晚上，阿尔斯兰问罗曼努斯："假如你在战场上把我捉住了，会怎么处置？"

罗曼努斯想了一会儿，回答道："我很可能会在折磨你之后将你处死，然后拖着你的尸体在君士坦丁堡的大街上游行。"

"我为你准备了更残酷的惩罚，"苏丹说，"我会原谅你，并且给你自由。"

阿尔普·阿尔斯兰把脚放在罗曼努斯四世的脖子上

注：公版图片/维基共享资源/Bibliothèque nationale de France

　　当然，自由并非没有代价，而罗曼努斯很开心地接受了苏丹的条件。他答应用 150 万金币和子女的婚约作为苏丹释放自己的报酬。苏丹建议罗曼努斯立刻返回君士坦丁堡，唯有这样他才有机会保住皇冠。罗曼努斯给国内议员写了信，然后就离开了塞尔柱军营。在返回首都的路途中，他一路收拢了之前溃散的败兵。

　　消息传到君士坦丁堡，朝堂上一片哗然。叛徒安德洛尼卡的兄弟约翰·杜卡斯趁着内乱宣布尤多西娅的幼子米海尔七世为新皇帝。尤多西娅被关进了修道院。他们对罗曼努斯和阿尔斯兰签订的一切条约都不予承认。约翰和安德洛尼卡还派出了一支军队迎击匆匆赶往首都的罗曼努斯四世，并很快就击败了他。风光不再的罗曼努斯不得不宣布放弃自己的皇位并且遁入修道院，以此换取杜卡斯兄弟对他的仁慈。但约翰很快违背了自己的诺言，他在公元1072年6月29日派士兵挖掉了罗曼努斯的眼睛。

同时代历史学家约翰·塞切利泽斯记录下了罗曼努斯·第欧根尼的最后时光。[11]他写道："他被驮在一头廉价的家畜背上，仿若一具腐烂的尸体。他的双眼被挖出，脸孔上长满了蛆虫。在他生命的最后几天里，他忍受着痛苦和自己腐烂的恶臭，直到灵魂也离他而去。"

后面接踵而至的可怕事情本来根本没有必要发生。如果罗曼努斯能够回国复位并且遵守他和阿尔斯兰的条约，那么塞尔柱人很可能会继续和他们的宿敌埃及法蒂玛王朝作战。但是由于毁约，阿尔斯兰和其他一大帮突厥民族开始不断从东北方涌入安纳托利亚地区。风雨飘摇的罗马帝国根本无力阻拦他们。

两年之后，米海尔七世正式承认塞尔柱人在安纳托利亚的权利，以此换取他们支持自己对抗试图在小亚细亚中部独立建国的诺曼人雇佣兵。通过这种方式，突厥人获得了小亚细亚的控制权，而帝国则失去了核心地区以及粮食和人力的重要来源地。阿尔斯兰的继承者苏莱曼干脆自称"罗姆人的苏丹"。这样一来，塞尔柱人连罗马人的名字都据为己有了。

第七章　星光闪耀的金枝

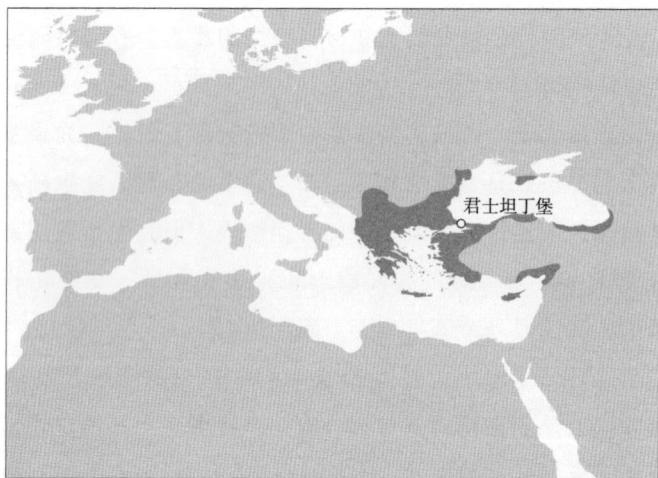

公元 1095 年，教宗乌尔班二世第一次十字军东征时的帝国版图

别走开，我马上回来

君士坦丁堡的大赛马场如今变成了位于伊斯坦布尔市中心的公园。当年的赛道遗迹仍然依稀可见。赛道中间长条形的场地，还有其上排列着的希腊式和埃及式柱子被保留了下来。

我和乔伊从一个愁眉苦脸的男人身边走过，他正在为观光轮渡服务发传单。我们每天都能看见他站在那里心不在焉地吆喝着："博斯普鲁斯轮渡……博斯普鲁斯轮渡……"

一位带着擦鞋工具箱的老人坐在大赛马场的长椅上。我的靴子已经很脏了，但是作为一名旅游者，我总觉得让当地人给我擦靴子有些不自然，所以并不打算找他服务。这时，那位老人反而主动对我喊道："我的天哪，你的靴子真是太糟糕了！这么脏！我真为您感到难为情。"

乔伊一边笑着一边把我推向那位老人。两分钟以后，我的靴子又光洁如新。我把钱付给了他，他看着我的目光仿佛在说："瞧，你终于融入了文明人的社会。"

我们搭乘着一列崭新的有轨电车，来到了金角湾附近的艾米诺努区。在熙熙攘攘的海滨街道上漫步，可以望见在海湾的另外一侧高高耸立的铅笔形高塔。那是 14 世纪时热那亚人修建的加拉塔石塔。当时加拉塔地区是热那亚的贸易殖民地。

我们决定搭乘另外一班电车去对岸的加拉塔看看。电车滑入站台，缓缓停下。车门刚打开，一大群人就推推搡搡地涌了进去。我示意乔伊稍微退后一些，好让要下车的乘客先出来。然后我登上电车。可乔伊还没来得及上车，车门就已经开始关闭了。我只好把手从人群中伸过去，试图挡住车门。站台上，乔伊还在大声地呼唤我，他实在没办法挤上来了。

电车竟然开动了。行驶控制系统并没有对我把住车门的行为做出任何反应。我想这大概就是为什么当地乘客在上车时如此争先恐后的原因。我只好看着乔伊，并大声喊道："别走开，我马上回来！"我将手臂从门缝中抽出来，电车越开越快，乔伊也消失在我的视线里。

在车厢里，我一直喘着粗气，内心焦虑万分。我答应过凯姆，

283

一定会照顾好乔伊。可现在他却被我丢弃在伊斯坦布尔的电车站台上。此时我们的移动电话都无法使用。

旁边的几名乘客看出了我的苦恼，纷纷过来用英语安慰我。他们告诉我说乔伊不会有危险，我只需要在卡拉柯伊（Karaköy）车站下车，再坐下班反方向的电车就可以回去了。

他们都是热情的好心人，可我还是有些提心吊胆，各种可怕的场景在我的脑海中一闪而过。我以前一直以为，自己即便在国外也能够冷静地处理各种突发事件，哪怕是遇上小偷或者歹徒。我很明白遇到这样的事情应该怎么做。保持冷静、保持耐心、保持礼貌，提高你的洞察力，并立刻找到解决办法。我曾经告诉乔伊这些事情，作为给他的旅行建议。可是现在，遇到这么点小事我就吓得惊慌失措。为什么我如此不淡定呢？

因为牵动心弦的不是我自己的麻烦，而是儿子的安危。电车驶过加拉塔大桥，到达了港口的另一边，我的心情也更加糟糕了。这时我身边的一位乘客指着车上的电子显示屏告诉我："下一站就是卡拉柯伊了。你的儿子不会有事的。"他的眼神里满是热情和友善。

过了好久，电车终于停下，车门再次打开。我匆忙向帮助过我的乘客道谢后，立刻冲出车外。下一班反方向的车还要十一分钟才会进站，我赶忙从地下通道飞奔到轨道的另一侧，然后焦急地等待着时间一分一秒过去。

唉，我可怜的孩子。我希望乔伊不会感到害怕。当我回到那个车站时，会不会找不到他了？我该怎么向土耳其警察解释我意外地把孩子留在了站台上？我到底是不是一个合格的父亲？

以前，我从来不敢想象丢失孩子的心情，哪怕一个瞬间都不行。我很清楚，这种愚蠢而可怕的想法会萦绕心头，摧毁我与孩子相处的天伦之乐。可讽刺的是，现在我正处在那种无底深渊般的恐惧边缘。

　　回程的电车终于开过了大桥，回到了艾米诺努区的车站，我看见乔伊还在站台上等着我。他安然无恙。我夸奖他做得非常好，因为他按我的建议照做了，待在原地，保持冷静。而我却吓得气喘吁吁，几乎心脏病都要发作了。

　　"下一次赶电车的时候，我们和大家一起挤上去吧，孩子？"我仍然心有余悸。

　　"好的，爸爸。"

†

安娜和阿莱克修斯

我的人生常伴动荡与变局。

——安娜·科穆宁娜

　　在巴西尔二世去世后的 50 年里，帝国犯下了各种愚蠢的错误，导致损失了绝大部分军队、一半的国土以及大量财富。公元 1078 年，倒霉的米海尔七世被尼基弗鲁斯三世推翻。这位新的尼基弗鲁斯皇帝把他的全部精力都放在了和皇位觊觎者的斗争中。为了维持自己的统治，他几乎花光了国库中的所有金钱来收买亲信。

　　公元 1081 年 4 月，尼基弗鲁斯三世担心的事还是发生了。年轻的贵族将军阿莱克修斯·科穆宁通过一次军事政变夺取了皇位，这一年将军只有 25 岁。精明能干的阿莱克修斯重新点燃了帝国的希望之火，他最终将成为继希拉克略大帝之后最伟大的罗马皇帝。但在此之前，他要首先摸索出一条自己的道路，来处理眼前的各种麻烦。

阿莱克修斯的事迹广为人知，这主要应归功于他的女儿安娜所著的传世之作《阿莱克修斯传》。安娜·科穆宁娜公主是世界上第一位著名的女历史学家，她在《阿莱克修斯传》中详细记述了父亲的故事。她文笔流畅，叙事生动，千年之后的读者仍然为之动容。公正地说，安娜的身份和立场决定了，她无法成为客观的历史观察家。但是她目光敏锐，并且亲身经历了许多重大的历史时刻。她笔下的历史仍然是当今学界研究拜占庭历史的第一手资料。

《阿莱克修斯传》被视为安娜献给自己敬爱的父亲的礼物，但这本书中真正的明星则是安娜本人。刚一开篇，她就试图将自己历史学家和智者的一面展示给读者：[1]

286

> 我并非对文学一无所知，因为我曾尽心竭力地学习希腊语；我也并非在修辞上毫无造诣，因为我曾仔细研读亚里士多德的著作和柏拉图的语录，并且通过学习四艺（译者注：指算数、几何、音乐和天文）充实了我的头脑。（我必须告诉大家这些。我并非是在吹嘘天性和求知欲给我带来了知识和才能，也不是为了炫耀上帝赐予我的天赋，或夸耀自己花在学习上的时间。）

公元1083年12月，安娜·科穆宁娜出生在大皇宫的紫色寝宫。在她还是个襁褓之中的婴儿时，喜爱她的父亲就送给了她一顶小皇冠，期待她有朝一日能够成为一位巴塞丽莎。可是后来阿莱克修斯皇帝又得一子，儿子的出生让他对女儿的期许化为泡影。

在父母的大力支持下，安娜从小就学习了历史、数学、天文学和哲学知识。年轻时她曾在君士坦丁堡的医院和孤儿院中教授医学知识。14岁时，她嫁给了"年轻人"尼基弗鲁斯·布林尼乌斯。此人文武双全，不仅擅长领兵，更和安娜一样热爱追求智慧。当阿莱克修斯病危时,她试图让自己的丈夫夺取皇位继承权,却被自己的弟弟约翰捷足先登。据说约翰在阿莱克修斯的病榻前偷走了帝国戒印,并执此信物宣称,自己才是罗马帝国的新皇帝。

安娜觉得属于她自己的皇位被弟弟骗走了,便愤怒地计划在阿莱克修斯的葬礼上刺杀约翰。阴谋很快暴露,她也被驱逐出了宫廷。多年以后,她的丈夫尼基弗鲁斯去世,她也被送进了修道院。在那里她开始了《阿莱克修斯传》的写作,借此平息自己不安的内心。

安娜从来没有成为女皇,但《阿莱克修斯传》给她带来的名声甚至让她的父亲也相形见绌。借助她的视角,我们仿佛可以领略到阿莱克修斯皇帝过人的外交手腕和治理帝国的深谋远虑,并且能够亲眼看到他是如何在不经意间点燃十字军数百年圣战的熊熊烈火的。

287

阿莱克修斯·科穆宁

注:公版图片/维基共享资源

阿莱克修斯的第一个挑战是诺曼人罗伯特·吉斯卡（Robert Guiscard）于 1081 年对希腊的入侵。罗马军队在前线数战败北，但阿莱克修斯很快就使用外交手段和阴谋诡计，让罗伯特后院起火。他力劝德意志皇帝亨利四世袭击诺曼人在意大利的领土，同时煽动心怀不满的南方诺曼贵族发动了针对罗伯特的叛乱。罗伯特眼看就要在希腊半岛获得最后胜利，却发现他在意大利的据点已经先后失陷。罗伯特·吉斯卡不得不班师回朝打扫后方。他花了两年的时间才赶走了德意志军队并镇压了叛乱。之后他又率军返回希腊，准备继续自己未完成的战略规划。但一场突如其来的瘟疫席卷了诺曼人的军营，罗伯特也染病死去。

罗伯特的儿子博希蒙德（Bohemond）接过了诺曼军队的指挥权，年轻的他完全不是阿莱克修斯的对手。惨遭疾病折磨的诺曼士兵如今士气不振，他们在罗马军队反复的骚扰袭击之下显得疲惫不堪。与此同时，在阿莱克修斯的重金收买下，博希蒙德的副官叛变了。最终，博希蒙德不得不接受阿莱克修斯的条件并签下和约，他把在希腊夺取的领土全部还给了帝国。

处理完西方战线后，阿莱克修斯紧接着面对近在咫尺的第二个挑战。色雷斯平原上，草原民族佩切涅格人已经与塞尔柱人结盟，他们正在筹划一次围攻君士坦丁堡的大规模战役。智慧的阿莱克修斯决定通过支持佩切涅格人的宿敌库曼人来化解这场危机。公元 1091 年，罗马军队和 4 万名库曼士兵在马里查河（Maritsa River）河口和佩切涅格人相遇。在战斗前夜，阿莱克修斯把士兵集中在一起进行晚祷，并让他们把小小的蜡烛绑在长矛的尖端。安娜·科穆宁娜写道，这些蜡烛"就像闪闪发亮的星星照亮了天堂"。[2]

第二天，佩切涅格军队被彻底击败，他们的随军家属也惨遭屠杀。阿莱克修斯就这样轻而易举地获得了胜利，他的战争策略就是通过合纵连横的方式，让敌人觉得自己脚下的每一步都变得如履薄冰。

当希腊和色雷斯的战事尘埃落定之后，阿莱克修斯终于能够策划收复小亚细亚和叙利亚失地的行动了。塞尔柱人此刻正在经历王朝更迭，阿莱克修斯敏锐地发现了战机，他开始四处物色潜在的盟友。公元 1095 年五月，阿莱克修斯致信教宗乌尔班二世（Urban II），希望西方世界能够派出军队抗击侵占了东部省份的穆斯林。乌尔班二世的反应远远超出了阿莱克修斯的想象以及他真正需要的帮助。

289

宝剑和十字

公元 1095 年一年之内，欧洲人民观测到了四种天文异象，分别是流星雨、彗星、月食以及连法国人都能看见的极光。这些不寻常的事件让每个人都感到不安，神秘的天体活动到底预示着什么呢？

阿莱克修斯写给乌尔班二世的信件成为引起这场翻天覆地剧变的导火索。早在罗马皇帝的求援信之前，乌尔班二世似乎就对东方穆斯林的崛起忧虑已久。对教宗来说，这是宇宙紊乱和世界末日的征兆。11 月 27 日，满怀宗教热情的乌尔班二世在法国的克莱芒（Clermont）发表了世界历史上最震撼人心的演讲，号召那些争吵不休、彼此不满的西欧人团结在一起，激励他们投身到伟大的事业中去。

乌尔班向他的听众们讲述了自己臆想出来的故事，他绘声绘色地描述了全副武装的东方穆斯林是如何在耶路撒冷劫掠和屠杀无辜的基督教朝圣者的。这些彻头彻尾虚构的故事震惊了克莱芒宗教会议上的每一个人。乌尔班还号召人们举行一场新的"武装朝圣"，即十字军东征，驱逐东方的穆斯林，以确保每个基督徒都能自由地前往圣地朝圣。乌尔班向信徒们许下了美好的承诺。他说，每一个自愿参加东征的基督徒之前犯下的罪过都将得到宽恕，每一位在圣战中死去的烈士都将获得天堂中永不朽灭的荣光。

教宗振奋人心的演讲激发了西欧人民的强大潜能。王子、骑士和平民们在许下同样的誓言后，都迫不及待地高举绘着十字的旗帜向耶路撒冷进发。当领队人铺开地图，他们发现，君士坦丁堡就坐落在他们通向东方的必经之路上。

八个月之后的一天，阿莱克修斯皇帝被告知，一大帮奇怪的外国人出现在了狄奥多西墙外。这些出现在君士坦丁堡城外的是第一批响应乌尔班二世号召的圣战者。皇帝从布拉契耐宫的窗口向外眺望，他能清晰地看到这支与众不同的军队。

这支军队史称"平民十字军"，领导他们的是来自亚眠的"隐士"彼得（Peter the Hermit），他是一位颇具魅力的法国僧侣。此人骑着一匹毛驴，身着粗布道袍，脖子上挂着沉重的十字架。在他身后，是4万名乞丐和农民组成的庞大队伍。这些人已经被彼得富于启示意义的说辞煽动得近乎歇斯底里。在彼得的带领下，他们拖家带口，一路不断制造出各种麻烦，并且洗劫了途经的每个犹太人定居点。当他们到达君士坦丁堡城外时，已经被血腥冲突、疲惫、饥饿和疾病折磨得几乎失去理智，维系他们前进的恐怕只有他们脑海中升入天堂的迷梦了。不过在领受这最终的奖励之前，他们还需要面对萨拉森人手中等待着他们的长矛。

看到城门外有这么一大群饥肠辘辘的狂热者，阿莱克修斯皇帝简直目瞪口呆。他一直期待的是训练有素的雇佣兵，而不是这些目光空洞、手无寸铁的贫民。皇帝随后召见了亚眠的彼得，他警告彼得千万不要带着这样的一支队伍去迎战塞尔柱土耳其人，因为那样无异于飞蛾扑火。亚眠的彼得并没有接受忠告，而阿莱克修斯也并没有继续劝说。这很可能是因为皇帝已经收到了"平民十字军"在城外抢劫和强奸的报告，他和他的顾问们一致认为最好赶紧打发走这些西方人。

291

阿莱克修斯安排船只将彼得和他的队伍送过了博斯普鲁斯海峡。到达小亚细亚后，"平民十字军"继续向东进发，直到他们遭遇塞尔柱军队的伏击。正如阿莱克修斯皇帝预言的那样，这支队伍一触即溃，很快就全军覆没。与此同时，其他更强大的十字军队伍也陆续踏上了东征的道路。

亚眠的彼得领导下的"平民十字军"大屠杀。
塞巴斯蒂安·马梅洛特的《海外远征》(*Passages d'outremer*)
插图，约 1475 年。

注：公版图片/Bibliothèque nationale de France

四支主要的十字军队伍分别取道不同的路线，历时数月后，最终在 1096 年 11 月到 1097 年 4 月间陆续抵达君士坦丁堡。与可怜的"平民十字军"截然不同，这几支十字军都不再是乌合之众，而是纪律森严、全副武装的战士。他们的领袖则多是久经战阵的法国和德意志亲王，诺曼王子博希蒙德就是其中一员。

此番阿莱克修斯做好了迎接十字军的准备。由于之前和博希蒙德的过节，加上对十字军战争目的的怀疑，皇帝十分担心，一旦十字军进入君士坦丁堡富丽繁华的街道，就会立刻打砸抢烧甚至夺取城市。因此，他要求十字军必须在城外安营扎寨，罗马人负责向十字军提供足够的食物。进城的十字军兵士必须解除自己的武装，并且由监督人员形影不离地陪同在侧。即使这样，每次也只有几个幸运儿能够获得进城的许可。

君士坦丁堡带来的文化冲击让这些粗鄙不文的西欧亲王们手足无措。他们此前一直居住在阴暗潮湿的城堡里，周遭都是农民修建的粗糙房舍。而在这里，他们能亲身体验到大都市里光彩照人的丝绸、大理石雕塑、雄伟的纪念建筑，以及空气中暖和海风传送的地中海鱼酱和大蒜的香味。当年君士坦丁大帝建立这座城市的目的之一，就是要让蛮族敬畏罗马帝国的光辉。他的愿望又一次实现了。

每一位十字军将领都被单独请到宫中。他们在入宫前可以在城里休息一天，然后觐见皇帝。刚一见面，阿莱克修斯皇帝会故作严肃，要求十字军将领向他宣誓。如果能够打败穆斯林，十字军必须将一切曾属于罗马人的土地还给帝国。一旦这位将领答应了皇帝的要求，阿莱克修斯便立刻笑容满面地送给他昂贵的礼物，并邀请他参加奢华的宴会。

当布洛涅的鲍德温带着手下的骑士来到皇宫时，发生了尴尬的一幕。一名骑士在皇帝驾到时拒绝起立行礼，还不知收敛地坐在皇帝的宝座上，吹嘘自己在战场上如何所向无敌。鲍德温对他忍无可忍，大声咆哮着让他立刻滚下皇座。

292

十字军内部派系林立，每一位亲王或将领都希望皇帝任命自己为十字军的总指挥。阿莱克修斯则利用这一点在他们之间制造矛盾，从中渔利。与此同时，皇帝暗示罗马帝国的军队也将加入为圣地耶路撒冷进行的神圣战斗。

阿莱克修斯认为博希蒙德是个愤世嫉俗的机会主义者，因此对他格外留意。当听到要求发誓时，博希蒙德竟然痛快地接受了所有的条件。事情比预想中顺利太多了，阿莱克修斯对此满腹狐疑。但安娜却对博希蒙德充满热情，她在《阿莱克修斯传》中详细描写了他的外表：[3]

> 博希蒙德看上去和罗马人完全不同（他是个吸引目光的奇迹，他的名声如雷贯耳）……他身材高大，几乎比我见过最高的人还要高上一臂。他肩膀宽阔，腰身俊美，拥有强健的胸肌和双臂。他的身材胖瘦适中，比例如此完美……
>
> 他全身的肌肤如雪般洁白，脸上微微透着红光。他金色的贴耳短发修剪得非常简洁，这一点和那些动辄把蓬乱长发留到腰间的其他蛮族男子截然不同……他的蓝眼睛映射出心底的崇高精神和不屈尊严，鼻子自由地呼吸着……他本是个充满魅力的男人，可他的魅力却受到当前紧张气氛的影响。①

公元 1097 年 5 月，阿莱克修斯送走了最后一批十字军。他终于能松一口气了。很显然，皇帝并不真的指望这些西欧人会如约把夺回的土地还给罗马人，但他还是竭尽全力来保证罗马的利益。

经验丰富、装备精良的十字军在小亚细亚痛击塞尔柱人，随后

---

① 《阿莱克修斯传》，13：10。

包围了塞尔柱首都尼西亚城。在夜里，陷入困境的尼西亚居民决定放弃抵抗，但他们并没有向十字军，而是向伴随十字军而来的罗马军队投降。当十字军兵士一觉醒来时，发现城头上已经飘扬着罗马人的旗帜。

深感受到背叛的十字军压抑住怒火，继续推进。他们来到安条克城下，这里曾是罗马帝国排行第三的重要城市。深入敌后的战斗十分艰苦，但十字军还是攻克了这座城市。他们刚刚进城不久，就被一支赶来的突厥大军反包围在城中了。身处困境的西欧人写信向君士坦丁堡求救，但阿莱克修斯认为他们在劫难逃，因此拒绝发兵救援。这一事件导致十字军纷纷背弃了他们对皇帝立下的誓言。最终，安条克城中的十字军幸运地击退了穆斯林大军，安条克也被博希蒙德据为己有，并成为东方首个十字军国家的首都。

阿莱克修斯的声望在他统治的最后二十年里逐渐下降。他在小亚细亚主导了一次成功的军事行动后便病魔缠身。哮喘和痛风不断地折磨着他，"像套索一般扼住他的脖子，从未松开过"。在他病重的时刻，安娜不仅一直在病榻前服侍，更在暗地里策划夺位阴谋。当阿莱克修斯于 1118 年去世后，却是皇子约翰登上了皇位。安娜只得孤独地度过余生，她在完成了《阿莱克修斯传》后，以七十岁的高龄默默离世。

阿莱克修斯的继承者看到西欧人把圣地当作自己的家园，心中该是何等苦楚。尽管四周强敌环绕，十字军还是在过去罗马人的土地上建立起一系列封建化的小国家，耶路撒冷、安条克和埃德萨这些他们曾经只在圣经故事里听说过的城市，逐渐纳入了十字军国家的版图。

东征的重大胜利使得十字军兵士们在自己的故国名声大噪，诸如"武功歌"（chansons de geste）一类的作品开始出现在法国，歌颂基督徒远征东方的伟大事迹。但在东方的新家园中，西欧领主们始终提心吊胆。在边境之外，兵强马壮的塞尔柱帝国枕戈待旦，他们知道，总有一天穆斯林会卷土重来。

祭司王约翰

在每个基督徒的心中，遥远的东北方是世界边缘处的穷乡僻壤，是歌革和玛各的家园，也是上帝创造的一切残缺和邪恶生物的集散地。这片阴暗的土地有时被人们称为"民族的子宫"（Womb of Nations），因为每隔一段时间，那里就会孕育出一支新的游牧部落。他们拥有成千上万令人恐惧的骑射战士，一路攻杀到狄奥多西墙下。几个世纪以来，这些装束各异的马背民族一波波袭来，他们的族裔拥有一个个令人耳熟能详的名字，匈人、阿瓦尔人、佩切涅格人、保加利亚人和塞尔柱人。

从另一个角度看，突厥部落来到帝国门前，是欧亚大草原的地理位置造就的。这片草原从今天的蒙古国一直延伸到匈牙利境内，在中亚游牧民族眼中，这可不是荒蛮之地，而是一条连接着欧亚大陆上距离遥远的两座最富饶都市北京和君士坦丁堡的草原高速公路。这些天生的骑手会对高速公路西部终点的罗马帝国首都垂涎三尺，这并不奇怪，"君士坦丁堡就像彩虹尽头的金罐。"

千百年间，罗马人对待游牧民族或是兵戎相见，或是金钱收买，换得一夕安寝。可是过不了多久，又会有新的可汗带领另一支语言风俗迥异的部落前来较量。可是为什么每一次入侵的突厥人都打着伊斯兰教的旗号呢？罗马人很自然地联想到，有朝一日东方大地会不会孕育出一支前所未有的基督教部落？这样他们就能与罗马人的军队遥相呼应，在萨拉森人的背后对他们发起致命一击。

　　突厥人重整旗鼓后，开始反攻叙利亚的十字军王国。在希望中徘徊、在恐惧中挣扎和在流言中迷惘成了圣地基督徒生活的主旋律。当埃德萨陷入穆斯林军队重围时，君士坦丁堡只派出了象征性的援助，因此十字军只得在 1144 年派出使者向教宗求救。加巴拉（Jabala）主教于格（Hugh）被选为代表，踏上了前往意大利的漫长道路。在罗马，于格见到了教宗尤金三世并向他详细介绍了圣地的情况。教宗对流传在十字军军营中的流言蜚语很感兴趣，于格向他讲述了其中一则激动人心的故事。有一位神秘的基督教征服者正从远东赶来，据说他叫作祭司王（Prester）① 约翰，是一位极其富有的牧师（Priest）国王，统治着波斯以东的广大土地。

　　很多十字军兵士都听说祭司王约翰曾在埃克巴坦那（Ecbatana）的一场血战中击败了穆斯林军队。这位伟大的统治者仍然在向耶路撒冷前进，试图帮助那里的十字军，但他的军队却被挡在底格里斯河岸边。无论如何，这支想象中的援军并没有到达圣地。于格还提到了德意志历史学家弗赖辛的奥拓（Otto of Freising）1145 年发表在编年史中的一个有趣故事。[4]

　　当于格在罗马讲述奇闻逸事的时候，十字军仍在与塞尔柱突厥人的复仇大军血战。祭司王约翰的兵马从未出现过，但是关于他的传说一直激励着基督教战士，他的财富和威严也被传扬得越发离谱。甚至有人说他是耶稣诞生时在场的三位贤者的后裔，还有人声称他手持一支缀着祖母绿的权杖。

　　在此之后的 1165 年，一封意外的来信出现在君士坦丁堡，收件人一栏上赫然写着阿莱克修斯大帝之孙曼努埃尔·科穆宁皇帝的名讳。信的开头诚心诚意：[5]

---

　　① Prester，源于 Presbyter，意为“牧师”。

约翰，全能的上帝、耶稣基督的牧师，万王之王众主之主，向他的挚友曼努埃尔，君士坦丁堡的皇子，致以问候。

我已经得知你对我们的敬爱，关于我们的消息已经送到了你的手中。

这封信的作者显然就是祭司王约翰了。在这封非同寻常的信中，他大肆吹嘘了自己统治的土地，就像那里'流淌着蜂蜜和牛奶'：

我的国土延伸到比印度更遥远的地方，那里安息着圣使徒托马斯。我的国土一边延伸到落日的尽头，一边毗邻巴比伦沙漠中的巴别塔。

我的国土是大象、骆驼、鳄鱼、"meta-collinarum"、"cametennus"、"tensevetes"、野驴、狮子、白熊、白蚁、蟋蟀、狮鹫、老虎、拉弥亚（译者注：lamias，希腊神话中的女妖）、鬣狗、野马、野牛和野人的家园。这些野人包括长角之人、独眼之人、一眼朝前一眼朝后之人、半人半兽之人、俾格米人、四十尺高之巨人和独眼巨人。这里也栖息着凤凰和其他一切生物。

这封信在君士坦丁堡引起了轩然大波。很多吟游诗人将这封信作为新歌的灵感来源。没有人确切知道，所谓的"tensevete"和"meta‐collinarum"到底是什么，很多人的好奇心也因此被点燃。更何况当时的人们对远东国家毫无认知，这些奇幻的生物听起来不像是完全不存在的样子。

古典时期，罗马人长期从归航的水手和商人那里汲取关于东方的奇幻传说。比如印度人曾被认为是"长着狗脑袋，脸长在胸口"，或者是"没有嘴，完全靠肉类、水果和花朵的芳香气息为生"的人。[6]

这封来自远东基督教王国的信件让人们思考着。这些基督徒们是谁？他们是如何去到遥远东方的？似乎只有一个靠谱的解释，他们是聂斯脱里派教徒（即景教徒）。

聂斯脱里派教徒在当时已经离开罗马帝国六百多年了，他们的精神领袖是公元5世纪时一位名叫聂斯脱里的君士坦丁堡牧师。聂斯脱里当时卷入了关于基督本性的神学争论中，他认为耶稣同时包含着人性与神性，但是两者泾渭分明，犹如同一片海洋中的两座不同岛屿。聂斯脱里的学说被教会视为异端邪说，他被从自己的办公室中赶出，并流放到远方。

聂斯脱里本人虽然渐渐被人遗忘，但他的"二性连接学说"却在帝国境内得到许多信徒的支持。支持他神学主张的人被敌对者称为"聂斯脱里派"，统统被驱逐出了教堂。无休止的官方迫害最终使得他们不得不背井离乡，去往那些完全不为罗马人所知的遥远土地。

随着公元7世纪阿拉伯人的扩张，君士坦丁堡和帝国从前中东诸省间的联系被切断了，关于聂斯脱里派的音讯也几乎断绝。只有旅行者和商人会偶尔带回关于东方基督徒的有趣故事。罗马人这才知道，在印度和波斯以东还居住着一些和自己信仰相同的人。

现在我们知道，祭司王约翰的信件是个彻头彻尾的中世纪恶作剧。但是这封信中作者提到的东方故事，恰恰是当时的人们最渴望听到的。这封信被翻译成多国语言在整个欧洲流传。教宗亚历山大三世对与祭司王约翰通信很感兴趣。他写了封回信，称呼约翰为"杰出和伟大的印度人之王"。教宗将这封信托付给他的密友和宫廷医师菲利普（Philip），让他尝试转交给祭司王。后者于是乘坐一艘威尼斯战舰离开了意大利，在巴勒斯坦附近登陆。菲利普最终失踪在寻找祭司王的旅途中，再也没能回来。人们最后一次见到他是在中东沙漠，当时他正在寻找"巴别塔附近"传说中的王国。

祭司王约翰的故事就像中国人喜欢的悄悄话接龙游戏一般，故事经过一次、两次、三次的传播之后，内容就会变得非常夸张。尽管如此，故事中包含的某些事实并没有改变。在圣地十字军中传播的谣言很可能来自于对卡特万之战（Battle of Qatwan）的误传。在这场战役中，蒙古（实际应为西辽。——译者注）可汗耶律大石重创了一支塞尔柱军队。

耶律大石凭借在卡特万的胜利成了中亚霸主，他的追随者尊称他为"菊儿汗（Gur–khan）"，意为"全宇宙的可汗"。[7]这个名字被翻译成叙利亚语后转变为"Yuhanan"，听起来就很像拉丁语的约安尼斯或者约翰了。耶律大石本人并不信仰基督教，但他的追随者中不乏聂斯脱里派基督徒，这些蒙古草原上的人们信仰聂斯脱里派已经超过五百年了。

被放逐的聂斯脱里派信徒在波斯建立了他们的第一个教堂，之后他们又陆续在阿拉伯和印度传教。公元7世纪，他们来到中国唐朝，在那里，聂斯脱里教和佛教发生了融合。

今天，在中国古都西安仍然保留着一块公元781年打造的黑色石碑，镌刻着当年聂斯脱里教派来到中国的历史。在石碑最上方描绘着一尊被龙和莲花缠绕着的十字架，旁边写着"大秦景教流行中国碑"。（大秦是古代中国对罗马帝国的称呼。）

人们在中国高昌的废弃城区发现了一副创作于公元7世纪的壁画。壁画描绘了圣枝节游行中一位中国牧师行的圣餐礼，画面中还有其他三位牧师手里拿着棕榈叶。

300

聂斯脱里派牧师在圣枝节游行，中国高昌

注：创作共用图片/Gryffindor

聂斯脱里派基督教在中国持续流行到 14 世纪，直至明朝开始着手清除蒙古和外国文化的影响。在中亚地区，蒙古诸部纷纷改信了伊斯兰教。

菲利普一去不返，祭司王约翰的回信也没了下文，教宗亚历山大最终放弃了希望。但在圣地，基督教领袖们仍然期待着东方的祭司王加入圣战的行列。公元 1221 年，一则新的流言传来，据说祭司王约翰的后代"印度之王大卫"在东方某地击败了穆斯林军队。这位"印度王大卫"很可能又是一位蒙古人可汗，被西方人想当然地认作基督教国王。他多半就是著名的成吉思汗，这场传说中的胜利应该指的是他攻灭花剌子模帝国的战争。

蒙古人的征战再次打通了连接欧洲和东方的贸易通道，而祭司王约翰的信件则改变了神秘的东方世界在欧洲人心中的形象。那里不再是令人恐惧的不毛之地，而是遍地财富的奇迹王国。越来越多的西方商人在好奇和野心的驱使下启程向东，这其中就包括马可波罗的父亲和叔叔。

正如祭司王约翰的传说让罗马人相信，东方存在一个充满人间奇迹和珍禽异兽的国度，中国人心目中的西方世界也如同天国幻境。10世纪的中国史书《旧唐书》中详细描述了君士坦丁堡这座被中国人称为"拂菻"的遥远城市：

> 其都城叠石为之，尤绝高峻，凡有十万余户，南临大海……　302
> 其殿以瑟瑟为柱，黄金为地，象牙为门扇，香木为栋梁……
>
> 至于盛暑之节，人厌嚣热，乃引水潜流，上遍于屋宇，机制巧密，人莫之知。观者惟闻屋上泉鸣，俄见四檐飞溜，悬波如瀑，激气成凉风，其巧妙如此。

罗马帝国和中国王朝在欧亚大陆的两端遥遥相望，他们对彼此的误解也如出一辙。古罗马人以为中国的丝绸是从一种树的叶子梳理出来的，而中国人则以为罗马人的棉料来自某种"水羊"的羊毛。

在中国古书《山海经》当中，有许多关于西方怪人的故事和插图。比如书中的斯拉夫人，他们被描绘成长着火红色头发和狰狞　303
绿色眼睛的食人恶魔。又比如西北荒原上的匈奴人，据说他们的孩子出生时体柔无骨，有时候还会背生双翼。中国传说中，来自西方的刑天以腹为脸，挥舞刀斧，而在君士坦丁堡的大街上几乎有着完全相同的故事。

《山海经》里的人物形象

注：公版图片

　　公元 1453 年，君士坦丁堡陷落的同时，适逢欧洲地理大发现的时代刚刚开始。人们慢慢知道，世界上并不存在所谓的没有脑袋、脸孔长在身体上、不停手舞足蹈的怪人。地球上最后的未知之地在 19 世纪和 20 世纪也被人类详细描绘在了地图上。于是那些科幻小说和奇幻故事的作者们，只好把他们想象出来的奇妙生物放到那些仍然有待探索的地方去。H·G·韦尔斯（HG Wells）笔下的怪物生活在火星上，而在儒勒·凡尔纳（Jules Verne）的想象中，冰岛存在一个神秘的通道，可以通往居住着恐龙和巨人的地下世界。20 世纪，人们开始遐想在其他星球邂逅奇怪的生物。但是随着我们对浩瀚星空逐渐加深了解，这个希望也渐渐渺茫。一位天文学家曾告诉我，他一直希望美国宇航局的惠更斯探测器（Huygens probe）能够拍摄到土卫六冰层下面游动的外星鱼类。可令他失望的是，探测器发回的照片里只能看到棕色的鹅卵石地层。毫无争议的科学事实让人们更喜欢奇幻般的传说了。

在罗马人的时代，君士坦丁堡人民可不需要把那些不可思议的事物推到遥远的太空，或是深埋地底。离奇的传说离他们如此切近，他们只要划着小船出港、爬上骆驼的脊背或是眺望远方的地平线，就能看见不可思议的奇景。

304

漂浮的修女

今天人们心目中的基督教圣徒，几乎都是些安详而坚忍的人物。但在中世纪的君士坦丁堡，圣徒们却是人们心中的超级英雄和天才。百姓们都相信，圣徒们无论男女都可以在空中飞行，精通读心术，还可以向恶魔投掷火球。城中的教堂就是这些超自然传说诞生的地方。其中流传最广的一个说的是赫里索瓦兰顿的伊琳娜（Irene of Chrysobalanton）。

公元 855 年，太后狄奥多拉宣布为 15 岁的小皇帝米海尔挑选皇后，帝国各地的名门望族都把自己年轻的女儿送到君士坦丁堡参加选后大典。一名叫作伊琳娜的贵族少女和他的随从一起从遥远的卡帕多西亚来到首都参选。那年她刚刚 10 岁。

　　凭着"高贵的内心和美艳的外表"，她早已是名声在外。[8]她的父母为了能让她被皇帝选中，还为她准备了"最昂贵华美"的服饰。可惜由于路途遥远，等伊琳娜到达君士坦丁堡时，选后典礼早已结束，米海尔皇帝已经选好了新娘。

　　年轻的伊琳娜并没有返回故乡。在一次奇遇中，她感受到了信仰的力量，于是她自愿来到赫里索瓦兰顿修道院做修女。

　　伊琳娜从立誓那天起，就受到了圣徒阿塞尼奥（St Arsenios）的启发。这位圣人为了净化自己的心灵，每天都会进行艰苦的静止练习。他通宵达旦地笔直站立，伸手指向东方。在第一缕朝阳照在他的脸上之前，他必定如石头般纹丝不动。

　　伊琳娜恳求修道院长同意自己学习圣阿塞尼奥的练习方式，这样她就能清除自己人性的弱点，离上帝更近一些。在得到院长的同意后，伊琳娜立刻开始练习，她每天直立在自己的小房间里，伸手指着天堂。日日如此反复，昼夜不停。

　　伊琳娜虔诚的美德很快就在君士坦丁堡传开了，人们都说她不是凡人，而是下凡的天使。长大成人后，她受到君士坦丁堡牧首的祝福，并被指派为修道院的院长。

　　有一天，一个奇怪的念头浮现在伊琳娜的脑海中。她认为自己应该向上帝祈求拥有"超视力"，这样她就能感知修女们的秘密。伊琳娜虔诚的祈祷和真挚的泪水感动了上帝，一位天使出现在她面前实现了她的愿望。第二天，伊琳娜逐一请修女们来到教堂后面的房间里，告诉她们每个人，她知道她们那些不愿公开的所作所为。震惊的修女们不得不同意向伊琳娜忏悔自己的过失，并且保证改正自己的言行。

　　一天夜里，伊琳娜正像往常一样在房间里修行。突然，恶魔出现在她的房间里，企图打断她的修行。但伊琳娜毫不在意，她像雕像一般不为所动，继续保持着虔诚的姿势。恶毒的恶魔便开始大声嘲笑她。

"伊琳娜，你是木头做的吧！"恶魔冷笑，"你的腿都不会动了！"

伊琳娜一言不发，一动不动。

"你到底要压迫我们多久？"恶魔咆哮起来，"你到底要煎熬我们多久？"它愤恨地取来了火把，点燃了伊琳娜。伊琳娜仍然纹丝不动。

306

浓烟惊醒了隔壁的一位修女。她赶忙冲进了伊琳娜的房间，手忙脚乱地把火焰扑灭了。伊琳娜这才放下高举的手臂，缓缓地转向那位修女。

修女不解地问："我的孩子，为何烈火焚身你也不为所动？"伊琳娜解释说，当她身处烈火之中时，她看到了天使的幻象。天使正要将一个花环佩戴在她的头上。

"可惜，"她不无遗憾地说，"因为你的出现，天使带着花环离开了我。虽然你帮助了我，但是我失去了很多，我很难过。"

伊琳娜待身上的灼伤恢复后，又开始了艰苦的修行。她开始禁食，喝的水越来越少，渐渐变得憔悴。有一次，她保持那个姿势整整一周没有动弹，直到手臂关节都变得僵硬。修女们帮助她放下手臂时，甚至能听到骨骼关节发出的咔咔声。

一天夜里，一位修女从自己居所的小窗偷偷向外张望，发现伊琳娜静静地出现在教堂前院里。让她目瞪口呆的是，伊琳娜此时双足悬空，漂浮在三英尺高的地方。她向天堂伸出手臂，口中默默祈祷。院子里的松柏纷纷向伊琳娜倒伏，树冠甚至垂到了地面。

　　第二天清晨，修女们发现这些树的顶部都被缠上了绸缎。

　　圣伊琳娜的故事中充满了类似的传奇。倘若你把这故事中超自然的元素去掉，你可能发现一切会非常的无聊。或许她只是一个令人厌恶的偏执狂，通过墙上的小洞偷窥那些可怜修女的私生活；或许她战胜恶魔诱惑的英雄行为完全杜撰自一次因为笨拙地碰倒蜡烛而引起的火灾事故。

307

　　修道院是君士坦丁堡城中为数不多可以让女性保持独立和尊严的地方，但是作为代价，修女们必须时时刻刻洁身自好，避免一切绯闻。根据历史记载，伊琳娜曾经"治疗"过一个叫作尼古拉斯的年轻人。尼古拉斯在修道院的葡萄园中工作，他很显然爱上了某位修女，每天夜里都因为欲望辗转反侧，饱受折磨。

　　伊琳娜认为他的不幸是恶魔一手造成的，便下令将尼古拉斯绑在教堂的柱子上。尼古拉斯已经被邪恶的怒气冲昏了头脑，他奋力摆脱了绳索并且攻击了一位牧师，在牧师的身上狠狠咬了一口。伊琳娜没有慌张，她慢慢走向尼古拉斯，让他冷静下来。伊琳娜在恢复冷静的尼古拉斯面前跪下，虔诚地向上帝祈祷。之后她站立起来，勒令附身的恶魔离开尼古拉斯。就这样，尼古拉斯被治愈了，他的灵魂受到了净化，他又被允许回到葡萄园工作。如果将来有一天邪恶的欲望再次袭来，尼古拉斯将有能力独自对抗。

吉罗

　　在君士坦丁堡，性爱、怀孕和分娩都与古代异教的神秘魔法息息相关。为了让自己能够怀上孩子，妇女会饮用一种混合着兔血、鹅脂和松节油的诡异饮料。而那些不希望自己怀孕的女子则会佩戴一种包含猫肝成分的魔法护身符。

没有子女的夫妇会向城市守护神圣母玛利亚祈祷，希望她能够将孩子赐给他们。不过他们似乎选错了人，因为玛丽亚并没有交媾就产下了孩子。而凡间的母亲却被认为是肮脏的，她们必须在分娩后的 40 天里远离圣礼。人们相信此时的妇人特别容易招来恶魔和女妖，这些邪恶的幽灵足以夺去新生婴儿的生命。这些恶魔中最为臭名昭著的就是吉罗（Gylo），这个女妖"通体发黑，头发散乱"，她下身如蛇，背生双翼。

吉罗的传说最早起源于古巴比伦，据说她是一位未婚而逝少女的怨灵，受嫉妒心的驱使杀害婴孩。在夜里，吉罗会在城市上空盘旋，悄悄地潜入人们的住所，即使紧闭的门窗也无法阻挡她。她会溜进育婴房，将熟睡的婴儿扼死在摇篮里。人们不得不在婴儿的床边摆放护身符和圣像，以求将吉罗赶走。

吉罗虽然是虚构的幽灵，但是对她的恐惧却真实地存在于君士坦丁堡。假如一个没有子女的老太太被邻居觉得行为古怪，那她就很有可能被控"吉罗附身"而遭到审判。如果被判有罪，这位老妇很可能被迫去参加一个令人痛苦的驱魔仪式。一名牧师会在她身边小心翼翼地背诵恶魔的"十二个半"名字①。假如他不小心忽略了某个名字，那就意味着吉罗隐藏在那个名字之中，试图逃过驱魔仪式。

对于每位刚刚分娩的母亲来说，受祝福的圣母玛丽亚无疑是最好的榜样。圣像画家们喜欢把玛丽亚和她新生的孩子画在一起，圣

①　这些名字是 Gylo, Morrha, Byzo, Marmaro, Petasia, Pelagia, Bordona, Apleto, Chomodracaena, Anabardalaea, Psychoanaspastria, Paedopniktria 和 Strigla。

光照耀着母子间亲密的情感。在描述圣母怀抱耶稣的镶嵌画《指路圣母》（*Hodegetria*）中，目光真挚的玛利亚用手指着襁褓之中的小耶稣，似乎在对我们说："愿你像我的好孩子一样完美。"在另一幅圣像画《慈悲的童贞女》（*Lady Eleousa*）中，圣母玛丽亚则把注意力完全放在了爱子身上。她把小耶稣紧紧地贴在自己的脸颊上，眼神迷离。我们还能从她的面容中解读出隐隐的悲伤，仿佛在那时她就预料到耶稣被钉上十字架的结局。

当时，还有一幅被称为《哺乳的圣母》（*Galaktotrophousa*）的圣像画，描述了玛丽亚喂养孩子的场景。

这些非凡的圣像画风靡一时。东正教信徒们希望用它们为这世界打开一扇小窗，好让天堂的圣光照耀到人间。这些画作也描绘出凡间母亲和她的婴儿之间的亲情，温暖了每个人的灵魂。她的双臂和长袍就是她挚爱的孩子一出生便拥有的宝座。

长子的长子

乔伊是我们的第一个孩子。那时我和凯姆已经一起度过了五年的婚后时光，都到了30多岁的年纪。我们觉得是时候要一个孩子了。在一次长途旅行之前，我们开始了怀孕的尝试。当我们旅行到马德里时，我发现凯姆有了些不寻常的生理反应。在摩洛哥的马拉喀什（Marrakesh）品尝辛辣食品时，她更是表现出强烈的症状。当我们结束旅行回到悉尼的小公寓后，凯姆立刻跑进浴室做了怀孕检测。

浴室的门打开，凯姆笑着走了出来。我们成功了！我早就想有个孩子，如今美梦成真了，我发自内心地感到高兴。但是欣喜之余，我还有些不习惯。一个新的生命将要加入我们的家庭，陪伴我们直到终老。可是我们对于他（她）的未来却一无所知。当时，脑海中浮现出一个婴儿的轮廓，上面画着一个大大的"X"，这就是我的心情。

　　和忧心忡忡的我相比，凯姆倒显得轻松不少。她总是容光焕发地挺着大肚子。在她怀孕的最后七个月里，时间过得特别快。

310

　　凯姆总是喜欢对一切事物做最坏的准备。当我们打算要孩子时，她总是担心怀不上。怀孕以后，她又开始担心，孩子出生后能不能和母亲建立起亲密的情感联系。简而言之，我们未来的幸福很大程度上取决于分娩之后关键的几秒钟。父母和孩子的第一眼对视决定了一生的依恋。这听起来真的像天使的魔法。

　　一天早上，凯姆醒来后告诉我她做了个美梦。在梦里，她走进卧室，看到了摇篮里穿着蓝色连体婴儿装的儿子。他双手扶着摇篮的护栏，挣扎着站起来，一边困惑地看着凯姆，一边咿咿呀呀地问："我是谁呀？"凯姆亲切地回答他："你是我的儿子呀。"说完，凯姆抱起了他，带着他去照镜子。儿子第一次看见自己的模样，又惊又喜。他告诉凯姆，他的名字叫作乔伊，将来要当个艺术家。

　　六月底的一个星期六早晨，凯姆刚刚出浴就激动地告诉我，她已经感受到子宫在收缩了。我们立刻赶到医院，助产士像古代的女祭司一样，悉心照顾着凯姆。我们的朋友莎莉也赶来了，她一直在凯姆耳边小声地叮咛鼓励着她。现场的每个女人都知道自己现在在做什么。

　　虽然她们谁也没有开口，但我已经意识到自己这位准爸爸待在那里纯属多余。在产前课程上，教练建议焦急的准爸爸守在产床旁边，这样在分娩时他能给伴侣做一些肩部按摩。可是当我尽职尽责地按摩凯姆的肩膀时，我发现任何努力都不能消除生产给她带来的痛苦。或许我应该早早离开那里，以便专业的接生人员能更方便地

311 工作。

但从另一个方面看，能够留在分娩的妻子身边也的确是一件幸事。在我出生的年代，父亲们一般都被要求离开产房，这样他们就错过了第一时间迎接新生命的机会。现在我却可以目睹我深爱的女人忍住痛苦，英勇地把孩子带到这个世界上。这也是一个让我能够重新发现自己、认识人生本质的好机会。

第二天清晨，凯姆开始进入第二产程。助产士通知我们，孩子最多再过一个小时就要降生了。我深吸一口气，目不转睛地盯着墙上的时钟。当凯姆开始用力分娩时，我感到一股肾上腺素在我的血管里流淌，我已经迫不及待要迎接自己的第一个孩子了。

助产士说的没错，孩子在一小时后顺利出生了。凯姆已经筋疲力尽，但她的眼神里满是幸福的喜悦。我在一瞬间崩溃了，说不清到底是惊喜还是解脱，只感觉泪水从眼中喷涌而出。我难以平息心中不可言状的爱，持续抽搐着。过了好久我才平静下来，亲手剪断了孩子的脐带。助产士把孩子交给凯姆，她立刻把他紧紧地抱在怀里，微笑着轻声念叨："乔伊，我的好孩子。"

护理人员给了我们一家三口一小时的独处时间。凯姆开心而轻松地照顾着小乔伊。虽然她已经连续三天没有好好休息了，却仍然未显出半点疲倦。早晨的阳光从窗户倾泻在她的秀发之上，仿佛正在那里哺育幼儿的不是凡间的女子，而是怀抱基督的圣母。"过几天我要吃牡蛎和山羊奶酪！"她娇嗔地对我说。

我回到家里，通过群发电子邮件的方式把母子平安的消息告诉亲朋好友。我安静地回忆着过去三天里的经历，真的难以想象在孩子降生的瞬间，我心中竟然迸发出如此热烈的情感。为什么会这样呢？从小到大，我从没有那样撕心裂肺地哭过。我打电话给两个当312 父亲不久的朋友，告诉他们我刚刚经历过了一生中最难忘的时刻。

"这种感动会永远改变你的生活。"他们中的一位静静地告诉我。

另一位朋友感叹："你会重新理解爱的意义。"

他们还嬉皮笑脸地告诉我，我的生活很快就要因为孩子而改变。孩子降生的快乐很快就要被生活中现实的麻烦取代。睡不好觉，要不断给孩子换尿布，没时间和朋友出去玩耍。但我听出了他们抱怨背后的真情实感。我想，他们并不觉得为孩子付出心血是件让人不开心的苦差事，他们这么说只是为了在我面前掩饰内心强烈涌动着的父爱而故作姿态。

几天后，凯姆和乔伊终于可以出院了。我叫了辆出租车去接他们回家。出租车司机是个热情的巴基斯坦男人，他穿着传统穆斯林服饰，一直面带笑容。他告诉我们，这是他第一次接送带着新生儿的夫妇，似乎也被我们的喜悦感染了。在川流不息的悉尼公路上，他把车开得又稳又慢。我们闲聊了一会关于孩子的话题。他是个有经验的父亲，已经有三个孩子了，都不到 5 岁。

"你给孩子起好名字了吗?"他问道。

"他叫乔伊。"凯姆坐在后座的婴儿座椅旁，骄傲地回答。

"乔伊是不是'约瑟夫'的简称?"

"没错。"

"你知道吗，我们穆斯林也会起这样的名字。我们一般会读'优素福'。"

他转过脸来，看着我的眼睛，真诚地说："孩子是人一生中最大的快乐。"

一周之后，我收到了布里安叔叔热情洋溢的来信。他说他知道我们给孩子起名"乔伊"很感动。我想，这是因为我们没有管孩子叫"亚丁"或者"小七"这样奇怪的名字，他觉得满意吧。

三年半以后，我们的女儿艾玛也来到世上。

她的出生过程非常顺利，像个小天使一样不哭不闹，优雅地来到人间。刚一出生就趴在妈妈的怀里甜甜睡着了。感谢慈悲的圣母！

我再一次因为爱和温柔而心潮澎湃。

艾玛有一双深邃的黑眼睛，她的性格比乔伊更加平静亲切。这也许是因为她降生时我和凯姆已经比第一次生孩子时更加冷静自信了。我们都爱她如水的黑发和迷人的眼睛。

乔伊5岁的时候，我和凯姆带着他们姐弟俩去参加一个家庭聚会。我遇见了多年未见的布里安叔叔，便和他攀谈起来。他又一次提起"乔伊"这个名字感动了他。

"为什么您会觉得感动呢？"我真的很想弄清楚这个困扰了我很久的问题。

布里安叔叔扬起了眉毛："难道你真的不知道？"

"自从我们的祖先在19世纪40年代迁居澳大利亚以来，每位长子的第一个孩子都会被命名为约瑟夫。"他解释道。

"我就是长子的长子，可是我却叫理查德！"

"你说的对。你的曾祖父叫约瑟夫，但是他的孩子乔伊在去世前没有留下孩子。后来你的祖父乔治担负起了家族的责任，他的儿子阿兰就是你的父亲。我以为你知道这些，所以当时我认为，你给儿子起名为乔伊是因为家族传统。"

"以前从来没有人告诉过我这些。"

布里安叔叔从外套的口袋里掏出一张褶皱泛黄的纸，摊开在桌子上。是一幅手绘的家谱。他指着纸上的两个名字："他俩从英格兰和爱尔兰漂洋过海来到这里，从此我们的家族在澳洲生根发芽。他们一共有两个孩子，你看，他们的名字在这里。"说着，叔叔的

手指沿着家谱上歪歪扭扭的线段，指向了两个写在一块儿的名字。 　314

我被惊呆了。他们的名字竟然也是约瑟夫和艾玛。和我的孩子们一模一样。

我和叔叔相顾无言，160 年前那艘停泊在澳大利亚港口的移民船的铃声仿佛又在耳边回响起来。约瑟夫和艾玛，这一轮回不过巧合而已。但是对于虔诚的布里安叔叔来说，这似乎是上帝冥冥之中的安排，他非常开心。我也非常开心。

†

安德洛尼卡之死

阿莱克修斯皇帝的孙子曼努埃尔一世（Manuel I）在 25 岁时继承大统。他身材高大，背有些微驼，发黑的面庞上总是洋溢着友好的微笑。君士坦丁堡市民们对新皇帝爱戴有加，为他举行了隆重的加冕典礼。但在帝国的边境线上，战局形势却在一天天恶化。诺曼人夺走了帝国在意大利的最后一寸土地，并计划再次入侵希腊。塞尔柱人则在小亚细亚站稳了脚跟。

当然也不全都是坏消息。西方的威尼斯和热那亚正在逐渐崛起，南方的埃及法蒂玛王朝和东方的十字军诸国也繁荣昌盛。这些变化导致地理位置得天独厚的君士坦丁堡成了重要的商业枢纽，蓬勃发展的贸易也让曼努埃尔一世能够获得大量金钱，武装他的陆军和舰队。

曼努埃尔的统治还算成功，他得到了绝大多数廷臣的忠诚拥戴。可他并没有十分在意王者的桂冠，至少不像他的堂兄弟安德洛尼卡（Andronicus）那么看重。根据记载，这位年轻贵族身材高大，相貌非凡，而且机智过人，就连他的政敌也不得不承认他是一位令人印象深刻的美男子。此外，安德洛尼卡身强力壮，性欲旺盛，被人比喻为"一匹永远追逐配偶的发情公马"[9]。充满魅力的安德洛尼卡曾经备受曼努埃尔皇帝本人的赞赏，一时成为宫廷中的宠儿，直到他和自己的侄女尤多西娅的地下情曝光。当人们批判他的乱伦行为时，安德洛尼卡不屑一顾，还反唇相讥说自己的行为和皇帝太像了。据说曼努埃尔和自己亲哥哥的女儿也有不清不楚的关系。

安德洛尼卡深陷丑闻又出言不逊，很快就在君士坦丁堡待不下去了，于是皇帝派他去小亚细亚的西里西亚（Cilicia）担任军官。无法无天的他竟然把尤多西娅带到军营中享乐。一天夜里，尤多西娅来到安德洛尼卡的帐篷，紧张地告诉他有人正在帐外准备行刺。尤多西娅建议他换上女仆的衣服乔装逃走。但是自尊心强烈的安德洛尼卡决不能容忍自己打扮成那样。最终他用剑在帐篷背后划了一个出口，从那里逃出帐外，跳过篱笆，逃脱了刺客的袭击。

安德洛尼卡离经叛道的举动让他备受君士坦丁堡朝臣的敌视，越来越多的人开始在曼努埃尔面前控诉他的不忠。曼努埃尔终于失去了对安德洛尼卡的好感，下令把他抓回君士坦丁堡，关在大皇宫内的监狱里。

被囚禁的安德洛尼卡开始悄悄地移走囚室的地砖，并且挖出了一条连接下水道的古代秘密通道。他不断地移开前面的砖头，好让自己能够穿过通道。每前进一步，他又把背后的砖头放回原处，这样通道就被完美地掩藏起来。当狱卒给安德洛尼卡送饭时，发现囚室空空如也，又找不到任何出入的明显痕迹。

愤怒的曼努埃尔决定报复安德洛尼卡的潜逃，他下令抓捕了安德洛尼卡的妻子（不得不说，他那可怜的妻子显然不是前文提到的尤多西娅），并把她关在安德洛尼卡之前居住的那间囚室里。令人瞠目结舌的是，安德洛尼卡趁着夜色顺着那条密道潜入了监狱，救走了他的妻子，最后两人竟然就在监狱高墙外的空地上男欢女爱了！安德洛尼卡的妻子未在历史上留名，我们不知道她的结局如何，只知道她在这次冒险中怀上了安德洛尼卡的儿子约翰。

316

　　安德洛尼卡没过多久又被抓住了。为了防止他再次逃走，狱卒给他戴上了沉重的镣铐。可没过几天他就成功说服了一个在监狱里当班的男孩，用蜡制作了镣铐钥匙的模具。男孩后来把模具交给了安德洛尼卡的哥哥，后者利用模具很快造好了一把新钥匙。某天中午，安德洛尼卡从自己午餐的酒罐中取出了这把钥匙，轻而易举地逃走了。

　　这一次他不敢待在君士坦丁堡了。安德洛尼卡悄悄潜出君士坦丁堡，向第聂伯河方向一路奔逃。没跑多远，他就被追捕他的瓦良格士兵捉住了。在被押解回君士坦丁堡的路上，诡计多端的安德洛尼卡告诉士兵他的肠胃炎犯了，他想在路边方便一下再上路。士兵们同意了他的请求。可就在士兵不注意的时候，安德洛尼卡用一根树枝把自己的斗篷和帽子支在路边，自己却蹑手蹑脚地爬走，溜进了树林。他留下的斗篷和帽子在夜里看上去好似一个蹲在那里的人的背面，士兵们以为他一直蹲在那里，过了好久才察觉到上了当。

　　安德洛尼卡继续向北逃窜，最后来到了加利西亚（Galicia）。当地统治者雅罗斯拉夫（Yaroslav）是他的表兄弟，热情地欢迎了他。曼努埃尔皇帝得到消息，担心安德洛尼卡在加利西亚组织军队反对他，于是决定与这位反复无常的亲戚和解。1168 年，安德洛尼卡回到了君士坦丁堡。

　　不久之后，曼努埃尔皇帝打算让自己出生于匈牙利的女婿成为皇位继承人，安德洛尼卡对此强烈反对，因此很快再次失宠。曼努

317 埃尔皇帝本人亲近西方，他的皇后也是一位金发碧眼的诺曼公主。都城民众对此颇为不满，议论纷纷，而安德洛尼卡则加重了他们话语的分量。

曼努埃尔再次被激怒了，他下令把安德洛尼卡赶出宫廷，送回西里西亚前线，大概抱有的希望是他战死在那里，永绝后患。这一次，安德洛尼卡面对的情况比以前更加糟糕了。他发动了一场与亚美尼亚亲王托罗斯二世（Thoros II）的战争，他的军队在这场毫无意义的冲突中很快就溃败了。

安德洛尼卡仓皇逃出战场，当他惊魂甫定回首观望时，发现托罗斯正在号召军队，准备对残存的罗马士兵展开最后的冲锋。不知何故，本无心恋战的安德洛尼卡突然精神抖擞，忘记了失败的痛苦和恐惧，掉转马头冲向托罗斯。面对目瞪口呆的亚美尼亚亲王，安德洛尼卡奋力掷出了长矛，长矛刺穿了盾牌，将托罗斯击落马下。趁着混乱，安德洛尼卡策马扬长而去。

安德洛尼卡莫名其妙地结束了战斗，但他再也不愿意回到君士坦丁堡去接受惩罚了。于是他丢下了自己的甲胄和盾牌，向南进发去投奔安条克的雷蒙德（Raymond of Antioch）。[10] 在古城安条克，他像一个纨绔子弟那样终日享乐，每天带着肩负银弓的侍卫招摇过市。他还勾引了另一位美丽的诺曼公主，玛利亚皇后的妹妹菲利帕（Philippa）。关于安德洛尼卡的消息传到君士坦丁堡，曼努埃尔皇帝大发雷霆。他对安德洛尼卡向亚美尼亚人发动那场愚蠢的战争十分气愤，要求手下立刻前往东方抓捕安德洛尼卡，把他铐回首都。安德洛尼卡再次陷入通缉之中。为了个人安全，他不得不抛弃菲利帕，继续向南逃去。在圣地，他向耶路撒冷的十字军国王阿尔马里克（Almaric）乞求庇护。

56 岁那年，安德洛尼卡开始了他一生中最重要的邂逅。他与

曼努埃尔的侄女、耶路撒冷前国王鲍德温三世（Baldwin III）的遗
孀狄奥多拉·科穆宁娜（Theodora Comnena）产生了私情。一天，
狄奥多拉将一封信交给安德洛尼卡，这封信是曼努埃尔写给阿尔马
里克的，信中谴责安德洛尼卡为卖国贼和乱伦者，要求阿尔马里克
立刻挖掉他的双眼。狄奥多拉和安德洛尼卡感到圣地也不再安全，
他们决定一起面对命运，便离开了耶路撒冷。

　　他们向东去到穆斯林的土地，拜访了大马士革苏丹努尔丁
（Nur ad‐Din）的宫廷，在那里狄奥多拉为安德洛尼卡生下了两个
孩子。又过了几年，他们继续浪迹天涯，直到在黑海岸边找到一座
小城堡隐居。

　　一天，安德洛尼卡外出的时候，罗马帝国的特拉布宗总督袭击
并占领了这座城堡，抓走了狄奥多拉和孩子们。满心悲痛的安德洛
尼卡要求用自己换取妻儿的自由，于是他再次回到了君士坦丁堡，
时间是公元1180年。

　　曼努埃尔皇帝和这位"老朋友"已经许久没有见面了。当看
见形容枯槁的安德洛尼卡时，曼努埃尔震惊了。境遇悲惨的堂兄弟
此时正从阶下仰视着他，眼眸中露出凄楚的神色。接着安德洛尼卡
缓缓脱下自己的斗篷，一条沉重的锁链显露出来，从脖子直挂到脚
踝。安德洛尼卡俯身匍匐在地面上，涕泪横流，哀求皇帝的宽恕。
曼努埃尔从未想到过，他这位鲜衣怒马、不可一世的表亲，有朝一
日竟会如此低声下气。皇帝有些被打动了，他命令手下去把安德洛
尼卡扶起来。可安德洛尼卡拒绝了。他诚恳地说，除非有人拽着铁
链把他拖到皇帝的宝座之下，他才觉得自己的罪行受到了应得的惩
罚。皇帝同意了他的请求，真诚地原谅了他。安德洛尼卡得到允许
从宫廷退隐，带着妻儿回到自己在黑海边的领地生活。

　　公元1180年下半年，曼努埃尔一世皇帝的健康出现问题。在

连续数日的高烧之后，这位罗马帝国的中兴之主逝世了。他把皇位交给了年仅 10 岁的儿子阿莱克修斯二世，由玛丽亚皇太后摄政。很多廷臣早已对皇帝亲近西方不满，现在皇帝驾崩，摄政者竟然是一位西方出生的妇人，更是让局势火上浇油。

曼努埃尔生前将君士坦丁堡的贸易特权慷慨地给予了威尼斯、热那亚和比萨，使得这些意大利城邦的实力和财富与日俱增。当这些意大利人出现在君士坦丁堡的道路上时，罗马人对他们产生了浓重的不满情绪。这或许是因为东正教徒觉得天主教徒不够虔诚，也可能是因为财大气粗的意大利人显得过于傲慢。

赋闲在家的安德洛尼卡得到了君士坦丁堡政局不稳的消息，立刻带领一小股军队向君士坦丁堡进军。朝廷闻讯派军前去拦截，但这支部队很快就倒向了安德洛尼卡。随后，帝国海军的指挥官也背叛了小皇帝。当安德洛尼卡的军队兵临城下时，守军打开了城门，全城军民都近乎歇斯底里地欢迎他进入君士坦丁堡。

就在安德洛尼卡进城当天，君士坦丁堡街头发生了骇人听闻的惨案。长期以来积压的对富有西方人的仇视，最终爆发为大规模的街头暴力。数以千计的拉丁人天主教徒被杀，即便妇女儿童也未能幸免。教宗的使节约翰被人杀死，他的脑袋被人剁下后拴在了一条狗的尾巴上。

安德洛尼卡作为这场暴乱的受益者，根本不打算去阻止街头发生的一切。在有些人眼里，他是高大英俊的达官显贵，而在另一些人看来，他是魅力超群的花花公子。但他藏在内心里的残暴特质却从不为人所知。当他最终掌控君士坦丁堡甚至整个帝国的时候，人们才了解到他疯狂的一面。

玛丽亚皇太后和阿莱克修斯二世被拘捕并带到安德洛尼卡面前。这位小皇帝此时仍然是合法的君主，但他却不得不签发了处死自己母亲的命令。随即两名皇家卫士当场扼死了玛丽亚。之后，安德洛尼卡胁迫小皇帝陪他一起前往查尔克门并在欢呼的群众面前授予他共治皇帝的头衔。当这一切结束之后，安德洛尼卡立刻让人用弓弦勒死了小皇帝，然后把他的尸体扔进了博斯普鲁斯海峡。

登基之后，安德洛尼卡立刻向法兰西国王路易七世的女儿阿格妮丝（Agnes）求婚。这两人的年龄差距之大令人咋舌，安德洛尼卡已经 61 岁了，阿格妮丝却只是个 11 岁的孩子。除此之外，安德洛尼卡还把他的儿子约翰封为副皇帝，这个孩子就是他和妻子在监狱墙外一夜风流时留下的。

曼努埃尔皇帝曾经因为对贪腐官员过于宽容而饱受诟病。安德洛尼卡成为皇帝之后，则对腐败和浪费行为进行了严厉的打击。这本是一件好事，但随着这种打击渐渐变得残酷和频繁，事情转而变味，甚至连惹主人不开心的随从也可能受到挖去双眼或活活烧死的残酷惩罚。恐怖的氛围让每个都城居民不寒而栗。安德洛尼卡已经不受任何道德约束了，人们形容他"将那条精妙无比的残忍标准线放低到他的灵魂深处"。[11]

当上皇帝之后，安德洛尼卡再也不用控制自己的淫欲了。根据当时的宫廷历史学家尼基塔斯·侯尼雅迪斯（Nicetas Choniates）记载，当皇帝出巡时，"身后总跟着一大堆情妇，活像谷仓里的公鸡身后跟着一帮母鸡……他的大门对每一个娼妓开放，这样他就能随时随地地享受性爱的乐趣"。人们传言说安德洛尼卡使用药物来增强自己的性能力，甚至把鳄鱼肉作为自己的食物，因为他认为这是很好的催情剂。

放纵欲望导致安德洛尼卡逐渐陷入偏执，他开始尝试使用一种被称为"水占术（hydromancy）"的方法预测未来。他向盆中的水问道："谁将取代我成为皇帝？"水盆中出现了"伊萨克（Isaac）"的前两个字母。安德洛尼卡理所当然地怀疑这个人就是他的堂兄弟伊萨克·安格洛斯（Issac Angelus）。

斯蒂芬·哈吉奥克里斯托里茨之死。
塞巴斯蒂安·马梅洛特的《海外远征》插图，约 1475 年。

注：公版图片/Bibliothèque nationale de France

　　皇帝派出他的得力干将、一个叫作斯蒂芬·哈吉奥克里斯托里茨（Stephen Hagiochristophorites）的人去抓捕伊萨克。斯蒂芬声名狼藉，君士坦丁堡里没有人不害怕他。他带着两个侍从，冲进了伊萨克的家中。走投无路的伊萨克不甘心束手就擒，索性跳上马背，拔出宝剑冲向斯蒂芬，打算拼个鱼死网破。总是仗势欺人的斯蒂芬从未见过这样的场面，他赶紧骑上自己的骡子夺路而走。可是骡子哪里跑得过骏马，他的骡子还没跑出伊萨克家的院门，就被伊萨克追上了。手起剑落，斯蒂芬的脑袋被砍成两半，他的侍从作鸟兽散。

伊萨克·安格洛斯成功脱险。他立刻策马奔向圣索菲亚大教堂，一路高呼自己已将斯蒂芬杀死。人们看到他沾满鲜血的宝剑，振奋不已，纷纷追随。当他进入大教堂时，身后已经有数百名支持者了。在圣坛上，伊萨克请求教会赦免他杀人的罪恶并寻求庇护。很快，上千名君士坦丁堡市民来到教堂，表示愿意声援伊萨克。到第二天早晨，越来越多的支持者到来，把教堂包围得水泄不通，却没有任何效忠皇帝的军队赶来袭击或逮捕他们。与此同时，一支治安部队也发生哗变，释放了监狱里所有的囚犯。伊萨克被暴动者推举为皇帝，君士坦丁堡充满了政变和杀戮的气息。

都城发生暴动的消息传到正在乡间别墅度假的安德洛尼卡耳中。他立刻赶回大皇宫，并命令士兵向暴动的人群射箭。士兵们不愿执行他的命令，安德洛尼卡只好亲自取来弓箭，孤独地向人群瞄准、发射。没过多久，他反应过来，发觉眼下自己已是众叛亲离。如果不早点开溜，很可能就要性命不保。他赶忙扔掉自己的皇帝徽章，戴上妇人的帽子，慌张地逃出皇宫，登上了一条小船。和他一起逃命的还有他尚未成年的未婚妻以及数名情妇。暴民们紧随其后占领了大皇宫，他们疯狂掠夺皇宫里一切值钱的东西。这次浩劫对皇宫造成了很大的破坏，从此以后再也没有机会修复了。

安德洛尼卡的小船没开出多远就在博斯普鲁斯海峡被人截住了，他和妻妾们都被抓住，押上了返回君士坦丁堡的战舰。不得不说，虽然安德洛尼卡精通各种逃跑的招数，但这一次再也没有机会施展了。满身镣铐的他只得坐在甲板上悲伤地唱起歌来，诉说着自己悲惨的遭遇。哀怨的歌声引起了人们的忧思，他的未婚妻和情妇都不由自主地跟着哼唱起来。可任凭他的嗓音多么催人泪下，看押的守卫一直目光冷峻。

等待安德洛尼卡的是一系列严酷的刑罚。士兵们把他用镣铐锁住，逼迫他跟着新皇帝伊萨克·安格洛斯在街道上游行。愤怒的人群纷纷对他拳打脚踢，场面惨不忍睹。他的胡须被撕得七零八落，牙齿也被打掉了。甚至连路边观看的妇女也义愤填膺，纷纷冲上去撕打。在游行结束之后，士兵用斧头剁下了他的右手，把他投进了监狱。

两天之后，刽子手又挖掉了安德洛尼卡的一只眼睛，然后把他从监狱中拖出，交给了街头的暴民。人们用一匹骆驼驮着他四处游街。他看上去好像一个"落尽了叶子的苍老树桩"。路边的抗议者们不断用棍棒殴打他，还把大堆屎尿倾倒在他身上。天道轮回，当年他强加在民众身上的种种残暴行径，如今都在自己身上遭到了报应。

趁着安德洛尼卡还没死，人群在大赛马场组织了一场讽刺他的"凯旋式"。刚进入赛马场，人们就把他从骆驼的脊背上拽下来，把他的双脚锁在赛场中央的柱子上。安德洛尼卡再也忍受不了这些酷刑了，他对折磨他的士兵呜咽道："愿主发发慈悲吧，你们为什么要这样摧残我这行将就木的人呢？"

两名拉丁雇佣兵走过来，挥剑将他砍死。临死前，他还试图将自己失去手的右臂举到嘴边，仿佛还有什么话想说。安德洛尼卡死在67岁那年，随着他的死去，阿莱克修斯一世皇帝缔造的科穆宁王朝寿终正寝。安德洛尼卡的儿子约翰不久后在色雷斯被部下杀死。

在我和乔伊眼前，和煦的阳光正照耀着这片公园。我无论如何也想象不到，一千年前那血腥的狂热就发生在离这里不到一百米的地方。

　　君士坦丁堡的罗马人孜孜不倦地追寻"神化"的境界。他们认为"神化"的先决条件是"秩序"（taxis）。在罗马人的心目中，上帝将圣洁、光明、和谐的秩序带到人间，尘世间明智而公正的政府负责维持社会秩序。

　　与秩序相反的是"无序"（ataxia）、动荡和混乱。多数情况下，"无序"这个词仅仅被用来形容帝国疆界之外的无形世界，那里充满了毫无意义的暴力冲突。

　　但安德洛尼卡的糟糕统治颠覆了这个观念。假如皇帝本人成为"无序"的根源，这个社会该如何运转？君士坦丁堡局势因此发生了巨大的动荡，人们完全不知道该如何掌握它的命运。几年之后，一场巨大的灾难将降临在罗马人头上，它造成的影响一直延续到千年之后的今天。

324

325

第八章　第四次十字军东征

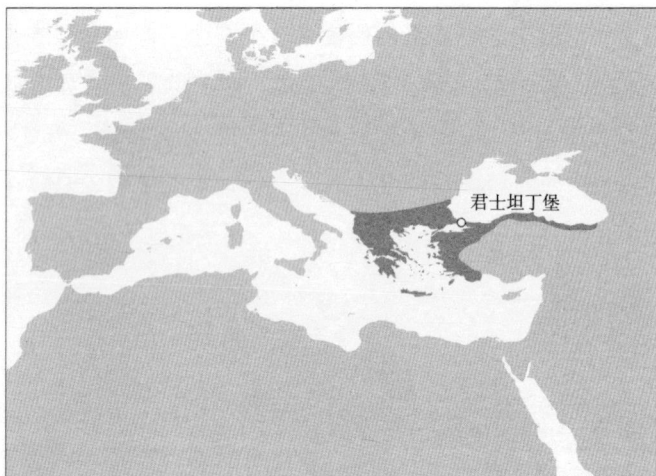

公元 1200 年，第四次十字军东征之前的帝国

盲眼老总督

毋庸置疑，万事皆上帝之旨意。

——杰弗里·德·威列哈督因

在圣索菲亚大教堂二楼回廊的角落里，我发现了最不可思议的

古代遗迹。我赶紧指给乔伊看。那是一块镶嵌在地砖之中的墓碑，上面的文字至今清晰可见，"恩里科·丹多洛"（Henricus Dandolo，也叫作 Enrico Dandolo）。

我告诉乔伊，恩里科·丹多洛曾经是威尼斯总督，他也是中世纪晚期罪行最深重的人。在他的鼓动和纵容下，十字军对君士坦丁堡造成了无法修复的破坏。他还曾亲自率领军队围攻这座城市。为了心中狭隘的一己私利，他对这个世界造成的伤害遗毒深远。

"当他犯下这些罪过时，他已经是一个年过九旬、双目失明的老人了。"我说。

乔伊问："可如果是这样，为什么他会被埋葬在圣索菲亚大教堂呢？"

恩里科·丹多洛的墓志铭，伊斯坦布尔，圣索菲亚大教堂

注：图片由作者提供

✝

公元 1192 年，已经 85 岁的恩里科·丹多洛当选为"最尊贵的威尼斯共和国"第 42 任总督。此时的他已双目失明多年，但头脑仍然和壮年时期一样精明。丹多洛不希望别人知道他失明的事实，便常常使用一些小伎俩来掩人耳目。比如他有时会抱怨自己在汤里发现了头发丝，但实际上那是他自己悄悄放进去的。

威尼斯共和国刚诞生的时候曾多番争取罗马帝国的青睐和保护。地中海沿岸发达的贸易使得这座城邦共和国渐渐变得富有和自信起来。为了给商船护航，威尼斯人建立了当时欧洲最强大的海军。在君士坦丁堡的贵族们眼里，威尼斯人不过是些刚刚发了财的小店老板和水手。与此相对的是，渐渐强大起来的威尼斯人认为罗马人只是生活在往日荣耀里的破落户。

丹多洛总督对君士坦丁堡的情况十分了解。年轻时代，他曾作为特使出访君士坦丁堡，意图修复威尼斯人和罗马皇帝之间的关系。但当时的皇帝曼努埃尔一世十分忌惮威尼斯日益增长的影响力，便取消了威尼斯商人在帝国境内的贸易特权，并将一部分人投入了监狱。丹多洛深感受辱，只得灰溜溜地回到了故乡。后来有传言说，丹多洛之所以双目失明，是因为他被曼努埃尔皇帝判处了剜去双眼的酷刑。另一个版本说，是他在一场街头斗殴中被人打瞎了眼睛。两个版本的故事据说都发生在君士坦丁堡，似乎这样就能很好地解释为什么他如此憎恨这座城市。然而根据考证，这两个故事都是杜撰的。事实上，他的失明是因为多年后在威尼斯发生的一次头部撞击。

威尼斯共和国的统治权利集中在上层商人和富翁之中。总督是最高行政长官，一经当选将终身任职。在共和国体制的威尼斯，最高统治者身边总有一群精明而富有经验的幕僚为他出谋划策。而在君士坦丁堡，皇帝却不得不和那些出身高贵的王子或者残暴的将军在酒桌上商讨国政。

　　威尼斯人主要是天主教徒，他们的精神领袖是罗马教宗。在教堂里，他们虔诚地祈祷上帝的拯救，但在市场里，他们抛弃任何精神上不切实际的寄托，完全把注意力放在实实在在的账目上。威尼斯人最早开发出在交易中同时记录现金收支和货物收支的记账方法，这种方法今天被人们称为"复式记账法"，在现代商业系统中广泛使用。[1]发达的商业渐渐把大多数虔诚的威尼斯居民变成了斤斤计较的生意人，比起虚无缥缈的精神信仰，他们更看重账本上的具体数字。

　　威尼斯的巨额财政收入受到强大海军力量的保护。他们的造船技术在那个时代首屈一指，驾船的水手也在地中海地区最有经验。甚至连威尼斯人的商船也武装到了牙齿，完全可以对抗海盗和宿敌热那亚海军的袭击。

　　在丹多洛担任总督的第六年里，一位远方来使走进了他的办公室。使节告诉他，教宗英诺森三世（Innocent III）正呼吁基督教世界发起新的远征以从穆斯林手中收复耶路撒冷。

　　圣地在十字军东征以来已经数次易手。第一次东征中夺回的圣地很快就被萨拉丁（Saladin）收复。而在第三次东征中，基督徒不仅没能再次攻占耶路撒冷，反而连十字军诸国治下的阿克（Acre）和雅法（Jaffa）两座城市也陷落了。

　　穆罕默德的旗帜飘扬在基督教神圣城市的上空，这是教宗英诺森三世绝对无法容忍的。可是西欧的国王和王子们却对新的远征毫无热情。教宗只得把眼光瞄准那些社会阶层稍低的贵族，比如某些雄心勃勃的小领主或者没有继承权的次子。这些人迫切希望证明自己的勇敢，并且打算在遥远的东方建立自己的领地。

　　从第三次东征战场上归来的狮心王理查（Richard the Lionheart）告诉后来的十字军战士说，进攻耶路撒冷之前一定要先从埃及进军，这样才能打击伊斯兰世界防御最薄弱的地区。假如第四次东征想要有所斩获，最好用大量船只运送军队横渡地中海。由于威尼斯是众所周知的海上强国，英诺森三世理所当然地向威尼斯寻求帮助。

329

公元 1201 年春，六名法国骑士在香槟元帅杰弗里·德·威列哈督因的率领下乘船来到威尼斯。他们在泻湖岸边下船上马，辗转通过圣马可广场，来到了总督的宫殿。丹多洛热情地接待了他们并询问了他们的来由。这些骑士们是法国贵族的代表，他们打算和威尼斯人结盟，以便渡海进攻萨拉森异教徒。

杰弗里·德·威列哈督因，法国邮票

注：公版图片

年迈的总督和六名法国骑士开始讨论详细的计划。他们打算遵从理查的建议，从埃及登陆后进攻耶路撒冷，因此他们需要威尼斯提供船只运送士兵和马匹。"有多少法国士兵将参加圣战？"丹多洛询问。威列哈督因想了片刻。他想起曾听说有一位称作纳伊的福尔克（Fulk of Neuilly）① 的传教士，鼓吹自己能号召 20 万人参战。这个数字明显太离谱了，于是，他告诉了总督一个保守得多的数字。33500 人，可这同样不是个小数目。每一名渡海的十字军士兵都要向威尼斯人支付旅行的费用。

丹多洛为此召开了威尼斯市政厅特别会议，来讨论与十字军即将达成的协议。威尼斯将承担运送 4500 名骑士、9000 名骑士随从以及 2 万名步兵的任务，同时还需提供饮水、小麦、面粉和葡萄酒。作为回报，十字军将向威尼斯人支付多达 8400 银马克的费用。除此以外，威尼斯还自行出资为十字军提供 50 艘全副武装的战舰，用以换取十字军将来夺取的一半土地。

市政厅通过了决议，但在丹多洛领导威尼斯投入这场伟大事业之前，他还必须争取到绝大多数威尼斯人民的支持。于是他邀请六名十字军骑士来到圣马可教堂前的广场上参加人民大会。在威尼斯人的震天欢呼中，威列哈督因发表了热情洋溢的演讲：[2]

> 法兰西最高贵和最强大的贵族，遣我们至此！
> 今天，耶路撒冷深陷突厥桎梏，乞望垂怜！
> 以上帝之名，愿威尼斯人和我们共雪耶稣基督之耻。
> 要求你们共襄盛举，因为你们在海域的权力！
> 奉国王之命，我们拜于足下。若不得助力跨海往赴圣地，
> 誓不回还！

---

① 纳伊的福尔克足迹遍布法国各地，就像今天的电视福音传道者一样。福尔克一直向人民大众宣传生活俭朴和安贫乐道的美德，并为十字军东征募集资金。但他并没有把这些钱交给十字军。维特里的雅各（James of Vitry）记录了福尔克的故事，他悲伤地写道："因为贪婪和其他不道德的原因，福尔克没有交出他募集到的金钱……他的钱包鼓起来了，但是人们也不再会对他有任何敬畏之情了"。福尔克因此名誉扫地，几年后他在一片谩骂声中耻辱地死去。

331　说完，威列哈督因和其他几名法兰西骑士一齐跪在人群的面前。看到这六名高贵正直的骑士如此谦虚卑微，威尼斯人民的同情心被点燃了。狂热的呼喊声响彻云霄："我们支持远征！我们支持远征！"丹多洛纵然没能看到这一幕，脸上也是老泪纵横。

　　就在圣马可广场上群情激昂之时，丹多洛的一位秘密特使悄悄抵达开罗，与萨拉森人密谈。这位密使向穆斯林保证，威尼斯人基于和埃及之间达成的这项商贸协定，绝不会参与任何侵犯埃及领土的军事行动。这些自相矛盾的事实并非误会，而是丹多洛诡计的一部分。他并不打算和十字军一起进行圣战，而是另有目的。

　　法兰西骑士们对丹多洛的阴谋一无所知，他们仍然按照协议召集部队。公元 1202 年圣约翰节前，西欧十字军在威尼斯集结完毕。与此同时，威尼斯造船厂的工人们放下手头的一切杂事，专心为远征打造新战舰。威尼斯人投入了一年的劳动，还把他们的财富和海上力量都调动起来。他们将与十字军携手进行这场前途未卜的冒险。

十字标志

　　第二年夏天，十字军陆陆续续抵达威尼斯，他们被安置在附近的丽都岛（Lido）上。这支十字军由来自法国北部和意大利的一小撮富有贵族率领。法兰西最有钱的人，弗兰德斯的鲍德温（Baldwin of Flanders）最早到达这里，他麾下聚集着许多骑士、弓箭手和弩手。圣波尔的于格（Hugh of St. Pol）也带着他的骑士和步兵赶来了。布鲁瓦的路易（Louis of Blois），这位十几岁就参加第三次十字军东征的老兵也再次披挂上阵，英王约翰为他赞助了数千银马克的军费。同样在圣地打过仗的还有威列哈督因元帅，他是这次远征的主要领袖之一。

鲍德温、于格和路易都是雄心勃勃的法国贵族青年，他们三人一生相知相伴，结为密友。但他们却选择了一个局外人，蒙费拉的博尼法斯（Boniface of Montferrat）来做他们的领袖。博尼法斯是位中年贵族，来自意大利北部，他在当地因富有而远近闻名。他的家族还和欧洲的众多名门都有联姻关系。博尼法斯的父亲曾经在第二次十字军东征中投身战场，他的哥哥则是著名的"长剑"威廉（William of the Long Sword），曾经迎娶耶路撒冷王国的女继承人。博尼法斯的廷臣们也都是以骑士精神著称的好汉，他们的事迹被吟游诗人写成歌曲四处传唱。

8 月中旬，博尼法斯来到威尼斯，他发现丽都岛上的十字军正处于一片混乱的状态。收复圣地的神圣事业并没有号召到足够的人马，十字军的人数和一年前法兰西骑士们承诺的相比相差太大。原计划征集的 3 万多军队，实际到达的不过三分之一。①

尴尬的十字军领袖们会见了丹多洛总督。总督向他们索要之前商量好的造船费用。可是即便十字军交出钱匣子里面的每一个铜板，还是有 34000 银马克的巨大差额。丹多洛告诉他们，在十字军完全付清这笔账之前，一艘威尼斯舰船也不会离港起锚。

每个十字军战士都深受打击。解散十字军是让人无法接受的，这是莫大的耻辱和经济上的重大损失。教宗已经答应，每一名圣战者的罪过都将被赦免。但假如东征因为缺钱而取消，那么他的承诺还有效吗？他该如何向信徒解释？人们又会如何评价这一让人啼笑皆非的事件？

---

①　威列哈督因在他的回忆录中记录了这个令人尴尬的故事，收录在"威尼斯朝圣者的第一次出征，以及一些缺席者"（First Starting of the Pilgrimsfor Venice, and of Some Who Went Not Hither）一章中。确实，人数上有些差距。

十字军领袖请求丹多洛拿出一个解决方案，狡猾的总督这时候
333　终于露出了自己的嘴脸。他同意暂时减免十字军的债务，不过他要
求，十字军必须为威尼斯共和国帮一点小忙……

亚得里亚海岸边有一座名叫扎拉（Zara）的小城，当时处于匈
牙利国王的统治之下①。如果十字军能够帮助威尼斯人占领这座城
市，那么丹多洛愿意把掠夺到的财富与十字军平分，或许这笔钱可
以帮助十字军还上债务。

十字军领袖们同意了这个计划，但在下层军士中却引发了不
满。很多十字军兵士认为攻打一座基督徒的城市是离谱的要求，这
违背了他们讨伐萨拉森异教徒的神圣誓言。一些人索性收拾行李，
满怀愤怒地离开了威尼斯，他们发誓要步行前往圣地。

眼看十字军队伍中充满了怀疑和混乱，丹多洛摆出的姿态十分戏
剧性。他宣布尽管自己又老又瞎，但他仍将亲自率领威尼斯舰队出征。
在众目睽睽之下，丹多洛爬上圣马可广场的讲坛，叹息道："我是一个
需要卧床在家的老朽，但是除了我，没有人能够领导威尼斯人。如果
你们同意，我将高举十字架的旗帜保护你们，指引你们……如果你们
同意，我将和你们，以及朝圣者们共赴圣地，生死与共。"[3]

说完之后，丹多洛颤颤巍巍地走下讲台，在圣坛前跪下。他苍
老的额头上戴着一顶装饰着十字架的帽子。他的勇气给人们带来了
极大的震撼，数以千计的威尼斯人因此收到鼓舞。威尼斯市民对于圣
334　战的热情急剧上升，城市里半数男丁和全部舰队都加入了十字军的行
列。威尼斯历史上规模最大、代价最昂贵的冒险就此拉开帷幕。

克拉里的罗伯特（Robert de Clari）是当时的一名十字军兵士，
他记录了当时的景象。"全军上下都在那个深受鼓舞的夏夜里喝得

---

①　现在则位于克罗地亚境内。

酩酊大醉……十字军和他们的新盟友在街道上游行庆祝，威尼斯人还把点燃的蜡烛扎在长矛的顶端……"

扎拉城

公元 1202 年 10 月，旌旗蔽日、武装齐备的威尼斯舰队从潟湖起航。丹多洛总督乘坐在一艘漆成红色的旗舰里指挥。他站在高高的甲板上，头顶上飘扬着的是红色丝绸的华盖。双目失明的他虽然看不见这浩荡军容，他的心里却把一切看得明明白白。

舰队沿着伊利里亚海岸（Illyrian coast）向南航行，在扎拉城外的海岸边停泊下来。十字军士兵在海滩上安置好营寨，组装起攻城机械，准备开始攻城。可战斗还没有打响，他们就收到了来自罗马教宗的紧急信件。原来英诺森三世听闻威尼斯人正在召唤十字军攻打基督教城市，立刻遣使制止，一切违令者将被开除教籍。这件事让十字军中的高层士气低落。丹多洛则恼羞成怒，他坚持十字军必须履行之前商量好的交易，继续攻打扎拉。

"我绝对不会放弃对扎拉的进攻！"丹多洛发誓，"哪怕是教宗开口了也不行！"[4]

十字军现在陷入了两难的境地，他们必须在背弃誓言和开除教籍之间做出良心上的选择。最后经过讨论，他们决定先履行和威尼斯之间的合约。他们安慰自己，这样做只是为了能够实现远征耶路撒冷的宏伟目标。十字军将领们决定把教宗的信件秘密收藏起来，以免中下层士兵和军官得到消息使局面不稳。

丹多洛认为占领扎拉城根本不需要战斗，因为这座小城市在11000 名十字军士兵面前实在显得微不足道。因此他试图和守军达成和平协议。扎拉人评估了双方实力后提出了条件。守军将把城池和财产交给威尼斯人，由此换取城中人员的生命安全。丹多洛对这个条件很满意，但他还没来得及在合约上签字，一名心怀不满的十字军骑士蒙德福特的西蒙（Simon of Monfort）就决定破坏他的计划。这位骑士私下向扎拉人宣布，威尼斯人在虚张声势，法国人不会帮助他们攻城。听到这个消息，扎拉守军觉得与其投降还不如继续坚守，和谈也就失败了。丹多洛总督和支持他的十字军开始向城市发起进攻。

1202 年 11 月 24 日，扎拉城陷落并遭到劫掠。但是城中搜刮出来的钱财远远不够支付十字军欠下的债务。现在他们不得不同时面临无法还债以及被开除教籍两个大麻烦。各种不满的流言蜚语在十字军营地中四处流传，威尼斯人和法兰西兵士也开始不断争吵。一部分十字军骑士离开队伍急匆匆赶往罗马，他们请求教宗宽恕自己被迫犯下的罪行。但丹多洛和威尼斯人却拒绝忏悔，因此都被开除教籍。耶路撒冷仍然在遥不可及的远方。

教宗英诺森三世这时意识到教廷对于这支最初由自己召唤的十字军已经无力控制了。他不得不接受那些法兰西骑士的悔过并且同意免除他们的罪行。他仍然希望十字军能如同当时宣誓的那般行事。另外，由于威尼斯人仍处于被正式革除教籍的状态，而根据教会法，十字军不应和他们并肩作战。

英诺森三世向他的主教们寻求解决方案，最终他们发现了教会法中的一个漏洞。如果一个信徒与一位被革除教籍者来自同一个家族，那么他们就可以共同战斗。这样的做法一直是种惯例，它启发人们思考，在同一支舰队中，为了共同的神圣目标奋斗的人们，难道不能被当成是一家人吗？

威尼斯人坚持在得到全部金钱之前绝不起航，十字军却没办法凑齐这笔经费。百无聊赖的僵持和等待中，威尼斯人和法兰西人间的敌对行为愈演愈烈，最终在一天晚上发生了暴乱。十字军领袖们付出了巨大的努力才平息了双方的怒火。从此，每一名十字军士兵的心里都蒙上了阴影，他们被道德的沮丧和无望的前景不断折磨着。在公元1202年冬天，很多十字军士兵都背叛誓言逃离了队伍。

僭位者

十字军营地中的争吵咒骂仍然不绝于耳，而在君士坦丁堡，一位年轻皇子已经做好准备，即将登上历史舞台。他叫阿莱克修斯·安格洛斯，是罗马皇帝伊萨克二世（Isaac II）的儿子。

这位伊萨克二世就是前文中那位推翻安德洛尼卡并将他交给暴民的人。可惜伊萨克二世也不是治国安邦的好手，他的哥哥（名字也是阿莱克修斯，史称阿莱克修斯三世）发动政变篡夺了皇位，并残忍地挖掉了伊萨克的眼睛。眼看父亲遭受酷刑、身陷囹圄，小阿莱克修斯不得不逃出君士坦丁堡，以免遭到相同的厄运。

几经辗转，小阿莱克修斯逃到了他的姐夫施瓦本的菲利普（Philip of Swabia）的领地上寻求庇护。他一直对邪恶叔父阿莱克修斯三世犯下的罪行耿耿于怀，发誓不惜一切代价也要夺回君士坦丁堡和罗马帝国的皇冠。

施瓦本的菲利普得知他的想法后，立刻想到了那支滞留在扎拉城外进退两难的十字军。他立刻写信给十字军将领们，告诉他们一条不仅能够解决眼前问题、还能趁机发大财的捷径。假如十字军能够把小阿莱克修斯带回君士坦丁堡并扶持他登上皇位，他们将能够得到来自罗马皇帝的慷慨回报。小阿莱克修斯也写信向十字军承诺，假如自己能够戴上皇冠，不仅会帮十字军偿还所有债务，还会向他们支付20万银马克的额外报酬，同时派出1万名帝国士兵加入远征圣地的行列。为了解决这次合作可能带来的宗教方面的疑虑，小阿莱克修斯还告诉十字军，以后，帝国东正教会将以罗马教宗马首是瞻，此举将使分离已久的东西方教会重新合二为一。

　　说服这些贪婪而绝望的十字军领袖们并不需要太多的言语。在西欧人看来，君士坦丁堡是众所周知的富庶都市，能够提供不可思议的巨额财富。并且一旦小阿莱克修斯这位深受人民爱戴的年轻皇子带着正义之师来到狄奥多西墙下，君士坦丁堡人一定会立刻打开城门，云集在他的旗帜之下。十字军相信自己一定会作为解放者受到百姓们箪食壶浆的热情迎接。

　　十字军打算改变行程去往君士坦丁堡，这使得远征圣地的崇高使命不得不再次往后推迟。丹多洛总督心里很清楚，小阿莱克修斯并不能兑现承诺，但他仍然强烈支持改道的方案。十字军将领们需要找到一个说服自己改弦易辙的理由，但这并不难。在西欧领主的心目中，统治权的合法化一直是封建道德最核心的部分，阿莱克修斯三世推翻合法君主的行为必须立刻遭到惩罚。虽然之前的皇帝伊萨克二世自己也是靠推翻合法皇帝起家，但是这些"细枝末节"根本不是十字军领袖需要考虑的问题。法国人和威尼斯人只需要说服自己进攻君士坦丁堡的行动非但没有罪过、反而是替天行道，就足够了。

　　进攻君士坦丁堡的计划很快就在十字军兵士中传开了，这招来了更多的非议。蒙德福特的西蒙愤怒地指责了这个决定，他说："我来这里不是为了和基督徒作战的。"[5] 其他的不满者大多选择了沉默，这很可能是因为丹多洛和其他支持改道的将领行贿的结果。远在罗马的教宗闻讯发出信件，愤怒地制止远征君士坦丁堡的行动。但是信使还没有到达扎拉，舰队就已经起航了。

　　在科孚岛，十字军将小阿莱克修斯接上船，丹多洛总督和蒙费拉的博尼法斯热情地拥抱了他。十字军在岛上花了三周时间进行战斗准备，在此期间，不满的情绪仍然在军营中发酵。十字军兵士对自己的使命感到怀疑，难道不是应该遵守誓言去和萨拉森人战斗吗？为什么要去进攻基督教兄弟的城市呢？十字军的领袖们不得不苦苦哀求士兵们留在队伍当中。连小阿莱克修斯也不得不亲自对着大军赌咒发誓，这才使得人心涣散的兵士们不情愿地继续留在了军营里。

　　当一切准备就绪后，威尼斯舰队驶离科孚岛，温暖的夏季海风鼓起了饥渴的风帆。桅杆高大的威尼斯重型战舰在最前方行驶，后面跟随着满载兵士、军马的运输船，再往后则是运输奴隶和给养的商船。这支舰队先向南航行，从南端绕过伯罗奔尼撒半岛后转向，进入达达尼尔海峡。

339

威尼斯战船

注：公版图片

惊天伟业

　　公元 1203 年 6 月，十字军舰队到达马尔马拉海，大部分兵士第一次看到辉煌壮丽的君士坦丁堡。宏伟的都市在夏季迷蒙的海雾中若隐若现，仿佛梦境里的天国。这景象是西欧世界所无法比拟的。拥有 50 万居民的君士坦丁堡，规模比当时的法国巴黎大了不止 20 倍。当舰队从海墙边驶过时，水手们无不指着大皇宫的高大廊柱啧啧称奇。而当他们转过卫城海角时，眼前出现的圣索菲亚大教堂大穹顶，更是让每个西欧人目瞪口呆。

不知所措的十字军们满心敬畏，威列哈督因对此做出了生动的描写：[6]

340 　　　　他们从未见过如此重垣高塔，亦不曾见过如此宫廷教堂……他们不能想象，世间有如此富庶恢宏之城……见此盛景，最勇猛之人也心生战栗……自创世以来，如此惊天伟业并不多见。

但事实上，君士坦丁堡要比看上去脆弱得多。过去 20 多年的仇恨、迫害和叛乱使得这座城市元气大伤。走马灯般上台的皇帝令前线军队纪律废弛，近年来连遭败绩，早已不复当年之勇。城里的人士气低落，城中军民唯一的心理安慰，就是凭借高耸的城墙来自保。

在博斯普鲁斯海峡亚洲一侧的迦克墩，十字军筑起了营垒。没过多久，皇帝派出的信使就来到了十字军营。他告诉十字军指挥官们，罗马皇帝注意到了这支军团和舰队，并希望友好地了解十字军的计划。假如他们打算如前几次东征一样和平地通过罗马帝国的领土，皇帝愿意提供食物和其他帮助。

作为十字军的代表，一位名叫贝蒂讷的科农（Conon of Béthune）的骑士向信使做出了尖锐的回应，他认为阿莱克修斯三世是篡位者和暴君，绝无可能与他达成任何协议。科农直截了当地让信使带话给皇帝，如果阿莱克修斯三世愿意将皇冠还给真正的皇帝小阿莱克修斯并祈求后者的原谅，十字军将宽恕他谋朝篡位的罪过，并使其免于武力追究；假如皇帝不打算这么做，就不要再派信使浪费时间了。

打发走信使之后，十字军计划让城中军民了解他们真正的皇帝就在城外军中。西欧人满怀信心地以为，只要罗马人看到小阿莱克修斯，就会立刻揭竿而起推翻暴君。似乎一场兵不血刃的胜利就在眼前，而十字军也将在得到罗马皇帝馈赠的金钱后继续前往圣地讨伐异教徒。

341

第二天，十艘威尼斯战舰横渡博斯普鲁斯海峡，在海墙前一字排开。小阿莱克修斯站在甲板上，意气风发。很多君士坦丁堡的居民都在高处旁观，他们能清楚地看到海面上的一切。出乎十字军的意料，这些围观者非但没有欢呼雀跃，反而神情冷漠、一言不发。

第三天，有些迷惑不解的十字军兵士忍不住向城头上的罗马人呼喊："他是你们真正的皇帝啊，你们不出来迎接他吗？"

这些呼喊很快就被围观者的嘲笑声打断了，甚至还有人从城墙上向十字军投掷卷心菜进行嘲讽。这一情景让每个西欧人都意识到一个令人震惊的事实，罗马人对小阿莱克修斯不屑一顾，甚至可能根本就不认识他。不会有人在城内发动起义打开城门，十字军想要达成目标，必须愚蠢地冒险进攻世界上最强大的城墙防御系统。法兰西人和威尼斯人都迫切需要小阿莱克修斯承诺的金钱，他们没有办法空手回去。最终，十字军领袖们决定孤注一掷，他们想突破城墙，强行扶持小阿莱克修斯登上皇位。

西欧骑士、步兵和海员们为攻城战做了最后的准备。牧师和主教们忙着接受兵士的忏悔并帮助他们立下遗嘱。骑士们备好了刀枪，他们的战马也披挂好了锁子甲和绚丽的绸缎，弓箭手和弩手按连队集合起来。然后他们秩序井然地登上舰船。战鼓和喇叭的声音从十字军营地传出，惊动了海峡对面的罗马人。市民们纷纷爬上屋顶，好奇地打量这些来自遥远国度的奇怪战士。

海岸上的飞狮旗

在君士坦丁堡的海墙和加拉塔的塔楼之间布置有一条巨大的铁索，这是罗马人用来控制金角湾深水港入口的屏障。一支十字军在加拉塔登陆并夺取了塔楼。与此同时，威尼斯人驾驶战舰冲上铁索，然后把船只摇晃到另一侧的水面上，正如两百年前哈拉尔·哈德拉达所做的那样。帝国海军多年来一直不受重视，实力大为下降，无力反击入侵之敌。金角湾内的威尼斯战舰得以大摇大摆地自由航行。

入侵者们制定出一个大胆的攻城计划。威尼斯人将驾驶战舰进攻海墙，而擅长陆战的十字军将从正面攻击狄奥多西墙的陆墙部分。两支军队都计划以君士坦丁堡西北角的城墙作为突破口，那里是海墙和陆墙的相接处，围绕着布拉契耐宫向外凸出，相对容易攻击。

为了对抗高大的海墙，威尼斯人把木梯固定在战舰的桅杆上，制成一座座攻城塔。他们的战舰缓缓驶近海墙，船上的弩炮和士兵手中的弓弩齐齐向守军开火。在君士坦丁堡的城墙上，装备着双刃战斧的瓦良格卫队组成守军的中坚力量，他们有常规弓箭手和弩手执行掩护。

罗马军队的火力十分猛烈，威尼斯战舰无法靠近海岸，他们的攻势渐渐发生动摇。丹多洛总督重新整顿了部队，并亲自率军攻城。他穿着盔甲，站在红色旗舰的舰首，大声命令各舰驶近海滩，只有这样才有机会攀上海墙。

342

　　丹多洛的旗舰一马当先地冲上了海滩，搁浅在大海和城墙之间狭窄的沙滩上。他的部下立刻将威尼斯人的圣马可战旗插上了泥泞的沙地。其他威尼斯人被这面绘着飞狮的旗帜鼓舞着，纷纷从攻城塔登上海墙，攻下了一段城墙。几个小时后，丹多洛向他的法兰西盟军传信说，威尼斯人已经控制了 25 座塔楼。

圣马可的飞狮，威尼斯

注：创作共用图片／Nino Barbieri

　　与此同时，在城墙的另外一侧，十字军正在布拉契耐宫门外集结。皇帝打算在这个时候出城迎战，显示自己的威势。铜铸的宫门伴随着嘈杂的摩擦声缓缓打开，紧张的十字军兵士眼睁睁看着罗马皇帝带领着他的近卫军杀出城来。罗马士兵不计其数，兵力远远超过西欧人，仿佛"全世界的军队都被集中在了这里"[7]。威列哈督因估计这支罗马军队大概有四十个连队，而十字军只有六个连队的兵力。

　　两支军队都奋力冲向对方。见到敌人数量庞大，十字军士兵们一边祷告一边拔剑，做好了成为烈士的准备。但奇怪的是，刚冲锋到一半，罗马帝国的军队突然停下了脚步，十字军也停止了冲锋。

344 双方人马就这样面面相觑，哪方都不愿挪动半步。

更不可思议的事情发生了。阿莱克修斯三世皇帝突然丧失了斗志，竟下令全军撤回城内。十字军根本不敢相信眼前发生的一切。

在黄昏时分，威尼斯人突破了一段海墙，他们的士兵从这个缺口涌进了布拉契耐城区，并开始点燃沿途的一些木质建筑。很快，熊熊大火笼罩了整个街区。这是近 8 个世纪以来，入侵者第一次突破君士坦丁堡的城墙。

而在这时，阿莱克修斯三世皇帝竟然义无反顾地选择逃跑。在他手下军官鄙夷的目光注视下，皇帝带着 1 万磅黄金、大堆金银珠宝以及最心爱的女儿逃之夭夭，甚至连皇后和其他家眷也顾不得带走。他匆匆爬上海船，狼狈地驶入马尔马拉海，丢下身后火光冲天的城市。君士坦丁堡的外围地区陷入一片火海，而皇帝已丢下了他的帝国。

布拉契耐宫内的帝国朝臣们立刻去请回了前皇帝伊萨克·安格洛斯。这位曾经不屈地与安德洛尼卡及其党羽斗争的勇士，已经被几个月的囚徒生活折磨得双目失明，气息奄奄。他被从地牢中接出，重新披上紫袍，并且作为合法的皇帝坐在宝座上，接受朝臣的膜拜。人生的大起大落毫无征兆地接踵而至，或许他自己也感觉这一切仿若梦幻。

伊萨克复位的消息很快传到了十字军营中，十字军却陷入了一种尴尬的境地。对他们来说，"正义"的目标已经实现，他们承认的合法皇帝已经重新戴上皇冠。可他们真正在意的帝国国库里的金币却没有到手。因为给他们承诺的是小阿莱克修斯，而非他的父亲

345 伊萨克。

包括威列哈督因在内的十字军代表团来到城中与伊萨克皇帝会面，商讨合约问题。在他们前往布拉契耐宫的路上，戒备森严的瓦良格卫队肃立在道路两旁。皇帝在自己的宫殿里接见了他们。

"陛下，"威列哈督因说道，"您应该看到了我们为您的儿子做出的贡献。我们履行了诺言。但是假如他不能兑现之前的约定，我们恐怕不能释放他。"

伊萨克问道："你们的约定是怎么样的？"

"是这样，您治下的教会必须遵从罗马教宗的命令。其次，您需要支付给我们 20 万银马克的钱财以及足够供应我们士兵一年的食物。第三，帝国需要派出 1 万名士兵支援我们远征圣地。"威列哈督因答道。

伊萨克耐心地听完了威列哈督因的陈述，说："这个约定过于沉重，我实在很难兑现。但是，我和我儿子欠你们的实在太多了，我愿意在任何合约上签字。"[8]

小阿莱克修斯终于进了城，伤重虚弱、颤抖不已的伊萨克满心欢喜地迎接了他。小阿莱克修斯很快加冕为共治皇帝，史称阿莱克修斯四世。在十字军看来，一切问题都已经完美地解决。他们很快就能付清欠威尼斯人的钱，并且获得一笔丰厚的额外报酬。之后，他们将立即开赴圣地与萨拉森人决一雌雄。

新皇帝立刻着手筹集他承诺支付的 20 万银马克，但国库里绝大部分钱财都被他的前任卷走了。阿莱克修斯四世只得提高城市税收，但数额仍然不够，他不得不将一些昂贵的雕像熔化成金银，这样才凑够了 10 万银马克。这些钱财的一半要交给威尼斯人，因为他们按约定可以分得百分之五十的收入。十字军得到剩下的一半后，仍然没法还清债务。丹多洛仍然不愿妥协，他扬言说，假如十字军无法还清债务，那么他将撤走他的舰队，把十字军扔在君士坦丁堡。

当阿莱克修斯四世竭尽全力在城市中搜刮钱财时，市民中的不满情绪渐渐高涨。熔化圣像的行为引起的愤慨很快传播开来。十字军兵士和罗马军人之间的摩擦愈演愈烈，市民们也越发讨厌那些贪婪而粗鲁的西欧人。威尼斯人仍然不停地向皇帝催要欠款。阿莱克修斯四世奔波劳碌，却再难有所收获，无论是十字军还是本国人都对他心怀不满。

丹多洛要求与皇帝面谈。于是两人在金角湾海岸上进行了会面。丹多洛从船上下来，带着失望而愠怒的情绪，对皇帝说："阿莱克修斯，你正在做什么呢？别忘了是我们把你从困境中解救出来的。我们让你戴上皇冠，当上了皇帝！你为什么不信守诺言，不还清你的欠款？"

阿莱克修斯说："我也没有办法。我做得已经够多了，我没法再给你提供更多的钱财。"

"你这个愚蠢的小家伙！"丹多洛愤怒地转身就走，"我们把你从地狱里拯救出来，我们也可以马上送你回去！"[9]

阿莱克修斯四世回到宫中，召集他的顾问们商议对策。有一位人称"浓眉"的顾问站了出来。他的这个绰号来自于横贯前额的浓密眉毛。他告诉皇帝，西方人的做法实在是太过分了，他们想要榨干君士坦丁堡的最后一滴血，因此满城百姓都对他们恨之入骨。"浓眉"建议皇帝不要再付给十字军任何钱财。小阿莱克修斯不仅失去了钱财，也失去了生命。第二天夜里，"浓眉"和他的党羽们冲进寝宫，勒死了阿莱克修斯四世。

弑君之后，"浓眉"篡夺了皇位。他就是阿莱克修斯五世皇帝，也是几个月来第三位坐在宝座上名叫"阿莱克修斯"的人。新皇帝登基后立刻停止向十字军支付钱款，甚至连食物补给也一并中断了。他希望迫使十字军放弃对金钱的索取并且离开君士坦丁堡。

听闻阿莱克修斯四世被杀，十字军深感震惊和愤怒，面对"缺乏信仰"的罗马人的挑衅，他们再也无法容忍。于是十字军开始计划第二次攻打君士坦丁堡。这一次西欧人没有任何道德顾虑了。拉丁牧师们宣布，罗马人谋杀了合法的皇帝，因此不再具有统治这片土地的的权力。东西方教会之间原本就很脆弱的同情彻底化为乌有。十字军们决心用暴力使城内持宗教分歧观点的基督徒遵从罗马教宗的权威。有一位西欧牧师甚至宣布，罗马人是"上帝的敌人"。

对十字军来说，除了感情上怀有愤慨之外，攻打君士坦丁堡也是一个非常实际的考虑。因为缺少食物补给，他们既无法安全离开，也无法继续驻扎。进退两难的十字军唯一的出路就是孤注一掷攻陷君士坦丁堡。

身居宫中的阿莱克修斯五世很快听到风声。他开始着手准备城防，准备抵挡即将到来的进攻。

348

这一次，入侵者们决定不再从陆地上进攻城墙，他们选择城市西北角的海墙作为突破口，这也是他们前一次进攻时发现的城防薄弱之处。威尼斯人把舰船改装成了移动的城堡，甲板上安装了攻城机械，桅杆上固定着云梯，方便士兵登上罗马人的城墙。

公元 1204 年 4 月 9 日，威尼斯舰队开始攻击金角湾沿岸的海墙。

和上一位阿莱克修斯不一样，"浓眉"积极准备战斗。他亲自指挥士兵修复了海墙，搭起了木质的塔楼加强防御。临时修筑的弩炮发射平台也匆匆建成。当十字军的舰队接近海墙时，守军开始发射箭雨和飞弹，把试图登上城墙的入侵者一一射杀。到了下午，十字军舰队不得不撤出战场，狼狈地回到海峡对面。罗马守军纷纷对着撤退的敌人展示自己裸露的臀部以示羞辱。全城军民为"浓眉"在第一次战斗中大获全胜热烈地举行庆祝。

回到军营后，一些十字军骑士宣布他们已经受够了这一切，他们认为上帝对悍然攻打基督教城市的行为已经发起了审判，所以他们才会失败。这部分十字军打算放弃攻城，继续前往圣地，去实现他们当初离开法国时的梦想。但丹多洛总督坚持再尝试一次攻城。疲惫的威尼斯人连夜修复战舰，他们还把每两艘战舰固定在一起，这样舰上的攻城塔就能更加稳固。三天之后，十字军又一次向海墙发起了进攻。

整个早晨，激烈的战斗一直在持续。罗马守军在城墙上与港湾中的威尼斯海军对峙。守军非常轻松地用远程武器向十字军射击，但他们似乎并不想冒生命危险与对方短兵相接。一队十字军兵士爬上了海墙和海面之间的狭窄海滩，发现了一座刚用砖石堵上的小门，便立刻开始尝试拆下那些砖头。在小门的正上方，守军不断地使用弓箭和滚烫的沥青杀伤入侵者。

战斗中，一位叫作克拉里的阿鲁米（Aleume de Clari）的十字军牧师成功地清理出一个出口，这里似乎可以通往城墙下方的一个地下军械库。从这个出口向里望去，他能看到军械库中罗马士兵惊恐的面容。没及多想，他立刻跳了进去，他的兄弟罗伯特试图抓住他的脚踝把他拉回来，但他还是敏捷地摆脱了，并稳稳地落在了军械库的地面上。罗马士兵谨慎地朝他步步紧逼，但他却举起大刀冲向对方。罗马士兵大惊失色，纷纷逃走。

很快，其他的十字军骑士也纷纷冲进军械库。他们又从那里冲进城，与城墙上的守军展开激战。看见这些装备精良的骑士，守军立刻放弃了自己的哨所和塔楼，把城墙丢给了十字军。

与此同时，在海港外围，一阵狂风使得两艘威尼斯巨舰撞上了海墙的边缘。一名威尼斯士兵乘机从桅杆跳上城楼，但立刻就被守军砍成了碎片。一名骑士紧跟着他跳上城墙，守军用战斧和刀剑攻击他，但他因为盔甲厚重并没有受到重伤。当他站起身来，抽出自己的长剑时，惊恐万状的守军竟失魂落魄地弃城而逃。威尼斯人立刻将云梯架在城墙上，十字军士兵从这里冲进城里，占领了防御塔。随着塔底的城门缓缓打开，2万名十字军士兵浩浩荡荡地开进了城市。

眼看十字军出现在城内的街道上，"浓眉"立刻从他在城墙边的掩体逃到了大皇宫里的安全区域。随着越来越多的入侵者进入城市，惊恐的市民开始收起细软，逃向城郊。夜幕降临时，完全绝望的"浓眉"征用了一艘渔船，从海上出逃。他最终的结局是被抓获后押解回君士坦丁堡，被人从狄奥多西之柱（Column of Theodosius）上推了下去，摔得粉身碎骨。

350

十字军很快控制了布拉契耐城区，为了肃清守军的抵抗，他们焚烧了一排房屋。大火很快失去控制，蔓延到整个城区。根据威列哈督因的估计，"无数房屋被付之一炬，总数大概比三座法国最大都市的房屋加在一起还要多"。[10]

君士坦丁堡剩下的市民们终于知道又一位皇帝离他们而去。许多市民开始涌上街头，逃向古城门。与此同时，十字军兵士穿戴好了铠甲，做好了艰苦巷战的准备。他们谨慎地在梅塞大道上搜索前行，却发现根本没有人打算要和他们战斗。一些帝国牧师来到十字军前，宣布正式投降，和他们一起的还有一些变节的瓦良格卫队成员。十字军终于长舒一口气，他们呼号着相互宣告："城市是我们的了！"

十字军积累两年的挫败、贪欲和愤怒被发泄在君士坦丁堡市民身上。按照中世纪传统，入侵者可以在城内掠夺三天。来自法国的十字军冲进每一条街道和每一间房屋，劫掠了一切看上去值钱的东西，摧毁了一切他们带不走的东西。威尼斯人则懂得艺术品的价值，他们会小心翼翼地装起战利品并把它们安全地送回家中。

一队十字军冲进了圣索菲亚大教堂，他们立刻迫不及待地拆毁圣坛上的黄金和宝石。野蛮的士兵们十分享受这种破坏带来的快感，他们狂饮圣餐酒，并让随军妓女站在圣坛的座位上载歌载舞，那里平时是君士坦丁堡东正教牧首主持神圣仪式的地方。

一些较大的装饰物难以被运走，因此十字军把驮马和骡子牵进了教堂。一头可怜的牲畜在光滑的地板上失足受了伤，为了不让它耽误劫掠，十字军只得割断了它的喉咙。牲畜的鲜血和粪便的臭味，与教堂里紫檀烟和玫瑰油的香气混在一起，着实令人作呕。

在城市的其他地方，手无寸铁的人们惨死在刀剑之下，女人被从家中拖走，修女则在修道院中被就地强奸。圣像和珍贵典籍被焚毁。铜质的古代雕塑被捣毁，然后熔化铸币，用以犒劳底层士兵。甚至连前朝皇帝的陵墓也被打开，入侵者需要里面的贵重金属。

十字军带着复仇的狂欢，四处搜索财宝。瑟瑟发抖的市民们只能蜷缩在他们的屋子里，无助地等待着自家大门被砸开的那一刻。

穿盔甲的威尼斯人

在圣索菲亚大教堂附近一座豪宅里，尼基塔斯·侯尼雅迪斯正从窗口看着街道上混乱的景象。作为一名辅佐过多位皇帝的朝廷高官，他无比担心自己怀着孕的妻子和几个孩子的生命安全。

对尼基塔斯来说，这些身着十字标志长袍的西欧士兵简直就是骗子。无论这些人自称什么，他们肯定不是虔诚的基督教徒。骑士们则是他们中最邪恶的人。在他看来，这些伪善的人曾经背负着十字架，发誓要和平地通过基督徒的土地并且坚贞不移地完成神圣的使命。而实际上他们却带领着一帮暴徒劫掠罗马人的城市。

现在某个骑士说不定正在赶往他家的路上。尼基塔斯当机立断，带着妻儿、仆从和几个邻居逃到了一个威尼斯酒商朋友的家里。这个友善的威尼斯人愿意收留他们，但这里也不是一个完全安全的地方。尼基塔斯发现朋友家里有一副威尼斯盔甲，于是请求朋友立刻穿上它。没过多久，十字军士兵就开始砸门了。那位穿着盔甲的威尼斯人走出门外用威尼斯方言告诉他们，这座房子已经被自己抢先占领了。失望的十字军士兵只得悻悻而去。

这个计谋非常成功。但是随着越来越多的士兵涌进城里，尼基塔斯担心自己的计谋早晚会被识破，那时他一定会被投入监狱，家中女眷则会被人夺走。他的威尼斯朋友又想出一条妙计。他找来绳索捆住尼基塔斯和亲友的手腕，然后扮成是要把一群囚犯带出城外。尼基塔斯在女眷的脸上抹上泥土，让她们置身队伍中间，这样入侵者就不大容易注意到她们。

这支队伍小心翼翼地穿过空空如也的街道，走向陆墙和黄金门，他们可以从那里逃出这座美丽城市的残垣断壁。当他们走过一座教堂时，一名十字军对这支队伍起了疑心，开始仔细打量起他们来。突然，这个十字军士兵冲进了队伍当中，从人群中强行拖走了一位少女。混乱中，这位少女的老父亲跌进了路上的泥坑里。老人顾不得在泥泞中挣扎的自己，一个劲儿请求尼基塔斯去救自己的女儿。

尼基塔斯解开手腕上虚设的绳索，悄悄地跟在那个十字军兵士身后。在路上，他拦住了教堂附近另一队十字军骑士，请求他们提供帮助。他诚恳的话语打动了一些兵士，他们愿意和他一起去解救

353

那位少女。于是他们一路尾随劫持者，来到一间刚被洗劫过的小屋门口。

尼基塔斯看见那个兵士把少女推进屋里，然后转身站在门口，准备和尾随者战斗。似乎他早已经发现自己被跟踪了。尼基塔斯深吸一口气，诚恳地请求十字军兵士遵守自己立下的神圣誓言："永不玷污已婚的妇女，永不玷污深闺中的少女，永不玷污虔诚的修女"。

和尼基塔斯一同前来的西欧兵士们也走上前去，要求劫持者释放少女。但劫持者不为所动。愤怒的兵士们按捺不住怒火，纷纷要求将那个劫持者作为"邪恶和无耻的人"绞死在行刑柱上。劫持者见此情景只好退让，不情愿地放回了少女。尼基塔斯回到队伍中，那位老人感激地泪如雨下。

这支小队继续前进，他们战战兢兢地穿过敞开的黄金门。走过大理石拱门，通过吊桥，他们终于来到了城外的旷野上。尼基塔斯百感交集地回头眺望，雄伟的狄奥多西墙沉默地矗立在那里，看上去依然牢不可破，和它身后化为废墟的城市形成了鲜明的对比。或许这座城墙已经背叛了它护卫着的城市吧，尼基塔斯心想。他随即疲惫地坐倒在地，痛苦充满了他的内心。

尼基塔斯·侯尼雅迪斯最终去到尼西亚，成为罗马帝国流亡朝廷的一员。他在有生之年再也没有回到君士坦丁堡。

红宝石苹果

三日劫掠之后，蒙费拉的博尼法斯召集了所有十字军将领，要求所有人把掠夺到的赃物汇聚在一起重新瓜分。他们将抢来的珍宝分装在三座教堂中，然后由十字军和威尼斯人根据之前债务清偿的规定分成。威列哈督因面对如此众多的宝物，惊叹地合不拢嘴，"我们攫取的赃物数不胜数：金银珠宝、手工器物、珍宝珠玉、锦缎丝绸、玉衣貂裘……皆是世间罕见珍宝。"

四分之一的宝物将属于未来的君士坦丁堡皇帝。其余的部分将由十字军和威尼斯人平分。法兰西骑士们终于可以结清他们欠丹多洛总督的债了。曾经压垮他们的沉重债务与面前堆积如山的珍宝相比，简直不值一提。

而最值钱的宝贝是帝国本身，它也被胜利者瓜分了。西欧人出身狭隘的封建社会，他们根本不能理解偌大一个帝国的复杂性，也不能理解一个能够保护他们自己国土免遭伊斯兰国家入侵的缓冲国的价值。一位历史学家生动地比喻了十字军对待帝国故土的愚蠢方案。[11]"就像野蛮人在瓜分一只手表，他们把表壳分给一个人，把轴承分给第二个人，再把零件分给第三个人……"新的君士坦丁堡皇帝，就是得到这只"手表"的零件的人。

帝国的绝大部分土地被分割拆解后封给了十字军将领。丹多洛总督吹嘘自己是罗马帝国八分之三领土的统治者。他无愧于精明的威尼斯会计出身，这个精准的数字一般人可说不出来。君士坦丁堡的东正教会开始接受罗马教廷的官方控制。与此同时，帝国的圣物被西欧人运回到他们故乡的教堂、广场甚至私人住宅中。在城市废墟中堆积如山的赃物面前，十字军骑士早已忘记了他们对教宗立下的誓言，远征圣地的计划已被抛之脑后。第四次东征的十字军其实并非"十字军"，因为他们从未踏上过耶路撒冷的土地。

下一个问题是，谁将成为君士坦丁堡的新皇帝。蒙费拉的博尼法斯是众望所归的候选人，但是丹多洛总督又一次策划了阴谋来扭曲事态进展。在选举中，威尼斯人支持弗兰德斯的鲍德温当皇帝，

355

因为这位温和的贵族似乎要比博尼法斯容易控制得多。公元 1204
年 5 月 16 日，鲍德温在圣索菲亚大教堂加冕为第一位君士坦丁堡
拉丁帝国皇帝。加冕仪式上，他手中持着苹果大小的红宝石。

在这场浩劫中，君士坦丁堡的人口大量流失，最终不到战前的
十分之一。但城市的征服者对此漠不关心，他们也并不着急在新征
服的帝国领土上实施殖民化。法国人无法让城市的人口恢复，一半
的房屋被大火烧毁，整片整片的社区遭到废弃，无人重建。在城墙
范围内，很多地方因为无人问津而变成了大自然的一部分，野生植
被在这些地方兴旺地生长起来。在狄奥多西广场和君士坦丁广场，
野草甚至长到及腰的高度。

君士坦丁堡的拉丁帝国注定是一个被诅咒的政权，它的存在不
过 57 年而已。罗马人的统治将在一个世纪之内恢复，但是帝国所
受的创伤无法消解。随着时间推移，越来越多的帝国故土落入了奥
斯曼土耳其人之手。第四次十字军征讨的经历显示出糟糕的讽刺意
味。他们不仅没有从异教徒手中夺回耶路撒冷，反而破坏了基督教
世界最大的城市，并且摧毁了对抗伊斯兰世界最前线的堡垒。

东正教会与罗马教廷之间持续数百年的冲突，也在此时拉开了
序幕。

四马战车

威尼斯人是第四次十字军运动最大的受益者，他们从君士坦丁
堡掠走了许多古代流传下来的雕塑，包括举世闻名的镀金铜雕塑四
马战车（Quadriga）。这座雕塑曾经庄严肃立在君士坦丁堡大赛马
场的赛道起点附近达几个世纪之久。雕塑家用震撼人心的手笔刻画
出了每一匹马的肌肉线条和运动状态。它们都扭动着脖子，奋起前

蹄，仿佛身处赛道，随时准备冲刺。　　　　　　　357

　　四马战车是威尼斯人格外重视的战利品，他们把雕塑从大赛马场中拆下，沿着街道拖到金角湾的港口。为了方便打包运输这座雕塑，威尼斯人把铜马的头部锯了下来，分成几块运回了威尼斯城。后来，人们把这座雕塑安置在圣马可大教堂前门廊的顶部。由于雕塑的头部和身躯是被重新黏合在一起，因此威尼斯人给每一匹马都戴上了项圈，以此掩盖锯子留下的裂痕。四马战车雕塑在圣马可广场上保留了 5 个世纪，直到后来为了躲避酸雨而迁入室内。今天游客们仍然能在圣马可广场看到四马战车雕塑，不过那只是一座精巧的玻璃纤维复制品而已。

四马战车，现存于圣马可大教堂博物馆，威尼斯

注：创作共用图片/Tteske

　　在圣马可大教堂一角的墙壁上嵌着罗马帝国四帝执政时四位统治者的斑岩雕塑，这也是当年从君士坦丁堡偷来的赃物。甚至连这座教堂的大理石立面和门廊的柱子，都是从拜占庭的宫殿和市政广场上拆卸下来的。

当你知道了这段黑色的历史后，你再也不会像以前那样看待圣马可教堂了。它不再是一间充满神圣灵感的艺术殿堂，反而成了堆积赃物的贼窟和为无耻暴行竖起的纪念碑。

公元 1205 年，恩里科·丹多洛总督咽了气，此时距离君士坦丁堡的陷落不到一年。依照他的遗愿，人们把他埋葬在圣索菲亚大教堂中。这座教堂此时已经被侵略者和天主教堂占据。丹多洛的遗体平静地保留在教堂有两个世纪之久，直到胜利的奥斯曼土耳其人最终毁灭罗马帝国。苏丹的士兵掠夺了教堂并摧毁了丹多洛的坟墓。我们那天在教堂东侧回廊里看到的那座不起眼的墓碑是 19 世纪时一位意大利石匠的作品。

"这就是为什么在圣索菲亚大教堂里，依然会有人纪念'诸城女皇'最凶恶的敌人。我亲爱的孩子。"

第九章　帝国末日

公元 1250 年，流亡中的帝国版图

黄金门

出租车行驶在伊斯坦布尔的高速公路上，一个急转弯吓得我惊慌失措。我紧张得浑身痉挛，换了一个可以支撑自己的姿势。我的心里一直担惊受怕，想着万一乔伊在车祸中有个三长两短，我该如何生活下去。

　　司机是个喜欢喋喋不休的人。他一直想和我讨论澳大利亚足球队的问题。

　　"我见过你们的国家足球队，他们看上去水平不高啊。"他说。

　　乔伊看上去一点儿也没有不开心，他表达了赞同。之后他问："那土耳其的足球队怎么样呢？"

　　司机做了个鬼脸，举起双手在空中摇摆，做了个"一般般"的手势。我倒是希望他能把两只手都放在方向盘上。

360 　　我本应该让他慢点开车，但似乎马尔马拉海沿岸道路上所有的车速度都差不多。乔伊正看着车窗外发呆，似乎一点儿也不受车速的影响。当他看到在远处海雾中穿过达达尼尔海峡的俄罗斯油轮时，他好奇地伸出手，指点给我看。

　　伊斯坦布尔高速公路的特点就是随心所欲、风险自担。当然这多少总有些好处，你可以迅速到达你想去的地方，假如没有遇到什么麻烦的话。我们从苏丹艾哈迈迪区搭出租车，只用了 12 分钟就到达了目的地。这是一个水边的小公园，规模和高速路中的安全岛差不多大。狭窄的绿地中有一小段残破的城墙，还有一座中世纪的塔楼。这里就是君士坦丁堡狄奥多西墙的最南端。整条城墙从这里开始向内陆延伸，绵延长达 5.6 公里，直到黄金门。

　　我们父子俩的计划是沿着这条古城墙徒步行走。我们将要穿过伊斯坦布尔市那些不起眼的街巷，从马尔马拉海边出发到达金角湾海岸。我们身临其境地观察这座砖石结构的宏伟建筑，并且能够通 361 过触摸坚固的墙体感受其中蕴含的力量。

　　我和乔伊背起双肩包出发了，马尔马拉海被我们留在了身后。我们沿着城墙来到一处贫民窟。狄奥多西墙并不是游客经常光顾的景点，因此这里的街道一片混乱，连块像样的地名指示牌也没有。伊斯坦布尔的城市规划者并不在意罗马时代的城墙，市民可以在城

马尔马拉海边的狄奥多西墙

注：图片由作者提供

墙附近随意搭建房屋，甚至可以为了修路而在城墙上凿开一个缺口。

我们在路上看见了一些牛奶箱子和防水油布制成的临时小屋，它们紧靠着内城墙而立。一些老旧的木屋歪歪斜斜地散布在路边。成群的野狗为了争夺塑料袋而百无聊赖地撕咬着。乔伊从来没有到过这样的贫民窟，他害怕会有流浪者暗中袭击我们。但事实上那些居住在此地的贫民还是很和气的，我们也没有看到颓废堕落和毒品泛滥的迹象，更没有人对我们使用暴力。大家各得其所。

法国作家泰奥菲尔·戈蒂耶（Théophile Gautier）曾在1852年到过伊斯坦布尔，他也曾沿着城墙边缓步旅行并且记录下了当时的情形，与我们的经历并无二致：[1]

我们大胆地走入了狭窄的陋巷，那里是正宗土耳其人的地盘。我们每前进一步，心中就更加孤独惶恐一些。恶狗们随着我们的前进而变得更加狂暴，它们恶狠狠地瞪着我们，跟在我们身后狂吠。褪色残破木屋的篱笆和地板散落一地，看上去简直就是破旧的鸡棚。

"看，爸爸，"乔伊伸手指着城墙，"这一定是罗马人建造的！"

他说的对。这堵墙由几排花岗岩砌成，中间夹杂着长条形的红362 砖。在北非和英格兰的约克郡也保存着这样的古城墙。这是古罗马世界的标志之一，无论罗马人扩张到了何处，他们都会在那里留下这种风格的城墙。

我和乔伊沿着内墙前行，穿过一个石拱门后进入了一座中世纪时期的堡垒。现在那里只剩下一片被围墙和塔楼包围着的草地。我们向门口的土耳其老人支付了一些土耳其里拉后，走进了堡垒的大门。里面除了我们以外，一个游客也没有。这座堡垒当年由罗马人建造，后来被土耳其人改建成所谓的"耶迪库勒"（Yedikule，意为七塔之堡垒）。如今这里早已被人遗弃，任其杂草丛生。

在稍远处的城墙上我发现了三座砖砌的拱门，旁边堆放着一些碎石。由于这些拱门并没有被醒目地标注出来，因此我们很久才意识到，这就是我们想要寻找的地方。

"我的天呐！这就是君士坦丁堡的黄金门！"我大声呼喊起来。

这座外形奇特的城门就是传说中的黄金门，也是君士坦丁堡当363 年最辉煌壮丽的城门。位于三座拱门中央的最大的那座拱门，仅仅在皇帝加冕或是凯旋时才开放使用。

一千多年前，黄金门由抛光的大理石筑成，厚重的铜质大门外层镶嵌着金板。拱门上雕刻着闪闪发光的题词，"感谢您将黄金时代带给罗马人并筑就这座黄金城门"，以此歌颂狄奥多西大帝的丰功伟绩。公

耶迪库勒的黄金门

注：图片由作者提供

元 628 年，希拉克略皇帝携带着从波斯缴获的真十字架以及 4 头大象，也是从这里进入君士坦丁堡，带领狂欢的军民举行盛大的凯旋游行。

然而随着领土逐渐萎缩，罗马帝国到最后只剩下一座四面楚歌的孤城。人们不得不把黄金门封闭起来，改造成一座城堡。如今，荣光不再的黄金门只留下痛苦和凄凉的回忆。再也不会有大象和凯旋的队伍从这里鱼贯而入了。

我们静静地在耶迪库勒附近漫步，这时乔伊发现了一座圆柱形的石塔。他走了进去，在里面看见了流浪汉留下的破旧床垫和几个空啤酒瓶。

364

†

光复君士坦丁堡

国土破碎、孤立无援并且失去首都的东罗马帝国似乎在 1204

耶迪库勒的塔楼内部

注：图片由作者提供

年就该寿终正寝了。君士坦丁堡的陷落仿佛是公元 5 世纪时罗马城毁灭的历史重演。当年的那场浩劫彻底结束了西罗马帝国的历史。

但是，东方的罗马人拒绝向命运屈服。虽然政治中心已经被西欧人摧毁，罗马人的流亡朝廷却依旧在尼西亚、伊庇鲁斯（Epirus）和黑海沿岸的特拉比松（Trebizond）地区站住了脚跟。流亡者们并没有放弃希望，他们在新的旗帜下重新聚集力量，静静地等待着受人憎恶的十字军因为不堪重负而自行崩溃。

在君士坦丁堡，十字军对刚刚占领的城市进行了深入调查，但他们并不知道如何治理该城。粗鄙不文的法国士兵认知的世界中只有家乡泥泞的封建庄园，想让他们管理一座危机重重的巨大都市无异于天方夜谭。新的统治者们对于从帝国继承而来的官僚体系并不信任，因此最终解散了他们，那些多年积累下来的管理经验和规章制度也都废弃不用了。对于航运和贸易，十字军领主们更是一窍不通，他们的政府不得不依赖威尼斯人出谋划策。而后者则借此机会大量侵吞贸易收入，拉丁帝国政府反而落得入不敷出。在前线，拉丁人与保加利亚人的战争似乎永无止境，双方都损失了大量的人力物力。新征服领土上的反抗更是让十字军疲于奔命。西方人在君士坦丁堡的统治正一天天堕入虚弱和无望之中。

第一位拉丁帝国皇帝鲍德温一世，在位仅仅一年就被保加利亚人擒杀。又过了两年，蒙费拉的博尼法斯也在前线阵亡。紧接着继位的鲍德温二世是拉丁帝国历史上统治时间最长的皇帝，但他也无力阻止君士坦丁堡的财富像指缝中的水那样潺潺流失。无奈之下，他不得不把帝国最珍贵的圣物，耶稣殉难时头戴的荆棘王冠，卖给了威尼斯商人，换回了 13134 块黄金。① 鲍德温二世用这笔钱雇用了一支军队，但他却无法接着用这支队伍为自己赢得其他东西。他欠威尼斯人的钱越来越多，最终不得不出售大皇宫屋顶上的铅瓦筹款，这也是城市中他可以搜刮的最后一笔财富了。马尔马拉海边昔日精致优雅的宫殿被雨水浸透，从此变成了失去灵魂的躯壳。

身无分文的鲍德温二世后来再次向威尼斯人借贷，这次他不得不交出自己唯一的儿子菲利普（Philip）作为抵押。在攻陷君士坦丁堡不到 40 年里，昔日的征服者竟被迫用自己的孩子抵债，这简直是莫大的讽刺。

与此同时，尼西亚的罗马流亡政权正在稳步收复小亚细亚和色

365

---

① 这个威尼斯人后来把荆棘王冠卖给了法国国王，后者专门修建了一座小教堂来保存这个圣物。今天荆棘王冠存放在巴黎圣母院中，每个月展出一次。我曾在 2015 年前去参观，可惜最后没能如愿，因为排在我前面的游客多达 1 万人。

雷斯的土地。副帝米海尔·帕里奥洛格斯（Michael Palaeologus）正时刻准备着夺回君士坦丁堡。他的力量还很弱小，但故都的人民都甘愿和他站在一起。正当他殚精竭虑地谋划艰难持久的攻城战时，命运女神突然对他微笑了。

当时，米海尔派将军阿莱克修斯·斯特拉戈普洛斯（Alexius Strategopulus）去君士坦丁堡郊外执行侦察任务。这位将军在城郊的村庄里遇到了同情他们的当地农民。后者告诉罗马士兵们，君士坦丁堡此刻防守空虚，大部分拉丁士兵和威尼斯舰队都已经离开城市去执行任务了。

公元 1261 年 7 月 24 日，阿莱克修斯将军的侦察兵们悄悄潜入了城市。他们从一座小门爬进城中，杀死哨兵后打开了城门。阿莱克修斯立刻率大军进城，迅速控制了布拉契耐皇宫。

睡梦中的鲍德温二世被战斗的喧闹声惊醒。他从窗口向外望去，发现宫殿广场上已经布满了米海尔的士兵。惊慌失措的鲍德温二世立刻丢下他的皇冠和权杖，步行从黄金门逃出，在海边跳上了一条离岸的威尼斯船只。皇帝的宝座被他拱手让给了米海尔。

三周后，米海尔·帕里奥洛格斯也徒步从黄金门进入君士坦丁堡。他之所以没有骑马或者乘车，是因为他希望以一位圣人而非皇帝的身份光复故都。君士坦丁堡的居民不敢相信眼前发生的一切，他们载歌载舞、欢呼雀跃，欢迎米海尔入城。在人群的簇拥下，米海尔·帕里奥洛格斯在圣索菲亚大教堂加冕为罗马皇帝和独裁者，史称米海尔八世。

奥斯曼人的崛起

米海尔八世是罗马帝国末代王朝巴列奥略王朝的第一位皇帝。

他刚一登上皇位，便开始马不停蹄地重建帝国。他派人重修狄奥多西墙，修缮圣索菲亚大教堂，还赞助重建了一座被十字军破坏的清真寺。

接下来，米海尔面对的最大挑战是重振帝国经济。金角湾的深水良港仍然吸引着世界各地的商船，但是帝国却很难从繁忙的贸易活动中获得收益。威尼斯和热那亚商人拥有免交地方税的贸易特权，甚至皇帝也不能迫使他们交钱。为了获得热那亚海军的援助，米海尔八世不得不把君士坦丁堡附近的加拉塔地区租借给热那亚人，后来热那亚殖民者在金角湾北岸建立起了一座坚固的石塔。

不幸中的万幸是，塞尔柱突厥人无法利用帝国虚弱的时机给罗马人致命一击。塞尔柱人的罗姆苏丹国对蒙古人成吉思汗的入侵毫无准备。公元 1245 年，蒙古军队在科塞达克（Köse Dagh）附近突袭，并且几乎全歼了塞尔柱军队。塞尔柱人从此一蹶不振。

米海尔八世的儿子，安德洛尼卡二世皇帝计划拆除帝国海军的80 艘战舰，以解决重修狄奥多西墙的财政问题。但是这一举措大大加强了帝国对于威尼斯和热那亚海上保护的依赖性，君士坦丁堡的城防仍旧得不到多少改善。由于缺少足够数量的陆军和舰队进行正面战斗，皇帝只能依靠贿赂和阴谋来分化瓦解敌人。

但是，罗马人面前的世界局势已经发生了翻天覆地的变化。在罗姆苏丹国覆亡后，小亚细亚变成军阀割据的无主之地。乱世出英雄，一帮被称为"加齐"（ghazis）的穆斯林武士在乡间游荡，并最终聚集在一个叫作奥斯曼的土耳其国之下。

奥斯曼人最早发源于中亚城市梅尔夫，后来迁居到小亚细亚。他们部落的名称来自于奠基人奥斯曼·贝伊（Osman Bey），此人曾在公元 1299 年率领族人摆脱塞尔柱人的统治而独立。就像公元7 世纪的阿拉伯人一样，奥斯曼人也是目光敏锐的勇士，他们抓住

367

了小亚细亚权力真空的历史契机，在伊斯兰教狂热精神的感召下，
迅速地崛起了。

　　奥斯曼人在安纳托利亚西北部建立起了自己的小王国，在那里
他们可以近距离地观察罗马人，从他们高度文明的邻居那里学习如
何治理国家。狂热的加齐武士南征北战，领土得到迅速的扩张。公
元 1326 年，奥斯曼人在历时七年的围城之后占领了普鲁萨，并将
其改名为布尔萨（Bursa），迁都于此。1331 年，他们攻陷了尼西
亚，改名为伊兹尼克（Iznik）。1337 年，他们又攻克了尼科米底
亚，改名为伊兹米特（Izmit）。

　　奥斯曼人的扩张直接导致君士坦丁堡政权江河日下。在皇帝约
翰五世·帕里奥洛格斯（John V Palaeologus）糟糕的统治时期，帝
国遭受了更大的损失。约翰五世即位时年仅 8 岁，他的母亲萨伏依
的安娜（Anna of Savoy）与摄政者约翰·坎塔库泽努斯（John
Cantacuzenus）为了争权夺利引发了内战。安娜为了筹措军费，竟
然把皇冠上的珠宝卖给了威尼斯人以换回 3 万达克特的金币。这耻
辱的一幕是那个悲剧时代的缩影。

　　公元 1347 年，一位宫廷历史学家来到了君士坦丁堡参加皇室
婚礼，他记录下了帝国的窘境。"婚宴上再也没有银器，人们用锡
和泥土制成的杯盘来替代。他们把玻璃当做珠宝充数，用涂上油漆
的皮革冒充黄金。"

　　他接着写道："从某种意义上说，罗马帝国的古老繁荣和辉煌
已经崩塌，并将永远消亡，永远……"[2]

　　14 世纪，黑死病又一次袭击了君士坦丁堡，帝国又一次遭到
了沉重的打击。城中大约三分之一到一半的居民染病身亡，幸存的
人则终日活在痛苦和恐惧之中。城中残留的人口已经不够填满这座
城市，诸城女皇已是荣光不再。过去拥挤不堪的城市，如今已经被

葡萄园和麦田分割成了一个个小小的社区。

公元 1350 年，内战再度爆发，约翰五世·帕里奥洛格斯与共治皇帝约翰六世·坎塔库泽努斯刀兵相见。约翰五世请来塞尔维亚人助阵，坎塔库泽努斯则得到奥斯曼军队的支持。在这场战争中，奥斯曼人第一次渡过达达尼尔海峡来到欧洲大陆。他们利用地震摧毁加利波利城墙的机会夺取了这座城市，并且以安拉的意志为由将这里据为己有。公元 1362 年，他们又攻陷色雷斯古城亚德里安堡（Adrianople），改名为埃迪尔内。穆拉德一世（Murad I）苏丹将这里作为奥斯曼人在欧洲的新都。君士坦丁堡彻底被奥斯曼人包围了。

在约翰五世统治的最后几年里，他不得不前往西欧各国的朝廷请求支援，以抵御奥斯曼人日益增长的威胁。这是罗马皇帝第一次以求助者的身份周游各国。在出访匈牙利时，约翰还保有着皇帝的威严，他拒绝下马与匈牙利国王面谈，因此受到后者冷落。约翰五世的西欧之行没有获得任何收获，反而因为欠债而一度被威尼斯人扣押起来。这对帝国皇帝和罗马独裁者来说不啻是奇耻大辱。由于从西方得不到任何实质上的援助，约翰五世不得不对奥斯曼人称臣，被迫向穆斯林苏丹致敬并且派兵支援奥斯曼人的军事行动。

约翰五世死后，巴列奥略王朝内部的权力斗争愈演愈烈。奥斯曼统治者甚至已经习惯于接待皇帝或者某位将军的特使，然后向内战中的某一方提供军事援助。王朝内部成员为了权力相互攻杀，大大削弱了帝国的声望，巴列奥略王朝继承来的罗马遗产被不肖子孙们肆无忌惮地挥霍。在世人眼中，罗马帝国已经从惹人同情的对象，逐渐转变为人们的笑料，最终只能忍受各方的蔑视。

十字圣球

　　"我，罪孽深重的斯蒂芬，来自大诺夫哥罗德，和我的八个同伴一起来到君士坦丁堡瞻仰圣地，并亲吻圣人的遗体。"[3]这是俄罗斯朝圣者斯蒂芬（Stephen）在他游记中的开头。他于公元1349年来到君士坦丁堡，他和同伴们被这座城市的宏大规模和复杂设计弄得十分困惑。他在游记中写道："在君士坦丁堡城中行走就像在森林里探险。假如没有好向导，你寸步难行。假如你舍不得花钱雇导游，恐怕你永远没机会看到任何一位圣人的遗体"。[4]这段描写读起来，就好像猫途鹰（TripAdvisor）上面的旅游攻略一般。

　　当斯蒂芬和他的同伴来到奥古斯塔广场时，他们看到了一根"无论是尺寸、高度还是在美感上都令人震撼"的巨柱。斯蒂芬认为人们即使从遥远的海面也能看见它。巨柱顶部安放着查士丁尼皇帝的铜像。这座铜像的高度大概有9米到12米，当它刚刚被竖立在这里时，罗马帝国的力量还统治着意大利、埃及和圣地。雕塑中的查士丁尼头戴羽盔，身披铠甲，骑在骏马上。他的右手"勇敢地指向南方，正对着萨拉森人的土地和遥远的耶路撒冷"[5]，似乎他就是抵御穆斯林入侵大潮中的中流砥柱。他的左手则紧握着一个顶端装饰着十字架的圆球，基督徒称之为"十字圣球"，穆斯林则称之为"红苹果"（Kizilelma）。它象征着上帝将整个世界的统治权交给了罗马皇帝。

　　对于奥斯曼人来说，这个球体是统治世界的神圣信物。夺取城市、得到红苹果并成为全世界的合法统治者是他们永恒的心愿。

　　据说当奥斯曼土耳其最后一次围攻君士坦丁堡时，查士丁尼雕塑手中的球体无缘无故地掉落到了广场上。这是个可怕的预兆。人们试图把它装回去，但是"红苹果"一次又一次落回了地面。最终人们放弃了努力，把它留在了奥古斯塔广场被砸碎的地面上。这是罗马人失去统治权力的征兆。"红苹果"已经成熟，即将由他人采摘。

查士丁尼雕像画

注：公版图片

公元 1349 年，西班牙贵族佩德罗·塔福尔（Pedro Tafur）来到君士坦丁堡，拜访他的远房亲戚约翰八世皇帝（John VIII）。佩德罗受到了皇帝的热情欢迎，并被邀请参加皇家狩猎和宫廷宴会。在短暂的宫廷生活中，佩德罗目睹了皇帝的拮据生活。由于无力支付布拉契耐皇宫的维护费用，许多宫室都因年久失修而关

闭。皇帝和他的家人们只能居住在几间设备齐全但略显拥挤的公
372 寓之中。

当佩德罗漫步在君士坦丁堡街头时，衣衫褴褛的市民让他感到
震惊。他写道："他们衣着破烂，显得悲伤可怜，你能看得出他们
的生活十分艰难。"[6]

佩德罗还在狄奥多西墙边碰巧看到城外的土耳其军队列队行军。
这场声势浩大的进军看上去令人心潮澎湃，但佩德罗却充满担忧：[7]

> 我以为他们（土耳其人）会停下脚步，然后攻打城市，
> 但实际上他们继续前进，向黑海方向去了……我希望我们拥有
> 足够的军队，但事与愿违，我们的军队太少了，很难保卫城
> 市。因此，对我们能够安全无虞地目送他们离开，我深感庆
> 幸。我们必须向上帝祈祷，因为这里既没有战舰也没有堡垒，
> 没有人能够保护我们，我们只能用自己的生命去战斗。

†

我和乔伊沿着狄奥多西墙静静地向北走去。在城墙后门那里，
我们看到一个木工作坊。黄金门破败的景象在我们心中播下了忧郁
的情绪，让我们都感到一种奇怪的失落感。

古希腊人是这样描述"抑郁"的。"不可自拔的悲伤和嗜睡"，
这听起来很像现代对抑郁症的诊断。但我在狄奥多西墙边感受到的
情绪却不是这样。奥尔汗·帕穆克在他的回忆录《伊斯坦布尔》
中，用了一个土耳其语词汇"Hüzün"来描述一种类似的情感，这

种情感贯穿了他的整个少年时代。他表示，"Hüzün"并不是一种孤立的体验，而是每个生长在这座布满纪念碑、拥有光荣历史城市里的人们共同的心声。当他放眼远眺，能感受到昔日建城时绚烂光彩的世界。但当他低下头，眼前却是一片黑白单调的落寞景象。这是一种若隐若现的悲伤，一种温情脉脉的确定。

373

　　在帕慕克孩提时代还是死气沉沉的伊斯坦布尔，如今已经走进了新纪元，正逐渐变成一座充满活力的现代化城市。在我们沿着城墙漫步的过程中，我和乔伊已经注意到很多老旧民房已经被推倒。在新开辟的空地上，一套套安装了现代管线系统、空调和宽带的新式联排民宅正在建设当中。我想，也许新搬来的居民过不了多久就会要求市政府拆除古老的城墙，为自己争取更多的生活空间。

法提赫区，伊斯坦布尔

注：图片由作者提供

我们继续前行，在雷吉乌姆门（Gate of the Rhegium）附近，我看到了砖墙上的古代阶梯。我顺着阶梯爬上城墙顶部，转身把乔伊也拉了上来。城墙顶部并没有起保护作用的围栏，因此万一我们中任何一个人不慎失足跌倒，父子二人都会从这里摔下去。我们小心翼翼地站在一段看上去结实的墙体上，向西面望去。在我们脚下不远处，就是狄奥多西墙外城墙的残垣断壁。在稍远的地方，我们能看见立交桥匝道和更多的临时住房。而大伊斯坦布尔市的现代城区则一直绵延到地平线所及的地方。

我们登上一座高塔，从窗口眺望远方。这里曾经是罗马哨兵执勤的地方，在这里可以侦察城墙外平原上敌人的一举一动。我们从塔上下来，继续前行，一直走到城墙被六车道公路截断的地方。在那里的地下通道中，我和乔伊发现了描述穆罕默德二世攻克君士坦丁堡的手绘壁画。这是我们第一次在土耳其发现为这场胜利歌功颂德的艺术作品。但是画中展示的只有凯旋的奥斯曼人，他们的敌人罗马人却并未出现。似乎人们已经忘记了被这场战争埋葬的古老帝国。

乔伊站在狄奥多西墙边，圣罗曼努斯门附近

注：图片由作者提供

374

我们来到圣罗曼努斯门附近，冬日温暖的阳光照在陡峭的山坡上。这里曾经是狄奥多西墙陆墙中最薄弱的地方。如今，外墙早已被拆毁，我们能清晰地看到最后一段内墙，它向金角湾方向延伸着，周遭布满了方形或六角形的高塔。这些威武的城墙和塔楼仍然昂首屹立，仿佛仍在尽职尽责瞭望中的老兵。城墙下方有一条曲折狭窄的小溪穿过，乔伊轻轻一跳就能从上方跃过。或许这就是当年的莱克斯河（Lycus River）。在某一座塔楼上，我发现朝西的砖墙表面雕刻着十字架的图案，仿佛这就是城市的护身符。

†

穆拉德和穆罕默德

君士坦丁堡以西 240 公里外坐落着埃迪尔内城，那是奥斯曼土耳其在欧洲的都城。在奥斯曼人的统治之下，这座城市蓬勃发展。富丽堂皇的清真寺、喷泉、医院和新宫殿都在苏丹的赞助下拔地而起。这一派繁荣景象恰如其分地体现出新兴土耳其人的财富与力量。不久前还是游牧部落的奥斯曼人从罗马人那里学到了许多，他们的生活习惯也因此发生了翻天覆地的变化。他们变得更加富有，更热衷于定居，也更重视教育。原来那些自称"酋长（Emir）"的奥斯曼统治者们改称自己为"苏丹"，并开始实行具有大国派头的宫廷礼仪。他们希望自己被臣民敬畏，成为高高在上的独裁者。

与此同时，奥斯曼苏丹也不打算再安分守己地居住在埃迪尔内。要知道，土耳其人的国土已经将一座更加著名的罗马城市包围。更重要的是，这座城市的主人还是罗马帝国的皇帝，以恺撒的继承者身份自居。

苏丹穆拉德二世（Murad II）在前任成功统治的基础上，进一步扩大了奥斯曼帝国的领土。他是一位目光敏锐、受人爱戴的统治者，即使他的敌人也对他由衷佩服。尽管如此，穆拉德还是一次又一次地被叛乱的将军或企图篡位的野心家折磨得焦头烂额。直到后来，他才发现许多暴乱和反叛行为的背后，都有君士坦丁堡政权的影子。这一点很容易理解，罗马皇帝缺少兵力，他只能通过阴谋诡计削弱土耳其人的实力。每当穆拉德的政敌来到君士坦丁堡寻求庇护时，罗马皇帝都会慷慨地接受他们的请求，穆拉德则一次又一次地为此付出代价。

公元 1421 年，穆拉德二世再也无法忍受基督徒的骚扰，亲率大军兵临君士坦丁堡城下。长达三个月的围攻开始了。然而人多势众、占尽优势的奥斯曼军队，却不得不最终放弃了围城。狡猾的罗马人一面据城防守，一面支持穆拉德野心勃勃的弟弟穆斯塔法（Mustafa）在小亚细亚发动叛乱。穆拉德二世只得解除围困，去小亚细亚追杀穆斯塔法。

尽管曾经血迹斑斑，但在穆拉德二世去世前的最后几年里，罗马人和奥斯曼人之间却保持着和平。深受穆拉德信任的大维齐尔（译者注：chief vizier，土耳其苏丹以下的最高官员，相当于宰相）哈利勒帕夏（Halil Pasha）一直秘密接受罗马人的贿赂。他经常规劝苏丹不要对罗马人的首都发动全面进攻，因为这样很可能会招来西方基督教王国十字军的报复。直到去世，穆拉德二世都不得不容忍自己的领土中耸立着一座令他觉得芒刺在背的基督教城市。

公元 1451 年，穆拉德二世在埃迪尔内病逝，他年仅 19 岁的儿子穆罕默德继承了苏丹的头衔。在欧洲，穆罕默德一直被人认为是个荒谬可笑的少年，看上去莽撞、幼稚并且愚蠢。穆拉德逝世之前曾经两次让位于穆罕默德，让他尝试着治国理政，但两次都因为哈利勒帕夏的阴谋诡计而灾难性地失败了。每一次哈利勒帕夏都想方设法迎回赋闲在家的穆拉德，他认为穆罕默德根本不能胜任苏丹的工作。

　　声名狼藉的穆罕默德二世登基，让罗马皇帝手下的大臣们倍感欣慰。但是皇帝的首席顾问乔治·斯弗兰齐斯（George Sphrantzes）却不那么乐观："这个消息让我高兴不起来。之前的苏丹是个老头，他已经放弃了征服君士坦丁堡的计划。但是新苏丹是个年轻人，他从小时候起就是基督徒危险的敌人。"[8]

　　穆罕默德是穆拉德二世的第三个孩子，按道理并没有继承权。他小时候就是个不听话的孩子，并经常顶撞父亲。从来没有哪个老师能够让他好好学习，直到穆拉德二世请来了一位叫作艾哈迈德·古兰尼（Ahmed Gurani）的穆拉（穆斯林对老师和学者的尊称。——译者注）（mullah）。艾哈迈德·古兰尼留着长长的红胡须，十分醒目。第一次上课，他就拿出一根树枝，展示给小穆罕默德看。

　　"你的父亲让我来做你的老师，"古兰尼自我介绍说，"如果你不听我的话，我就要用这根树枝抽打你。"

　　小穆罕默德不屑地笑了，他立刻被古兰尼用树枝狠狠地抽打了一下。从此，穆罕默德开始对古兰尼敬畏有加，成为一名潜心向学的学生。古兰尼把一则有名的预言教给了穆罕默德，这则预言确信罗马帝国的都城将最终落入穆斯林之手，而穆罕默德正是天选之人。"你命中注定应该成为君士坦丁堡的征服者。你将会成为一位名垂青史的领袖，你的士兵将组成举世无双的军队！"[9]

　　穆罕默德本来并没有机会继承父亲的帝国，但是当他的大哥艾哈迈德（Ahmed）土子在 1437 年突然去世后，一切都改变了。6 年后，他的另一个哥哥，阿拉丁·阿里（Alaeddin Ali）王子与其

377

幼子一起被人勒死在床上。阿里王子曾经是穆拉德二世最喜爱的儿子，他的离奇去世让年迈的苏丹从此深陷悲伤。因为这些变故，穆罕默德年仅 11 岁时就成了新的苏丹。

378　　一天，在爱琴海岸边曼尼撒（Manisa）地区的穆罕默德突然收到了一封密信，信中通报了穆拉德二世的死讯。穆罕默德立刻跳上白色骏马，向自己的手下大声高呼：“每一个爱戴我的人，跟我一起出发吧！”然后他们立即开赴阿迪尔内。

公元 1451 年 2 月 18 日，年轻的穆罕默德“再次”加冕为苏丹，史称穆罕默德二世。他立刻召集所有朝廷显贵前来集会，大家都来了，唯独不见哈利勒帕夏。

“为什么我的大维齐尔不见了？”他问道，“请你们把哈利勒帕夏请来，他将来仍然是朝廷的栋梁。”

人们找来了哈利勒帕夏。他跪在穆罕默德二世面前，恭顺地亲吻苏丹的手。穆罕默德二世慷慨地让他继续担任大维齐尔。

现在的穆罕默德二世已经不再幼稚，他懂得了如何韬光养晦、蓄势而发。

穆罕默德二世苏丹是个精力充沛的人，此外，他的心中充满了各种相互矛盾的想法。他是伊斯兰圣战的坚定支持者，却慷慨宽容地对待治下的基督教徒和犹太教徒。他有时内心脆弱，有时脾气暴躁，却善于制定富有远见的计划，并能够坚定不移地持续工作。他娶了五个妻子，还同时拥有好几名男宠。

一副流传甚广的袖珍肖像记录了穆罕默德二世晚年时的容貌。他被描绘成一位充满魅力的男子，有着红色的胡须、红宝石般的清秀嘴唇以及俊俏的鹰钩鼻。画中的他深情温和，正专注地细嗅玫瑰花茎的芬芳。我们从这幅肖像中看到了穆罕默德二世伤春悲秋的诗人情怀。但是在他刚刚手握大权时，我们却从史料中看到了另一个同样真实的他，一位残酷无情的统治者。

穆罕默德二世有一个同父异母的兄弟，名叫艾哈迈德·切莱比（Ahmed Çelebi）。穆罕默德在自己的宫殿中召见切莱比的母亲，同时派出刺客前往她的家中将小艾哈迈德溺死在浴缸里。这位承受了丧子之痛的母亲随即被迫嫁给了一名土耳其贵族，并被驱逐出了都城。

379

通过谋杀自己襁褓之中的弟弟，穆罕默德确定了一条新的皇家弑亲法则，并将其写入了土耳其法典："无论我的哪个儿子继承了苏丹的宝座，都应该为了维持世界的秩序而杀死他的兄弟。"[10] 穆罕默德二世认为杀死与自己敌对的兄弟是一件好事，这条原则能够维护国家的稳定。罗马人则是典型的反面教材。每当新的罗马皇帝继位，总是会带来政局动荡。

稳固了统治之后，穆罕默德二世将自己的注意力再次转移到了君士坦丁堡问题上。在军事顾问的鼓励下，年轻的苏丹认为自己应该成为像亚历山大那样的帝国缔造者。他决心作为一名伊斯兰勇士，发动"吉哈德"圣战去征服基督教文明。穆罕默德二世定下决心，一定要亲自夺取君士坦丁堡，假如罗马皇帝不愿投降，那就杀死他。

穆罕默德二世苏丹

注：公版图片/维基共享资源

380

最后的罗马皇帝

当穆罕默德二世在书桌前来回踱步，日夜研究君士坦丁堡的城防模型时，他的对手正在狄奥多西墙后的布拉契耐宫中安睡。

　　罗马皇帝君士坦丁十一世·帕里奥洛格斯时年 43 岁，他即将成为奥古斯都称帝上千年来一百多位罗马皇帝中的最后一人。与那些尸位素餐的前任皇帝相比，君士坦丁十一世是个完全不同的人。他勇敢而坚强，敢于面对一切挑战。帝国的顾问们为他的人格魅力所折服，甘愿忠心耿耿地追随他。即使是来到罗马宫廷中的外国人，也情愿把自己的前途和帝国的命运捆绑在一起。罗马帝国已经危在旦夕，君士坦丁十一世在接过皇冠的一瞬间，便已经走上了一条不归的道路。

　　君士坦丁十一世公元 1405 年生于君士坦丁堡，他的父亲是曼努埃尔二世皇帝，母亲是海伦娜·德拉加什（Helen Dragaš）皇后。巧合的是，由于各自国家文化的多元性，穆罕默德二世和君士坦丁十一世的母亲都来自塞尔维亚。君士坦丁的母亲出身于塞尔维亚贵族，穆罕默德的妈妈则是被解放的奴隶。和穆罕默德二世一样，君士坦丁十一世也并非生而为王，他在父皇的十个孩子中仅排行第八。他儿时的伙伴乔治·斯弗兰齐斯最终成了他最亲近的顾问。

　　君士坦丁十一世曾经历过两段婚姻。他的第一个妻子因为难产而死，12 年后他再次结婚，结果第二个妻子也因同样的原因去世。他的哥哥约翰八世成为皇帝后，任命他为伯罗奔尼撒半岛摩里亚（Morea）地区的统治者。这里是罗马帝国在都城以外仅存的土地了。

　　公元 1448 年的一天，两位来自君士坦丁堡的信使给君士坦丁带来了约翰八世皇帝的死讯，并宣布他已被选为新皇帝。君士坦丁心怀悲伤，勉强答应了。他不得不立刻履行职责，带着两位特使回到了君士坦丁堡。

　　新皇帝的完整头衔是"君士坦丁十一世·帕里奥洛格斯，'在基督里'的真正皇帝和罗马人的独裁者"。但这个头衔完全是个荒谬的玩笑，因为所谓的罗马"皇帝"此时已经成为奥斯曼土耳其人的附庸，依靠每年缴纳贡金维持和平。甚至连君士坦丁加冕为皇帝，也必须得到穆拉德二世苏丹的同意。

君士坦丁披上了皇帝的紫袍，缠上了装饰着黄金和珠宝的狭长洛罗斯围巾（loros）（罗马时代一种皇室和高官才能佩戴的围巾。——译者注），穿上了紫色皮靴。但他并不敢冒险在圣索菲亚大教堂进行完整的加冕典礼。此时的东正教徒已经分裂成两部，一部由君士坦丁堡牧首为代表，主张与西方天主教会联合以获得政治利益，另一部则认为教会合并乃异端行为。君士坦丁担心完整的加冕典礼会造成公共秩序混乱，因此让他统治的合法性蒙上阴影。

和穆罕默德一样，君士坦丁十一世皇帝也在每天钻研地图。他对即将到来的狂风暴雨早已不再抱有任何幻想。他和之前的皇帝一样，派出使节拜访西欧贵族，希望能够激发他们的宗教良知，再次组织军事行动对抗土耳其穆斯林，以期分散后者对于君士坦丁堡的注意力。他还呼吁罗马教廷提供支援，但教宗坚持军事援助必须等到东西方教会完全合并之后。

皇帝登基后不久，主张教会合并的牧首格里高利厌倦了被反对者指为异端，索性逃到罗马请求教宗的庇护。君士坦丁十一世皇帝陷入了尴尬的境地。他必须一面竭力向民众淡化宗教合并的前景，一面不断向教宗重申对于合并的承诺，还要保证埃迪尔内的苏丹不会以武力进行干涉。

当穆罕默德二世于1451年刚继承苏丹之位时，君士坦丁和他建立了友好的关系。皇帝的特使来到埃迪尔内向新苏丹送上了诚挚的祝贺。穆罕默德热情接待了他们，并且向安拉、先知、天使和大

382

天使起誓：奥斯曼土耳其人将与罗马皇帝和君士坦丁堡和平共处。君士坦丁可能把穆罕默德的承诺看得无比优厚，他以一个致命的错误结束了两国之间的蜜月。

君士坦丁堡当局向觊觎苏丹之位的奥斯曼王子奥尔罕（Prince Orhan）提供了庇护。穆拉德答应支付给罗马人一笔年金以保障奥尔罕的日常开销，作为回应，他要求罗马人将奥尔罕软禁在君士坦丁堡并保证他的生命安全。君士坦丁十一世打算索取更多的黄金，但他却错误地估计了形势。罗马皇帝的使者前往拜见哈利勒帕夏，并提出了一个荒谬的要求。土耳其人必须将年金提高一倍，否则罗马人将允许奥尔罕自由离开君士坦丁堡。

通过欺骗和勒索在敌人内部制造矛盾，这是罗马人千百年来的拿手好戏。但是这一次，罗马人对奥斯曼土耳其人所做的确实过分，而两者的实力对比又如此悬殊。皇帝在穆罕默德宫廷中唯一的盟友哈利勒帕夏曾经多次建议苏丹对罗马人采取宽容和耐心的态度，但这一次皇帝的勒索企图严重损害了哈利勒帕夏在朝廷中的声望。愤怒不已的哈利勒帕夏这样回复君士坦丁的使者：[11]

　　愚蠢的希腊人，我厌恶你们狡诈的伎俩。过去的苏丹是一位宽容而理智的人，对你们像是朋友。现在这位可不一样……和平条约上的墨迹刚刚勉强干透，你们这些蠢货竟然以为可以靠自己的幻想恐吓我们。我们可不是软弱可欺、头脑简单的小孩。如果你们想要做些什么，那就尽管去做吧。如果你们想要在色雷斯宣布奥尔罕为苏丹，那就尽管宣布。如果你们想要让匈牙利人渡过多瑙河进攻我们，尽管让他们来。如果你们想要收复那些你们过去丢失的土地，试试看吧。但是请你们牢牢记住，你们将永远无法在这些事情上取得任何进展。如果你们真的打算那么做，你们只会将现在剩下的那么一点点也一并失去。

哈利勒帕夏别无选择，他只能向苏丹汇报罗马人的"要求"。苏丹没有表现出任何愤怒，只说他以后会考虑这件事情。但是君士坦丁的敲诈计谋彻底失败，他不仅没有因此得到更多的金钱，反而与苏丹宫廷中最后一位盟友离心离德，让敌对势力变得更加强大。这封勒索信同时给了穆罕默德一个方便的借口去打破他原先的和平承诺。战祸不久就要来临。

†

海鸥在我们的头顶上盘旋，夕阳投下长长的影子，我们的徒步之旅即将结束。为了躲避车流，我们无意间走进了一个穆斯林墓地。那里的景象令人毛骨悚然，附近建筑工地上扬起的混凝土石灰覆盖住这里的大多数墓碑，仿佛一片鬼魅横行的死亡之林。

穿过几个街区后，我们一度迷了路，花了很久时间才找到了紫色寝宫的废墟。这里是布拉契耐皇宫建筑群中最晚建成的部分。当年的宫殿如今只剩下厚重的高墙，上面还留着大理石制成的拜占庭式拱形窗户。植物扭曲着在砖缝中生根，顽强地生长着。过去的出入口不知何时起被大面积不平整的金属瓦楞严严实实地堵上了。

384

我们沿着一条陡峭的路走过低处的学校，然后由狭窄的街道一路往上，直通金角湾的开阔处。我们从马尔马拉海沿着狄奥多西墙走到这里，花了足足一天。对于当年保卫城市的守军来说，面对占据压倒性优势的强敌，这条如此漫长的防线又意味着什么呢？

†

割喉者

公元 1452 年早春，奥斯曼工程师和建筑工人开始在博斯普鲁斯海峡的欧洲一侧，为一座新堡垒打下地基。这里位于君士坦丁堡的上游，距离罗马帝国的都城仅有 13 公里远。苏丹亲自为新堡垒选址并主持建造。在此之前，奥斯曼人已经在这条海峡的亚洲一侧，建立了一座名为"安纳托利亚堡垒"（Anadolu Hisar）的要塞。这样，穆罕默德二世就在这条狭窄水道的两侧构建起了两座咫尺相望的城堡，通过它们，能够完全控制这一带的航线。新的堡垒还有一个更重要的作用，那就是作为进攻君士坦丁堡的前方基地。

奥斯曼人在博斯普鲁斯海峡的动向很快就传到了君士坦丁堡，引起了罗马人的警惕和沮丧情绪。皇帝立刻派出特使，将一封措辞礼貌的信件交给穆罕默德二世，指出在罗马人的领土上修建新的要塞违反了双方的和平条约。

穆罕默德二世在回复特使的信里，坦率地陈述了当前的政治现实：[12]

君士坦丁堡当局拥有的只有君士坦丁堡。在狄奥多西墙的护城河之外，它一无所有。如果我想在这里建造一座要塞，它根本无法阻止。赶紧回去告诉你们的皇帝，现在的苏丹和过去

385

的完全不同。他们曾经无法做到的事，我能轻易地立刻完成。他们过去不愿意做的事，我却很感兴趣。

穆罕默德赶走了特使，还凶狠地威胁他："假如下次你们还派人来，我一定当场活剥了他的皮！"

穆罕默德的计划已经显露无遗。君士坦丁不得不再次向西方求援。这一次他找到了威尼斯人。威尼斯人对求助信的态度十分矛盾，一方面他们担心援助君士坦丁堡会影响自己与土耳其人之间的贸易收入，另一方面，威尼斯市政议会不愿意公开地抛弃基督教兄弟姐妹。他们最终只向罗马皇帝表示了同情，没有提供任何实际的援助。

与此同时，海峡边的新城堡正在迅速建造之中。穆罕默德二世每天早晨都会亲自前往工地监督施工。他的三位维齐尔每人负责监督建造城堡的一座主塔，都在尽心竭力地完成工作以讨好苏丹。罗马人的哨兵每天都在圣索菲亚大教堂的屋顶向博斯普鲁斯海峡眺望，他们只能无可奈何地看着这座城堡的围墙逐日升高。

君士坦丁堡附近的罗马农民经常遭受奥斯曼士兵的劫掠，他们对此无力阻止，只好请求皇帝派军队出城帮助他们。君士坦丁含泪拒绝了他们，因为他很清楚，一旦实力孱弱的罗马士兵跑出城墙之外，就会被奥斯曼人轻而易举地消灭掉。为了保护这些农民，君士坦丁希望能够和穆罕默德进行一笔交易。他表示愿意给修筑城堡的奥斯曼工人提供食物，以换取后者承诺不再骚扰农民。但穆罕默德拒绝了，反而鼓励他的手下在罗马人的农田里放牧牲畜。不可避免地，奥斯曼工人和罗马农民爆发了冲突。穆罕默德立刻以此为借口，派兵屠杀了这些农民。

作为报复，君士坦丁下令关闭君士坦丁堡的城门，将城中的土

鲁梅利城堡，"割喉者"

注：创作共用图片/Dennis Jarvis

耳其人关押起来。这些土耳其人乞求皇帝放他们回去，否则穆罕默德将来会把他们当作叛徒全部处死。君士坦丁叹了口气，把他们全都放走了。扣押这些人毫无意义，心如铁石的穆罕默德二世根本不会在乎这些人的死活，拿他们作为人质无法换到任何好处。

君士坦丁此时已经完全意识到事态的严峻。无路可退的皇帝干脆写了一封信，直接向穆罕默德二世挑战：[13]

既然你已经选择抛弃和平，拿起刀剑，而我也不能通过誓言或请求让你重新考虑，那我们只能如你所愿。我将听从上帝的旨意。假如他已经下令要求我将城市献给你，那谁也不能违背他的意志。假如他能够感化你，那我将高兴地接受和平。

现在，既然你已经违背了我们曾立誓签订的和约，我们就

废除它吧。从今以后，我将关闭君士坦丁堡所有的城门。我会 387
尽我全力，为城中百姓战斗到最后一刻。

接到来信后，穆罕默德二世兑现了之前的诺言，处决了信使。
他直截了当地回信给君士坦丁，"交出城市，不然就开战吧。"

1452 年 8 月 31 日，博斯普鲁斯海峡边的新要塞竣工了，整个
工期竟然只花了四个月。因为封锁了海峡最狭窄的地方，这座要塞
被人形象地称为"割喉者（Bogaz Kezen）"。今天我们在博斯普鲁
斯海岸上仍然能看到这座造型奇特的中世纪城堡，圆形的石塔和陡
峭的护墙都保存得十分完好，一直延伸到海岸的边缘。

穆罕默德二世对一种相对新颖的武器大炮产生了浓厚的兴
趣。他下令在"割喉者"堡垒安装了三门巨大的青铜火炮。这
些大炮可以低空发射巨大的球形石弹，轻松地将海峡中的任何
船只轰得粉身碎骨。在亚洲海岸一侧的要塞中布置了更多的火
炮，这样奥斯曼人就能从海峡两侧同时进行封锁。穆罕默德还
命令海峡要塞的指挥官截停所有通过的船只，并向他们征收通
行费。

11 月下旬，一艘威尼斯商船试图向君士坦丁堡运输食物，它
驶入博斯普鲁斯海峡并进入了"割喉者"要塞的射程。威尼斯船
长安东尼奥·里佐（Antionio Rizzo）决定快速通过要塞区，抢在
奥斯曼士兵开炮前离开那里。但是训练有素的土耳其人早有准 388
备。大炮发出惊天巨响，巨大的球状炮弹掠过水面，准确地命中
了威尼斯商船，把它打得四分五裂。里佐和他的船员们不得不跳
上小艇，划到岸边。他们很快被奥斯曼士兵抓住后处决。里佐的
尸体被叉在长矛上，丢弃在路边任其腐烂，没有人去埋葬。

从此之后，再也没有船只试图测试"割喉者"要塞的威力了。

穆罕默德二世宣布，君士坦丁堡已经完全陷入封锁。

新堡垒的落成震惊了远在罗马的教宗尼古拉。而法国、德国和西班牙的国王也开始慢慢意识到君士坦丁堡正在面对迫在眉睫的威胁，但这些国家的统治者们或因为国力不足，或因为内乱缠身，或因为远隔重洋，都无法向罗马人伸出援助之手。

389

第十章　地狱回声

公元 1453 年，君士坦丁堡最终陷落前夕的帝国版图

动物之书

　　店主们正忙着打扫门前的街道，并把他们的明信片货架从屋里拖出来。两个地毯商人坐在商店之间街道上的牛奶箱子上，一边抽烟一边品尝小杯的苹果茶。我和乔伊走过狭窄的街巷，来到阿拉斯塔巴扎（Arasta Bazaar）。乔伊指着公寓楼边的一个玩具小屋给我

看，他似乎对这个类似狗棚的小建筑很感兴趣。这间彩绘小房子的主人是一只洋洋得意的黑白花猫，它正慵懒地从屋里伸出头来，享受冬日的阳光。这就是苏丹艾哈迈迪区早晨的景象。

在伊斯坦布尔，随处都能见到猫的身影。它们的存在大大减少了城市生活给人带来的压力。每天夜里，我和乔伊都习惯于通过房间的窗户观察街对面的地毯店铺。在陈列橱窗里有一只纸箱，里面住着一只毛发蓬松的白猫和它的四个孩子。它们经常拖着地毯布料，欢快地蹦来跳去。

乔伊一直在计算我们路上遇到猫的数目。在他眼里，猫无处不在。有的栖息在石制的窗台上，有的坐在古代的台阶上，有的在电车车站里打哈欠，有的在托普卡帕宫（Topkapi Palace）门前追逐落叶。在伊斯坦布尔的餐馆里，小猫经常会跳上餐桌，然后在你的膝盖上找到一处舒适的地方，蜷起来睡下。在侍者给你送来食物之前，它们早就进入了梦乡。

注：图片由作者提供

猫在伊斯兰文化中被认为是清洁之物，因此备受穆斯林的喜爱。据说先知本人就曾立法禁止人们虐待或杀死猫。有一个故事说穆罕默德为了出发去祷告，不得不剪断了自己的袖子，只是为了不吵醒上面睡着的一只小猫。

中世纪埃及学者达米里（Al – Damiri）编纂了一本名为《动物之书》（*The Book Of Animals*）的百科全书，按照字母顺序精心列出了古兰经里提到的所有动物。在每一种动物的条目下，他都收集了相关的阿拉伯和波斯民间故事。他提到，猫的起源可以追溯到挪亚方舟的传说，当时船上的动物们都在抱怨老鼠成灾，于是上帝让狮子打了个喷嚏，猫就从狮子的鼻孔中跑了出来。世界上第一只猫就这样诞生了。

391

那天午餐时，我和乔伊都被猫完全吸引了。当我们盛满食物的餐盘到来时，两只小猫立刻跑过来，乞求我们分享一些残羹剩饭。紧接着，又跑过来三只。五只猫组成一个圆圈，把乔伊围在中间。乔伊一下子就被这些毛茸茸的可爱动物逗乐了。其中的一只烟灰色小猫发现我这里也有好吃的，便离开同伴跑到我身边，发出可怜巴巴的呼噜声。我开心地笑了，但是我可不打算现在就把食物给它。"不给你，小猫猫。"我一边笑一边转过身去开始用餐。这下那只小猫可气坏了，它一跃而起，狠狠地在我的手上挠了一下。

相比于猫，伊斯兰文化对狗的态度就复杂多了。一般来说，狗被认为是不洁的，人们还会用它来骂人。但在古兰经中又记载了义犬护主之类的故事。先知还说过，如果一个信徒给口渴的狗喂水，那他就可以获得升入天堂的奖励。

†

罗马教宗

在君士坦丁堡毁灭前的最后几个月里，罗马城的拉丁教会一直是最受罗马人憎恶的名字。人们经常用"罗马教宗"这个名词来给城里的狗起名。[1]在东正教强硬派的眼中，拉丁教会完全歪曲了基督教，这些令人憎恶的家伙比穆斯林还要不堪。

在 1452 年底，帝国的形势依旧在进一步恶化。君士坦丁十一世皇帝仍然寄望于教宗能够召集新的十字军。如果西欧贵族们能够再次团结起来，支援君士坦丁堡的基督教兄弟，或许还能抵挡住奥斯曼人的攻势。皇帝言语急切的信件一封接一封寄往罗马城，警告教宗尼古拉，君士坦丁堡的陷落只在旦夕。但实际上，那时候的教宗早已失去了号召或者激励欧洲领主加入十字军的权力。为了实现一些微不足道的政治利益，尼古拉对皇帝隐瞒了自己的无力，并开出了更高的价码。他要求，只有东正教会正式承认教宗精神领袖的地位，他才能够帮助君士坦丁皇帝。

在过去的几个世纪中，东西方教会的分歧越来越大。他们就像合不来的夫妻，长期的分居已经让他们失去了一切共同语言。公元1054 年，东西方教会彻底分裂。当时身着盛装的教宗代表在大礼弥撒（High Mass）期间闯入圣索菲亚大教堂，在众目睽睽之下将"破门诏书（bull of excommunication）"丢在圣坛上。罗马天主教宗与君士坦丁堡东正教会划清界限的行为引发了城中的暴乱。君士坦丁堡牧首也毫不示弱，他当众焚烧了这份诏书，并且宣布将罗马教宗从自己的教会中除名。虽然双方相互除名行为的合法性一直存疑，但是这一事件造成的可怕后果却实实在在地延续了下来。经年累月之后，罗马教宗坚持要东正教会向自己屈服，否则双方之间的裂痕无法修补。

卑躬屈膝服侍西方教会对于君士坦丁十一世皇帝来说十分痛苦和屈辱，但是他仍然不得不虚应地强装谦恭。皇帝的特使在各方之间积极奔走，试图弥合教会间的分歧。他们的努力也确实得到了一些回报，东正教主教们对于教会合并产生了稍许善意。但是血迹斑斑的历史仍然没有被遗忘，第四次十字军东征时，拉丁人在君士坦丁堡犯下的罪恶依旧是东正教徒心中的苦痛。就宗教问题本身，东西方教会也有很多分歧，比如神圣的三位一体、牧师是否可以结婚以及圣餐中使用的面包到底该不该发酵……许多君士坦丁堡市民宣布，无论皇帝或者主教发布何种命令，他们都不会接受与西方教会的合并。

反对教会合并的领袖是一位名叫格纳迪乌斯（Gennadius）的僧侣。当时很多人认为教会合并虽然不幸，但仍算是很有必要的正事。他对这种观点嗤之以鼻。格纳迪乌斯告诉人们，对教宗屈服不仅不能拯救城市，反而会受到永恒的诅咒。西方拉丁教会本来就是异端，教宗则是反对基督的罪魁祸首。真正的教会如果向异端屈服，一定会导致上帝的愤怒，从而引发世界末日的到来，不仅仅君士坦丁堡，甚至整个世界都会因此毁灭。他质问那些赞同教会合并的人："假如世界的命运和不朽的灵魂都可以弃置不顾，那么区区一座城市的存亡又有什么值得顾虑的呢？"

许多东正教徒宁可生活在开明的穆斯林君主的统治下，也不愿向教宗低头。大公卢卡斯·诺塔拉斯（Lucas Notaras）把这个观念凝练成了一句脍炙人口的名言："我们宁可接受苏丹的缠头巾，也不想看到教宗的法冠！"但最终他还是接受了政治局势反映出的现实，答应替皇帝在苛刻的罗马教宗和情绪激烈的市民之间找寻些回旋余地。

尽管教宗明白君士坦丁十一世的处境十分艰难，但是面对皇帝诚恳的请求，他的回答仍然如此冰冷残忍：[2]

如果你和你的臣民们接受教会合并的条件，那么我们神圣的罗马教廷将成为你们的兄弟，支持你们为荣誉和国家而战。但如果你们拒绝教廷的旨意，那么我们不得不采取必要的措施，让你们知道我们的荣耀，得到拯救。

教宗尼古拉提出的条件十分严苛。他坚持必须首先在圣索菲亚大教堂举行教会合并仪式，然后才会发动十字军圣战来拯救这座城市。君士坦丁皇帝勉强同意了这一要求。于是教宗派出基辅枢机主教伊西多尔（Isidore of Kiev）代表他主持仪式。当伊西多尔来到君士坦丁堡时，赠送给皇帝200名弓箭手和一箱黄金作为礼物，帮助罗马人加强城市的防御。这一善举一时间为教会合并博得了民众的好感。

皇帝的廷臣之一杜卡斯（Ducas）参加了接待伊西多尔的仪式。他一眼就看穿这次合并根本就是一场闹剧：[3]

> 皇帝热情接待了伊西多尔使团一行，并且给予他们应得的荣誉。之后他们坐下来，商讨教会合并的细节。使团发现皇帝和东正教会成员都赞同合并。但是'大多数'牧师、修女以及其他神职人员都表示了反对。我承认，并不是'大多数'。修女们逼迫我如实陈述，好吧，那我清楚明白地说，不是'大多数'，而是所有人，无一例外地，都反对教会合并。甚至皇帝本人，对合并也口是心非。

公元1452年12月12日，东西方基督教会在圣索菲亚大教堂正式合并。从此，君士坦丁堡将采用天主教仪式，废弃希腊语改用拉丁语，并且在圣餐时使用不发酵的面包。人们必须同时向教宗和牧首致敬。在这个气氛凄凉的仪式上，人们从君士坦丁十一世皇帝脸上看到了压抑和沮丧的神情。他坐在教堂巨大穹顶下方的宝座上，沉默不语。

一群忧心忡忡的反教会合并派基督徒聚集在潘多克拉托罗斯修道院门口，请求格纳迪乌斯给他们下一步行动的指示。但是格纳迪乌斯拒绝离开房间去见他们。他只是潦草地写了张字条，将其钉在自己房间的门上："唉，远离欢乐的罗马人，你们为什么抛弃真理？你们为什么不相信上帝，却相信意大利人？你们已经丧失了信仰，很快就会失去你们的城市。"[4]

反教会合并派信徒纷纷感到心痛和无助。成群结队的僧侣在街道上游荡，痛苦地大声哀号。城市的小酒馆里挤满了前来买醉的人们。许多醉醺醺的人拿着酒碗，磕磕绊绊地走在城里的路上，口齿不清地诅咒着不忠的教会合并派。

第二天一早，伊西多尔就给教宗写了一封热情洋溢的信："鄙人向教宗大人报告好消息，我的任务已经完成，两大教会现在已经正式合并在天主教的大旗之下了！"

然而他高兴得太早了，这场胜利其实毫无意义。从那天以后，东正教徒都纷纷避开圣索菲亚大教堂，仿佛那是一座异教神庙。查士丁尼皇帝留下的伟大教堂在整整九百年间闪耀着信仰的光芒，而从此以后，却变得空洞、阴暗和沉默。

异教徒的盟友

在 240 公里外的埃迪尔内，穆罕默德二世苏丹收到了君士坦丁堡宗教动乱愈演愈烈的消息。这位因激动而不知疲倦的苏丹每天无暇睡眠，翻来覆去地构思攻击城市的计划。他经常从床上一跃而起，大步走到书桌边，将自己新的灵感写入计划书中。每天他都一遍遍地勾画和回忆君士坦丁堡城墙和哨所的细节，并且详细盘问每一个他能找到的、有可能知道哪怕一丁点城防细节的人。

虽然奥斯曼军队的数量远超罗马人，穆罕默德二世仍然不敢掉以轻心，因为他需要完备的补给供应链来支持这支大军。与此同时，他还需要顾问们的全力支持。苏丹禁卫军出身的希哈贝廷（Shihabettin）和扎加诺斯（Zaganos）都支持攻城，但是哈利勒帕夏却建议苏丹谨慎行事，小心西欧军队乘虚而入。因此背地里，哈利勒帕夏的政敌都称他为"异教徒的盟友"。

一天深夜，哈利勒帕夏突然被两名宦官叫醒，说苏丹召唤他立刻觐见。感到大事不妙的哈利勒帕夏为了以防万一，带着一捧黄金来到苏丹的住处。当他看到穆罕默德二世正坐在床上时，赶忙把黄金放在了他的脚边。穆罕默德吃了一惊，问他为什么要这么做。

"这是传统，"哈利勒回答道，"当一个贵族被苏丹在如此紧急的情况下召见，他可不能空手而来。"

"我不需要你的黄金，"穆罕默德二世轻蔑地笑了，"我只希望你给我一样东西，就是帮助我夺取君士坦丁堡。"他指了指身边的床，"看见了吗，这是我的床，每天我在这里辗转反侧，寝不安席。"苏丹暗示哈利勒帕夏，他早已经知道后者收受了罗马人的贿赂。[5] 他警告道："我告诉你，哈利勒，不要被金银腐蚀了心智。我们应当勇敢地和罗马人战斗，顺应安拉的意志，夺取这座城市。"

到 1453 年 1 月，穆罕默德二世等不及地发动了进攻。他召集所有的顾问，听取了各种意见后，宣布自己将追寻内心的愿望，义无反顾地攻打君士坦丁堡，水陆并进，直到攻陷这座城市，夺取巴塞琉斯的皇冠。

如果想要攻占君士坦丁堡，他必须速战速决。既不能给欧洲基督教世界足够的时间组织军队干涉，也不能让长期围城引起的疾病和绝望有机会摧毁他的军队。

血税

有一条很古老的军事谚语："外行关注战术，内行着眼后勤。"穆罕默德二世不仅生来雄心勃勃，也对细节殚精竭虑。他不眠不休，对这次围攻行动背后复杂的组织工作事必躬亲，因为他水陆两栖的围攻指向的是世界上防御最为完备的城市。奥斯曼帝国的工人们连日连夜地收集木材、钢铁、绳索、硫黄、锡和青铜，用这些材料赶制战船、盔甲、弓箭和帐篷。穆罕默德二世动员起他所有的部队，士兵们一律不得休假。他向整个伊斯兰世界发出了圣战的召唤，无数志愿者从奥斯曼帝国各地赶来。他们不仅受到圣战荣誉的激励，也对有机会分得一份罗马帝国神话般的财宝心动不已。

穆罕默德二世军队的核心是苏丹禁卫军（Janissaries）。他们是精锐的职业士兵，包括弩手、火枪手和工兵等兵种。苏丹禁卫军成员佩戴独特的白色头巾，身穿蓝色羊毛大衣。他们在军乐的旋律中行军，住在军营里。和"加齐"志愿兵不同，禁卫军成员可以领到薪水。有趣的是，他们的军衔称号都来自厨师的行话。比如说，每个连队的指挥官都被称为"汤厨（c̦orbaci）"，他的徽章上画着一个大汤勺，用以表示对苏丹的谦卑之情。除此以外，还有诸如"主厨"、"面包师"和"煎饼师"之类的军衔。苏丹禁卫军以"团（regiment）"为单位，每当集体就餐时，每个团的士兵会聚集在一个被称为"kazgan"的大锅边，分享他们的手抓饭。假如这个团队哗变了，他们就会推翻这个大锅表达不满，然后用自己的饭勺敲击锅底制造噪声，以此表示他们不再食用苏丹的大米。

苏丹禁卫军的成员都是某种意义上的孤儿。除了军团里的战友

398

之外，他们鲜有其他社会关系。对他们来说，军营就是唯一的家。这些人都出生于奥斯曼帝国境内的基督教家庭，从小就被从父母身边带走。这就是奥斯曼苏丹要求基督徒缴纳的所谓"血税"。

这些男孩被送入穆斯林家庭并在那里接受割礼，然后他们会皈心伊斯兰教，并每天进行军事训练。当他们童年的记忆渐渐消失后，他们开始接受土耳其、波斯和阿拉伯式的教育，学习文学、会话、骑术、标枪、摔跤和弓箭。他们的脑海中不再有家庭观念，取而代之的只有军营中的袍泽之情。随着时间推移，苏丹禁卫军成员会完全遗忘自己的童年、父母和家乡，他们只认苏丹是唯一的主人和父亲，苏丹的意志是唯一的目标，苏丹的青睐是唯一的快乐。[6]穆罕默德二世的次席顾问扎加诺斯帕夏就出身于巴尔干地区的基督教家庭，在孩提时代加入了苏丹禁卫军。

严格的训练和思想教育将这些男孩塑造成纪律严明、忠心耿耿的勇士。他们成年后将被吸收进入欧洲最专业的军队。苏丹禁卫军成员的官方头衔是"苏丹的奴隶（kapukulu）"，但他们实际上待遇良好，并且经常收到苏丹的赏赐。在战斗中，他们往往扮演决定性的角色。一般来说，第一波攻击常由"加齐"士兵完成，这些人组成军队的常规力量。当战斗进入最关键的时刻，苏丹禁卫军才会从阵型后方冲出，以雷霆万钧之势对敌人发动致命的打击。

公元1453年春天，穆罕默德二世准备就绪，他率领包括禁卫军、步兵和骑兵的6万大军从埃迪尔内出发，开赴君士坦丁堡。战斗部队后面跟随着大批炊事员、铁匠、木工和神职人员。

这支大军还携带着苏丹的秘密武器巨炮。一门这样的火炮需要60头牛和200人牵引。它被装在一长串运载车上，在泥泞的道路上缓缓前行。苏丹的士兵在经过附近时可以瞥见它的模样。这是一尊青铜铸成的臼炮，世界上还从来没有过如此巨大的火药武器。

15 世纪苏丹禁卫军画像，真蒂莱·贝利尼（Gentile Bellini）

注：公版图片/维基共享资源

巨炮

青铜铸成的大炮是天才匈牙利工程师乌尔班（Urban）的创造性杰作。乌尔班一直在欧洲各国间周游，对任何向他支付报酬的人传授自己的专业知识。1452 年，他来到君士坦丁堡并拜访了皇帝，只要皇帝能支付薪水，他愿意帮助罗马人制造具有超大型整体铸造工艺的火炮。君士坦丁十一世皇帝答应付给他一笔订金。但可悲的是，帝国国库早已空虚，皇帝不仅无法投入足够的财力研制新型火炮，甚至连乌尔班的工资也发不出来。最终，这位匈牙利工程师花光了所有盘缠，不得不离开了那座城市。

没过多久，乌尔班到了穆罕默德二世位于埃迪尔内的宫廷。他在那里受到热烈的欢迎，土耳其人为他提供了美食华服。

苏丹亲自接见了他，并且问道："你可以制造出足以摧毁君士坦丁堡城墙的大炮吗？"

"如您所愿，陛下，"乌尔班回答说，"我可以铸造您需要的那种大炮。我已经详细研究了城墙的厚度。我的大炮不仅能将狄奥多西墙化为齑粉，甚至连传说中的巴比伦城墙也不在话下。"

穆罕默德二世听到乌尔班的回答欣喜若狂，便安排这位匈牙利人去自己的铸造工厂工作。乌尔班的第一个作品被安置在新落成的博斯普鲁斯"割喉者"要塞里，当时击沉安东尼奥·里佐船只的，就是这门火炮。穆罕默德二世对此十分高兴，他命令乌尔班铸造一门更大的炮，尺寸要比第一门整整大上一倍。

乌尔班于是返回工厂继续工作。工人在危险和恶劣的条件下夜以继日，最终造出了巨炮。炮管足有八米长，口径大到足够一个成年人在里面爬行。

401 一切准备就绪后，穆罕默德二世下令将它拖到宫殿外进行试射。在此之前，所有埃迪尔内的居民都收到了关于这次试射的警告："请注意，不要让噪音和雷鸣般的炮声吓到不知情的人们，以防止把他们吓得说不出话来，更要注意保护孕妇免于受惊流产。"[7]炮手们将一枚重达半吨的黑色球形炮弹吊离地面，装进炮膛。之后他们点燃导火索，引燃炮管里的火药。随着一声惊天动地的巨响，炮弹从炮口迸射而出，在空中飞行了大约一英里之后，砰的一声落入了目标地区的软泥里。

超级巨炮的消息很快传到了君士坦丁堡，大大加剧了城内绝望和恐慌的气氛。这也正是穆罕默德二世想要看到的结果。苏丹对试射的效果十分满意，他下令铸造更多的青铜火炮，当然尺寸上要稍微小一些。巨炮的尺寸和破坏力激发了每一个奥斯曼士兵的战斗热情。在君士坦丁堡，人们称这门巨炮为"苏丹大炮"，罗马人很想知道传奇的狄奥多西墙能不能抵挡这种庞然大物的新武器。

狄奥多西墙是罗马人千百年的战争智慧凝结而成的杰作，它能够保护城市不受弓矢、石弩和抛石机的袭击。中世纪缓慢发展的军事科技使得这座城墙千百年来一直坚不可摧。当中国人发明的火药沿着丝绸之路传入欧洲之后，砖砌城墙的防护开始受到严峻的挑战，并最终在巨炮的轰击之下荡然无存。

热那亚人

君士坦丁十一世皇帝花费了巨大的代价，才让自己的教会加入了天主教的世界。尽管曾为之受到巨大的痛苦和羞辱，皇帝和他的顾问们仍然完成了这项任务，希望能够很快得到西欧船只和士兵的支援。但是威尼斯人摇摆不定，他们对组织新的十字军并没有多少兴趣。支援东方基督教兄弟的召唤反响平平，这令教宗十分尴尬，他只得自费筹集三艘热那亚船只，带上武器和食物前往君士坦丁堡，提供杯水车薪的援助。

意大利城邦热那亚因为政治危机正陷入分裂。和威尼斯一样，热那亚也是富庶的航海共和国，他们也拥有一支强大的海军。君士坦丁堡的困境激起了热那亚基督徒的同情心，可城邦领袖们却希望在君士坦丁堡政权和奥斯曼帝国之间保持一种现实的中立态度。

关于热那亚殖民地加拉塔的地位问题就更加复杂了。这个小小的热那亚人定居点坐落在君士坦丁堡的正对面，中间隔着金角湾。如果君士坦丁堡陷落了，加拉塔是不是也会落入土耳其人之手呢？如果热那亚人向君士坦丁堡公然提供支援，会不会影响到将来热那

402

亚与新晋奥斯曼帝国之间的贸易呢？

经过反复权衡，加拉塔执政官最终决定呼吁热那亚同胞支援罗马人。公元 1453 年 1 月，一位名叫杰奥瓦尼·朱斯提尼亚尼·隆哥（Giovanni Giustiniani Logo）的富裕军人响应了号召。朱斯提尼亚尼主动召集了 700 多名士兵，并自费安排了两艘巨舰，把这支部队从热那亚运送到了君士坦丁堡。

朱斯提尼亚尼是一位魅力超凡的男子，他作战勇敢并且拥有丰富的守城战经验。他和部下受到了皇帝的热情招待。倍感宽慰的君士坦丁十一世当场任命他为守城部队的总指挥，让他率军守卫狄奥多西墙最脆弱的城墙中段。除此以外，威尼斯驻君士坦丁堡大使米诺托（Minotto）也挺身而出。他汇集了自己在城中的一切资源帮助皇帝。穆罕默德二世的死对头奥尔罕王子也为守城出了力。还有一些来自欧洲各地的援军陆续到达君士坦丁堡。这就是皇帝在最后时刻得到的全部援助。顾问乔治·斯弗兰齐斯对此十分无奈，他苦涩地总结说，罗马人从教宗那里得到的支援和从埃及苏丹那里得到的差不多。

3 月底，君士坦丁十一世命令斯弗兰齐斯统计君士坦丁堡城内能够作战的适龄男子人数，并清点库存的弓弩、盾牌和火炮数量。斯弗兰齐斯不动声色地完成了任务，调查结果不容乐观。他告诉皇帝，城中能够作战的男子不超过 8000 人，其中绝大多数完全没有接受过军事训练。这个结果着实让皇帝吃了一惊，他嘱咐斯弗兰齐斯不可将数字外传。罗马人的数目不足敌人的十分之一，他该如何才能以寡敌众呢？

君士坦丁十一世想尽了一切办法加强防御。罗马守军用一条巨大的铁索封锁了金角湾的入海口。在铁索后面，十艘强大的战舰（包括九艘意大利战舰和一艘罗马战舰）组成了保卫金角湾的最后一道防线，静待穆罕默德二世前来进犯。

医生

当危机感在城市四处蔓延时，威尼斯人尼科洛·巴尔巴罗坐在桌前，开始在日记中写道："4月5日，破晓一小时后，穆罕默德二世苏丹率领16万军队来到君士坦丁堡。他们在离城墙两英里半的地方安营扎寨。"[8]

巴尔巴罗是一艘威尼斯船上的医生，当时他们的船正停泊在君士坦丁堡。由于皇帝征用所有船只用于城防，巴尔巴罗就被困在了城里。从四月初开始，他每天写日记，将奥斯曼军队如何步步为营向狄奥多西墙推进的过程记录了下来。在那场即将到来的灾难中，他作为目击者，留下了最为可靠的史料记载。

苏丹的军队在距离城墙400米的地方停了下来，沿着狄奥多西墙一字排开。穆罕默德二世红色与金色相间的大帐被安置在圣罗曼努斯门和查瑞休斯门之间脆弱的城墙中段附近。奥斯曼军队的右翼部署着来自安纳托利亚的士兵，左翼则由欧洲军人组成，中间是穆罕默德二世本人和他身后簇拥着的苏丹禁卫军。

三门巨炮被拖到前线。从牛车上卸下，再安装到合适的位置上，这整个过程缓慢得令人发指。与此同时，穆罕默德二世命令士兵们开始清理城墙前方的空地，以便将来对城墙发动突袭。奥斯曼士兵列队逼近城墙，试图用巨石、泥土和木材填平护城河。守军从城墙上向他们猛烈开火，奥斯曼士兵没有取得什么进展就被迫撤退了。

奥斯曼工兵随即开始挖掘地道，打算从下方越过城墙。但穆罕默德二世似乎对这种方法兴趣不大。他最关注的仍然是即将发射的巨炮。士兵们已经把它安放在了苏丹帐篷的正前方，这样他就能够目睹轰击外墙的效果。

4 月 11 日，穆罕默德二世正式下令开炮轰城。土耳其人点燃了火药，大地随之颤抖，数十声震耳欲聋的响声刺穿了狄奥多西墙周围的空气。巨炮发射足有半人高的黑色大理石炮弹，呼啸着将城墙击穿。飞溅的碎砖和弹片立刻杀死了暴露在附近城墙上的士兵。[9]

城市的保卫者对眼前的恐怖景象感到十分震惊，穆罕默德二世却对巨炮缓慢的进展速度有些不满。每一次装弹射击都需要至少三个小时的准备时间。开火之后，人们需要小心翼翼地等待炮管冷却下来。他们还要向炮膛里倒入热油，以防炮身开裂。在土耳其人准备发射的间隙，守军也在努力加强防御。他们设置了木篱笆保护城墙，在修理墙体上的损坏部分时，往城墙的缝隙中填充羊毛、树枝和泥土，用这些有韧性的材料吸收炮弹带来的冲击力。

日夜不停地炮击持续了大约一周。在这期间，几组苏丹禁卫军来到城墙脚下，进行了试探性的进攻。但他们很快就被守军射倒在地。巴尔巴罗记录了奥斯曼人是如何救助伤残战友的："他们根本不管离城墙有多么近，像扛小猪一样，把同伴扛在肩上就跑。"守军立刻用弓弩和火枪射杀这些救援者，这让更多的苏丹禁卫军加入到救助者的行列。

4 月中旬，苏丹发动了一场针对已经破损的中段城墙的突击。凌晨两点钟，一队奥斯曼重装步兵在军鼓和号角声中开始穿越护城河。在守军的箭雨中，土耳其人开始猛攻城门，但是朱斯提尼亚尼和他指挥的威尼斯弓箭手挡住了他们。在另一边，奥斯曼长枪手试图把带有倒钩的标枪固定在城防的栅栏上，然后伺机拉倒这些防御工事。但是这些标枪很快就被守军砍断了。

日出时分，苏丹鸣金收兵。朱斯提尼亚尼和他的战友们无一伤

亡，他们面前的奥斯曼人却尸陈如山。在陆地攻击受挫后，穆罕默
德二世开始转而谋划一场大规模的海上攻城行动。

406

以四当百

4月12日下午，土耳其舰队出现在马尔马拉海面上。罗马
哨兵在海墙上可以清楚地看到，145艘低舷战舰正缓缓驶向城
墙。苏丹的舰队在博斯普鲁斯海峡的亚洲一侧稍做停留，然后转
向绕过金角湾，继续向北航行到君士坦丁堡上游大约两英里的地
方。这片地区被称为"双柱（Double Columns）"，也就是今天伊
斯坦布尔的贝西克塔什内城区。土耳其舰队在这里下锚，水手们
齐声呐喊，钟鼓齐鸣，喧闹声甚至在君士坦丁堡城内都清晰可
闻。

在金角湾封湾铁索之后，意大利战舰连续几天枕戈待旦，所有
人都知道土耳其舰队的袭击已经无可避免。4月18日，陆上战斗
遭遇挫折的穆罕默德二世召见了海军指挥官巴尔塔奥卢
（Baltoglu），命令他率领优势兵力攻击铁索，消灭意大利海军并且
夺取金角湾。一旦土耳其军队实现预定目标，罗马人将失去重要的
食物补给来源，君士坦丁十一世皇帝也将被迫派遣更多的士兵支援
海墙的北段，从而削弱陆墙守军的力量。

奥斯曼海军从"双柱"起航，排列着整齐的队形绕过金角湾
的海角，向铁索附近的意大利舰船发起冲锋。土耳其人从战舰上发
射弓箭和火球，但意大利战舰的船舷高大，善战的水兵可以在高高
的甲板上居高临下地将弩箭、石头和标枪射向土耳其水手。这一
次，过度自信的奥斯曼海军被意大利人的顽强抵抗震撼住了。一艘
意大利战舰的桅杆上悬吊着一个巨大的金属球。随着它来回摆动，

407

附近的土耳其船只都被击碎，血肉模糊的奥斯曼船员纷纷落入博斯普鲁斯海峡，转眼间就被湍急的海流吞没。

罗马士兵在城墙上尽情欢呼，享受胜利。狂怒的穆罕默德二世在海岸上目睹这一切却毫无办法。一波又一波的土耳其军舰冲向意大利海军，但仍旧无法获胜。四个小时之后，奥斯曼人放弃了进攻，巴尔塔奥卢的舰队开始撤出战场，返回"双柱"休整。

两天后，又一个好消息在受围困的城市里传开。有三艘热那亚战舰出现在马尔马拉海上，它们奉教宗之命满载武器和食物前来支援君士坦丁堡。另有一艘载有谷物的大型罗马运输船也加入了这支小舰队。这四艘船的到来，令全城军民欢欣鼓舞。

穆罕默德二世也发现了这些船只，他意识到一定要阻止他们安抵金角湾。他给巴尔塔奥卢下了一个简单的命令："夺取这四艘船，或者击沉他们，不然，你就别活着回来了。"[10]

当天下午，哨兵发现海面上出现了100多艘土耳其船只，它们气势汹汹地扑向那四艘运输船。基督徒的舰队虽然数量少得可怜，但他们的船只拥有高度、体积和动量上的优势。强劲的南风张满了风帆，它们向金角湾方向全力驶去。当它们绕过卫城海角时，风突然停了，四艘船不得不缓缓降下风帆，无助地顺着水流漂向加拉塔岸边的土耳其大军。

巴尔塔奥卢当机立断，发起了进攻。他命令自己的旗舰全速前进，试图将船首对准，撞入帝国运输船的尾部。蝗虫般密集的土耳其战舰布满在海面上，而意大利船只因为失去了动力，只能停在原处坚持战斗。土耳其士兵不计伤亡地试图强行爬上高大的热那亚舰船，但当他们的手刚刚攀上船舷时，热那亚水兵便从高处挥舞着利斧，砍下他们的脑袋和双手。意大利弓弩手从桅杆上的瞭望台不断射击，其他水兵则将大桶海水从高处倾倒在奥斯曼小船的甲板上。

和上次的战斗一样，意大利船只高大桅杆上摇摆的铁球再一次摧毁了许多土耳其战舰。

战斗一共进行了三个小时，鲜血染红了海水，死者和伤兵在海面上漂浮。最终，无情的土耳其海军付出了巨大的代价，意大利水兵也已经是筋疲力尽。[11] 在岸上观战的穆罕默德二世忍不住策马冲进海中，歇斯底里地大喊着，指挥他的舰队进行再一轮的攻击。

眼看意大利舰队就要陷入绝境，海面上突然又刮起了猛烈的南风，城市守卫者的好运气再次降临了。四艘运输船的风帆重新被风鼓起，让船只从土耳其舰队战阵中快速穿过，安全地驶入了金角湾海域。守军的欢呼声沿着漫长的狄奥多西墙响彻云霄。穆罕默德二世根本不敢相信自己的眼睛，他愤怒地辱骂和诅咒自己手下的水手，甚至狂暴地撕碎了自己的衣服。他的舰队又一次遭受羞辱。无奈之下，他只得一言不发地骑马离开了海岸。

第二天，穆罕默德二世召见了巴尔塔奥卢。这位海军将领在战斗中有一只眼睛负伤，血流不止，惶恐地跪在既愤怒又沮丧的苏丹面前。

"你是个蠢货，是个懦夫！"苏丹喊道，"我给了你如此强大的舰队，你怎么可能连几艘小商船都对付不了？"

巴尔塔卢奥无言以对。

穆罕默德从座位上一跃而起，宣布要亲手用弯刀砍下巴尔塔卢奥的脑袋。这位海军将军只得扑倒在穆罕默德的脚下，苦苦哀求他放自己一条生路。他指着自己受伤的眼睛为自己辩解，以此证明他曾经勇敢地战斗过。穆罕默德二世最终选择了从轻发落，他剥夺了巴尔塔卢奥的军衔和私人财产，并罚他在众人面前挨了一百下鞭子。

陆地战舰

两次海战都意外地失利了。穆罕默德二世不仅没能依靠舰队打开突破口，反而给守军带来了信心。越来越多的罗马人相信，不管怎样，他们总能够度过这次危机。

苏丹意识到，金角湾防线的关键点，就是那条横贯水面的铁索。假如他的舰队能够越过铁索进入湾内，那么君士坦丁十一世皇帝就不得不进一步稀释守军，以加强海墙的防守。苏丹亲自从大营出发，前往博斯普鲁斯海峡边森林茂盛的山地，他认真地勘查了加拉塔城区背面的地形，然后行至金角湾北部的海滩。返回"双柱"之后，穆罕默德二世召集了所有顾问，并向他们提出了一个大胆的计划，想要巧妙地赢回主动。他指出，如果奥斯曼舰队不能正面攻破铁索，那就绕过它。

计划很快得到执行。成群结队的工人开始在"双柱"附近清理道路。他们在圆木上涂满脂肪，制成简单的滚筒，然后用这些滚筒铺成一条长长的轨道。这条轨道起于博斯普鲁斯海岸，经过崎岖不平的山地，最终在一个叫温泉谷（Valley of the Spring）的地方连接到金角湾内部的海面，这样就可以绕到铁索的后方。

轨道在几天之内就铺设完成了。4月22日，星期天，奥斯曼水手们在博斯普鲁斯海峡涉水前进。他们首先将一艘小型战舰拉上一个摇篮形状的轮式拖车。接着工人和船员驱赶着牛群，借助绳索和滑轮把这艘战船缓缓地拖到铺满脂肪的轨道上。然后他们拉着船翻过小山，来到温泉谷。通过刚刚建好的滑坡，他们小心翼翼地把船滑进海里。穆罕默德二世终于把他的第一艘战船送到了铁索后面。

土耳其人如法炮制，一艘接一艘，战舰都进入了金角湾中。"战舰在陆地上行驶"这一令人激动和惊愕的场面让每一个奥斯曼水手兴奋不已，他们纷纷爬上船去，在自己的位置上玩耍嬉闹。操帆手升起风帆，桨手则在悬空的船舷上划桨，他们一边大笑一边欢呼。远处海墙上的罗马士兵沉默地看着这一切的发生，对此毫无办法。

守军现在不得不承认，金角湾已经不再是安全的避难所了。在短短一天里，67 艘奥斯曼舰船被运到了铁索后方。穆罕默德二世下令在海岸线上安装起几门大炮，用来保证这些船只的安全。

君士坦丁十一世最后只能寄希望于威尼斯派来海军，打破土耳其人的封锁。米诺托在三个月前曾经派出信使向威尼斯本土求援，但是直到此时，他们还是没有看到任何援军的影子。5 月 3 日，一艘假扮成土耳其船只的威尼斯战舰悄悄驶离金角湾，前往达达尼尔海峡和爱琴海搜索可能在那附近出现的威尼斯舰队。20 天后，这艘船回到了金角湾，带来了令人沮丧的消息，他们什么也没能等到。尽管如此，皇帝还是流着泪，感谢了船上每位英勇而忠诚的船员。他们并没有一去不返，而是回到危如累卵的君士坦丁堡完成了自己的使命。这也许意味着，他们将和这座无助的城市一起，迎接最后的黎明。

†

411

我和乔伊决定沿着当年穆罕默德二世翻山越岭、陆地行船的路线走一步。那里现在是伊斯坦布尔贝伊奥卢区（Beyoglu District）的一部分。在地图上看，这条风景秀丽的徒步路线似乎会令旅行者倍感愉悦。但实际上这条布满石砾的小路崎岖难行，走不了多久就会淌着汗，感到体力不支。

　　我们乘坐电车来到博斯普鲁斯海岸边，然后我们从当年立着"双柱"的地方出发，沿着陡峭的斜坡步行前往塔克西姆广场。刚走了不到五分钟，我就累得气喘吁吁，不得不脱下外套休息。

　　"爸爸，我觉得你太老啦！"乔伊微笑着对我说。

　　"别说了，我才是个中年人呢。"

　　"奥斯曼士兵不仅爬上了这座山，还拖着一条船。爸爸，你能把一条船拖上来吗？"

　　"别说了。"

　　"我能喝一杯饮料吗？"

　　"不行！"我气呼呼地一边喘气一边回答。

　　"爸爸，你告诉我你从来不抽烟的。真的是这样吗？"

　　我很奇怪乔伊为什么会问这个问题。当我抬起头才发现，从我们头顶上的窗户中，一位老妇人正探出头来，做手势向我们要一根香烟。

　　我和凯姆都发现，孩子们并不认可人生旅途中存在"中年"这个阶段。想到这个，我们都会有点不开心。似乎孩子们把我们和他们的祖父母看作同一年龄段的人，都是"老年人"。他们也看过我和凯姆在20多岁时结婚的照片，而现在的我们看上去已经不再是面带稚气、轻松活泼的样子了，就好像在某一天我们一不小心，把青春丢在了公共汽车上。

　　乔伊也在一天天长大。他已经14岁了，正逐渐从小孩子变成青年人。我和其他父亲一样，对孩子身上发生的变化既骄傲又失落。在乔伊的成长过程中，我正在一点点地失去他。他比例协调的面庞慢慢地拉长，要逐渐变成成人的模样。他的身材也慢慢变得修长，手脚胳膊也长得张牙舞爪起来。他缩成一团躺在沙发里看电视的样子，活像一堆没人管的鸡翅。他的脚部发育令我吃惊，几乎和

412

我的脚一样大了。1月份时他电话里录的语音信息听上去还像唱诗班的孩子那样亲切动听，到了12月，就已经完全变成了喇叭一般的男中音。我已经没法像他小时候那样把他抱住后一把举起来了，现在我只能像一个兄弟或者朋友那样，给他一个简单的拥抱。

我们最终登上了小山坡，继续踏上前往塔克西姆广场的道路。短短一周之前，那里曾经挤满了抗议政府的示威者，现在那混乱的迹象早已不见踪影。我眺望天际线，试图寻找加拉塔石塔，但一无所获。我们已经离开海边太远了。

"嘿，乔伊，"我笑道，"咱们坐出租车回苏丹艾哈迈迪区好不好？"

"没问题，爸爸，"乔伊也笑了出来，"如果你真的走不动了，咱们就坐出租车吧。"

✝

隧道和塔楼

当穆罕默德二世的大军在陆地和海面上苦战之际，他的工兵也从奥斯曼军队大营开始挖掘工作。他们计划避开城墙上守军的视线，挖出一条长长的地道，直通圣罗曼努斯门。这些工兵都从经验丰富的德意志银矿矿工中招募，他们懂得在地下深处如何使用火炬照明，并且每隔一段距离都会熟练地设置木架，以支撑土方工程。他们的具体任务是将地道挖掘至城墙的正下方，然后放火焚烧地下的支架。这样城墙就会被摧垮，陷入坑洞当中。

5月16日，奥斯曼工兵已经挖掘了半英里长的隧道，准确到达了狄奥多西墙的外城墙。但是罗马哨兵察觉出了异样。他们听到了脚下的挖掘声和低沉的说话声。地道被发现了。

皇帝和卢卡斯·诺塔拉斯立刻得到消息。他们连忙从朱斯提尼亚尼的雇佣军队伍中找到一个名为约翰·格兰特（John Grant）的苏格兰工程师。约翰·格兰特监督工人挖掘了一个深坑，然后挖出纵横交错的地道，与土耳其人的地道相通。守军尝试进入土耳其人的地下工事，并且放火焚烧了土耳其工兵用来支撑地道的木架。于是这些地道里的土方都垮塌了，掩埋了里面的奥斯曼工兵。为了防止穆罕默德的士兵再次尝试地下工事，守军还把盛满水的大木桶放在靠近城墙的地方。只要水面微微颤动，人们就能得知地下正在进行挖掘活动。

5月19日上午，刚刚从睡梦中醒来的守军又发现了一个令人惊惧的事实。在一夜之间，苏丹的士兵在护城河边缘制造出了一座巨大的攻城塔，距离外城墙仅仅10米之遥。攻城塔甚至比城墙还要高一些。守军完全不知道奥斯曼人是如何如此迅速地建造出这座摩天大楼，并且还将它悄悄运到了城墙附近。皇帝和他的廷臣闻讯立刻赶到城墙上，亲眼观看这一恐怖的巨型怪物。更加令他们诧异的是，土耳其人还建造了一条通往攻城塔的安全通道，上面覆盖着动物的皮毛。奥斯曼士兵可以直接从军营里钻进通道，然后安全地冲入塔中展开进攻，完全不用担心守军的远程武器。

攻城塔中搭建着沉重的木梁，外面覆盖着骆驼皮，这样里面的士兵就可以躲避守军弩箭的杀伤。攻城塔的下半部分填满了泥土，用来吸收炮弹的冲击力。

在攻城塔内部，土耳其人可以不断掘土填埋护城河，这样攻城塔就能不断向城墙方向推进。似乎守军没有办法阻止塔里的掘进作业，他们只能眼睁睁地看着攻城塔和外城墙的距离一寸寸缩短。巴尔巴罗写道，土耳其人"从高塔上向城市发射箭雨，他们看上去胜券在握，兴奋异常。但是我们的战士却心怀恐惧，悲伤不已。"[12]

夜幕降临，面临绝境的守军心生一计。他们准备了一些装满火药的木桶，点燃火绳后，立刻把木桶滚向攻城塔。一阵短暂的沉寂之后，一连串的爆炸将土耳其士兵、木材和泥土送上了半空。攻城塔的木制框架被点燃后，很快化为了灰烬。在城墙上，守军不断向攻城塔泼洒沸腾的沥青，希望借此消灭幸存下来的土耳其伤兵。奥斯曼军队受到挫折，再次撤退了。

1453 年 5 月渐渐进入尾声，攻守双方都已是疲惫不堪。朱斯提尼亚尼和他的士兵们每天都驻守在城墙上，他们的日常生活似乎周而复始永无止境。白天击退敌人，晚上修复城墙。一些罗马士兵开始开小差，他们放弃了自己的岗位，回到城里和家人团聚去了。士兵们渐渐开始不满，甚至有人开始诅咒皇帝的名字。

穆罕默德二世按照伊斯兰世界的礼节，派出特使携带着和平旗帜进城商谈。君士坦丁十一世皇帝接见了使者，使者傲慢地说："现在就投降的话，你们将免受遭到奴役的命运。"

君士坦丁皇帝希望通过给敌人制造更多麻烦，使穆罕默德二世得不偿失。他告诉特使："为了和平，我们可以缴纳贡金。但是我们绝不会献城投降。为了保卫家园，我们所有的人都已经做好了牺牲的准备。"

君士坦丁十一世绝不会投降，而穆罕默德二世绝不会撤退。双方阵营的神职人员都在一遍又一遍地研读圣书观看天象，借此寻找上帝的旨意。他们不用等待太久了。

内城墙上一座塔楼的内部视角　　415

注：图片由作者提供

巨大的黑色雨点

5 月 22 日晚上，夜空中的月亮出现了异象。那天本应该是满月，但是一次不期而遇的月偏食却让城市陷入了黑暗和困扰。不祥的是，新月的形状恰巧象征着伊斯兰教，空中的月牙和苏丹围城大军的新月旗帜交相辉映。城中的牧师则痛苦地忆起了预言中的话。预言提到，除非满月显露出征兆，君士坦丁堡将永不陷落。现在征兆出现了。

那天夜里，土耳其人大肆欢庆，而君士坦丁堡军民的士气则落入谷底。为了振奋人心，皇帝将城里最珍贵的圣像"指路圣母"抬出，准备在第二天举行游行典礼。

"指路圣母"圣像是君士坦丁堡最为著名的护身符，这是一幅 416 描绘着圣母玛丽亚怀抱婴儿耶稣的画像。当时的人们普遍相信这幅画中注入了神圣的力量。僧侣们常常用棉签轻轻擦拭它，希望能吸收一滴从画像中渗出的圣油。这幅画像作者的身份更是让它显得无比珍贵。据说这幅画就是福音传道者、第三部福音书的执笔者圣路加（st Luke）的亲笔画作。假如事实果真如此，那么这幅画中的婴儿耶稣形象就很可能是据实地描绘，而非后世的想象。

第二天早上，游行队伍携带着赫得戈利亚圣像从修道院出发了。身着黑袍的修道士走在队伍前面，他们低沉而铿锵有力地吟唱着圣歌。游行者把圣像高高举起，这样附近的市民都可以看到圣母玛利亚的容颜。然而就在队伍穿过街道时，圣像却从画架上滑落下来，面朝下掉落在泥泞的地面上。旁观者连忙上前抢救这幅画，但是他们用尽了全力，才艰难地把它从泥地上抬起来。

人们再一次将画像安装在高高的支架上，心惊胆战的牧师继续簇拥着它缓缓前行。临近正午时分，一阵猛烈的雷阵雨袭击了君士坦丁堡。据一位在场的俄罗斯人记载，"空气突然变得沉重起来，笼罩在城市上空，悲伤地呻吟着。紧接着巨大的黑色雨点从天而降，就像野牛的眼睛。"[13]暴风雨袭击了街道，雨点和冰雹倾泻在游行队伍的头顶。在一片混乱和痛苦中，圣像游行被迫中断了。东正教信徒们不得不返回家中，他们发现自己难以摆脱这显而易见的厄运。

恐怖的异象还没有结束。一天之后，君士坦丁堡的居民发现他们的窗外大雾弥漫，整座城市都陷入一片朦胧。人们从未见过如此景象。浓重的雾霾整整持续了一天。或许这足以证明格纳迪乌斯的预言已经成真，罗马人向拉丁教会屈服，愤怒的上帝在云雾中抛弃了他们。正如人们所说的那样，"神性来去无踪，藏身云雾之中"。[14]

气象学上的奇怪现象在那天夜里达到了某种高潮。黄昏时分，城中的目击者发现，有神秘的红色光柱从圣索菲亚大教堂上层升起。这道奇光最早出现在大教堂的窗户上，然后逐渐上升到铜质的穹顶，再升达穹顶的顶端，最后在一阵闪烁中湮灭。街道上有人开始惊恐地呼喊："光明已经回到天堂去了！"[15]

在城外的奥斯曼军营中，穆罕默德二世也看见了这天象奇变，他很想知道这对他来说意味着什么。苏丹立刻传唤了他的占星师。后者向他指出，这道光芒对土耳其人来说是莫大的吉兆，这预示着伊斯兰之光将照耀这座城市。

那天晚上，土耳其军营背后的郊外升起了更多奇怪的光芒。君士坦丁堡守军幻想着这些光芒是援军点燃的灯火，但是他们的希望显然落空了。

这些奇怪天象很可能来源于15000公里以外遥远东方的一次神

秘事件。公元 1452 年，也就是君士坦丁堡之围的前一年，太平洋上瓦努阿图群岛（Vanuatu archipelago）中的库维岛（island of Kuwae）火山爆发了，爆发出的能量相当于两百万枚广岛原子弹的总和，将 40 立方公里的岩石和尘土抛向了高空。

这次喷发是人类历史记载中最大规模的火山活动，大气运动将尘埃传播到世界各地，对气候造成了重大影响，欧洲和中国的农作物都因此受到损失。1453 年 5 月观测到的诡异光线很可能是圣艾尔摩之火（雷雨等条件下空气离子化产生冷光的现象。——译者注）（St Elmo's Fire），或者是由大气层中火山灰尘埃折射产生的光学幻象。[16]

但当时的罗马人并不懂得这些知识。

多变的天气、罕见的大雾、鬼魅般的电光以及圣母像落入泥泞的糟糕事件等一连串的巧合极大地削弱了守军本就不容乐观的士气，彻底摧毁了他们的自信心。似乎君士坦丁堡已经失去了一切盟友，无论是尘世上的，还是天堂里的。

尽管面临压力，君士坦丁十一世皇帝仍然坚定不移。他的密友乔治·斯弗兰齐斯和大臣代表一起劝说他，建议他弃城而走，以躲避即将到来的灾难。听到臣下们的请求，百感交集、不堪重负的皇帝一度近乎晕厥。清醒过来后，他做出了一个勇敢的决定。他将留在城里坚持战斗，和他的人民同生共死。

城陷前两天

5 月 27 日，城墙中段遭到了不间断的炮击，守军没有机会维修受损的墙体。在猛烈的炮火中，一部分外城墙开始崩塌。

围攻战的最后关头即将到来。穆罕默德二世召集了他麾下的所有将领，命令他们准备最后一波攻势。两天后，奥斯曼大军将从海上和陆上展开总攻，攻击的主要突破口就选在已经损毁严重的城墙中段。苏丹告诉他的手下，他们将从防线上打开一个缺口，然后就可以从那里攻入城市。在围攻之末，迎接他们的如果不是光荣的战死，就是更加光荣的胜利。

夜幕降临，奥斯曼连绵不绝的军营中亮起了点点篝火。穆罕默德二世的士兵们围着火焰高声歌唱，嘈杂的声音在君士坦丁堡城内也能听见。在城墙的另外一边，"上主垂怜"的基督教歌声哀怨凄婉，萦绕在大大小小的教堂上空。

419

城陷前一天

拂晓时分，数千名奥斯曼士兵来到城墙边，用泥土、石块和树枝填埋护城河。苏丹的炮兵将火炮重新部署在更靠近城墙的位置上。数百副攻城长梯也被搬运到了前线。

黄昏时下起了雨。苏丹骑上他的白色骏马，沿着狄奥多西墙巡视激励攻城大军。穆罕默德二世曾被告知士兵对于圣战的热情已经大不如前，因此他决定用财宝诱惑他的士兵：

"这里就是古代罗马人的富丽帝都，"他指着君士坦丁堡的城墙，高声说道，"这座城市已经达到了富庶和光辉的顶峰，让全世界都翘首盼望。现在我把这里交给你们，你们可以随意掳掠和抢夺。无限的财富、男人、女人、小孩，还有其他各种值钱的东西。这一切都是你们的，尽情享受这场盛宴吧！"

穆罕默德告诉他们，一旦攻破城墙，他允许士兵按照中世纪传统随意劫掠三天。

"无论你们找到什么，尽管拿走，"他说，"但是你们得把城里的建筑留给我。"

　　城里的大部分财宝早在两个半世纪之前就被威尼斯人和法国人偷走了。但是奥斯曼士兵对此一无所知。对于财富的渴望让他们暂时把疲惫抛到脑后，热火朝天地开始为攻城战作准备。

一座防御塔内部

注：图片由作者提供

　　城墙上的保卫者们此时正在与饥饿、伤痛和疲惫做斗争。这些人中包括本土士兵、热那亚弓箭手、威尼斯水兵，甚至还有一些土耳其士兵。苏丹觊觎者奥尔罕王子和他的手下此时已经别无选择，他们必须为君士坦丁堡流尽最后一滴血。守军对于即将到来的苦战做好了心理准备，每个人都清楚，几个小时后决定命运的战斗就要打响。

　　教堂的钟声响彻城市。在布拉契耐皇宫中，君士坦丁十一世皇帝召集所有顾问和将领，发表了慷慨激昂的演讲。他为军中的每一个派别单独致辞，对热那亚人、威尼斯人和帝国军队分别做出了热情的赞扬，并且希望他们忘记彼此的不同，在同一面旗帜下为自己的信仰、家人和皇帝血战到底。

此时，君士坦丁和穆罕默德都对未来忧心忡忡。最后的战斗总会有血腥残酷，两位统治者都意识到，城墙上的守军将会尽全力阻挡奥斯曼人。不仅对于普通士兵，就连君士坦丁和穆罕默德两人也都处于生命危险之中。一旦攻城失败，穆罕默德二世将不得不撤兵回到埃迪尔内，几乎可以肯定，不满的手下会在那里寻机将他杀死。而对君士坦丁来说，假如他的士兵能够在城墙上多坚持一个晚上，他就能因为拯救城市而名垂青史，否则他将在几个小时之后成为烈士。

夕阳西下，雄伟城市的影子越来越长。人们纷纷自发出门，前往圣索菲亚大教堂进行晚祷。这座教堂已经因为宗教合并而被人遗忘五个月之久，如今再次闪烁起金色的光芒。古老的仇恨被弃置一旁，东正教和天主教主教一起在礼拜日唱起圣歌。君士坦丁皇帝稍晚到达，从皇家大门走进望道廊。情绪激动的皇帝进行了圣餐仪式，他跪在地上，乞求上帝宽恕他的一切罪过。仪式的最后，他站起身来对在场的每个人谦卑地鞠了一个躬，然后毅然决然地转身离去，走向夜幕笼罩的战场。当他离开教堂大门时，人们的情绪落入谷底，痛苦的哭泣声在教堂里久久不能平息。

最后一夜

黑夜和恐惧一起降临在城市上空。城墙上的守军看见奥斯曼军营中点起了数不清的火把，地狱一般的景象清晰可见。没过多久，奥斯曼人野蛮的呐喊、军鼓和铙钹的声响还有大炮的轰鸣突然发作，汇成了恐怖的噪声。

一阵喧嚣过后，土耳其人的营地又在午夜时分恢复了死一般的沉寂。

5月29日，凌晨1点30分，第一波攻击

穆罕默德二世在午夜后一个半小时下令进攻，奥斯曼军营中爆发出震天动地的声响。苏丹的巨炮首先开始火力准备，巨大的大理石炮弹在空中呼啸飞行，将已经破损的城墙和高塔炸得粉碎。在城内，教堂钟声齐鸣，罗马人也聚集起来最后一搏。连女人都乘着夜色来到城墙边，她们为守城炮兵搬运炮弹，并把清水递到干渴的士兵身边。

在一声凄厉的喊叫声中，奥斯曼大军在长达五公里半的战线上一齐对狄奥多西墙发动冲锋，守军不得不将本已捉襟见肘的兵力进一步分散。整个城防系统中最脆弱的部分圣罗曼努斯门，此刻遭到了土耳其人最猛烈的攻击。

隐蔽在黑暗中的守军发现无数敌军正冲向城墙，大炮轰击产生的火光忽明忽暗地照出了这些人的身影。他们是苏丹的非正规军，他们主要由来自奥斯曼帝国土地上的斯拉夫人、日耳曼人和希腊人基督徒组成，按照中世纪的隶属规则受苏丹差遣。在飞蝗一般的箭雨中，这些人携带着云梯和从自家带来的简陋武器不顾一切地冲向城墙。土耳其督战队挥舞着铁棍和皮鞭，驱赶着这支庞大而混乱的队伍。在这些人身后，还有一队苏丹禁卫军手持弯刀严阵以待，他们的任务是斩杀逃兵。

城墙上的守卫者们不断发射弓箭、飞石和炮弹，数百名奥斯曼非正规军兵士还没靠近城墙就被击毙。朱斯提尼亚尼的战士们对于

如此轻松就能杀死敌人感到十分惊奇，有些人甚至对这样机械的杀戮感到厌倦。

第一批活着到达外墙脚下的奥斯曼士兵开始架设云梯准备登城。砖砌的外墙此时已经支离破碎，很多地方都是用木梁、葡萄藤和装满泥土的木桶匆匆加固的。这些简陋工事使得攻城者更容易攀爬。

守军用火枪和石块阻挡奥斯曼土耳其人，他们甚至只需要简单地推倒梯子，就能让正在攀爬的入侵者坠落到地面上。苏丹的非正规军尽管数量庞大，但他们无法取得任何进展。面前是守军和高墙，背后是督战队的弯刀，这些可怜的人只能在黑暗中愤怒痛苦地嚎叫，在满地堆积的死者和伤兵中寻找出路。在城墙上，君士坦丁十一世皇帝亲临战阵，在他的激励下，守军顽强战斗，将一波又一波的奥斯曼士兵从城头击落。

经过两个半小时的惨烈战斗，穆罕默德二世终于下令撤回他的非正规部队。狄奥多西墙在他们面前岿然不动。尽管如此，苏丹的目的还是达到了。至少这些人的生命在真正的进攻开始之前，多少消耗了守城士兵的体力和弹药。

凌晨 4 点，第二波攻击

当穆罕默德二世的非正规军撤退后，朱斯提尼亚尼的士兵赶忙下城抢修防御工事。他们刚刚开始工作，就听到远处的黑暗中传来金属的碰撞声和数千人整齐的脚步声。苏丹的安纳托利亚军团到达了战场。这些士兵是精锐的穆斯林战士，他们穿着厚重的盔甲，补给充分，而且比非正规军的纪律好得多。

安纳托利亚军团从莱克斯河谷进入战场，他们在号角和鼓点中

高呼着"真主至大"冲向城墙。朱斯提尼亚尼派去修理城防的士
424 兵不得不撤回城内。

和上次一样，城墙上发射的弩箭和炮火很轻易就击倒了试图攻
城的奥斯曼士兵。守军把巨石和烧得滚烫的黑油倾倒在安纳托利亚
人的头顶。随着一波接一波的攻击，死者的尸体在城墙脚下越堆越
高。穆罕默德二世则在混乱嘈杂的战场上来回奔走，大声鼓励士兵
继续前进。

一发奥斯曼火炮射出的炮弹击中了城墙上的栅栏，瓦砾纷纷落
下。尘埃散去，安纳托利亚人发现外墙上出现了一个巨大的缺口。
几百名奥斯曼士兵立刻冲了进去，直到他们发现自己身陷瓮城。守
军从四面八方向这些被困的人开火，这几百名安纳托利亚人无一生
还。

在黎明前的最后时刻，苏丹的安纳托利亚军团退出了战斗。四
个小时的战斗中，苏丹已经损失了他的两支劲旅中的一支，但仍然
没能突破城防。穆罕默德二世只得打出他的最后一张牌，也是他最
宝贵的军队苏丹禁卫军。

早晨 5 点，第三波攻击

穆罕默德二世没有给守军喘息或者修复城防的时间，下令发动
新的攻势。头戴标志性头巾的土耳其禁卫军来到战场，他们整齐的
步伐令人印象深刻。投入战斗后，他们很快开始熟练地用钩爪清理
城防木栅。

在城内，教堂示警的钟声又一次响起。牧师、妇女和儿童继
续努力地将巨石搬上城墙，并向入侵者投掷砖块。朱斯提尼亚尼
的士兵用标枪和战斧不断杀伤奥斯曼士兵。君士坦丁皇帝也再次

出现在城头，他带着顾问们四处巡视。据一位目击者称，皇帝本 425
人手持长剑，亲自与苏丹的士兵搏斗，并且杀死了几个试图爬上
城墙的敌人。

　　巴尔巴罗将苏丹禁卫军描写成狮子一般的战士，他们在军鼓声
中狂呼酣战，发出可怖的"地狱回声"。稍远的地方，奥斯曼大炮
正在怒吼，仿佛"空气都能被撕裂开来"。[17]当启明星渐渐暗淡下
去，黎明来到大地时，即使是勇猛的苏丹禁卫军官兵也渐渐开始动
摇。君士坦丁十一世发现局势正在悄然改变，他立刻大声疾呼，鼓
励守城将士继续坚持。罗马人仿佛看到了一线生机，勇敢的保卫者
们似乎很快就要赢得最后的胜利。

　　可就在这时，守军的一个疏忽造成了防线上的致命漏洞。在布
拉契耐皇宫附近有一座被称为凯尔卡门或者"木马戏团之门"的
小城门。负责防守这个区域的守军由热那亚的波吉亚蒂兄弟
（Bocchiardi brothers from Genoa）指挥。这对兄弟似乎对 800 多年
前的《伪美多迪乌斯启示录》一无所知。这本书曾经预言过穆斯
林大军将从这座不起眼的偏门攻入城市：[18]

　　　　拜占庭，你的灾难降临了！
　　　　因为以实玛利人将要攻占你。
　　　　他们的每一匹马都将穿过这里，
　　　　他们将在你面前安营扎寨，
　　　　然后摧毁木马戏团的大门。

　　波吉亚蒂兄弟曾经率领士兵从凯尔卡门潜出城外，突袭奥斯曼
人的侧翼。但是在这个具有决定意义的早晨，他们竟然忘记了锁上
城门。一小队土耳其士兵推开大门，冲了进来。大约有 50 名苏丹

426 禁卫军冲到内外城墙之间，试图从内侧爬上城墙。守军发现了这股敌人，立刻向他们发起攻击。入侵者们很快就被分割消灭了。但在激烈的肉搏战中，一名漏网的奥斯曼士兵冲到了一座塔楼的顶部。他砍倒了那里的罗马皇帝的军旗和威尼斯的圣马可狮子旗，插上了奥斯曼军队的旗帜。在朦胧的晨光中，第一面伊斯兰新月旗帜在狄奥多西墙高处迎风招展。

没过多久，第二个噩耗传来。精神紧张、疲惫不堪的朱斯提尼亚尼不幸在城头负伤。史书对此记载略有不同，有人称他被弩箭射伤，有人认为他被一颗铅弹击中。但无论怎样，不可忍受的疼痛最终击垮了这位英雄的意志。

朱斯提尼亚尼的士兵们立刻冲到他身边。由于血流不止，他授意士兵将自己抬到船上接受治疗。一名热那亚士兵向君士坦丁十一世皇帝索取钥匙，希望能打开内城墙的大门。皇帝心里很清楚，一旦打开这扇城门，守军的信心就会随之崩溃，整个防线将受到巨大的威胁。因此他苦苦哀求意大利人不要抛弃这座城市。生命垂危的朱斯提尼亚尼向皇帝承诺，一旦伤势缓解，他将立刻重返前线。皇帝这才把钥匙交给了他。朱斯提尼亚尼的贴身卫士打开城门，把他抬进城里。其他热那亚士兵看到他们的指挥官退出了战斗，立刻失去了斗志。他们也一窝蜂地朝那扇城门跑去，跟着他们的指挥官一起逃向金角湾，跳上了战船。君士坦丁皇帝和他不断减员的罗马军队孤零零地留在了城墙上。

皇帝命令他的士兵排成更加松散的阵型，以填补意大利人留下的缺口。城外指挥战斗的穆罕默德立刻发现了这个战机。

他兴奋地大声疾呼："朋友们！我们就快夺取城市了！再冲锋一次吧，城市就是我们的了！"

苏丹禁卫军发起了又一波攻势。穆罕默德下令，第一个攻破城防的士兵将受到重奖。身材高大的土耳其武士哈桑决定一试身手。他一手高举奥斯曼旗帜，一手握紧盾牌保护头部，飞身冲上了城墙。他一把推开目瞪口呆的守军，爬到了城墙的最高点，把伊斯兰的星月旗帜挂在了那里。

苏丹禁卫军受这一壮举鼓舞，他们不断前进，发现罗马军队的防御存在很多空当。回过神来的守军立刻用石头砸伤了哈桑，然后一拥而上用刀剑杀死了他。

但是防线已经崩溃了，数百名苏丹禁卫军不断紧逼，渐渐突入了内外墙之间的狭窄道路。一队罗马士兵从城墙上被硬生生推入了内外两墙之间的一条壕沟当中，他们最后全部战死在了那里。更多的奥斯曼士兵到达内墙顶端的城垛，他们远远望见奥斯曼旗帜已经飘扬在凯尔卡门的上空。

阵阵胜利的呼喊从前线传来："城市是我们的了！城市是我们的了！"

皇帝在防线上四处奔走，试图将那些失魂落魄的士兵重新集结起来。但是许多惊慌失措的罗马士兵已经失去了控制，当敌人出现在城墙高处时，他们迫不及待地从小门逃回城内。混乱的人群堵住了撤退的道路，将其他人困在了城门外的血腥战场。君士坦丁皇帝身边已经响起了震耳欲聋的爆炸声和敌人的欢呼声。眼见君士坦丁堡即将陷落，皇帝不愿意弃城而逃，决心在狄奥多西墙边以身殉城。

君士坦丁十一世帕里奥洛格斯皇帝最后的结局并没有被目击者记录下来，只有一些相互矛盾的第二手报告见诸史料。有一份史料称，皇帝取下了他的皇家徽章，挥剑冲进了血肉横飞的战场，从此再也没有人见过他。而在另一本史书中，皇帝和他的战友们在与苏丹禁卫军的肉搏中牺牲，敌人没有认出他来，以为他只是一名普通的兵士。无论如何，最后一位罗马人的皇帝在这一天终于停止了战斗。

山中之王

　　曾经有一位年轻的牧民居住在英格兰北部，靠近哈德良长城的地方，以放羊为生。有一天，他发现有一头羊走丢了，便去山上寻找。当他专心搜寻走失的牲畜时，一不留神踩断了脚下的植物，跌进了一个隐藏着的山洞里。

　　年轻的牧羊人穿过洞里黑暗的隧道，来到了一个散发着奇异金光的大房间。在那里他惊奇地看见 12 位身着链甲的骑士正肃穆地环立在一座灵枢台的周围。灵枢台上静静躺着一位头戴金冠，手持宝剑的男子。他双眼紧闭，长长的胡须几乎能够触及地面。他的棺木上刻着关于他的传说："这里长眠着亚瑟，他是过去的国王，也是未来的国王。（Hic iacet Arthurus, rex quondam, rexque futurus.）"

　　牧羊人强忍恐惧，上前询问骑士们的身份和来历。

　　"我们在这里守护过去和未来的国王，"他们回答说，"他是不列颠的亚瑟王，在多年前的战斗中倒下了。"

　　"但是他已经死去了，怎么能够成为未来的国王呢？"牧羊人继续问道。

　　"他并没有死去，"骑士们说，"他只是睡着了。"

　　"那他何时会醒来呢？"

　　"当不列颠大地再次陷入黑暗时，他就会再次醒来。他将带着他的圣剑，从敌人的魔爪下拯救不列颠的人民。"

当这个牧民最终从山洞中走出来时，他惊讶地发现自己的须发竟然都变白了，腰背也佝偻了，已经变成了一个老人。

沉睡国王亚瑟的故事是许许多多"山中之王"传说中的一个。这些故事总是遵循一个相同的梗概，英雄的领袖在与敌人的战斗中倒下，但他在临死前却被人带去了一个地下的隐蔽之处，沉睡在那里，直到人民需要他拯救时才会再度醒来。在类似的故事中，查理曼大帝据说沉睡在萨尔茨堡附近的某处地宫里，腓特烈·巴巴罗萨（Frederick Barbarossa）则长眠在屈夫霍伊泽山脉（Kyffhäuser Mountains）之下。对于那些因为领袖去世或者黄金时代结束而感到悲伤的人们来说，这些传奇故事勉强能算得上是聊胜于无的慰藉。

随着君士坦丁十一世皇帝悲剧的落幕，一个类似的传说也不可避免地诞生了，就像墓穴前的藤蔓那样四处传播。君士坦丁堡的罗马遗民纷纷传说，在即将牺牲的一刻，不幸的罗马皇帝被一位仁慈的天使变成了大理石，被封印在黄金门下面的某个秘密墓穴之中。

他在那里长眠不醒，等待接到召唤的那一天。那时，他将带着荣耀回归人间，恢复罗马人古老的统治，重整失落的城市，并将其还给他的臣民。

第十一章　永生的秘境

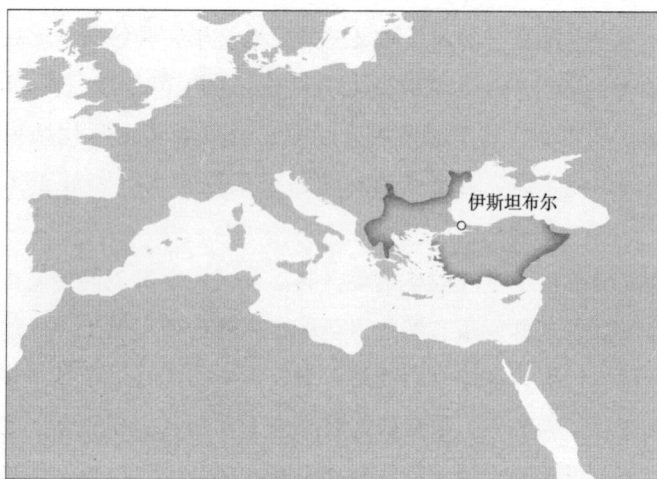

公元 1453 年 5 月 30 日，奥斯曼帝国的版图

早晨 8 点

数千名奥斯曼士兵从城墙的缺口破门而入。此刻，他们的战友已经占领了城头的高塔，在那里欢庆胜利。

和 250 年前的十字军一样，穆罕默德二世的士兵警惕地穿过城中的街道，直到他们确定再也没有幸存者会发起抵抗为止。土耳其士兵长达数周的挫败感需要发泄，一股强大的破坏欲从他们心底爆发出来。城中居民一直在安全的城墙后辱骂和诅咒奥斯曼人，可现在他们惊恐地发现这些野蛮的入侵者已经出现在自家的门口，目光中充满贪婪和仇恨。

野蛮的奥斯曼士兵洗劫了每一间房屋，掠夺了一切黄金、珠宝和挂毯。任何敢于反抗的人都被首先杀死，然后跟着遇难的是那些对入侵者没有用处的老人和幼童。奥斯曼士兵拽住老人们苍白的头发，把他们拉到街上杀死。修女们被从修道院赶出，不是遭到强奸就是被卖为奴隶。为了争夺城里的美丽女孩，奥斯曼人甚至互相大打出手。许多罗马妇女为了不落入敌手，不得不投井自杀。

凄惨的嚎叫声充斥着大街小巷。保卫海墙的罗马人发现这些情况，立刻心急火燎地赶回家中，这才发现他们的家人不是被杀就是被绑架了。奥尔罕王子试图冒充本地人经海港逃离城市，但不幸被一名土耳其士兵认出并惨遭斩首。

巴尔巴罗已经登上了离城的船只，他站在甲板上回首眺望城里的惨状。"鲜血在城中流淌，就像暴雨后水渠里的雨水。土耳其人和基督徒的尸体被扔进达达尼尔海峡，在那里他们像运河里的西瓜一样被冲进遥远的大海"。[1]

巴尔巴罗从这场暴力灾难中及时逃了出来，经过几天提心吊胆的航行后，他的船只从土耳其海上防线的缝隙中溜走，驶入了马尔马拉海，最终得以回到家乡。佛罗伦萨商人贾科莫·泰塔尔迪（Giacomo Tetaldi）脱光衣服后跳海逃生，最终被一艘威尼斯船只救起。穆罕默德二世的海军根本没有兴趣去拦截离港的意大利船只，他们正赶着靠岸去和陆军争夺战利品。

苏丹的士兵在城郊开始烧杀抢掠，惊慌失措的呼声传到了梅塞大道。刚刚从梦中醒来的人们想要知道发生了什么，当他们跑到街

431

432　上，等待他们的却是奥斯曼士兵的弯刀。市民们怀抱孩子从家中冲出，互相推搡着涌到港口，希望能搭船逃离城市。可海墙的大门已经被紧紧关闭，忠于皇帝的士兵试图阻止市民出逃，要求他们留下来参加巷战，但一切都是徒劳。

　　此时，许多人想起了《启示录》中的预言，纷纷逃进圣索菲亚大教堂避难。按预言所说，在基督重返人间之前，恶魔的军队将攻入上帝之城，但他们最终会在大教堂的门前被一位上帝派来的天使挡住，这些异教徒最终会倒在天使燃烧的剑下。数以千计惊慌失措的市民希望抓住这最后一线希望，不到一个小时，教堂里被人群挤得水泄不通，大门也被紧紧关闭起来。当清晨第一缕阳光透过天窗射入教堂，牧师们开始主持最后一次晨祷，男女老少一齐唱起圣歌。这是他们最后一次在这间烛光点点、香云缭绕的教堂里祷告。试问，他们中有多少人真的相信复仇天使即将出现？

　　最早到达圣索菲亚大教堂的入侵者是一支土耳其禁卫军。他们相信教堂里有大量金银珠宝在等待着他们，因此一路狂奔。这些包着头巾的武士冲进了院子里，他们闯进望道廊，用斧头开始劈砍沉重的教堂大门。每一次劈砍都引发教堂中平民恐怖的尖叫，直到门上的木头被砍成碎片，大门轰然倒塌。奥斯曼士兵一拥而入，他们争先恐后地抢掠每一件他们发现的宝物。

　　现场虽然混乱，但是并没有很大的人员伤亡。这些原本嗜血的
433　征服者现在感兴趣的只是争夺财物。圣杯、烛台和皇帝的座椅很快就被抢走，接着，士兵们开始摧毁圣坛，希望从里面搜出值钱的金属。

　　聚集在教堂里的人群也是财宝的一部分。苏丹的士兵又一次开始相互搏斗，胜利者才能占有美丽的女俘。年老体弱的被当场杀死，其他人则被作为奴隶或者人质拘禁起来。一些人被带回城外的

奥斯曼军营，另一些人则被装上金角湾的商船，运往开罗的奴隶市场。

在不到一个小时的时间里，圣索菲亚大教堂里一切值钱的东西都被拆下来带走。一队苏丹禁卫军发现了威尼斯总督恩里科·丹多洛的坟墓，便打开它仔细寻找宝藏。最终他们发现里面什么值钱的财物也没有，便把总督的遗骨取了出来，扔到外面的街上喂狗。

中午

穆罕默德二世并没有立刻和他的军队一起进城。他一直等在城外，直到他收到君士坦丁皇帝的死讯。中午时分，苏丹骑着他的白色公马在随从的簇拥下，从查瑞休斯门进入君士坦丁堡，来到鲜血淋漓的街道上。

年轻的苏丹看上去神色凝重，仿佛他并不因为胜利感到骄傲。他带领随从们来到梅塞大道，目睹了尸横遍野的惨象。奥斯曼旗帜被悬挂在许多建筑物的窗户上，说明这些房子和里面的财产已经被士兵据为己有。他又来到君士坦丁广场，发现筑城者君士坦丁大帝的庞大雕塑已经被乱兵无情地推倒在地。在梅塞大道的尽头，穆罕默德看见了圣索菲亚大教堂雄伟的轮廓。他赶紧下马，在教堂前恭顺地跪下，并抓了一把泥土，谦卑地撒在自己的头巾上。

434

步入大教堂，苏丹看见一个士兵正在试图盗窃大理石地板。穆罕默德愤怒地冲向这名士兵，气呼呼地用佩剑的侧面拍打他。

"你们得到了这么多战利品和俘虏，怎么还不知足！"苏丹气愤地朝着赶紧散开去的士兵大喊，"我说过，我只要求你们把这些建筑留给我！"

穆罕默德二世抬头望着教堂巨大的穹顶，若有所思地转着圈踱步。之后，他指示伊玛目登上讲坛宣讲穆斯林信条："世上没有上帝，只有安拉。穆罕默德是安拉的先知。"

离开刚被踩躏的大教堂，穆罕默德穿过奥古斯塔广场，来到已成为一片废墟的恺撒大皇宫。这里已经多年无人居住，满目凄凉。苏丹流连其中，在宫殿的废墟间，他轻声吟诵了出自一位无名波斯诗人的忧郁诗句：

> 蜘蛛编织起恺撒皇宫的帘帷，夜鸦召唤着喀喇汗塔的守卫……

就这样，千年帝国在历史的长河中永远湮灭了。

大公和大维齐尔

大公卢卡斯·诺塔拉斯被奥斯曼士兵软禁在家里。没过多久，苏丹就亲自上门见他。穆罕默德二世直言不讳地指责大公和君士坦丁皇帝应该在道义上为这场流血事件负责，因为他们拒绝献城投降。

"陛下，"诺塔拉斯回答，"无论是我还是皇帝本人都没有权力要求人民献出这座城市。更何况我们还收到了您宠臣的信件，催促我们继续战斗。"

穆罕默德马上明白，诺塔拉斯指的是哈利勒帕夏。

三天后，大维齐尔哈利勒被投入地牢，很快就作为叛国者被处决。哈利勒的巨额财富被充入国库，任何人都不准为他哀悼。

苏丹本打算邀请诺塔拉斯加入自己的宫廷，并委派他管理君士坦丁堡。但后来他想想还是少惹麻烦，就干脆把诺塔拉斯和他的全部家人处死了。

穆罕默德二世暂时回到了埃迪尔内，待在他舒适的宫殿中，计划着重新修缮新征服的城市。城破之后，君士坦丁堡绝大部分基督教人口都消失了，他们不是被掳掠为奴，就是流亡他乡。在整整六个月的时间里，这座曾经繁华的大都市变成了一座空城，一片静寂。拜占庭史学家杜卡斯记录下了这幅悲惨的景象："这里已经一片荒凉，体无完肤，面目全非。城市不再动弹，无遮无蔽，没有一丝响动。"

随着局势渐渐稳定，奥斯曼帝国调集大量工人开始修复城市。千疮百孔的城墙焕然一新。圣索菲亚大教堂改造成了清真寺，并更名为"Ayasofya"，在它的四角建起了高大的宣礼塔，以增显其威严。原来教堂内部的镶嵌画和壁画都被刷上泥灰进行覆盖。

君士坦丁堡也改了名，叫作伊斯坦布尔。这个新名字的来源如今仍然存在争议。有人认为这只是"君士坦丁堡"的一个简单改写，而更多的人则认为这个名字来源于希腊语"进城去"（eis ten polin），这个短语经常被用来回答"你去哪里？"的问题。

如果奥斯曼统治者仍然希望这座城市能够恢复从前的繁荣状态，那他们需要做的就是务必保持这里的多文化特色。穆罕默德二世任命反对教会合并派僧侣格纳迪乌斯为新的君士坦丁堡东正教牧首。另外，他还在城中设置了犹太教大拉比。热那亚商人又能回到加拉塔继续生活了。原来生活在巴尔干半岛和安纳托利亚的苏丹臣民，无论他们信仰基督教还是伊斯兰教，都被迁到了君士坦丁堡城中。穆罕默德的基督徒奴隶们被安置在布拉契耐皇宫附近一个叫作费内尔（Fener）的地方，那里至今还存留着少数自认为是东正教的"罗马"居民。

古老的贸易路线重新开放了，伊斯坦布尔又逐渐变成一座富有和光荣的都市。穆罕默德二世新建了一座大学，还邀请了阿拉伯科学家、建筑师和技术专家来到城市里生活和工作。数十座高塔在城中拔地而起，改变了城市天际线的格局。公元 1478 年，城市人口恢复到八万人。到 15 世纪末，君士坦丁堡再次成为欧洲最大的城市。

†

俄国人 vs 奥斯曼人

在伊斯坦布尔之旅的最后一天，我和乔伊乘电车去大巴扎购买带回家的小饰品。空气中满是香料和咖啡的芬芳，商贩们招徕客人的吆喝声不绝于耳。销售项链、耳环和手镯的商店数不胜数，这些首饰上都描绘着用于驱散厄运的"邪眼"。据说，这是从罗马时代延续下来的习俗。我们休息时，一只上了年纪的黑猫跳到我腿上，慵懒地蜷缩起来。它的健康状态不是特别好，虽然看上去皮毛油光发亮，但实际上骨瘦如柴，行走起来后腿也不利索，可能有点关节炎之类的小毛病。

在一家商店里，我发现了一副放在大理石板上的国际象棋。这是我见过的最美的象棋，因此我毫不犹豫地买下了它。每一个棋子都是手绘的，双方分别被制成了东正教俄罗斯和奥斯曼土耳其的风格。俄罗斯一方的"车"是一座小小的深红色微缩版克里姆林宫；而土耳其一方则是一顶奶白色和淡褐色相间的军帐。

我和乔伊走到巴扎外面，突然遇上一阵寒冷的阵雨，因此我们走进一家咖啡店，坐等雨过天晴。我点了一杯土耳其咖啡，乔伊要了一小杯苹果茶。我有些忍不住，迫不及待地取出象棋，仔细地端详着棋子上做工考究的细节。然后，我把棋盘铺设在桌上，和乔伊对弈起来。乔伊喜欢土耳其棋子的外形，所以我只好选择俄罗斯一方。我赢了前两局，但第三局我走错了几步，被乔伊将死了。他睁大眼睛疑惑地看着我，以为我是故意让他赢的。可实际上我并没有这么做，我从来不会把胜利拱手让给孩子。记得几年前，我在乔伊的催促下买了一款叫作《战国风云》（*Risk*）的桌面游戏。最初我赢了几局，但很快乔伊掌握了技巧，之后他就一路获胜了。一开始的时候他做不到胜不骄败不馁，每次获胜后都会在母亲和朋友们面前大声炫耀。但是随着他的战绩一路领先，他逐渐变得谦虚大度起来，还友善地指导我，告诉我哪里玩得不好。

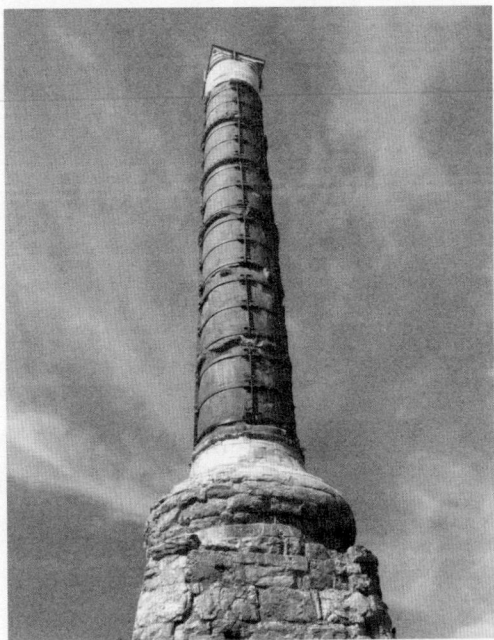

君士坦丁纪念柱（又称"被烧之柱"），伊斯坦布尔

注：创作共用图片/Vladimir Menkov

雨势非但没有变小，反而加剧如瓢泼一般了。很多在迪凡约鲁大街上（Divanyolu Street）闲逛的游客不得不冲进街边的名品店避雨。乔伊专注地趴在桌前，目不转睛地盯着棋盘，聚精会神地钻研下一步棋。他心里默默计算着棋局上未来可能的变化，就连苹果茶凉了也没有察觉。

我的目光漂移到窗外，沿着外面的道路望向远方。我看见一座外形像是工业烟囱的建筑，安置在砖石结构的粗糙基座上。我看了一眼街道地图，发现它远不是我以为的那样简单。

"你看见那座塔了吗？"我兴奋地问乔伊。

"是的。"乔伊高兴地回答。

"那座塔被土耳其人称作被烧之柱。但是你知道它是什么吗？"

乔伊耐心地看着我。他早就知道了我聊天的套路，知道我马上就会公布答案。

"这就是君士坦丁纪念柱。"

这座纪念柱和君士坦丁堡的城市一样古老，在 17 个世纪之前，它与君士坦丁大帝建立的新罗马城于同一天正式落成。如果说君士坦丁堡有一个出生地，那就应该是这座被烧黑的高塔了。君士坦丁纪念柱曾经是这座城市最令人印象深刻的地标，如今却已经完全变了模样，仿佛森林大火烧焦的树木一般。本地人和游客从纪念柱旁边走过时，也从来不会多看它一眼，就好像它是个路边的流浪汉。没有人注意到它鬼魅般的存在。

但不管怎么说，它还是耸立在那里，没有倒下。

乔伊看了纪念柱一眼，又重新把脸转向我。

"你知道吗，"我突然兴奋起来，"如果我们能够在纪念柱基座下方挖掘一个地道，说不定能够发现古代罗马人最珍贵的护身符……在神话故事中，它具有不可思议的力量。如果有人围绕着它写一部剧本，一定可以拍成一部印第安纳·琼斯（电影《夺宝奇兵》中的虚构人物。——译者注）（Indiana Jones）系列的电影。"

"哇，这是什么宝物？"

"它是帕拉斯像（Pallas）。"

✝

帕拉斯像

帕拉斯像是一尊约一米高的木质雕塑，用以纪念希腊女神帕拉斯。根据希腊神话，女神雅典娜在失手误杀养母帕拉斯以后满心忏悔，便倾尽心血亲手制作了这尊雕塑。多年后，众神之王宙斯把帕拉斯像丢向人间，赠给了特洛伊城的人民。

特洛伊人小心翼翼地保管着帕拉斯像。他们开始认为，只要把这小小的雕塑保存在城中，它的神秘力量就会保护这座城市的安全。一天深夜，两位希腊勇士越过高大的城墙，潜入特洛伊人的堡垒，偷走了帕拉斯像。特洛伊城因此失去了保护，变得脆弱不堪。据传说，假如他们没能偷走雕塑，那么连希腊人著名的"木马计"也无法成功。

特洛伊覆灭之后，帕拉斯像辗转来到了罗马城，被收藏于罗马灶神庙（Temple of Vesta）中长达几个世纪之久。据说帕拉斯像的力量在罗马也同样发挥了作用，它保护了罗马城的安全，使得罗马人能够毫无后顾之忧地去征服几乎所有的已知世界。这大大加强了罗马人的自信心，让他们相信自己拥有特殊的命运。所以，当君士坦丁大帝在东方建设新都时，他自然希望把这样的特殊威望融进新罗马城的血液之中。

公元328年11月4日礼拜一，君士坦丁大帝率众穿过新罗马城的街道，来到以他自己名字命名的椭圆形广场。当时由于时间紧迫，帝国新都的大部分都是匆匆竣工，许多建筑物都带着裂缝，还有一望便知的劣质翻新。唯独君士坦丁广场及周边建筑的做工较为

440　精细，令大帝十分满意。这片广场光彩夺目，大理石地面熠熠生辉，四面环绕着优雅的廊柱和美丽的古代雕塑。

　　广场的核心地带矗立着一座高大的纪念柱，顶端安置着一座巨像。很显然那就是君士坦丁大帝本人的雕像。建造这座纪念柱可不是一个小工程。由于无法从附近获得合适的石柱，工人们不得不从头开始修建一座高大的石塔，还要往上面镶嵌象征皇权的紫色斑岩条带。安装在石柱顶端的君士坦丁巨像也有拼凑的成分。由于没有足够的时间雕刻一座全新的塑像，工人们干脆从别的地方搬来了一座阿波罗神像，然后把阿波罗的脑袋换成了新雕刻的皇帝面孔。他们还给君士坦丁大帝雕塑的额头戴上了金色的头环，每当夕阳西下，人们都能看到雕塑上方的璀璨光芒。

　　君士坦丁大帝举行了盛大的庆典，将这座城市奉为帝国新都。这次庆典采用了基督教和古代异教的混合仪式。罗马最高祭司按照皇帝的旨意，把帕拉斯像从罗马城带到了这里。人们挑选了一个吉利的日子，把这尊木制雕像深埋在君士坦丁纪念柱脚下，这样敌人就不太可能寻机盗窃了。其他的基督教圣物，比如基督教奇迹故事中的 12 个篮子和诺亚建造方舟用的斧头，也被埋在了柱下确保安全。

　　纪念柱基座上镌刻着虔诚的铭文，罗马人的力量和基督徒供奉的上帝联系在了一起。"哦，基督，世界的主宰！此时此刻，我将城市、皇权和罗马人的力量都奉献给您。"

　　君士坦丁纪念柱在这里默默伫立千年，柱顶的雕塑和柱底掩埋

441　的帕拉斯像逐渐被人们看作异教徒的肮脏秘密。随着东罗马帝国陷入长期衰落，这座石柱的处境也渐渐不同往日。

公元1106年，一场猛烈的暴风雨掀翻了君士坦丁大帝的塑像，把它刮到了广场的地面上。曼努埃尔·科穆宁皇帝觉得这个雕像的异教色彩过于浓重，便没有修复它，只是换了一个简洁而虔诚的十字架，安在纪念柱的顶端。

1204年，十字军士兵洗劫城市时偷走了镶嵌在斑岩条带边缘的青铜。在奥斯曼帝国征服君士坦丁堡后，穆罕默德二世彻底移除了柱顶的十字架，石柱却被孤独地保留在了那里。而到了1779年，一场突如其来的火灾将纪念柱变成了如今枯焦的模样。

据我们所知，那个小小的木雕图腾仍然埋藏在被烧之柱脚下，就在伊斯坦布尔市中心的这座石制基座的正下方。

第三罗马

穆罕默德二世启用了新的头衔"征服者（Fetih）"。他的理想与古代的罗马皇帝并无二致，也想建立一个唯一统治者、唯一信仰的普世帝国。他和廷臣们一起搬到了新都伊斯坦布尔，在奢华的宫廷里，他们逐渐废除了游牧部落时代延续下来的简单朴素、人人平等的习俗。穆罕默德二世一天天变老，从一名精瘦的战士逐渐变成了一位体态臃肿的统治者。他的服饰看起来越来越珠光宝气，而他和臣民的距离也越来越遥远。他开始依靠日益膨胀的官僚系统，不可避免地套用了罗马帝国长期以来使用的管理措施。

公元1480年，威尼斯之名画家真蒂莱·贝利尼应邀来到君士坦丁堡为穆罕默德二世画像。在这幅著名的肖像画中，苏丹的嘴唇微微嘟起，眼神迷茫。画家传神的笔触将穆罕默德二世内心的情感刻画得淋漓尽致。看起来，攻克君士坦丁堡实现了他孩提时代的梦想，但这并没有给他带来真正的快乐。

征服者穆罕默德二世晚年肖像画，真蒂莱·贝利尼

注：公版图片

穆罕默德二世还自封了另一个新头衔"罗马人的恺撒（土耳其语：Kayser‐i Rûm）"，他很喜欢这个称号。其他国家的君主也如法炮制，开始纷纷自称"恺撒"，例如德国皇帝（Kaiser）或俄罗斯沙皇（Czar）。

君士坦丁十一世皇帝的侄女佐伊·帕里奥洛格斯（Zoe Palaeologus）在帝国灭亡时还只是个孩子，家人带着她先后逃往科孚岛和罗马城。罗马教宗收留了佐伊，让她从小就接受天主教教育，还把她的名字改成了拉丁化的"索菲娅"。

公元 1472 年，教宗保罗二世希望能加强对俄罗斯东正教会的影响，于是安排索菲娅嫁给了莫斯科大公伊凡三世（Ivan III）。婚礼在圣彼得大教堂里隆重举行，由于大公本人无法到场，俄罗斯大使作为代理新郎出席了仪式。

第二天，索菲娅踏上了漫长的旅程，去见自己的新婚丈夫。她在一大帮随从的陪伴下由南向北穿越了意大利和德国，然后从吕贝克出海前往波罗的海另一侧的塔林。在塔林她离船登岸，途经诺夫哥罗德后，最终到达莫斯科。在那里，她刚刚赶上俄国冬天的第一场雪。

索菲娅在俄罗斯受到了伊凡大公的热情招待，他建造了好几座宫殿和花园作为送给她的礼物。索菲娅很快就适应了新的生活环境。她脱离了天主教，重新皈心了祖先信仰的东正教。教宗试图控制俄罗斯的野心随之破灭。和其他远嫁的罗马公主一样，索菲娅也为她的新家带来了一些精巧繁复的新鲜事物。她把考究的罗马礼仪带入了伊凡三世的宫廷，并且鼓励丈夫继承罗马帝国的宝座。这个建议完全合乎情理，伊凡三世是世界上最强大的东正教君主，并且娶了最后一位罗马皇帝的侄女。

多年以后，一位东正教僧侣写信给索菲娅的儿子，瓦西里二世（Vasilli II）。信的开头是这样的："两个罗马已经覆灭，第三个罗马站了起来。再也不会有第四个罗马了，没有人能取代您的帝国。"从此，莫斯科被称为第三罗马，伊凡三世的继承者们世代承袭莫斯科沙皇的高贵头衔。

想象中的不朽之城

罗马帝国漫长的历史宣告结束，穆罕默德二世在大皇宫中吟诵的两句诗歌俨然成了帝国的挽歌。用医生的话来说，这位病人在经历了不自然的长寿和青春离逝的痛苦后，在一场暴力事件中不平静地死去。但拜占庭的灵魂却依旧存留于它身后的世界。帝国的幽灵一直在影响着历史的进程，就像深埋在潜意识里的神经冲动一样。

444　　　在君士坦丁堡最后的动荡岁月里，虽然帝国在混乱的统治下逐渐走向灭亡，但是这座城市的文化和思想却英雄般地复兴了，仿佛垂死恒星的最后一缕幽光。当外部世界的残酷难以想象时，东正教会开始将注意力转向内部，探寻神秘主义更深层的境界。牧师们开始采用一种被称为"静修（hesychasm）"的修行方法。[2]与佛教中的冥想不同，静修中的信徒不仅仅需要控制呼吸，还需要不断地重复祷告词"主耶稣基督垂怜我这罪人"，以便信徒能够完全忘记外部世界的喧嚣和混乱。一旦祷告者能够达到心如止水的境界，他的心灵就会向天主的"非受造之光"开放。尽管教会总是反对为此得失而欣喜，但信徒一般到达这个关键时刻都会不由自主地狂喜不已，因为他们在这时就已经达到"神化"了。这是一种人神合一的不可辩驳形式，"神化"境界通过一种最为个人化的方式实现了。

　　　同样，在那个悲惨的世纪中，学者们聚集在城市的其他角落，寻找到了新的研究方向。他们受到亚里士多德的著作和其他古代文献的启发，逐渐远离神秘主义，并开始向往理性复兴。这些学者虽是基督徒，却仍然对异教徒的智慧倾慕不已。在过去，人们用"hellene"这个词形容古希腊异教徒，把他们与信奉基督教的罗马人区分开来。但在罗马帝国最后的时光里，君士坦丁堡的学者却表现得更愿意接受古希腊人的智慧遗产。

　　　古代希腊的经典作品一直被保存在君士坦丁堡，即使在那些波445　斯人和穆斯林军队围城的黑暗年代里，古典文化的火炬也在继续燃烧。古希腊雕塑装饰着公共场所，古代手稿则被珍藏在城市的修道院和大学之中。

随着公元 9 世纪帝国国力复苏，古希腊经典迎来了重生。每一个在君士坦丁堡接受高等教育的人都会学习古希腊语，阅读古希腊历史学家、诗人和哲学家的著作。在《阿莱克修斯传》中，安娜·科穆宁娜将荷马称为"诗人"，并且默认读者和她一样熟读荷马史诗。

东正教学者们一直努力让古代学识与他们的信仰相协调。在他们心中，基督教信仰显然比异教智慧更为宝贵，但是优雅和充满洞察力的古籍经典却令他们爱不释手。不过，学者们将基督教和异教智慧轻而易举地分割为两个范围。异教智慧被认为是"外部知识"，是关于被"创造的世界"的知识，比如几何学、数学和历史，异教信仰对这些领域不会有什么影响。基督教智慧则被称为"内心知识"，是永恒思想存留之处，异教徒的思想必须被排除在这座精神圣殿之外。[3] 人们只能从经文中理解上帝的意志，除此之外，关于上帝的一切都被认为是非常神秘的，远远超出人类理解的范畴。

随着帝国逐渐衰落，教会在"静修"问题上发生了令人震惊的争执。公元 1337 年，一位名叫贝尔拉姆（Barlaam）的天文学家和数学家在公开场合将"静修"嘲笑为"望脐者"，因为信徒在修炼时总是会将注意力集中在丹田之处。贝尔拉姆认为"静修派"的言论荒谬可笑，因为上帝的存在是不可能被凡人直接感知的，必须通过上帝赐予人们的理智去推断。

贝尔拉姆的观点遭到了阿索斯山静修派僧侣帕拉马斯的格里高利（Gregory of Palamas）的强烈抨击，后者认为贝尔拉姆的看法是无稽之谈。在他看来，对人类来说，以天然而细微的理性工具探求

446

上帝的非受造之光，本身就是极端荒谬的，如同蜘蛛试图在自己结的网上寻找太阳。格里高利宣称，人们应当通过祈祷和冥想来感受上帝的存在，但不可能通过"理解"实现这一目的。

教会坚定地站在格里高利一边，理性主义者贝尔拉姆被斥为异端。后来，随着局势发展，贝尔拉姆意识到自己在君士坦丁堡再也没有容身之地，便前往智者罗伯特（Robert the Wise）在意大利的宫廷。在那里，人们对于古典智慧的兴趣已经生根发芽。

意大利和拜占庭学者渐渐开始互相接触。欧洲人慢慢重新发现了荷马、柏拉图、亚里士多德、埃斯库罗斯、索福克勒斯、希罗多德和修昔底德等人的作品，并意识到这些珍贵的手稿仅存于君士坦丁堡。反过来，拜占庭学者也感受到帝国即将在他们脚下崩塌，东正教会渐渐把目光转向"外部智慧"。他们逐渐开始向往佛罗伦萨、威尼斯和罗马城里那些以人为本、生机勃勃的宫廷，想象在那里他们可以过上更好的生活。

在意大利，贝尔拉姆转信了天主教，他和三名当地知名学者成了要好的朋友。这三个人后来成为意大利文艺复兴的重要旗手，他们分别是：佩鲁贾的保罗（Paul of Perugia）、乔万尼·薄伽丘（Boccaccio）和诗人彼特拉克（Petratch）。他们对于古希腊经典如饥似渴，而深谙这些作品的贝尔拉姆正是他们期待的良师益友。

在公元 1453 年，城市陷落前夕，另一批具有影响力的学者携带着珍贵手稿永远离开了君士坦丁堡。在意大利宫廷中，这些满腹经纶的东方人教他们的主人如何用希腊语读写，并且帮助人们将希腊语经典翻译成拉丁语或者意大利方言。公元 1487 年，仅仅在威尼斯一地，东罗马帝国的遗民就达 4000 多人，当地红衣主教索性称威尼斯为"第二个拜占庭"。[4]

今天我们可以确信，拜占庭流亡者并非文艺复兴的直接起因。

但文艺复兴思想的点点火星，确实是通过意大利与拜占庭学者的交流而吸收了养分，最终形成燎原之势。

君士坦丁堡的陷落对世界的长远影响并不是当时的人们可以预料的。奥斯曼帝国控制了西欧与亚洲香料贸易的关键节点，尽管苏丹同意基督徒参与贸易，但通往东方的商路对于西方人来说还是变得险阻重重。因此，葡萄牙探险家纷纷出海，寻找通往印度和中国的海上通道。

公元 1486 年，巴尔托洛梅乌·迪亚士（Bartholomew Diaz）向南航行，转过西非海岸，绕过好望角，第一次把欧洲人的大帆船驶入印度洋海域。1497 年，瓦斯科·达伽马（Vasco de Gama）率领的船队从里斯本起航，直达印度加尔各答，开辟了完全绕过奥斯曼帝国统治区域的新航线。

君士坦丁堡沦陷 33 年后，一位叫克里斯托弗·哥伦布的热那亚冒险家来到西班牙宫廷，恳求国王资助他寻找通往中国和日本的新航路。他的船队向西行驶，穿越未知的大西洋水域，最终到达美洲大陆。从这个意义来说，君士坦丁堡的陷落成了欧洲地理大发现的催化剂，也间接引发了征服美洲的历史进程。

448

东罗马帝国灭亡后，她的声誉逐渐遭到破坏。启蒙运动的狂热学者们对于这样一个已经灭亡的中世纪神权政体漠不关心。爱德华·吉本蔑视地指称"拜占庭帝国"是一个衰弱和迷信的国度，根本不配继承"罗马帝国"的光辉名字。这样的敌意一直持续到 19 世纪，在一本当时出版的历史书《从奥古斯都到查理曼时代的欧洲道德史》（*A History of European Morals from Augustus to Charlemagne*）中，作者傲慢地诋毁了持续 11 个世纪之久的拜占庭文明：

　　　　史学界普遍认为，还没有任何其他国家像拜占庭那样，始终构建在一种如此稀松平常的形式基础之上。也没有哪个国家像拜占庭一样，缺乏任何伟大和崇高的内在元素。更没有哪个国家比拜占庭更适合'阴谋'这个词语……拜占庭帝国的历史是一个呆板乏味的故事，充斥着教士、宦官和女人耍弄的诡计，充斥着毒害、背信弃义和形形色色的密谋。

虽然在 20 世纪，欧洲人对拜占庭历史重新产生了兴趣。但是历史学家很清楚，要克服西方世界几个世纪以来根深蒂固的偏见，还有一段路要走。

威廉·巴特勒·叶芝（William Butler Yeats）是一位憧憬拜占庭神秘主义的诗人，他一直梦想能够拜访君士坦丁堡的幽灵帝国。他写下了两首赞美拜占庭的诗篇，《拜占庭》（*Byzantium*）和《驶向拜占庭》（*Sailing to Byzantium*），试图将一个真实的古代帝国不带任何偏见地展示给全世界的英文读者。在写下《驶向拜占庭》时他已经 68 岁了，用诗歌里的原文形容，那时的他已经衰老得像"一件破外衣支在木棍上"。对垂暮中的他来说，拜占庭的迷梦似乎是一扇通向不朽国度的大门，在那里他能看到金光灿灿的镶嵌画、上发条的金属鸟儿和昏昏欲睡的皇帝：

> 因此我扬帆过海，
> 来到圣城拜占庭，
> 先贤呵！伫立主的圣火之中，
> 宛如置身镶金的壁画里。
> 从这圣火中走出来吧，旋身而舞，
> 成为我灵魂中咏唱的主宰。
> 焚尽我耽于欲望的心吧，

它已迷失了自我，

被垂死的肉身拘禁，

请采撷我吧，将我收入神赐的永生秘境。

作为一名生活在大英帝国边境之外的爱尔兰人，叶芝也许能更好地聆听古罗马人的战歌，欣赏君士坦丁堡从远处照见的光芒。叶芝在英国广播公司（BBC）的节目中提醒听众："在爱尔兰人编纂精美的《凯尔斯经》（*Book Of Kells*）、制造现存国家博物馆的宝石权杖的时代，拜占庭帝国是欧洲文明的中心，也是精神哲学的源泉。"[5]

2004 年，纽约的大都会博物馆发起了一次规模空前的展会，名为"拜占庭 1261–1557：信仰与权利"。会上展出了东罗马帝国最后几个世纪里留下的镀金圣像、壁画、丝绸、手稿、棺材和护身符。即便是在这座资本主义横行的现代都市里，拜占庭艺术永恒而神圣的光芒，仍旧让游客们眼花缭乱、心潮澎湃。

展会宣传册的序言是君士坦丁堡普世牧首巴塞洛缪一世（Bartholomew I）亲笔所著的祷词。他称此次展出的帝国晚期艺术品中弥漫着"明亮的忧伤"[6]。在与一名祈祷者交谈时，他说："相比于那些市场上的出售品，人们更有可能从更高尚的价值观和更崇高的理想中发现信仰"。

450

"毫无可能，"《纽约客》杂志的批评家写道，"他的警告让我感觉心寒，我很快就走开了。"[7]

巴塞洛缪现在居住在伊斯坦布尔费内尔区一个围墙环绕的大院中。土耳其政府并不承认他普世牧首的头衔，只承认他是境内希腊少数民族的领袖。这些少数民族自称罗姆人（Rum），他们曾经是这座城市的主人，但随着土耳其共和国国内伊斯兰化与现代化的趋势毫不相让地互相冲击，越来越多的希腊族人离开了费内尔区。奥斯曼时代盛行的多民族文化氛围正在伊斯坦布尔城内快速消亡。今天伊斯坦布尔城内的"罗姆人"已经近于完全消失了。

†

在机场，我和乔伊正在排队等待行李安检，我们的周围到处都是巨大的背光广告牌。科技公司和商业服务企业提供各种各样的"创新解决方案"。在现代社会里，"创新"是一个非常时髦的词汇，尤其是 20 世纪 90 年代互联网业兴起以来。对西方人来说，"创新"意味着积极性和新颖性、创造力和破坏力。但对于古代拜占庭人来说，创新却是一件微不足道的琐碎小事，感觉就像对一所老房子进行廉价的扩建一般，甚至有些令人尴尬。他们也许视创新为"永恒"和"完美"的敌人。公元 9 世纪、10 世纪时，圣像破坏派和他们的反对者互相指责对方的理由竟然是对方企图对宗教生活进行可耻的创新。这种背离创新的态度一直持续到土耳其人拖着新式大炮出现在狄奥多西墙下。

451

2015 年 8 月

距离我和乔伊的伊斯坦布尔之旅已经过去一年半了。乔伊已经成长为一个身材瘦长、和我一般高的孩子了。他喜欢弹吉他，迷恋鼓击乐团（Strokes）、涅槃乐队（Nirvana）、日本拉面、中国烤鸭和视频网站上的喜剧演员。他对大麻之类上瘾的东西十分抵触，因为他明白什么事情不该做。现在他正在上中文课，他的发音很标准，经常受到老师的表扬。和以前一样，他仍然梦想着要成为一名建筑师。

这个月里，我不得不离开家人前往冰岛录制节目。回家之前，我在巴黎停留了两天。当时我觉得有些孤独，便一个人在城里漫无目的地闲逛，随心所欲地在街上徘徊。在这个温暖的夏夜，我来到让·德·博韦街（Rue Jean de Beauvais）附近一间不起眼的东正教堂门口。我本以为在周四晚上这里不会开放，但当我推门走进去时，我发现里面布满了烛光、音乐和芳香。

在教堂里，我看到大约20到30名信徒，他们大多跪在通向圣坛的长地毯上。女人们戴着头巾，男人们匍匐在地面上向圣坛行礼。我感觉自己仿佛身处一个秘密社团中。若不是四周悬挂着基督教画像，人们很容易错认为这里是清真寺。

我站在人群背后安静地观看，希望不会打扰到他们。稍后我才发现，信徒们按照性别站成了两列，我无意间站到了女性信徒的行列中。我只好悄悄地挪动到房间的另一边。但每个人都专注于祈祷，没有人注意到我的存在。

三位上了年纪的牧师带领信徒们进行祷告，他们弯着腰，披着厚重的长袍。在合唱圣歌时，圣坛两侧有两位寻常打扮的领唱者也跟着唱了起来。整个圣餐仪式中，音乐不曾中断，演唱者抑扬顿挫的歌声显然带有浓重的东方色彩。一位领唱者身着运动衫，显得无精打采，似乎他在这里演唱仅仅是为了讨好自己的信徒母亲。另一位领唱者则穿着发皱的白衬衫，看上去他比自己的搭档要投入得多。

これは一个既有"秩序"，也有"神化"的世界。初入教堂时，我还觉得心中烦躁、脚下生疼。大概10分钟后，我渐渐平静下来，思绪也随着我好奇的目光四处游荡。教堂地毯上的图案正是头顶皇冠的双头鹰徽章，它的一只爪持剑，另一只爪握着象征地球的球

452

体。几个世纪过去了，幽灵帝国从未放弃宣示自己的身份，甚至在法兰克人的龙兴之地也是如此。代表着东西方帝国统一的双头鹰仍然在等待着，等待昔日神圣光辉的普世帝国，在君士坦丁堡的都城里重现人间。

453

致　谢

　　我首先要感谢我的妻子凯姆和女儿艾玛，对于像我这样一个终日事务缠身的人，她们给予了足够的耐心。我要感谢卡里·吉斯拉松（Kári Gíslason），他多次对这本书提出宝贵的改进意见。特别感谢澳大利亚广播公司宗教与伦理门户网站的编辑斯科特·斯蒂芬（Scott Stephens），他对基督教早期历史和理论有独到的见解；帕姆·奥布赖恩（Pam O'Brien）和伊丽莎白·特罗修（Elizabeth Troyeur）给我提供了很棒的建议和热情的鼓励；布丽吉塔·多伊尔（Brigitta Doyle），拉克伦·麦克莱恩（Lachlan McLaine），Foong Ling Kong 以及其他 ABC Books 和 Harper Collins 的工作人员，他们对我写书的想法大力支持，提供了许多富有智慧的编辑指导；不凡的利兹·吉尔伯特（Liz Gilbert）懂得如何把一本书写成人见人爱的经典；西蒙·温切斯特（Simon Winchester）持之以恒的好奇心驱动着他探索地面以上和地表以下每一个陌生而奇妙的地方，给我留下了精彩的文字和精美的书籍。我还要感谢昆士兰州立图书馆，我惊喜地在那里找到了稀世罕见的拜占庭历史文献。最后，我要把最诚挚的感谢献给我的儿子乔伊。创作这本书的时候，我每写完一段都会读给他听，然后他会告诉我，我所需要知道的一切。

尾 注

序 言

[1] *Apocalypse of Pseudo – Methodius*, 14: 2 – 3.

第一章 光辉之城

[1] Sherrard, p. 51.

[2] *Russian Primary Chronicles*, chapter 6.

第二章 从罗马到拜占庭

[1] Norwich, *Byzantium*, volume 1, chapter 1.

[2] Grant, p. 21.

[3] Gibbon, 13: 111.

[4] Lactantius, chapter 33.

[5] Eusebius, *Constantine*, 9: 4.

[6] Durant 30: 3.

[7] legacy. fordham. edlu/halsall/basis/niceal. txt

[8] www. stnicholascoenter. org/pages/who – is – st – nicholas

[9] Davies, p. 208.

[10] Jordanes, 35: 182.

[11] *Priscus, Dinn. er with Attila*; Gibbon, *The History of the Decline and Fall of the Roman Empire*; Thompson, *A History of Attila and the Huns*.

[12] Herrin, *We Are All the Children of Byzantium*.

[13] *Letters of St Jerome*, Letter CXXVll.

第三章 暗黑国度

[1] Procopius, *Secret History*, chapter 8.

[2] Procopius, *Secret History*, chapter 9.

[3] Quoted in Pazdernik, p. 266.

[4] After her death: Ibid. , p. 262.

[5] *Novels*, 43, Preface. .

[6] Procopius, *Secret History*, chapter 12.

[7] Ibid. , chapter 10.

[8] *The Digest*, First Preface: 1.

[9] Quoted in Rosen, p. 113.

[10] *The Enactments of Justinian*, *The Code*, *First Preface*

[11] Procopius, *History of the Wars*, 1: 14.

[12] Kotsev, 2 June 2013.

[13] Quoted in Tabet, 'Turkey and the Deep State. '

[14] Rainsford, ' "Deep State" Trial Polarises Turkey' .

[15] Procopius, *Secret History*, chapter 24.

[16] Procopius, *On the Buildings*, I.

[17] Ibid.

[18] Hichens, chapter 6.

[19] Procopius, *Buildings*, 1: 30.

[20] Isaiah, 6: 6.

[21] Procopius: *History of the Wars*, 5: 14.

[22] *Liber Pontificalis*, 60: 8.

[23] Ibid. , 6: 7.

[24] Ibid. , 6: 16.

[25] Ibid. , 7: 30.

[26] Pmcopius, *Secret History*, chapter 4.

[27] *History of the Wars*, 4: 14.

[28] John of Ephesus, p. 75.

[29] John of Ephesus, p. 74.

[30] Ibid. , p. 75.

[31] Ibid. , p. 88.

[32] Rosen, p. 187.

[33] Oman, p. 95.

[34] Pliny the Elder, *Natural History*, Book 11.

第四章　波斯人的噩梦

[1] Norwich, *Byzantium*, volume 1, p. 272.

[2] Gibbon, 4：46：49.

[3] Norwich, volume 1, p. 284.

[4] Quoted in Kaegi, p. 31.

[5] Kaegi, p. 85.

[6] Davies, p. 245.

[7] Nikephoros, p. 63.

[8] Quoted in Sarris, p. 118.

[9] *Alexiad* , 12：6.

[10] www. cyberistan. org/islamic/letters. html

[11] Heck, *The Burden of Hitler's Legacy*, p. 259.

[12] Procopius, *The Wars of Justinian*：*Book II*, chapter 18.

[13] George of Pisidia, *On the Vain Life*, 10. 215 – 25, quoted in Kaegi, pp. 322
    – 23.

[14] penelope. uchicago. edu/Thayer/E/Roman/Texts/ Polybius/38 *

第五章　以实玛利的后代

[1] Gibbon, chapter 48.

[2] Quoted in Harrison, p. 46.

[3] Quoted in Armstrong , p. 5.

[4] Qur'an 82：1.

[5] Sizgorich, pp. 1 – 2.

[6] Letter of John of Sedra.

[7] Sebeos, chapter 30.

[8] Pliny 34：18.

［9］ Liutprand of Cremona, *Report of his Mission to Constantinople*

［10］ en. wikisource. org/wiki/Khazar_ Correspondence

［11］ Bury, p. 359.

［12］ Revelation 20：7 – 10.

［13］ *The Greek Alexander Romance*, supplement J.

［14］ *Apocalypse of Pseudo – Methodius*, 13：9.

［15］ Ibid. , 14：2 – 3.

［16］ Theophanes, *The Chronicle of Theophanes*

第六章　非受造之光

［1］ Exodus 20：4 – 5.

［2］ MacCulloch, p. 451.

［3］ *Russian Primary Chronicles*, chapter 6.

［4］ *De Administrandoo Imperio*, p. 45.

［5］ Liutprand, p. 443.

［6］ Ibid. , pp. 446 – 47.

［7］ Liutprand, *Report of his Mission to Constantinople*.

［8］ Thietmar, p. 158.

［9］ *Helmskringla*, 84.

［10］ www. worldlibrary. org/articles/greece_ runestones

［11］ Quoted in Norwich, volume 2, p. 356.

第七章　星光闪耀的金枝

［1］ *Alexiad*, Preface I.

［2］ *Alexiad*, 7：5.

［3］ *Alexiad*, 13：10.

［4］ Freising：*The Legend of Prester John*, p. XX.

［5］ Silverberg, p. 2.

［6］ De Rachewiltz, p. 22.

［7］ Ibid. , p. 34.

［8］ *Irene*, chapter 3.

[9] Choniates, s. 141.

[10] Ibid. , s. 139.

[11] Ibid. , s. 323.

第八章　第四次十字军东征

[1] Gleeson – White, *Double Entry*, pp. 6 – 7.

[2] Villehardouin, s. 7.

[3] Villehardouin, s. 16 – 17.

[4] Clari, p. 44.

[5] Tyerman, p. 529.

[6] Villehardouin, s. 31.

[7] Villehardouin, s. 4l3.

[8] Ibid. , s. 47.

[9] Clari, chapter 6.

[10] Villehardouin, s. 64.

[11] Southern, *The Making of the Middle Ages*, p. 61.

第九章　帝国末日

[1] Gautier, p. 214.

[2] Vasiliev, p. 680.

[3] Majeska, p. 28.

[4] Ibid. , p. 44.

[5] Ibid. , p. 237.

[6] Tafur, *Travels and Adventures*, p. 17.

[7] Ibid.

[8] Sphrantzes, quoted in Philippides, p. 360.

[9] rasoolurrahmah. wordpress. com/2014/05/29

[10] Ibid. , p. 66.

[11] Quoted in Nicol, p. 52.

[12] Doukas, quoted in Crowley, p. 59.

[13] Doukas, quoted in Philippides, p. 409.

第十章　地狱回声

[1] Crowley, p. 68.

[2] Runciman, Steven, *The Fall of Constantinople*, pp. 63 – 64

[3] Quoted in Geanakoplos, *Byzantium: Church, Society, and Civilization Seen Through Contempoirary Eyes*, p. 225

[4] Gibbon, VII, 176.

[5] Babinger, p. 81.

[6] Quoted in Babinger p. 7.

[7] Doukas, quoted in Philippides, p. 423.

[8] Barbaro, 5 – 7 April.

[9] Kritovoulos, 1: 136.

[10] Kritovoulos, 1: 162.

[11] Ibid. , 1: 166.

[12] Barbaro, 19 May.

[13] Iskander, p. 59.

[14] Kritovoulos, 1: 185.

[15] Philippides, p. 222.

[16] www. jpl. nasa. gov/releases/93/release_ 1993_ 1543. html.

[17] Barbaro, 29 May.

[18] *Apocalypse of Pseudo – Methodius*, 13: 9.

第十一章　永生的秘境

[1] Barba1ro, 29 May.

[2] McCulloch, p. 487.

[3] Runciman, *The Last Byzantine Renaissance*, p. 28.

[4] Harris, *Byzantines in Renaissance Italy*.

[5] Yeats, *The Major Works*, p. 502.

[6] *Byzantium: Faith & Power*, p. vii.

[7] Schjeldahl, *Striking Cold*.

参考书目

古代和中世纪资料：

Accounts of Medieval Constantinople, The Patria, trans. Albrecht Berger, Dumbarton Oaks Medieval Library, 2013

Al-Tabari, The History of Al-Tabari Vol. 30: The 'Abbasid Caliphate in Equilibrium, trans. C.E. Bosworth, State University of New York Press, 1989

Ambrose, The Death of Theodosius, trans. Roy J. Deferrari, Fathers of the Church, 1953

Ammianus, Marcellinus, The Later Roman Empire, trans. Walter Hamilton, Penguin, 2004

Anonymus Valesianus, penelope.uchicago.edu/Thayer/E/Roman/Texts/Excerpta_Valesiana/2*

Barbaro, Nicolo, Diary of the Siege of Constantinople

Choniates, Nicetas, O City of Byzantium: Annals of Niketas Choniates, trans. Harry J. Magoulias, Wayne State University Press, 1984

Comnena, Anna, The Alexiad, trans. Elizabeth A. Dawes, Fordham University Medieval Sourcebook, legacy.fordham.edu/Halsall/basis/AnnaComnena-Alexiad.asp

Constantine Porphyrogenitus, De Administrando Imperio, trans. R.J.H. Jenkins, Dumbarton Oaks, 1967

Constas, Nicholas, Proclus of Constantinople and the Cult of the Virgin in Late Antiquity, Brill, 2003

De Clari, Robert, The Capture of Constantinople, Fordham University Medieval Sourcebook, legacy.fordham.edu/halsall/source/clari1.asp

De Villehardouin, Geoffroi, Memoirs, or Chronicle of the Fourth Crusade, trans. Frank Marzials, J.M. Dent 1908

The Enactments of Justinian: The Digest, or Pandects, www.constitution.
   org/sps/sps02_j2-01.htm

Eusebius of Caesarea, *The History of the Church*, trans. Arthur Cushman
   McGiffert, Acheron Press, 2012

Eusebius of Caesarea, *Life of Constantine*, trans. Ernest Cushing
   Richardson, Heraklion Press, 2014

Eusebius of Caesarea *Martyrs of Palestine*, people.ucalgary.ca/~vandersp/
   Courses/texts/eusebius/eusempaf.html

The Greek Alexander Romance, trans. Richard Stoneman, Penguin
   Classics, 1991

Evagrius Scholasticus, *Ecclesiastical History (AD431–594)*, trans. by E.
   Walford, 1846, www.tertullian.org/fathers/evagrius_4_book4.htm

Gyllius, Petrus, *The Antiquities of Constantinople*, 1729, trans. John Ball,
   from digitised copy of original 1729 translation, hdl.handle.net/2027/
   njp.32101075990547

Harrison Frederic, *Byzantine History in the Early Middle Ages*,
   Macmillian, 1900

The Holy Bible, English Standard Version, EPUB edition

Jerome, *The Letters of St. Jerome*, Christian Classics Ethereal Library,
   www.ccel.org/ccel/schaff/npnf206.v.CXXVII.html

John of Ephesus, *Pseudo-Dionysius of Tel-Maḥrē: Chronicle of Zuqnin,
   Part III*, trans. Witold Witakowski, Liverpool University Press,
   1996

John of Sedra, *The Letter of John of Sedra*, trans. Dr. Abdul-Massih Saadi,
   published in *Karmo Magazine*, Mar Aphram Institute, Vol. 1 No. 2,
   1999, www.chaldeansonline.org/Banipal/English/karmo2.html

Jordanes, *The Origins and Deeds of the Goths*, trans: Charles C. Mierow,
   people.ucalgary.ca/~vandersp/Courses/texts/jordgeti.html

Justinian, *The Enactments of Justinian, The Code, First Preface*, trans. S.P.
   Scott, 1932., droitromain.upmf-grenoble.fr/Anglica/codjust_pre1_
   Scott.htm

The Koran, trans. N.J. Dawood, Penguin, 1974

Kritovoulos, *History of Mehmed the Conqueror*, trans. Charles T. Riggs, 1970, www.promacedonia.org/en/kmc/index.htm

Lactantius, *On the Manner in which the Persecutors Died*, www.newadvent.org/fathers/0705.htm

Leo the Deacon, *Historiae Libri X*, ed. C. B. Hase, 1828, www.paulstephenson.info/trans/leo3.html

Liber Pontificalis, archive.org/details/bookofpopesliber00loom

Life of Saint Irene Abbess of Chrysobalanton: A Critical Edition with Introduction, Notes and Indices, trans. Jan Olof Rosenqvist, Acta University Upsaliensis, Studia Byzantina Upsaliensis, Almqvist & Wiksall, 1986, 3–113, legacy.fordham.edu/halsall/basis/irene-chrysobalanton.asp

Liutprand of Cremona, *Report of his Mission to Constantinople*, Medieval Sourcebook, Fordham University, legacy.fordham.edu/Halsall/source/liudprand1.asp

Mango, Cyril, *The Art of the Byzantine Empire 312–1453: Sources and Documents*, University of Toronto Press, 1986

Medieval Tales from Byzantium, trans. Alice-Mary Talbot & Scott Fitzgerald Johnson, Dumbarton Oaks Medieval Library, 2012

Nestor-Iskander, *The Fall of Constantinople*, wps.pearsoncustom.com/wps/media/objects/2427/2486120/chap_assets/documents/doc9_4.html

Nikephoros, *Nikephoros, Patriarch of Constantinople, Short History*, trans. Cyril Mango, Dumbarton Oaks Texts, 1990

Novels of Justinian, www.uwyo.edu/lawlib/justinian-novels

Otto of Freisling, *Chronicon*, ed. G.H. Pertz, Hanover, Hahn, 1867, VII, 33, (pp. 334–35), translated by James Brundage, *The Crusades: A Documentary History*, Marquette University Press, 1962: *The Legend of Prester John*, Fordham University, Medieval Sourcebook, legacy.fordham.edu/halsall/source/otto-prester.asp

Pliny the Elder, *Natural History*, trans. H. Rackham, Loeb Classical Library, 1938

Procopius, *The Secret History/The Wars of Justinian*, Halcyon Classics eBook, 2009

The Buildings, Loeb Classical Library, 1940

Prudentius, *The Reply to Symmachus*, trans. H.J. Thompson, Loeb Classical Library, 1955

Psellus, Michael, *Fourteen Byzantine Rulers*, trans. E.R.A. Sewter, Penguin, 1966

Psellus, Michael, *Historia Syntomos*, trans. W. De Gruyter, Milan Savić, 1998

Pseudo-Methodius, *Apocalypse*, An Alexandrian World Chronicle, trans. Benjamin Garstad, Dumbarton Oaks Medieval Library, 2012

Russian Primary Chronicles, pages.uoregon.edu/kimball/chronicle.htm

Sebeos, *The History of Sebeos*, trans. Robert Bedrosian, 1985, rbedrosian.com/seb1.htm

Skylitzes, John, *A Synopsis of Byzantine History, 811–1057*, trans. John Wortley, Cambridge University Press, 2010

Sphrantzes, George, *The Siege of Constantinople, 1453, According to George Sphrantzes*

Strabo, *The Geography of Strabo*, trans. Horace Leonard Jones, 1917, penelope.uchicago.edu/Thayer/E/Roman/Texts/Strabo/home.html

Sturluson, Snorri, *Heimskringla*, trans. Samuel Laing, John. C. Nimmo, 1889, www.wisdomlib.org/scandinavia/book/heimskringla/d/doc5732.html

Tafur, Pero, *Pero Tafur: Travels and Adventures (1435–1439)*, trans. Malcolm Letts, Harper & Brothers, 1926

Theophanes, *The Chronicle of Theophanes*, trans. Harry Turtledove, University of Pennsylvania Press, 1982

Theophylact Simocatta, *The History of Theophylact Simocatta*, trans. Michael and Mary Whitby, Oxford University Press, 1986

Three Byzantine Saints: Contemporary Biographies of St. Daniel the Stylite, St. Theodore of Sykeon and St. John the Almsgiver, trans. Elizabeth Dawes, Blackwell, 1948, legacy.fordham.edu/halsall/basis/dan-stylite.asp

Thietmar of Merseberg, *Ottonian Germany: The Chronicon of Thietmar of Merseburg*, trans. David A. Warner, Manchester University Press, 2001

Vitalis, Orderic, *The Ecclesiastical History of Orderic Vitalis*, trans. Thomas Forrester 1853, https://archive.org/details/ecclesiasticalhi03orde

现代资料：

Alexander, Paul Julius, *The Byzantine Apocalyptic Tradition*, University of California Press, 1985

Alexander, Paul Julius, 'The Medieval Legend of the Last Roman Emperor and Its Messianic Origin', *Journal of the Warburg and Courtauld Institutes*, Vol. 41, (1978), pp. 1–15, Warburg Institute

Angold, Michael, *The Byzantine Empire, 1025–1204*, Longman, 1997

Armstrong, Karen, *A Short History of Islam*, Modern Library, 2002

Babinger, Franz, *Mehmed the Conqueror and His Time*, Princeton University Press, 1992

Baring-Gould, Sabine, *Curious Myths of the Middle Ages*, Dover Publications, 2005

Brown, Peter, *The World of Late Antiquity*, Folio Society, 2014

Bury, J.B., *A History of the Later Roman Empire: From the Death of Theodosius I to the Death of Justinian Vols. I, II*, Dover Publications 2011

Bury, J.B., *A History of the Later Roman Empire: From the Fall of Irene to the Accession of Basil I*, Dover Publications, 2011

Campo, Juan Eduardo, *Encyclopedia of Islam*, Infobase Publishing, 2009

Cavallo, Guglielmo (ed)., *The Byzantines*, University of Chicago Press, 1997

Connor, Carolyn L., *Women of Byzantium*, Yale University Press, 2004

Crowley, Roger, *Constantinople, the Last Great Siege, 1453*, Faber & Faber, 2005

Curtis, Robert I., 'In Defense of Garum', *The Classical Journal*, Vol. 78, No. 3 (Feb–Mar, 1983), pp. 232–240

Davies, Norman, *Europe: a History*, Pimlico 1998

De Rachewilts, Igor, *Papal Envoys to the Great Khans*, Stanford University Press, 1971

Drake, H.A., *Constantine and the Bishops: The Politics of Intolerance*, Johns Hopkins University Press, 2002

Durant, Will, *The Complete Story of Civilization: Our Oriental Heritage*, Simon & Shuster, 1942

Evans, Helen C. (ed.) *Byzantium: Faith and Power (1261–1557)*, Metropolitan Museum of Art, New York, 2004

Evans, Helen C. & Wixom, William D. (eds.), *The Glory of Byzantium: Art and Culture of the Middle Byzantine Era AD 843–1261*, Metropolitan Museum of Art, New York, 1997

Filkins, Dexter, 'The Deep State', *The New Yorker*, Dec. 12, 2012

Fleming, K.E., 'Constantinople: From Christianity to Islam', *The Classical World*, Vol. 97, No. 1 (Autumn, 2003), pp. 69–78, Johns Hopkins University Press

Frankopan, Peter, *The Silk Roads: A New History of the World*, Bloomsbury 2015

Garland, Lynda, *Byzantine Empresses: Women and Power in Byzantium, AD 527–1204*, Routledge, 2011

Gautier, Théophile, *Constantinople*, trans. Robert Howe Gould, Holt, 1875

Geanakoplos, Deno John, *Byzantium: Church, Society, and Civilization Seen Through Contemporary Eyes*, University of Chicago Press, 1984

Geanakoplos, Deno John, *Constantinople and the West*, University of Wisconsin Press, 1989

Gibbon, Edward, *The History of the Decline & Fall of the Roman Empire*, HMDS Press eBook 2015

Gleeson-White, Jane, *Double Entry: How the Merchants of Venice Shaped the Modern World*, Allen & Unwin, 2012

Goldsworthy, Adrian, *The Fall of the West: The Death of the Roman Superpower*, Phoenix, 2009

Grant, Michael, *The Emperor Constantine*, Weidenfeld & Nicholson, 1993

Harris, Jonathan, *The End of Byzantium*, Yale University Press, 2010

Harris, Jonathan, *Byzantines in Renaissance Italy*, Online Reference Book for Medieval Studies, the-orb.arlima.net/encyclop/late/laterbyz/harris-ren.html

Heather, Peter, *The Fall of the Roman Empire: A New History of Rome and the Barbarians*, Oxford University Press, 2006

Heck, Alfons, *The Burden of Hitler's Legacy*, Primer Publishers, 1998

Herrin, Judith, *Byzantium: The Surprising Life of a Medieval Empire*, Penguin, 2007

Herrin, Judith, *We Are All the Children of Byzantium*, 18th Annual Runciman Lecture, 2009, oodegr.co/english/istorika/romi/children_of_byzantium.htm

Hichens, Robert, *The Near East: Dalmatia, Greece and Constantinople*, Hodder & Stoughton, 1913

Holland, Tom, *In the Shadow of the Sword*, Hachette, 2012

Holland, Tom, *Millennium*, Hachette, 2011

Huizinga, Johan, *The Waning of the Middle Ages*, Dover, 1999

Hunt, Patrick, *Byzantine Silk: Smuggling and Espionage in the 6th Century CE*, Stanford University, 2011, altmarius.ning.com/profiles/blogs/byzantine-silk-smuggling-and-espionage-in-the-6th-century-ce

James, Liz (ed.), *A Companion to Byzantium*, John Wiley & Sons, 2010

Kaegi, Walter, *Heraclius Emperor of Byzantium*, Cambridge University Press, 2003

Kaldellis, Anthony, *The Byzantine Republic: People and Power in the New Rome*, Harvard University Press, 2015

Kaldellis, Anthony, *Hellenism in Byzantium*, Cambridge University Press, 2008

Kaya, Serdar, 'The Rise and Decline of the Turkish "Deep State": The Ergenekon Case', *Insight Turkey*, vol. 11 / No. 4 / 2009 pp. 99–113

Lidov, Alexei, *The Flying Hodegetria the Miraculous Icon as Bearer of*

Sacred Space, 2004, archiv.ub.uni-heidelberg.de/artdok/3674/1/Lidov_
The_flying_Hodegetria_2004.pdf

MacCulloch, Diarmaid, *A History of Christianity*, Allen Lane, 2009

Majeska, George P., *Russian Travelers to Constantinople in the Fourteenth and Fifteenth Centuries*, Dumbarton Oaks Research Library and Collection, 1984

Mango, Cyril, et al, *The Oxford History of Byzantium*, Oxford University Press, 2002

Marlowe, Elizabeth, 'Framing the Sun: The Arch of Constantine and the Roman Cityscape', *The Art Bulletin*, Vol. 88, No. 2, 2006, pp. 223-242

Muthesius, Anna, 'Silk in the Medieval World', *The Cambridge History of Western Textiles*, Vol. I, ed. T.D. Jenkins, Cambridge University Press, 2003

Nicol, Donald M., *The Immortal Emperor: The Life and Legend of Constantine Palaiologos, Last Emperor of the Romans*, Cambridge University Press, 2002

Norwich, John Julius, *A History of Venice*, Viking, 1983

Norwich, John Julius, *Byzantium Vol I: The Early Centuries*, Viking, 1989

Norwich, John Julius, *Byzantium Vol II: The Apogee*, Viking, 1992

Norwich, John Julius, *Byzantium Vol III: The Decline and Fall*, Viking, 1995

Odahl, Charles Matson, *Constantine and the Christian Empire*, Routledge, 2004

Oman, Charles William Chadwick, *The Byzantine Empire*, G.P. Putnam, 1892

Pazdernik, Charles, ' "Our Most Pious Consort Given Us by God": Dissident Reactions to the Partnership of Justinian and Theodora, AD 525-548', *Classical Antiquity* 13.2 (1994): 256-281

Pamuk, Orhan, *Istanbul: Memories of a City*, Faber & Faber 2005

Pevny, Olenka Z. (ed.), *Perceptions of Byzantium and its Neighbours (843-1261)*, Metropolitan Museum of Art, New York, 2000

Philippides, Marios & Hanak, Walter, *The Siege and the Fall of Constantinople in 1453: Historiography, Topography, and Military Studies*, Ashgate, 2011

Phillips, Jonathon, *The Fourth Crusade and the Sack of Constantinople*, Jonathan Cape, 2004

Ramirez, Janina, *The Private Lives of the Saints. Power, Passion and Politics in Anglo-Saxon England*, W.H. Allen, 2015

Rosen, William, *Justinian's Flea: Plague Empire and the Birth of Europe*, Pimlico 2008

Runciman, Steven, *The Fall of Constantinople 1453*, Cambridge University Press, 1990

Runciman, Steven, *History of the Crusades, Vol III*, Cambridge University Press, 1987

Runciman, Steven, *The Last Byzantine Renaissance*, Cambridge University Press, 1968

Schjeldahl, Peter, 'Striking Gold', *The New Yorker*, May 17, 2004

Sherrard, Philip, *Constantinople: Iconography of a Sacred City*, Oxford University Press, 1965

Silverberg, Robert, *The Realm of Prester John*, Ohio University Press, 1996

Silverberg, Robert, *The Crusades*, Borgo Press, 2010

Sizgorich, Thomas, *Violence and Belief in Late Antiquity*, University of Pennsylvania Press, 2009

Soulis, George C., 'The Gypsies in the Byzantine Empire and the Balkans in the Late Middle Ages', *Dumbarton Oaks Papers*, Vol. 15 (1961), pp. 141+143–165

Southern, Richard William, *The Making of the Middle Ages*, Yale University Press, 1953

Spier, Jeffrey, 'Medieval Byzantine Magical Amulets and Their Tradition', *Journal of the Warburg and Courtauld Institutes*, Vol. 56, 1993

Stephenson, Paul, *Constantine: Unconquered Emperor, Christian Victor*, Quercus, 2009

Tabet, Jonathon, 'Turkey and the Deep State', *Veche Magazine*, 4 Feb, 2009, University College London, arabsandrussians.blogspot.com. au/2012/01/turkey-and-deep-state.html

Treadgold, Warren, *A History of the Byzantine State and Society*, Stanford University Press 1997

Tyerman, Christopher, *God's War*, Penguin 2007

Vasiliev, Alexander A., *History of the Byzantine Empire, 324–1453*, University of Wisconsin Press, 1958

Wells, Colin, *Sailing from Byzantium: How a Lost Empire Shaped the World*, Random House, 2007

White, Cynthia, *The Emergence of Christianity: Classical Traditions in Contemporary Perspective*, Fortress Press, 2010

Woods, David, 'On the Death of the Empress Fausta', *Greece and Rome*, 2nd Ser., Vol. 45, No. 1, Cambridge University Press, 1998

Yeats, W.B., *The Major Works*, Oxford University Press, 2001

Young, Monica, 'A Universe from Nothing', *Radcliffe Magazine*, 2013, www.radcliffe.harvard.edu/news/radcliffe-magazine/universe-nothing

索 引

（索引页码为原著页码，即本书边码）

图书在版编目（CIP）数据

幽灵帝国拜占庭：通往君士坦丁堡的传奇旅程 /
（澳）理查德·菲德勒（Richard Fidler）著；洪琛译
. -- 北京：社会科学文献出版社，2019.3
（思想会）
书名原文：Ghost Empire：A Journey to the
Legendary Constantinople
ISBN 978 - 7 - 5201 - 4061 - 4

Ⅰ.①幽… Ⅱ.①理… ②洪… Ⅲ.①拜占庭帝国 -
历史 Ⅳ.①K134

中国版本图书馆 CIP 数据核字（2018）第 288083 号

· 思想会 ·

幽灵帝国拜占庭：通往君士坦丁堡的传奇旅程

著　　者 / 〔澳〕理查德·菲德勒（Richard Fidler）
译　　者 / 洪　琛

出 版 人 / 谢寿光
项目统筹 / 刘学谦　祝得彬
责任编辑 / 刘学谦　毛　丹

出　　版 / 社会科学文献出版社·当代世界出版分社（010）59367004
　　　　　　地址：北京市北三环中路甲29号院华龙大厦　邮编：100029
　　　　　　网址：www. ssap. com. cn
发　　行 / 市场营销中心（010）59367081　59367083
印　　装 / 北京盛通印刷股份有限公司

规　　格 / 开　本：889mm × 1194mm　1/32
　　　　　　印　张：15.75　插　页：0.375　字　数：385千字
版　　次 / 2019 年 3 月第 1 版　2019 年 3 月第 1 次印刷
书　　号 / ISBN 978 - 7 - 5201 - 4061 - 4
著作权合同
登 记 号 / 图字01 - 2019 - 0229 号
审 图 号 / GS（2018）6397 号
定　　价 / 78.00 元